袁世凯传

插图本

侯宜杰 著

群众出版社
·北京·

图书在版编目（CIP）数据

袁世凯传：插图本 / 侯宜杰著．—北京：群众出版社，2016. 1

ISBN 978－7－5014－5449－5

Ⅰ. ①袁…　Ⅱ. ①侯…　Ⅲ. ①袁世凯（1859～1916）—传记
Ⅳ. ①K827＝52

中国版本图书馆 CIP 数据核字（2015）第 253638 号

袁世凯传（插图本）

侯宜杰　著

出版发行：群众出版社

地　　址：北京市丰台区方庄芳星园三区 15 号楼

邮政编码：100078

经　　销：新华书店

印　　刷：北京兴华昌盛印刷有限公司

版　　次：2016 年 3 月第 1 版

印　　次：2016 年 3 月第 1 次

印　　张：15. 125

开　　本：890 毫米×1270 毫米　1/32

字　　数：451 千字

书　　号：ISBN 978－7－5014－5449－5

定　　价：45. 00 元

网　　址：www. qzcbs. com

电子邮箱：qzcbs@ sohu. com

营销中心电话：010－83903254

读者服务部电话（门市）：010－83903257

警官读者俱乐部电话（网购、邮购）：010－83903253

文艺分社电话：010－83901330　　010－83903973

本社图书出现印装质量问题，由本社负责退换

目 录

目　录

目　录

一 纨绔子弟

自从1840年鸦片战争中被英国打败之后，清王朝的统治就出现了深刻的危机。1851年1月11日，洪秀全在广西桂平县金田村率领两万多太平军起义，屡次击败清军，挺进湖南、湖北。1853年由武昌沿长江东下，势如破竹，3月19日占领江苏南京，遂定都于此，改称天京，建立政权，与清王朝对抗。继之派兵北伐、西征。与此同时，张洛行等人率领捻军群起响应。咸丰皇帝急忙遣将调兵镇压，安徽和江苏成为太平军、捻军与清军激烈争夺的主要战场，临近安徽省的河南陈州府项城县也是起义军经常活动的地区之一。

项城县具有悠久的历史，东西宽七十里，南北长一百一十里，地势低洼，东南尤甚，颍水、沙河、汾河等从境内流过，注入淮河，向称“泽国”。由于河流沟渠年久失修，淤塞不通，遇上大雨就闹水灾，无雨之时又常闹旱灾和蝗灾，旱涝皆听命于大自然的安排。这里土地瘠薄，人多地少，物产不丰富，农作物产量很低，经济极其落后。除了酿酒等少数手工作坊外，没有工业生产，经营商业的很少，一般以从事农业生产兼营家庭副业为主。而粮食作物仅出产小麦、谷、黍、高粱、豆、稷之类，经济作物最有价值的只有芝麻和棉花，连中原常见的花生也不宜种植。蔬菜品种不多，瓜果甚少。因此，广大农民的生活异常贫困，不得已只好租种地主的土地。但辛辛苦苦一年下来，收获物的一半乃至六成、七成、八成都交给了地主。① 即使那些辛勤耕种、肥料充足的上等

① 张镇芳等修：《项城县志》卷5，第48页，1911年。

农户，尽管“终岁勤劳，节食俭用”，“然年丰则谷贱伤农，年啬则十室九匮”，也是“常苦不足”。①

相传八仙之一的铁拐李曾有一首《过项歌》，言该县地脉应出一个假皇帝及将相。可是，直至咸丰年间，铁拐李预言的人物也未出现。

其时，该县有一家袁姓大户，原住城北的张营。由于战争频仍，硝烟不断，时时受到农民起义军的威胁，1857 年举家迁移到张营东二十里的一个村庄居住，“倡修寨堡”，“备守具，练乡团，以保护乡里”。同村的田震生等人积极支持，于是动工在村庄周围修筑起一道坚固厚实的寨墙，此后该村即名为袁寨。袁寨隶属于项城县东区阎村牌，在城东北，距城四十里。②

在项城袁氏的家祠中曾经立有一块铁铸的横牌，上面记载着始祖至各代的姓名，后来不知何故丢失，因此，对于袁氏家族的谱系无法全部了解。在现存的《项城袁氏家集》中，有文字可考的最上一代先祖为袁九芝，他生活的年代恰值清代乾隆鼎盛时期。

袁九芝及其子耀东以耕读为业，虽然孜孜不倦地致力于举业，但都没有爬到科举阶梯的上层而发迹扬名，生活相当贫困。至袁耀东的下一代，方才逐渐显赫起来，家有田地五十顷，开着几处典当铺，还放高利贷，成为大官僚地主、本县的首富、“汝南巨族”。

袁耀东是个庠生，其妻郭氏出身本郡“望族”。他们有四个儿子，依次为树三、甲三、凤三、重三。

树三为廪贡生，当个低级学官，曾署陈留县训导兼摄教谕事。

甲三考中进士后在京做官，后由吕贤基奏请，到安徽帮办地主武装团练。由于在安徽、河南和江苏一带屡败太平军和捻军，有功于清王朝，晋升为淮军将领，督办三省“剿匪”事宜，官拜漕运总督。

凤三花钱捐了个教职，任禹州训导。

重三不仕在家，管理家政。

树三有二子，长为保中，次为保庆。

---

① 《项城县志》卷 5，第 57 页。

② 《项城县志》卷 5，第 13 页；卷 24，第 23、27 页；卷 25，第 16 页。

保中系副贡出身，捐了个同知，没有出外做官，是本县著名的地主豪绅，参与大办团练，与农民起义军为敌。

保庆 1858 年考中举人，追随袁甲三镇压农民起义军，以战绩获光禄寺署正。后来报捐郎中，分发刑部，不久调到河南办团练，深受督办河南团练毛昶熙和巡抚张之万的赏识，叙功加盐运使衔。

甲三也有二子，长为保恒，次为保龄。

保恒 1850 年中进士，选为翰林院庶吉士，散馆后授职编修。而后随父镇压农民起义军多年，1862 年晋升詹事府右春坊右庶子。

保龄 1862 年考中举人，1863 年帮助其父办理陈州团防，同年其父病故，朝廷赏其内阁中书。

保中的元配夫人姓刘，因有疾病缠身，难于管理家务，保中又纳一妾，也姓刘。元配夫人生子世敦，后来病故，保中便把其妾扶正为继室。继室早先生子世昌、世廉，1859 年 9 月 16 日（咸丰九年八月二十日），又生下一个男婴。据说此时保中恰好接到袁甲三打了胜仗，正在班师凯旋的家信，就为其取名为世凯。

袁世凯字慰庭（又作慰廷、慰亭），号容庵，因其为项城人，故以后人们又称之为袁项城。

保庆娶妻牛氏，生了两个儿子，均不幸夭亡。他请人看八字，被告知这几年他不利于妻子；又有人告诉他命中该有几个夫人，不如干脆先凑足数目，或许可以避免不利于妻子的事情发生。他为妻子的命运担心，加上盼子心切，又纳了两妾，一姓王，一姓陈。他时时刻刻盼着“老天”鉴其“意诚恳，或即赐我佳麟”①。然而，王氏生了两个女儿，陈氏生了一个女儿，儿子却始终没有盼到。他心急如焚，而又无可奈何，只好慨叹命中无子。

世凯呱呱坠地以后，其母刘氏奶水很缺，婶母牛氏则相反，奶水十分充足，于是世凯便被牛氏抱去喂养。牛氏与保庆特别喜爱，待之如同亲生儿子一般。保中见胞弟年已四十尚且无子，又对世凯如此深爱，便

---

① 《袁氏家书》卷 2，第 13 页，见丁振铎编：《项城袁氏家集》，清芬阁刊本，1911 年。

在 1864 年（同治三年）将世凯过继给保庆为嗣子①。从此，世凯就正式同保庆夫妇生活在一起了。

袁氏世系表

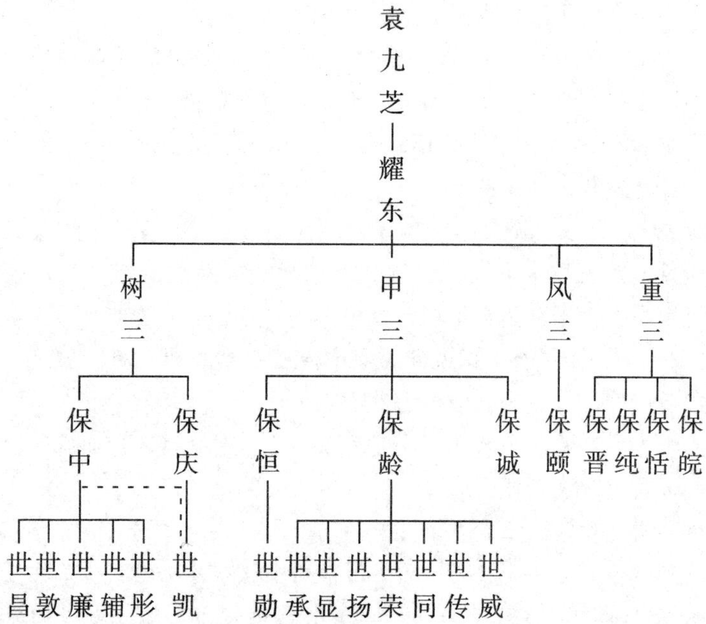

1866 年，袁保庆以知府发往山东补用，携带家眷到济南上任。安置妥当后，袁保庆聘请了当地一位秀才做袁世凯的启蒙老师。袁世凯从小娇生惯养，任性而为，不受约束，上学后顽劣如故，经常私自外出，对

---

① 袁世凯何时过继给袁保庆，未见十分明确的记载。据沈祖宪、吴闿生《容庵弟子记》所载，袁保庆“年四十无子，爱公（指袁世凯），以为嗣。”丁振铎所编《项城袁氏家集》中的《中议公事实纪略》记述，袁保庆死于同治十二年（1873），并云：“年未五十，竟溘然长逝”，未载享年多少。“年未五十”，当指四十九岁。若以此为准，前推九年，袁保庆四十岁时应为 1864 年。又据《项城袁氏家集》中袁保恒祭袁保庆文及所撰行述，袁保龄所撰袁保恒行状，知袁保庆长袁保恒一岁，而袁保恒生于 1825 年；袁树三 1844 年死时，袁保庆二十岁。根据这两种记述推算，袁保庆生年均为 1824 年，可见其四十岁时应为 1864 年。

读书不感兴趣。

两年后，清廷平定了太平军和捻军，在袁甲三军营与袁保庆相处最久的马新贻升任两江总督，疏调袁保庆到江苏差委，袁世凯也一直跟随在身边。当时清王朝选取官吏的主要途径仍是科举考试的老办法，凡官僚、地主都把它视为猎取富贵的“正途”和终南捷径，极端重视。袁保庆同样殷切希望袁世凯好好读书，将来通过科举的阶梯光宗耀祖。为此，袁保庆专门给袁世凯聘请了两位颇有名望的老师，把他哥哥袁世敦和袁世廉也从家乡叫来，让他们共同学习，互相监督鼓励，“虽打急〔饥〕荒，亦不怕也”。①

项城县的“乡风”之一是：“豪富之家子弟娇生惯养，虽终年延师，而以读书为故事；稍长嗜好益深，游惰冶荡。”② 由于袁世凯从小过的是安逸舒适的生活，自幼也养成了“游惰冶荡”的纨绔子弟的习性。他追求吃喝玩乐，爱游山逛水，贪图舒适，生性放荡。来到这历史悠久、龙盘虎踞、歌舞繁华的六朝古都南京，更是目迷五色，心猿意马，不能自持和潜心向学，经常与无赖少年结伙或单独骑马到清凉山、雨花台、莫愁湖、太平湖等名胜闲逛胡闹。他在读书方面缺少聪明智慧，天资只能算作中等，用袁保庆的话说，那就是“虽笨，尚可念书”③。所以，他的学习成绩实在不敢让人恭维。不过，他对拳术比较热衷，尤其酷爱骑马，骑术也不差，能够自如地驾驭桀骜不驯的烈马驰骋。他后来弃文习武，就与这种性格和锻炼有关。

1873 年 7 月，袁保庆得了霍乱病，逝世于江宁盐法道任所。过了几个月，袁世凯同养母牛氏回到河南项城老家。

1874 年，袁世凯十五岁，进入青年时期。这年春天，奉命到陕甘总督左宗棠军营办理西征粮台的袁保恒回家探亲，见袁世凯无师授读，恐其学业荒废，越学越坏，叫他到北京读书，由内阁侍读袁保龄管教。袁世凯的老师有三位，教作诗的为周文溥，教书法的为张星炳，教八股文的为很严厉的谢廷萓。但袁世凯“资分并不高，而浮动非常”，根本不

---

① 《袁氏家书》卷 2，第 26－27 页。
② 《项城县志》卷 5，第 47 页。
③ 《袁氏家书》卷 2，第 14 页。

专心学习，袁保龄和老师一离开，他就和同读的袁世绳嬉笑打闹。袁保龄后来想了个办法，把他的课桌安置在老师的案侧，把袁世绳安置在另一个房间，让他们离得远远的，以免“时刻交谈废读之弊，且欲使凯侄逼近师长，以束浮嚣之气”；晚上令他在书房睡觉，与老师比屋而居，便于老师监督夜课。① 这些办法虽好，无奈他旧习难改，不思上进，经常跑到八大胡同的秦楼楚馆鬼混，故学了很久，文章尚不入门。

1874 年 11 月，袁保中病故。按照当时的规定，父死要守丧三年，不能参加科举考试。由于袁世凯已经过继出去，1876 年秋天乡试时，已经回京供职并升为刑部左侍郎的袁保恒命他回河南去应考举人，结果落第而归。这年 10 月，他在家乡结了婚，娶妻于氏。

袁保恒对袁世凯平时要求比较严格，有空时也指点教导一番，但因事务繁忙，很少过问。得知袁世凯秋闱落第，便写信谆嘱其苦读经史，专力于闱艺策论，以求下届乡试夺魁。可是，通过这次考试，袁世凯已经丧失信心，意志颓唐；加上坐不住冷板凳，受不了十年寒窗苦，不敢再梦想以文章猎取功名，从青灯黄卷中博得紫袍玉带。而且他认为，从科举出身，按资格升补，并不一定能爬得很快；而走其他道路，遇有机会，说不定也可飞黄腾达。因此，考完之后，他把书籍束之高阁，不愿再看一眼。

1877 年 2 月，袁世凯回到北京。他的思想一度有所转变，羞耻意识渐长，认识到功名未就，无面目见人。这一年，河南遇上了大旱灾，在项城，“蝗食禾几遍”②。全省饿殍载道，哀鸿遍野，出现了“人相食”的悲惨情景。奉命办理救灾的河南巡抚李庆翱迟延不力，被朝廷撤职，改以河道总督李鹤年代之。12 月，又命袁保恒到河南帮办赈务。袁保恒到开封上任时也把袁世凯带去，让他帮助办点儿事情，学点儿做官的本领。他也想趁此机会谋得一个职位，学得很认真。他忧虑灾荒引起社会动荡不安，军队屠杀饥民造成官逼民反，但对濒临绝境的饥民并无恻隐之心，诅咒为求得生存权利铤而走险的人们。在给其二姐的信中，他写

---

① 《袁氏家书》卷 4，第 13 页。
② 《项城县志》卷 31，第 10 页。

道："赈务实属万难，南阳匪徒猖獗。……顷有人自渑池、洛阳等处来言，伊地人肉卖二十八文一斤，孙杀其祖母而卖之，弟杀其兄而买〔卖〕之，种种未闻之奇，不一而足。……数月之后，遍地皆成寇矣！"①

1878 年夏，养母牛氏患病，袁世凯回家看望。5 月，袁保恒得了传染病，写信要他回开封。他到达后，袁保恒业已逝世。袁保龄和袁保恒之子袁世勋赶到，袁世凯即返陈州请堪舆家看风水，择墓地，预备下葬之事。他家在陈州有一处房产，料理完丧事，便和妻子于氏在陈州居住下来。

这时，袁氏四世同堂的封建大家庭由于人口众多，矛盾重重，无法继续共同生活，只得析产分居。袁世凯获得一份相当可观的家产，成了一家之主。他像匹无羁的野马，越发放荡，整日酒食征逐，骑马试剑。为了沽名钓誉，附庸风雅，他发起组织了丽泽山房和勿欺山房两个文社，邀请当地文人加入。

1879 年 4 月，在淮宁县署办理文牍的徐世昌听说袁甲三祠中的园林不错，前往游览。适巧袁世凯亦在园中，见其"状貌伟然，殷勤接语，纵谈当世之务，惊以为奇，因委心纳交"。② 不久，徐世昌赴京应考，袁世凯知其旅费不足，又出资相助，二人结下了不解之缘。

袁世凯没有多少真才实学，往往又不自量力，时常为人捉刀，炫耀自己的才华，引起人们的耻笑。到了需要拿出真本领的时候，他又成了大草包。1879 年秋，乡试的日子又到了，他再次参加考试，费尽九牛二虎之力把试题做完，到头来还是名落孙山。而同社的人中，却有两名考中。他又羞又愤，赌气把过去所作的诗文全部付之一炬，扬言说："大丈夫当效命疆场，安内攘外，乌能龌龊久困笔砚间，自误光阴耶！"③ 通过科举向上爬的希望破灭了，他再也不抱任何幻想，决心另外寻找一条升官发财的道路。

---

① 北洋军阀史料编委会编：《北洋军阀史料》卷 1，第 23－25 页，天津古籍出版社，1992 年。

② 贺培新：《徐世昌年谱》卷上，《近代史资料》总第 69 号，第 8 页。

③ 沈祖宪、吴闿生：《容庵弟子记》卷 1，第 4 页，1913 年。

当时清政府已经相当腐败，公开卖官鬻爵，人们可以花钱买官做，这就是所谓捐纳制度。1879 年，袁世凯曾报捐一个中书科中书的虚衔。后来他又想捐纳实缺，走进官僚的行列。其生母刘氏、养母牛氏为了他的前途，也拿出私房钱帮助他进京谋职。可是，他到京以后，一味地吃喝玩乐，赌博挥霍，官未捐成，所带银钱业已花光输净，最后只得败兴而返。

二　军旅生涯

科场上的失意，又与妻子的感情破裂，加以“以事积忤族里，众欲苦之”①，袁世凯怕族人与他为难，决定远走高飞，另谋出路。适在此时，接到正在山东登州帮办海防的庆军统领吴长庆来信，“招其往学军旅”②。

吴长庆字筱轩，安徽庐江人，早年随父亲吴廷香在家乡办团练。1854 年 9 月，太平军攻占了安徽大部。吴廷香招募三千乡勇，乘太平军不意，一举克复庐江城，旋即又陷入了太平军的包围。庐江粮饷乏绝，情势危急，吴长庆奉父亲之命前往袁甲三军营求救。袁甲三接见后征询子侄的意见，袁保恒认为强敌当前，不能分兵；袁保庆则认为士绅力量薄弱，孤城垂危，力主驰援。由于久议不决，迁延时间，庐江被太平军攻破，吴廷香阵亡。事后，吴长庆深感袁保庆一力主救之情，与其结拜为把兄弟，视同手足。后来与袁保庆同在南京供职，来往更加频繁，关系更加密切，也由此认识了袁世凯。袁保庆逝世的时候，吴长庆代治其丧，为了报答袁保庆的深情厚谊，就写信给袁世凯，叫他去登州。

袁世凯觉得跟着吴长庆这位仁叔会受到很好的关照，将来前程肯定大有希望，决定投笔从戎。1881 年 10 月，他告别家人，先到天津，去见已经升为道员、在北洋帮办海防营务的堂叔袁保龄，然后乘船去了登州③。

---

① 《啬翁自订年谱》，见张謇研究中心、南通市图书馆编：《张謇全集》第 6 卷，第 843 页，江苏古籍出版社，1994 年。

② 袁保龄：《阁学公集》，“书札”卷 4，第 16 页，见《项城袁氏家集》，清芬阁刊本，1911 年。

③ 《袁世凯履历单》，《历史档案》1985 年第 1 期。

吴长庆招来袁世凯，意在叫他安心攻读，博得一第，所以极为优待，让他在文案上挂了个名，领一份干薪，伙食费也不让他掏腰包，还派两名差弁照顾其生活起居，并请幕府名流张謇、周家禄指导他读书，改定他的文章。他满怀希望谋个差使，没料到又叫他走最厌恶的科举之路，内心很不乐意。可是又极爱面子，唯恐关爱自己的父执说他不求上进，便勉强答应下来。

袁世凯的学问没有根底，作起八股不像样子。张謇毫不客气，往往涂改得一塌糊涂，有时因其文字芜秽，无从删改，索性搁置一边。袁世凯为此深感痛苦，心情抑郁，病了一场。他不愿再忍受下去，向张謇讲了自己的心事，并说如不能谋个差使，就立即回家。张謇见其态度坚决，且有办事能力，与另一位幕僚朱铭盘建议吴长庆满足他的要求。吴长庆知其决心从戎，也很欢喜，马上委他为营务处帮办。

营务处辅佐主帅办理军政和行军布阵，联络将官，审理违法违纪案件，监督训练，考核弁兵课目，兼带稽查队，责任非常重大，也是培养、储备军事人才的重要机关。袁世凯高兴得无以复加，晚上出门，令差弁打着大书"帮办营务处袁"的辉煌衔灯，更加意气风发，趾高气扬。但他从未打过仗，年纪又轻，骤然获此高位，自然有人不服。军官都是吴长庆的老部下，一向骄纵惯了，尤其不愿受其管束。为了立定脚跟，树立起威信，他不仅利用各种机会认真观察学习，很快掌握了点名、操演、巡更、放哨等营规，而且办事勤快，任劳任怨，小心谨慎，严于律己，不敢多用家乡之人，执法不徇情面。吴长庆对他甚为赏识，优礼有加。他在致其二姐的信中写道："延陵帅（指吴长庆）相待日见加优，谏行言听，可感之至。"① "凡事必认真稽查惩办，尚犹平顺，不过小人耳目不能不怨耳。然不能任劳任怨，安能成大事？故虽吴大叔本家亲故，亦无不怕弟者。我辈年甫二十有四，非先自立足根，安能束约他人？弟赖能服人者，已不荒唐耳。即吴大叔信任我者，亦知我谨慎耳。"② 他感戴吴长庆的拔擢信任之恩，愈益"勉力前进"③。

① 《北洋军阀史料》卷1，第49页。
② 《北洋军阀史料》卷1，第64页。
③ 《北洋军阀史料》卷1，第42页。

新年放假时，发生了一起士兵因为赌博而酿成双方各有几十人参与的开枪互相射击事件。当时营官都回家过年去了，袁世凯怕事情闹得无法收拾，马上带兵赶到出事地点，假传吴长庆命令，正法了带头闹事的士兵。事后，他向吴长庆报告了处理经过，并请治其“专擅杀人”之罪。吴长庆非但未加责备，反而夸奖他有应变之才。

清王朝立国之初，即与朝鲜建立了宗藩关系。朝鲜名义上是个独立国家，实际上是清王朝的“藩属”。与朝鲜有关的公牍往来事宜，原由礼部管理。后来改为有关洋务紧要事件，由直隶（今河北省和天津市）总督兼北洋大臣秉承总理各国事务衙门（简称总理衙门、总署）和朝廷的意旨办理。

朝鲜国王李熙早先以支系继承王位年龄尚小，由其父大院君李昰应监国摄政。李熙长大成人，李昰应将政权交还李熙亲自执掌。而李熙愚懦昏庸，实权又落到闵妃的手中。闵妃集团腐朽透顶，任用外戚，结党营私，骄奢淫逸，横征暴敛，不仅受到一向被其排斥打击的李昰应的嫉视，而且也引起广大人民群众的强烈不满。1882 年 7 月，士兵因克扣军饷，久拖不发，忍无可忍，起而围攻闵妃集团，一部分市民也参加进来，整个汉城顿时陷入一片血腥混乱之中，这就是历史上所称的“壬午兵变”。李昰应乘机重新掌握了朝政。正在天津的朝鲜大臣金允植闻讯，马上求援于署理直隶总督兼北洋大臣张树声（直隶总督兼北洋大臣李鸿章因母丧请假）。张树声听说日本将出兵朝鲜，经请示清政府，派水师提督丁汝昌带军舰三艘，吴长庆率军六营东渡，平定朝鲜内乱，并防制日本，后又电令道员马建忠与丁汝昌同行。

8 月 8 日，吴长庆到天津接受任务，令张謇筹划出发前的准备工作。此时正当举行乡试之期，幕僚大都回家预备考试，张謇感到人手太少，责任重大，提出让袁世凯帮忙。吴长庆即委任袁世凯执行前敌营务处之事，负责军需供应，勘探行军路线。

强烈的私欲往往成为一个人奋斗的巨大动力。袁世凯认为，自己没有像样的功名，资格太浅，在内地论资排辈，不知何年何月方能受到重用，到朝鲜则易于建立功业，大出风头，升官发财较快。听说要开赴朝鲜，他大为兴奋，高兴得几乎睡不着觉。8 月 19 日乘船东渡以后，无论是勘探登陆地点还是行军，他都表现得相当勇敢。

由于缺乏严格训练，多年没有战争，军队的纪律异常松弛，进入朝鲜境内，奸污妇女、抢掠财物之事时有发生，影响极坏。袁世凯觉得有损清廷体面，报告了吴长庆。

吴长庆大声问："你为什么不严办？"

袁世凯连忙回答："我当时已请出令箭，正法七人，现在有七个首级在此呈验。"

吴长庆听了大喜，说："好孩子，好孩子，你真不愧为将门之子！"① 遂命其总理前敌营务处，整顿军纪，并授予其便宜行事的权力。

有了上方宝剑，袁世凯的胆子壮了，雷厉风行地处置了犯法的士兵，查办了约束士兵不严的军官，军队的纪律因之大为改观。吴长庆对他越发赏识。

8 月 25 日，庆军进抵汉城城外，吴长庆、丁汝昌、马建忠密商了诱捕大院君李昰应的计划。次日，三人同去拜访李昰应。回到军营，摆好了"鸿门宴"，专候李昰应回拜。当日下午，李昰应带领卫队多人按时来到，袁世凯等只让李昰应一人入室密谈，不让卫队跟随。不久，吴长庆等即令清军强行将李昰应星夜秘密押至马山浦军舰上，送回天津（后被软禁于保定）。

28 日早晨，吴长庆派袁世凯前去与住在别处的马建忠商议剿除李昰应余党。袁世凯将马建忠的意见回营报告吴长庆后，又折返马建忠处，向马建忠表示"欲指挥一切"。马建忠见其下车伊始，大言不惭，极其厌恶，告以："昰应虽已就逮，而其子载冕尚以训练大臣握兵权，恐乱党一闻捕治，或更奉以为乱，宜先诱而系之，然后行事。"② 晚上十点，金允植至，马建忠促其去求国王的手书，以便行动。金允植入宫，李熙写了致吴长庆、马建忠请速勒兵往讨乱党的手书，交其带回。吴长庆与部将立即分头指挥部队前往搜捕，袁世凯也带领稽查队协助围攻。兵变的参加者没有统一的组织领导，清军发起围攻以后，很快便被

---

① 刘厚生：《张謇传记》，第 9 页，香港龙门书店，1965 年。

② 中国历史研究社编：《东行三录》，第 80 -81 页，1949 年。

平定。

李熙对庆军积极平定兵变很为感谢，9 月 6 日，设宴招待了吴长庆、张謇和袁世凯，后来还接见过袁世凯两次。

吴长庆对袁世凯的表现给予很高评价，说他“治军严肃，调度有方，争先攻剿，尤为奋勇”①，为其上报请奖。10 月 10 日，已经回到直隶总督兼北洋大臣任的李鸿章奏保援护朝鲜出力人员，称袁世凯“治军严肃，剿抚应机”，请求以同知补用，并赏戴花翎。② 12 日，清廷批准，袁世凯升为同知。

兵变平息，清廷出于安定朝鲜局势的需要，命吴长庆部继续驻扎汉城。袁世凯也随军留下。

鉴于原来的禁军不能发挥作用，为了加强镇压人民的力量，闵妃集团请求李鸿章派人整顿朝鲜军队。李鸿章从巩固中朝宗藩关系出发，极表赞同，命吴长庆派员代为训练。11 月初，李熙命选拔壮丁五百人，编为新建亲军一营，请吴长庆派人教习。吴长庆即派袁世凯督同总兵王得功训练。后又挑选壮丁一营，由朱先民负责教练。其实，朝鲜请求训练军队的主意是袁世凯想出来的。在闵妃集团提出之前，他就向朝鲜官员金允植和金昌熙两度提出建议，目的主要是防制日本，而其另外的意图则是制造突出表现自己的机会。现在愿望实现了，他制定了章程、制度，抓紧训练，忙得不亦乐乎。12 月中旬，李熙观看了新建亲军操演，对袁世凯等人的训练有法表示感谢。

继之，袁世凯又应朝鲜政府之请，在金允植陪同下前往江华，检阅了“沁兵”，视察了地形、武器和军事设施。后来成立镇抚营，也归袁世凯负责教练。他对此营采取的训练方式不是淮军操法，而是英、德式的操法。

1884 年 5 月，清政府令李鸿章加强东北边防。李鸿章奏调吴长庆率兵三营回国，驻防奉天（今辽宁省）金州。其余三营仍留驻汉城，命记名提督吴兆有统领，兼带一营；袁世凯总理亲、庆等营营务处，会办朝

① 《容庵弟子记》卷 1，第 6 页。
② 故宫博物院编：《清光绪朝中日交涉史料》卷 4，第 25 页，1932 年。

鲜防务，同时兼带庆字副营，并办转运和一切留防事宜；另一营由总兵张光前统带。于是，袁世凯在朝鲜成为一个握有军事实权的人物。此后，他因无暇兼顾，辞去代练朝鲜军队的事务。

吴长庆离开朝鲜以后，袁世凯渐渐跋扈放肆起来，“自结李相（鸿章），一切更革，露才扬己，颇有令公（吴长庆）难堪者”。[①] 同时他对张謇等人的称谓，也“老师、先生、某翁、某兄”，“愈变愈奇”。张謇无比恼怒，6 月 4 日，与在庆军主管钱物的三兄张詧和幕友朱铭盘联名，给他写了一封长达数千言的信，责其忘恩负义。信中列举了往日他以钦差北洋大臣会办朝鲜防务的名义吓人；妄自尊大，自居于吴兆有之前；进朝鲜王宫，居然乘轿张盖，不顾国家体制；怀疑吴长庆冒款项；容许士兵吸食鸦片，蓄养官妓；干预朝鲜政事；先骂李鸿章，后又拍马屁；结交朝鲜官员，想独揽大权等等恶劣行为。最后写道：“愿司马（明清尊称府之同知为司马，此指袁世凯）息心静气，一月不出门，将前劝读之《呻吟语》、《近思录》、《格言联璧》诸书，字字细看，事事引镜，勿谓天下人皆愚，勿谓天下人皆弱，脚踏实地，痛改前非，以副令叔祖、令堂叔及尊公之令名，以副筱公（吴长庆字筱轩）之知遇，则一切吉祥善事随其后矣。此讯不照平日称而称司马，司马自思何以至此？若果然复三年前之面目，自当仍率三年前之交情。气与词涌，不觉刺刺，听不听司马其自酌之。”[②] 这封信狠狠刺痛了袁世凯，但他不思悔改，从此与张謇绝交。

朝鲜的局势并不稳定。由于日本的播弄煽诱，朝鲜宫廷和部分官员“欲离中国，更思他图”；同时认为中国正与法国打仗，兵力难分，更想乘此时机，“引强邻自卫，即可称雄自主，并驾齐驱，不受制中国，并不俯首他人”。袁世凯发觉后报告了李鸿章，并指出“朝鲜屏藩中国，实为门户关键，他族逼处，殊堪隐忧”，表示一定“竭力图维”，[③] 扭转

---

① 《啬翁自订年谱》，《张謇全集》第 6 卷，第 845 页。

② 张謇：《与朱曼君、张詧致袁世凯函》，《张季子九录》，“文录”卷 11，第 1－5 页，中华书局，1931 年。

③ 《袁世凯来禀》，中国史学会主编：《中日战争》2，第 23 页，上海人民出版社、上海书店出版社，2000 年。

朝鲜部分官员的离异倾向。

1884年12月4日晚上，以金玉均、洪英植、朴泳孝等为首的开化党人在日本的支持配合下，利用邮政总局举行落成典礼的机会，设宴招待要人，发动政变。继而入宫，劫持国王李熙。次日，假借国王之名杀害亲贵大臣闵台镐、赵宁夏、闵泳穆、韩圭稷、尹泰骏诸人，重组政府，并准备废掉李熙，另立幼主。朝鲜历史上将此事件称之为“甲申政变”。

政变一开始，参加邮政总局宴会的中国驻朝商务委员陈树棠即驰回公署，飞函袁世凯前往弹压。袁世凯赶到时，已寂无一人。至王宫，则宫门紧闭。第二天，袁世凯会同吴兆有、张光前致书李熙，要求入宫护卫。金玉均矫诏不准。吴兆有、袁世凯立即写信请示李鸿章。6日，亲清派人士纷纷求援。亲日派要劫走李熙，另立新君，背清依日，亦风传满城。吴兆有、袁世凯致书日本驻朝公使竹添进一郎，竹添进一郎不答。

事态已到了十分严重的地步，如听任亲日派掌握政权，朝鲜就会摆脱中国而依附日本，作为驻朝清军负责人之一的袁世凯便难逃失职之罪。诚如他本人所说：“若日兵劫王东去，别立新主，则在此保护弹压，既失一国，又失一君，咎孰大焉!”① 同时，他还考虑到：“韩既附日，韩乱党必断我归路，合兵攻我，何由回国?”② 与其如此，不如破釜沉舟，背水一战，何况清军在数量上大大超过日军。形势的危急迫使袁世凯迅速作出抉择。为维护清王朝的宗主国地位，保住自己的功名利禄，他果断地决定：进攻王宫，救出国王李熙。当他提出这一方案与吴兆有、张光前相商时，吴兆有、张光前还想等待李鸿章的指示。那时朝鲜与中国不通电报，等待李鸿章信函指示需要好多时日，袁世凯认为时不我待，不能再事犹疑。吴兆有、张光前二人终被说服，同袁世凯一起率军向王宫疾进。日军开枪，清军还击，打得日军节节败退。至晚，恐误伤李熙，乃收兵回营。日军见败局已定，趁机退出王宫。夜半，有人报

① 《清光绪朝中日交涉史料》卷6，第17页。
② 《容庵弟子记》卷1，第10页。

告李熙在北门内关帝庙，吴兆有率兵往迎，袁世凯在外巡哨协助。吴兆有救出李熙，劫持李熙的洪英植及其同伙皆被朝鲜军人杀死。李熙入吴兆有军营，下诏重新组织政府。7日，李熙移驻袁世凯军营。竹添进一郎出走仁川，金玉均等人亦随之远遁。10日，袁世凯护送李熙回宫，“甲申政变”结束。

袁世凯在这次事变中成为胜利者，心花怒放，乐不可支。他决定牢牢抓住这个千载难逢的大好时机，加紧控制朝鲜，再爬高一步。12月15日，他上书李鸿章，建议说：“此时为朝鲜计，或战或和，在中国不难即了；然泰西方盛，不数年必又有异谋，则中国尤难防御。莫如趁此民心尚知感服中朝，即特派大员，设立监国，统率重兵，内治外交，均代为理，则此机不可失也。”① 谁来充当监国大员？他没有说明，自己想干自在不言之中。当时，不仅袁世凯主张在朝鲜设立监国，其他人也有同样的议论。李鸿章认为日本与朝鲜立约之初，即写明朝鲜为自主独立之国，明系不让他人干预。若是突然派员监国，不要说朝鲜君臣观望反侧，难以操纵，日本必然首先决裂，阴嗾各国联合阻挠，那时将陷于进退维谷之境。加以中法战争正在进行，他不愿与日本失和，另起兵端，没有采纳设立监国的建议。袁世凯不免大失所望。然而，他竟自作主张，搬进王宫，住在偏殿楼下，与李熙居室只有一墙之隔，对李熙进行直接监视；同时要求朝鲜各部大臣每天向自己“白事，环绕左右听指挥”②，以监国大员自居。

从当时清政府的立场出发，袁世凯在政变的关键时刻所采取的军事行动无疑是正确的，本应受到奖赏。可是，另外一些事情却搞得他灰头土脸。首先是他在平定政变后，不经请示即挪用军饷，抚恤被亲日派杀害的朝鲜大臣的家属，要求李鸿章将这笔款项作为正当开支报销，遭到李鸿章的严厉申斥，谓其“纯以银钱买结韩人之心，实属荒谬”，不准所请，并札饬吴兆有责令其赔偿。其堂叔袁保龄也去信痛训，令其悉数赔缴。③ 其次是他权势欲极大，一心想独揽军权，吴兆有等人心有不甘，

---

① 《清光绪朝中日交涉史料》卷6，第19页。

② 《容庵弟子记》卷1，第13页。

③ 王伯恭：《蜷庐随笔》，见中国史学会主编《中日战争》2，第310页。

与之闹翻，揭发他贪污军饷，蓄养官妓等问题，直气得他大叫“官运恶极”！

这时，日本政府又致函清政府，反咬一口，指控袁世凯妄启衅端，声称此次中日冲突，曲不在己。清政府不知真相如何，命李鸿章与会办北洋事宜的吴大澂负责处理，但不得与日本开衅。经过会商，决定由吴大澂和续昌赴朝查办。袁世凯成为查办对象。吴大澂、续昌抵达马山浦，袁世凯即派人将叙述事变经过的书面报告呈上，后在汉城又亲自谒见，当面辩解，并自劾擅自开衅之罪。吴大澂、续昌并未加以责备，反而说他劳苦功高，竭力安慰。但怕他的军队驻扎在朝鲜王宫之内引起日本政府猜疑，令其退出，回归本营。

日本政府此时也派井上馨同朝鲜政府谈判，并与之签订了《汉城条约》。这个条约解决了政变后朝日之间的善后问题，但未解决中日军队冲突的问题。清军是日本势力渗透朝鲜的巨大障碍，日本对在粉碎政变中发挥了重要作用的袁世凯尤为切齿痛恨，“憾之刺骨，百计排陷之”①，因此，扬言还要同清政府谈判，要求清军退出朝鲜。

这一系列事情均使袁世凯极为愤慨而又心灰意冷。恰在此时，他的养母牛氏听说他身处危地，吓得旧疾复发，急函催其回家。于是他便以母病为名，向吴大澂请假回国。

1885年1月30日，袁世凯离开汉城，次日夜乘超勇舰去旅顺，会见了袁保龄。过了两天，吴大澂、续昌处理完朝鲜问题亦回到旅顺。接着，他们和随员乘轮前往秦皇岛，驶出不久，即遇到浮冰，不能前行，只得改赴山东烟台。到烟台一打听，由陆路回天津需要二十多天方能到达，经请示总理衙门和李鸿章，他们在烟台住下，度过了春节。3月中旬，他们一起返回天津。吴大澂会见李鸿章时，盛称袁世凯有“奇才”；到京复命时，又屡言袁世凯之才可用。由此，袁世凯的名望渐高。李鸿章召见了袁世凯，命他仍回朝鲜供职。袁世凯坚持回家省亲，获得批准，回到河南陈州。

---

① 袁保龄：《阁学公集》，“书札”卷4，第1页。

三　驻节朝鲜

1885年3月，日本伊藤博文一行来华解决中日军队在朝鲜的冲突和撤兵问题。清政府派李鸿章为全权大臣与之谈判。4月，签订了《天津条约》，规定两国同时从朝鲜撤兵；两国均不派员教练朝鲜军队；今后朝鲜如有变乱等重大事件，派兵去朝鲜要互相照会，事定即撤，不再留防。这个条约虽然暂时解决了中日之间的军事冲突问题，却为以后日本出兵朝鲜埋下了伏机。伊藤博文还提出要惩办袁世凯。李鸿章根据朝廷设法坚拒的意旨，答以营官带兵入宫，本无错处，未便议处。同年夏天，驻朝清军依约撤回。

这时，闵妃集团的一部分人又转而倾向俄国，企图请求俄国保护与教练军队。针对这一情势，李鸿章准备把软禁在保定的大院君李昰应释放回国，利用其影响和力量，抵制闵妃集团依赖俄国的倾向，以加强对朝鲜的控制，并打算让袁世凯护送李昰应回国。

袁保龄对袁世凯能够"机警"地摆脱在朝鲜的困境极为满意，但又觉得他连个举人的资格也未取得，混迹官场未免"太贬声价"，将来高升很难，如能应举考中，"则声价顿长，出路亦宽"；同时，驻朝军队业已撤回，中国在朝鲜的商务委员以后"不过受罪而已"，绝无可能有所作为。故而在李鸿章面前再三替袁世凯力辞，并函告袁世凯，仍应以科举为阶梯，努力学习，准备参加秋季考试。①

袁世凯厌恶读书，久荒诗文，即便考试，也不会榜上有名。对此，

---

①《袁氏家书》卷6，第13－14页。

他心知肚明，早已绝了重进考场的念头，不愿再一次自找晦气，让人耻笑。袁保龄的告诫他当然听不进去，整日呼朋引类，花天酒地，虚掷光阴。

7月，李鸿章唯恐朝鲜局势发生剧变，急欲送李昰应回国。他认为袁世凯“有应变才”，“又与金允植、鱼允中等相熟，两边均可调停，于事有益”，是护送李昰应的最佳人选，又向袁保龄提出让袁世凯执行这一任务。① 袁保龄见此事涉及大局，只好答应，并遵嘱写信通知袁世凯作好准备。同月30日，李鸿章把李昰应从保定接到天津，进行了一番交谈之后，决定以袁世凯接替驻朝商务委员陈树棠，作为加强控制朝鲜的又一具体措施。一面催促袁世凯速回天津，一面报告清政府。

袁世凯于8月下旬赶回天津。对于护送李昰应回国的办法，李鸿章开始担心闵妃集团抵制抗拒，准备派提督丁汝昌、总兵黄金志、王永胜等率陆海军保护。后来考虑如此似嫌过于炫耀武力，闵妃集团反而可能产生恐惧，铤而走险，横生异议；由袁世凯伴送，“其才必能措置裕如，无须派兵同行”②。所以，袁世凯一到，李鸿章诙谐地对他说：“今如演戏，台已成，客已请，专待汝登场矣！”袁世凯请仍如原议，让丁汝昌等率军前往。李鸿章又开玩笑似的说：“韩人闻袁大将军至，欢声雷动，谁敢抗拒？原议诸员悉无所用，兵亦不须遣，只许汝带水师小队数十登岸，作导引足矣。”③

9月19日，清政府批准让李昰应回国。

10月3日，袁世凯和总兵王永胜护送李昰应抵达仁川，朝鲜政府却无人迎接。袁世凯急命人告知李熙，应体尊亲之意，隆孝养之情，速迎大院君。到达汉城，袁世凯对闵妃和李昰应之间的矛盾进行了排解调处，规劝李熙不要亲近俄国，但未真正解决问题。逗留数日，袁世凯回津复命。听完汇报，李鸿章对其更为器重。

10月28日，李鸿章上折奏请派袁世凯接替陈树棠职务，内称：袁世凯“胆略兼优，能知大体，前随吴长庆带兵东渡，久驻王京，壬午

---

① 《袁氏家书》卷6，第15页。
② 《袁氏家书》卷6，第16页。
③ 《容庵弟子记》卷1，第18页。

（1882）、甲申（1884）两次定乱，情形最为熟悉，朝鲜新旧党人，咸相敬重”。“若令前往接办，当能措置裕如。惟陈树棠赴朝之时，尚属商务初开；今则口岸渐增，贸易日盛，各国公使麇集汉城，相机因应，尤赖该员从旁赞画。似宜优其事权，作为驻扎朝鲜总理交涉通商事宜，略示与闻外交之意。”在附件中又说：“朝王外虽感德，内则趋向不专，阴有择强自庇之意”。“袁世凯足智多谋，与朝鲜外署廷臣素能联络，遇事冀可挽回匡正。今乘朝王函请，正可迎机而导，令其设法默为转移。该员带队两次戡定朝乱，厥功甚伟。”拟请以知府分发，俟补缺后，以道员升用，并请赏加三品衔。[①] 清政府予以批准。

袁世凯护送李昰应赴朝时，袁保龄曾去信告诉他不要接受驻朝商务委员之职，希望他在海军历练，“成就一个大人物，以为报国显亲之地，不愿汝履虎尾以求名利也”。[②] 但看到事情已经决定，无有转圜的余地，袁保龄只得再三叮嘱他，事事都要小心谨慎。

袁世凯的想法却不同，得知升为知府，赏加三品衔，出使朝鲜，别提多么得意了。他写信对其二姐说：“此次东渡，往返不及一月，事虽棘手，却无贻误。本拟在内地谋事，而无如诸王大臣及中堂均坚使弟赴朝鲜充四等公使，亦小钦差局面。而向来公使钦差在属国无兵，亦名为驻，敬重之词也。弟年少识浅，不料蒙太后留意，诸亲王、军机大臣、中堂推重，如此知遇，更有何言！从前带兵身任战事，故危险。此时作使臣，无人能害使臣，何险之有？今日时势，惟出使尚有出头之日。带兵操练又无战事，将何由名达天听也？”“弟年未三十，名扬中外，大臣推重，九重垂青，亦大喜事。”[③]

在列强的不断侵略下，国家日益贫弱，人民迭遭苦难。袁世凯不思如何振兴中华民族，一心想着个人的“出头之日”和安全，说明他同一般的庸俗官僚一样，所孜孜追求的仅仅是平步青云，高官厚禄而已。然而，也正如他所说的，出使朝鲜使他有了“出头之日”，从此，他在政治舞台上崭露头角，成为中外所知的人物了。

---

① 《清光绪朝中日交涉史料》卷9，第13－14页。

② 《袁氏家书》卷6，第17页。

③ 《北洋军阀史料》卷1，第110－114页。

1885年11月15日，袁世凯再次到朝鲜，与陈树棠办理了交接手续，走马上任。此次去朝鲜，与昔日相比，迥然有别。他有一个“驻扎朝鲜总理交涉通商事宜”（也称总理交涉通商大臣）的新头衔，虽然地位不太高，只不过是北洋大臣的属吏，不能代表国家和国家元首，而他却觉得十分了不起，把自己当作“上国”派出的公使看待；甚至以为“驻扎属邦，有扶持一国之权，位或逊于各公使，而其权上之”①；更重要的是，他还带有李鸿章致李熙的一封至要密函。密函嘱咐李熙：“以后贵国内治外交紧要事宜，望随时开诚布公，与之（指袁世凯）商榷，必于大局有裨。”② 所谓“商榷”，就是请示。有了密函在手，其身价顿时增长了数倍。过去只能隐隐然以监国大员自喻，这次虽无监国之名，而实际地位却与之相去无几。李熙也以其系北洋承军机处之命而差委，身份与前不同，予以另眼相看。

正因如此，袁世凯一到朝鲜，就摆出监国大员的架势，亟欲正朝鲜的属邦之名，遇事直入王宫，或传呼朝鲜大臣听命，态度傲慢，盛气凌人，颐指气使，专横武断。他事事插手，对朝鲜的内政外交横加干涉，强迫朝鲜政府按照自己的意志行事，任何重大问题，如不经其允许，朝鲜政府很难实行。在各国公使面前，他自视高人一等，遇有公使、领事会议，概不出席，仅派翻译参加，以示与众不同。他的这种傲慢、专断引起某些西方国家驻朝公使的愤怒和忌恨，美国曾因此而质问清政府：袁世凯到底是何等官职？

闵妃集团同李昰应水火不容，对于中国护送李昰应回国恨入骨髓；国王李熙“时以三千里山河臣服于华为耻”，加之希冀求荣的官员不断以“引俄背华之议”蛊惑③，脱离清王朝控制的愿望日形急迫；而袁世凯的蛮横干预又使闵妃和李熙有如芒刺在背，加速了背离清王朝的行动。

1886年8月，闵妃的侄儿闵泳翊密告袁世凯，朝鲜政府秘密致函俄国驻朝公使，请求俄国保护，企图实现完全独立自主。

---

① 沈祖宪辑录：《养寿园电稿》，“电禀稿”第4页，台湾文海出版社印行。
② 《复朝鲜国王》，《中日战争》2，第50－51页。
③ 《养寿园电稿》，“电禀稿”第46页。

袁世凯一时心血来潮，头脑热得发昏，立电李鸿章，提出应废黜李熙，另立新君。他说：“以凯管见，韩纵送文于俄，俄兵未能速来。不如待其引俄张露，华先派水师，稍载陆兵，奉旨东渡，废此昏君，另立李氏之贤者；次以数千兵继渡。俄见华兵先入，韩易新君，或可息事。且此时人心瓦解，各国怨谤，如明降谕旨，再由宪（指李鸿章）授谕李昰应相助，三五日可定，尚不难办。如待俄兵先入，恐华难措手。”① 为打消朝鲜依赖俄国的倾向，袁世凯像催命鬼似的立逼朝鲜领相沈舜泽、右相金宏集等交出求俄保护文件。沈舜泽声明政府不知此事，如有文件，也是小人假造。袁世凯穷追不放，接着详细陈述一番利害，最后疾言厉色地告诉他们：“圣朝东顾，义尽仁至，何所负于朝鲜？有此一举，显系背华。如天朝震怒，将兴师问罪，未知韩何以应？”② 大肆进行威胁。沈舜泽等人听得心惊胆战，询问俄国驻朝公使韦贝有无送文件之事，韦贝矢口否认。袁世凯再行索要文件，沈舜泽等即以韦贝不承认收到文件答复。袁世凯又致电李鸿章，要求“速派大员率兵查办”，声言：“此时臣民交哄，举国鼓沸，如有五百兵，必可废王，擒群小解津候讯。”③ 显见，他仍想强废李熙。正在他加紧催索文件时，朝鲜政府正式照会声明，事属虚妄。他不敢再要蛮横，将照会禀报李鸿章。

李鸿章虽然认为不诛乱党、不废李熙无法挽回局势，但又顾虑突然派兵强行废立，会引起各国责难，掣肘立见，非至万不得已时，未便声罪致讨；况且北洋兵舰不足，军饷艰窘，不敢冒昧从事。遂命知府陈允颐以查看电线为名，到汉城调查情况。陈允颐与袁世凯等交谈后，返津复命。李鸿章得知李昰应无力诛除群小，朝鲜政府又来文辩诬，闵泳翊出逃，无人作证，根本无法查办，电令袁世凯镇静勿扰。袁世凯只得要朝鲜政府照会各国，声明有人假造国宝，欺骗外国，各国如收到仅有国宝印文而无外署印押的信函，均作为废纸。朝鲜政府遵办。李鸿章以为这个办法尚属周密，朝鲜和俄国均不承认有送文件之事，便暂作了结，于是这桩扑朔迷离的事件便稀里糊涂地不了

① 《袁道来电》，《中日战争》2，第102页。
② 《养寿园电稿》，“电禀稿”第51页。
③ 《袁道来电》，《中日战争》2，第109页。

了之。

为维持“上国”尊严和宗藩关系，9月底，袁世凯上书李熙，提出“谕言四条，时事至务十款”，要其采纳，力去前非。[①] 10月上旬，又写了一篇《朝鲜大局论》，送给朝鲜政府，宣称：“朝鲜本属中国，今欲去而之他，是犹孺子自离其父母，而求他人之顾复也。”并说朝鲜“依中国”有六大好处，“背中国”有四大害处。末后又驳斥了朝鲜的自主论：“朝鲜自君其国，自子其民，与各国立约，互称已为自主，不过受辖于中国耳。如以不臣于人为自主，是徒取文字之体面，而不顾宗社之沦亡，贾虚名，受实祸，朝始称帝，夕已破灭。……方今上下解体，国弱民贫，欲求一至近、至大、至仁、至公之国以庇荫之，舍中国，其谁与归？谨依中国以图自存，犹有他虑，况背中国乎？”[②]

李熙和闵妃尽管表面上敷衍袁世凯，内心愈益疑忌。袁世凯却洋洋自得，居然在家信中大吹法螺，说他“只手撑支东方大局”，清廷和李鸿章均嘉奖他“办事得法”[③]。实际上，并不是那么回事。他既未消除掉朝鲜争取独立自主的民族觉醒意识，其“动止张皇”、“躁妄轻率”[④]，也受到李鸿章的狠狠斥责。此后，他才学得稳重一点儿，遇事比较镇静沉着了。1886年10月27日致函李鸿章作了检讨，说他“学识浅陋，更事未多。当俄事之初起也，以为大局攸关，背义为恨，误为人言耸动，心积不平，语多过激。信［仰］赖宪台俯鉴愚诚，随时教谕，密授机宜，乃能无迹结束，以次渐安。然回忆前事，诚未免动止张皇，追悔之余，犹觉惕凛。此后谨当恪遵钧悔［诲］，于西人中有一二不相能者，皆虚与委蛇，以释疑谤，遇事即思平心静气，持重耐烦，平日究心学问，不敢躁妄轻率，致负宪台成全无已之至意”。末后又说自己才能有限，难胜所任之事，请委人暂时署理。[⑤]

为了表示独立自主，1887年8月，李熙又派遣朴定阳为全权大臣，

---

① 吴晗辑：《朝鲜李朝实录中的中国史料》12，第5290－5294页。
② 《袁世凯驻节朝鲜期间函牍选辑》，《历史档案》1992年第3期。
③ 《北洋军阀史料》卷1，第121页。
④ 《袁世凯驻节朝鲜期间函牍选辑》下，《历史档案》1992年第4期。
⑤ 《袁世凯驻节朝鲜期间函牍选辑》下，《历史档案》1992年第4期。

出使美国；沈相学为全权大臣，出使英、德、俄、意、法等国（后改派赵臣熙）。

袁世凯认为朝鲜擅自遣使出国，有碍中国体面，朝鲜欲表示自主于天下，中国就应当表示属邦不得与中国平行于各国。向李鸿章建议：朝鲜使臣与中国驻外使臣公事交涉，必须用呈文，往来用衔帖，中国使臣用札笔照会，以符旧制。嗣后又照会朝鲜政府，责其不事先协商，借以阻止使臣出国。李熙申述理由，袁世凯一一加以驳斥。清政府也认为朝鲜此举不合属邦体制，责令其必须先行请示，待允准后方能前往。李熙不听，密令朴定阳、赵臣熙离开汉城。袁世凯知道以后，千方百计逼迫朝鲜政府将二人追回，同时派人带着奏咨前往中国请示并谢罪。李熙被迫执行。清政府认为，此事未便强行阻止，只能嘱其遵守属邦体制，让李鸿章拟定三条办法，要朝鲜政府遵办。三条办法的首条，就是朝鲜使臣到某国后，先谒见中国驻该国使臣，然后由中国使臣带领，同赴该国外交部。但朴定阳到美国后并未执行。袁世凯责令朝鲜政府将其调回，并加惩处。赵臣熙见状，滞留香港，未敢前往西欧。

1889 年 4 月底，朴定阳回到汉城，朝鲜政府拟授其为外署督办。袁世凯认为朴定阳违背中国章程，实为罪人，如听其任命，那就表明朝鲜政府有自主之权，大损中国国体，而在香港滞留的赵臣熙也必然马上启程前赴欧洲。因此，他非但不准朝鲜政府授予朴定阳职务，并且威胁、强迫朝鲜政府对其严加惩办。李熙不同意，数次派人疏通。袁世凯坚持非办不结，绝不给通融余地。李熙无奈，只得将朴定阳撤职。袁世凯以为处置太轻，还不罢手，向朝鲜政府提出，应当永远禁止朴定阳担任外交职务。

袁世凯不择手段地干涉朝鲜内部事务，主要是想维护"上国"尊荣和巩固宗藩体制，同时也与他的"刚而无学，专而嗜名"① 很有关系。清王朝对朝鲜虽有宗主之名，但不过"以正朔朝贡为大端"② 而已，并不同于近代资本主义国家同殖民地的关系，从未采取积极干涉政策，

---

① 《张謇日记》，甲申四月三十日，江苏人民出版社，1962 年。

② 《养寿园电稿》，"津院去电" 第 62 页。

"其本处一切政教、禁令，向由该国自行专主，中国从不与闻"。[1] 袁世凯却一反既往，凌驾于朝鲜政府之上，积极干预，做得比清政府要求的还要多得多。

李熙、闵妃集团和一部分朝鲜官员时而企图依靠日本，时而倾向俄国，自有他们的问题。袁世凯站在宗主国的立场上，竭力予以遏抑，防止日、俄势力渗透朝鲜，在远东发展，是符合清王朝利益的。但是，不可否认，朝鲜提出"永不受他国辖制"，"与天下各国一律平行"，[2] 反映了弱小民族要求独立自主的合理愿望，也是正当的，无可非议的。袁世凯作为宗主国的官员，当然不会正确对待这一问题，而是把这种正当要求看作"背叛上国"，百端压制。他自以为得计，结果适得其反，非但未能取得与亲清派官员的进一步合作，巩固宗藩关系，反而大大伤害了朝鲜官员的民族自尊心，引起宫廷不安，促使其产生更大的离心倾向，严重损害了中朝关系。他在朝鲜已成了邪恶的象征，朝鲜君臣恨得咬牙切齿。1888 年 10 月底，李熙即乘袁世凯三年任满之际，致书清政府及李鸿章，称袁世凯"驻东既久，终难相济"[3]，请求派员接换。次年 11 月，金明圭奉李熙之命面谒李鸿章，指出袁世凯与朝鲜君臣之间"表里隔膜，情志不符，乃抵牾而不相入，甚有损于大局"，再次要求选人以代其任。[4]

清政府对袁世凯的办事操切亦有所察觉，1887 年 8 月曾告李鸿章："非独朝鲜政乱可忧，而袁之轻躁易动亦殊可虑。"[5] 醇亲王奕譞甚至叫李鸿章预储"通品"，以为袁世凯之代。

袁世凯作何想呢？初任新职时，他晋级加官，骤膺重任，感到荣耀之至，以为凭着"上国"的神圣威严和自己的机谋，指挥朝鲜君臣易如反掌，因而雄心勃勃，意气风发，信心十足，精神抖擞。然而，干了一两年之后，他发觉现实并非想象的那么美妙，自己的才干原来也不那么

---

① 《总理各国事务衙门奏日本欲与朝鲜修好折》，《中日战争》1，第 289 页。
② 《袁道来电》，《中日战争》2，第 103－104 页。
③ 《议留袁世凯驻韩》，《中日战争》2，第 82 页。
④ 《与朝鲜驻津陪臣金明圭问答节略》，《中日战争》2，第 94 页。
⑤ 《清光绪朝中日交涉史料》卷 10，第 27 页。

卓越，因而又把将来成为雄飞之地的朝鲜视为畏途，一而再、再而三地请求在三年任满时调回国内。他的这种心情在给道员盛宣怀的信中有明显的流露[①]，兹节录几封如下：

“自韩狃于开化自主，一时延请洋匠西人甚多。而所事一无成效，并购买诸玩好无虚时，国财因一竭，国债因一积，至今百官俸薪四朔未颁，兵饷亦朝不给夕。又妖邪百出，内外惶恐，至人心溃散，政治之废弛，从未如朝鲜之甚、如今日之甚者也。百官近臣各具一心，各谋一身，即此时势，将不知伊于胡底？亦惟尽心竭力，待时而已。”

“此间时势，如江流日下。如侄驽劣，已精力交困，惟盼秋后瓜期，即谋代藏拙，田原〔园〕乐当不远矣。”

“此间近势，已山穷水尽，……如侄不才，徒自遗戚，度日如年。尊教蝉联，非所敢闻。俄人阴谋蚕食，由来已久，方今锐意铁路，志固有在，将来造端，岂在韩乎？”

“弟自知努〔驽〕材，断难久任重寄，况此间事日益棘手，尤非弟所能支拄。设有遗误，有关大局，反复筹思，惟去为上计。且老母六旬，奉养须人，徒此荏苒，公私间惭憾实多。夏秋间曾托郁、芗两丈迭言于帅，不蒙允；又据〔具〕禀屡陈，又见阻；似今冬更无望矣，殆亦命耶？姑俟来春，相机自谋退步。”

“此间事如痼疾，膏肓之际，攻除难达。弟迭恳瓜代，尚未蒙允，日坐荆针，决非久计。矧近灾生，百疾丛集。值多事之衔，乏补救之术，公私交殆，日切悚忧。十月之间，或可挂帆内渡，……未卜果能如愿否？”

“来年设得内渡，……唯求帅择员接替而已。弟才庸识陋，值此事日棘手，病复迭生，自揣断难胜任，且老母多病，……特未卜何时得卸此肩也。”

---

① 盛宣怀与袁世凯的堂叔袁保龄为同僚至交，因这层关系，袁世凯一直称盛宣怀为“伯”。1888 年，盛宣怀甘愿降低辈分，提出与袁世凯结拜为盟兄弟。袁世凯初曾谦让，后终答允，信中的自称也由“侄”改为“弟”。

“去冬家母忽病偏废，迭次乞假，始为相帅力拂，继为内廷复阻，心绪甚劣，至成久病，今五月始渐痊可。……弟入秋即觉旧症欲发，拟仍请简代，未知当轴能俯允否?”①

观此，即不难知其何以亟欲调回国内了。

而在李鸿章看来，袁世凯虽然轻躁妄动，但有才干，有功劳，任劳任怨；经过屡次训饬，意气已平，尚能慎重自持；熟悉情况，纤细必报；牵制李熙非他不可，处理朝鲜问题离不开此人，“通品”之才难求，坚决反对撤换，更把要求撤换袁世凯的朝鲜国王李熙斥为荒唐。因此，袁世凯三年任满之后仍旧留在朝鲜，并在李鸿章的大力庇护、奏保之下节节高升。1890 年 2 月，李鸿章给袁世凯写了“血性忠诚，才识英敏，力持大局，独为其难”的十六字考核评语②，奏请免补知府，以道员分省归候补班尽先补用，并赏加二品衔。奉旨允准。袁世凯从此换上红色顶戴，成为监司大员。

袁世凯在八年之内，由捐纳的一个小小中书科中书爬到如此高位，速度之快，非一般人所能望其项背。他之所以能够如此，除了忠于职守，办事认真，手腕灵活，善于处理人际关系外，主要是遇到了一位“伯乐”李鸿章，他对李鸿章的拔擢之恩感激涕零。就连他的三哥袁世廉也铭心刻骨，写信对家人言：“吾家世受国恩，傅相（指李鸿章）知遇之隆，虽肝脑图报，亦说不了。”③

1892 年 8 月，李鸿章又奏保袁世凯以海关道记名简放。次年 5 月，再奏补为浙江温处道员，仍留朝鲜。

袁世凯对朝鲜君臣厌恶自己的心情，对自己不能驾驭朝鲜局势，都是胸中有数的，所以他一方面为加官晋级而得意，一方面仍感到心劳力拙，头大如斗，无比苦恼，日夜思索如何摆脱困境。在一封致其二姐的信中，他忧郁地写道：“弟自思不能再久居外，自必极力设法脱此苦海，

---

① 以上各函俱见王尔敏、陈善伟编：《近代名人手札真迹》9，第 4139－4140、4148、4156、4171－4172、4177、4187－4188、4204－4205 页，香港中文大学出版社，1987 年。

② 《北洋军阀史料》卷 1，第 285 页。

③ 《北洋军阀史料》卷 1，第 285 页。

能早一日即早一日回。惟内外俱无替人，此间关系中国亚洲全局，大可闷耳。”① 然而，为了显示本领之大，才能之高，在李鸿章面前，他又极力往自己脸上贴金，极言朝鲜待他如何之好。1890 年 5 月，他自吹自擂说：“某在此素得士民心。”② 1891 年 10 月，他因母亲牛氏有病，请假回国。行前，电告李鸿章：“今午谒晤韩王及世子，均祝职母早愈，属凯速回，备极殷勤，婉若真情。妃亦遣闵泳骏谆属早回。”③ 1893 年 2 月，他又向李鸿章吹嘘：“顷晤王及世子，情甚殷洽，属凯遇事指教，务期中东无稍芥蒂。现深知凯待韩甚厚，已往各事，请毋介意等语。近自贷款念万，韩君臣感悦，凯乘机联络开导，与权贵闵泳骏、泳达、郑秉夏等均善。骏等叠次谏王及妃诚事华、信待凯以自保，王、妃渐感悟。倘能久定此见，东方事可望渐顺。”④

---

① 《北洋军阀史料》卷 1，第 213 页。
② 《容庵弟子记》卷 1，第 25 页。
③ 《清光绪朝中日交涉史料》卷 12，第 5 页。
④ 《清光绪朝中日交涉史料》卷 12，第 13 －14 页。

四　仓皇逃归

朝鲜北与俄国毗邻，南与明治维新后逐渐崛起的日本仅有对马海峡一水之隔，俄国早就想蚕食朝鲜，日本则直欲鲸吞。日本的野心能否实现，直接关系到与朝鲜山水紧密相连的清王朝的利害安危，也是对作为维护朝鲜属国地位和外交官员的袁世凯的严峻考验。

日本自 1868 年明治维新后便确定了霸占朝鲜，进而侵略中国的大陆政策。1875 年 9 月，日本派军舰“云扬号”侵入朝鲜领海，制造事端。1876 年 2 月，以武力强迫朝鲜政府签订《江华条约》（又名《朝日修好条规》），势力逐渐渗入朝鲜。袁世凯对此有一定的警惕。1884 年 11 月，他就意识到朝鲜君臣被日本拨弄的危险性，及时报告了李鸿章；并在当年 12 月率兵击败日军，粉碎了亲日派发动的政变。此后，日本由于军事实力不足，朝鲜人民对日本不满，同时为了阻止俄国势力在朝鲜扩张，不得不改变外交策略，表面上采取与中国合作的态度，而其大陆政策并未改变，唆使朝鲜背清依日的意图并未改变，不过暂时把强硬政策隐蔽下来，等待适当时机罢了。

袁世凯出任总理交涉通商大臣后，鉴于日本“专力于兴起商务，招集商民，盘根植固，倍蓰中国，其处心积虑，固不徒为今日计”①，极力笼络朝鲜的亲清派，排斥打击亲日派，支持朝鲜派人到日本刺杀亲日派头子金玉均，挑唆朝鲜君臣对日本的恶感，防制日本甚力。

然而，他又往往表现出对日本的轻蔑。1887 年，日本制定了五年准

---

① 转见林明德：《袁世凯与朝鲜》，第 99 页，1970 年。

备，抓住时机进攻中国的计划。到1890年，日本已完成军备改革，并着手进行发动侵略战争的宣传煽动。袁世凯对此懵无所知，断言“倭人方亟亟自谋，断不至坏败和局”①，完全是一种盲目乐观、麻痹轻敌的思想。这种思想愈往后表现得愈明显。1893年1至2月，他几次向李鸿章报告：“揣倭时势，决不敢与华生衅，特知华志传和局，故为跳梁，冀售诡谋。倘华牢持定见，不稍假借，倭自必改图。”② “顷闻日本新驻使大石（大石正己）谓，自可联合各国，扶韩自主，永不受华凌侮，……附倭群小顿增声势，恐自主议将复炽。然前年韦（俄国驻朝公使韦贝）、德尼（美国人，由李鸿章推荐，在朝鲜政府协办内务府事兼管外务衙门掌交司堂上）等谋韩自主，迄无寸功。倭强不如俄，大石阴狡不如韦等，各国亦未必听其联合，庸人徒扰，似无能为。”③ “前得大石著《韩论》，颇呰韩人。曾录示韩君臣，并遇事挑唆。近闻韩王殊憎大石，附倭群小均屏息，不敢言倭事，渠自主邪说必无能为。”④ 同年5月，日本曾派人秘密与朝鲜东学党人联系，并令一些日人潜入汉城，有的携带枪械，阴谋挑动朝鲜内乱，制造发动战争的借口。袁世凯虽然觉察到日本行动可疑，可是并未引起高度警觉，事过之后，依然如故。其产生妄自尊大、麻痹轻敌思想，主要由于主观臆断，对日本国势作出了错误的估计，迷信自己的挑拨手腕，把朝鲜政府的表面应付误认为亲华的表现，同时为日本制造的假象所迷惑。事实上，日本已经在寻找发动侵略战争的机会了。

1894年3月，朝鲜的东学党请愿遭到失败后，遍发排外传单，情势顿然紧张。此时日本发动战争的准备工作全部告竣，决心对中国开战。李鸿章闻日本有调兵赴朝之说，命袁世凯调查。袁世凯以主观臆测代替客观实际，复电说：“详审在韩日人情形及近日韩日往来各节，并日国时势，应不至遽有兵端，调兵来韩说或未必确。”⑤ 次日派译员往探日

---

① 转见林明德：《袁世凯与朝鲜》，第100页。
② 《养寿园电稿》，“津院去电”第63页。
③ 《清光绪朝中日交涉史料》卷12，第13页。
④ 《养寿园电稿》，“津院去电”第66页。
⑤ 《养寿园电稿》，“电稿”第109页。

本驻朝公使大鸟圭介后，又报告说，“毫无生事端倪”①。

由于政治黑暗腐败，民不聊生，1894 年 4 月 26 日，东学党率领农民在全罗道起义，提出“济世安民”，“逐灭夷倭”，“尽灭权贵”的口号。

对这次起义，袁世凯始终主张坚决镇压。早在上年起义酝酿时期，他就迭劝朝鲜政府派军队剿抚，“择诛其魁，毋怯懦”，“严缉惩”，并电请清政府派水师入朝，“以尽弹压责”。② 后来朝鲜政府得知起义军将攻取汉城，请求清政府出兵时，他又毛遂自荐，表示愿亲自统军前往剿除，对朝鲜官员说：“邪教乌合，料必自散，倘突聚乱，不及调兵，王（指李熙）可选付凯（袁世凯自称）韩兵千名，以凯处华捕差丁分领，由凯亲率截剿，足可殄灭。”③

1894 年 4 月起义正式爆发后，朝鲜政府命洪启薰率兵讨平。袁世凯担心朝鲜政府无力平定，一旦起义军逼近京城，引起外国人干涉，自己多年苦心维护的中国在朝鲜的地位发生动摇。为迅速扑灭起义烈火，他迫不及待地为朝鲜统治者出谋划策，调平远舰代为运兵，派徐邦杰等随朝鲜军队侦察，且跃跃欲试，自告奋勇，向朝鲜大臣提出愿为代戡。5 月 26 日，他对闵泳骏说：“方今东学跳梁，招讨重任而使孺子之洪启勋〔薰〕任之，国家不误而何？余近遣使至战地侦察，将无威严，军无纪律，官校终日不为一事，兵卒出入闾里，偷财贪色，为害居民。贼军在前，则远阵于数十里外，待其退却，然后追讨，是岂讨贼之本意？余谓朝鲜无人物以此。若使余划策，期以十日，必不难讨灭之。”④

朝鲜政府尝够了袁世凯的苦头，害怕中国出兵平乱之后，其气焰更加嚣张，无法忍受，又顾虑日本出兵，故未立即请求中国出兵。5 月 31 日，起义军攻克全州，人数激增，声势浩大。朝鲜政府感到再不求援，危亡立至，始于 6 月 1 日派人向袁世凯乞求出兵助剿。

袁世凯闻之大喜，让写个正式呈文，以便转呈核准。同日，日本驻

① 《养寿园电稿》，“电稿” 第 110 页。

② 《养寿园电稿》，“津院去电” 第 74 –75 页。

③ 《养寿园电稿》，“津院去电” 第 81 –82 页。

④ 转见王信忠：《中日甲午战争之外交背景》，第 155 页，1937 年。

朝使馆翻译郑永邦面见袁世凯，说起义大损商务，朝鲜政府无力镇压，怂恿中国出兵，且云日本政府“必无他意”。袁世凯当即电告李鸿章：“韩归华保护，其内乱不能自了，求华代戡，自为上国体面，未便固却。……如不允，他国人必有乐为之者，将置华于何地！自为必不可却之举。”请李鸿章答应出兵。日本的动向如何呢？他认为1885年的中日《天津条约》，并无中国出兵，日本也出兵的明文规定，而且起义军距汉城较远，加上朝鲜和各国的反对，日本肯定不会出兵，说：“倭如多事，似不过借保护使馆为名，调兵百余名来汉。”①

在此之前，李鸿章担心中国出兵会引起日本出兵，主张持慎重态度；接袁世凯此电，他的疑虑解除了，决定待朝鲜请兵呈文到后，即派兵赴朝。

6月2日，日本内阁决定迅速作好出兵准备。3日，已经建议其政府出兵的日本驻朝代理公使杉村濬会晤袁世凯，询问中国是否出兵，力加敦劝。杉村濬此举，主要是刺探军事情报，催促、诱使中国早日出兵，尽快实现日本的侵略野心。袁世凯没有察觉，把即将出兵的计划告知对方，泄露了军机，致使日本在军事部署上抢先一步。并电告李鸿章：“杉与凯旧好，察其语意，重在商民，似无他意。”② 次日，李鸿章命水师提督丁汝昌派军舰两艘，直隶提督叶志超、太原镇总兵聂士成抽选淮军一千五百名，向朝鲜进发。

然而，事情远不如袁世凯想象的那样简单。6月5日，日本设立战时大本营，驻朝公使大鸟圭介以保护使馆为名，率海军陆战队四百余名回任。朝鲜政府闻大鸟带兵回任，非常害怕，立告袁世凯。袁世凯回答：大鸟不喜多事，带巡捕二十名（日本使馆只通知他带巡捕），自无打仗的意思。6日，中国通知日本出兵。7日，日本答复，不承认朝鲜为中国属邦，并告知日军也开赴朝鲜。李熙闻知，惊惧万分，派人见袁世凯，要求清军到后不要登岸，更不要继续增加。袁世凯却回答说：日本出兵，朝鲜理应力加阻止；如不能阻止，中国也要调兵蹑防。至于中

---

① 《清光绪朝中日交涉史料》卷13，第6－7页。
② 《清光绪朝中日交涉史料》卷13，第8页。

国进兵与否，“惟视全匪存亡，不能因倭调兵遽停进”①。直到此时，他还一心想着镇压东学党起义，无视日本出兵的严酷现实，对形势的危急缺乏起码的认识。

8 日，日本大批军队开进朝鲜。9 日，朝鲜官员迎阻大鸟圭介带兵进入汉城，遭到拒绝。袁世凯开始感到问题的严重了，马上致电李鸿章说：“倭来甚锐，似非有得，不肯遽去。”② 为掩饰自己的无能，让日军退出朝鲜，他一面欺骗朝鲜政府，说日本出兵意在“与华争体面，兵来非战，且勿惊极”；一面仍认为“欲速退倭兵，唯有速图剿匪”，要叶志超和朝鲜政府加紧剿灭起义军。③

此时东学党起义军已经退出全州，而日军陆续开进不止。6 月 12 日，日本政府告知清政府：日军派多少，是否进入朝鲜内地，中国无权干涉。清政府为避免发生冲突，建议中日军队同时撤离朝鲜。日本政府置之不理。为阻止日军继进，袁世凯又敦促朝鲜政府与日本交涉，请各国公使出面干预，并准备直接与大鸟圭介进行谈判。大鸟圭介在各国公使的质问下，不得不坐到谈判桌前。12 日，双方约定不再增兵。大鸟圭介佯为同意，实不执行。袁世凯则信之不疑，急电李鸿章。李鸿章本打算增派军队，接到袁世凯此电，当即停止；并命叶志超部勿再前进，整理归装，等待内渡。如此一来，日军在数量上便大大超过了清军，占有绝对优势。

东学党起义最后溃散。清政府以“乱事”已平，要求中日同时撤兵。日本政府不予理会，处心积虑挑起战争。袁世凯所作的努力完全失败，18 日连电李鸿章请求增兵，谓：“倭势甚凶悍，各国员（指各国公使）殆亦无可如何。再，华嘱毋多派兵，而竟派至五千；嘱不入内地，而反请会剿。凯迭与（大鸟圭介）商，均反复，极可恨，恐非口舌所能争。”“似应先调南北水师迅来严备，续备陆兵。”④ 他对事态的严重性有了进一步认识。但李鸿章期待外国调和，未再增兵。

日本并不因此停止进军，反而指令大鸟圭介制造开战的口实。6 月

---

① 《清光绪朝中日交涉史料》卷 13，第 10 页。
② 《清光绪朝中日交涉史料》卷 13，第 12 页。
③ 《清光绪朝中日交涉史料》卷 13，第 13 页。
④ 《清光绪朝中日交涉史料》卷 13，第 17－18 页。

26日，大鸟圭介向朝鲜政府提出改革内政要求。28日，又质问朝鲜是否中国属邦，加剧中日冲突。朝鲜政府不知所措，急找袁世凯商议。袁世凯急电禀李鸿章请示。李鸿章也束手无策，只有令其劝李熙坚持。在日军压力下，朝鲜政府被迫承认为独立国家。对此，袁世凯除了背后骂一句“是无上国”外，再无其他能耐了。

袁世凯挽回颓势的一切努力均告失败。看到形势险恶，又听说大鸟圭介要派兵押送他出境，昔日在朝鲜君臣面前骄横至极的他，一下子变成了胆小如鼠的懦夫，急欲溜回国内。29日，他给李鸿章连发二电，其一云：“闻韩决意不认属，是无上国。凯华员，须诘劝韩，转告大鸟。闻鸟拟照公法作梗例，兵押凯出。果尔，辱甚。只可照万国使例，送文知照韩，回国禀商，请兵伐韩。”① 其二云：“闻倭兵八百今驻赴牙路，意叵测，倭、韩相结，我兵可危。又俄、法署使来称，韩廷犒赏倭兵米肉甚多，韩喜倭，殊不可解。华人在此甚辱，凯在此甚难见人，应下旗回，拟留唐守（指唐绍仪）看馆探事。”②

7月1日，李鸿章电复袁世凯：朝鲜尚未承认不是中国属邦，应留下密劝朝鲜坚持；俄国公使已经答应出面调处，必有收场。“倭允不先与华开衅，岂能拘送使臣？要坚贞，勿怯退！”③

次日，袁世凯又向李鸿章告急，并提出解决问题的办法，说：“倭兵万人，分守汉城四路各要害及我陆兵路，均置炮埋雷。……观其举动，不但无撤兵息事意，似将有大兵续至。倭蓄谋已久，志甚奢，倘俄、英以力勒令，或可听；如只调处，恐无益，徒误我军机。……叶君（指叶志超）居牙，难接济，倭再加兵，显露无忌。应迅派兵商船全载往鸭绿或平壤下，以待大举。韩既报匪平，我先撤亦无损；且津约倭已违，我应自行。若以牙军与倭续来兵相持，衅端一成，即无归路。”④

7月3日，大鸟圭介向朝鲜政府提出改革内政方案五条，包括制度、财政、法律、兵备、教育，妄图把朝鲜置于日本控制之下。

---

①《清光绪朝中日交涉史料》卷13，第28页。
②《清光绪朝中日交涉史料》卷14，第3页。
③《清光绪朝中日交涉史料》卷13，第29页。
④《清光绪朝中日交涉史料》卷14，第8页。

4日，清政府电告李鸿章："袁道遽欲下旗回国，转似与国失和办法，殊觉匆遽失体。希速电止，万勿轻动。"① 李鸿章遂指示袁世凯仍然留在朝鲜。

形势一天紧似一天，袁世凯越发恐惧，急于脱离险境，请求速回国内，说什么"某以一身报国，无所恇畏，惟惧辱使命，损国威"。②"凯为使系一国体，坐视凌胁，具何面目？如大举，应调凯回，询情形，妥筹办；暂不举，亦应调回，派末员仅坐探，徐议后举，庶全国体。"③

这样做了，他觉得还不一定被批准，又于5日连发两电，死皮赖脸继续请求。内称："前以未认非属，故仍在差。惟倭胁韩欺华，韩情日变，消息常阻，凯坐视无益。韩、倭情形，惟凯深知，拟请调赴津，京[禀]商和战各情，冀可速了，迟则枝节愈多，更难着手。""倭昨又催韩派员议革政，限今午复，似非派不止，韩何能终持？且恐激生变。今又添兵至仁川千五百，决无和意。我欲和，应速以韩现情与倭商，冀可挽；欲战，应妥密筹。凯在此无办法，徒困辱，拟赴津面禀详悉，佐筹和战。"④ 好像决定中日和战，万万不能离开他袁某"佐筹"。

李鸿章鉴于以唐绍仪代理与下旗回国有异，即请示清政府可否允许袁世凯所请。清政府复以如留之无益，即可调回；旋又命暂勿调回，以便留下常通消息。

8日，朝鲜政府顶不住日本的压力，被迫宣布改革，亲日派嚣张一时。袁世凯六神无主，不敢走出公署一步。然而，公署也不保险，日军认为朝鲜亲华拒日是他一手造成的，大炮已经对准了他的公署。加之公署柴米缺乏，幕僚大都离去，他惶惶不可终日，吓得面无人色，魂飞魄散，以为死神就要临头了。恰巧这时他生了病，急急忙忙于14日给李鸿章发电说："凯素有发烧症，近因久痢气虚，昨夜剧犯，头目昏瞀，周身疼痛，即延洋医诊视，据云热过百度，首置冰始稍轻，似尚不至害事。惟韩事方殷，未便晷刻废事，已饬唐守绍仪暂照料。唐优智虑，明

① 《清光绪朝中日交涉史料》卷14，第3页。
② 《容庵弟子记》卷2，第1页。
③ 《清光绪朝中日交涉史料》卷14，第6页。
④ 《清光绪朝中日交涉史料》卷14，第7-8页。

机宜，确有应变（此处似少“才”字），与韩西员均熟，必不至误事。”[1] 为了保住性命，他“无所恇畏”之类的大话、假话再也不敢乱吹。16日，他连发数电，声泪俱下，苦苦哀求：“凯与各国员商事且通信息，今已无可商通。各路将进兵示决裂，在此华官民将尽为倭残辱。凯病至此，何可得保（此处似少“不”字）辱国？乞速示。”“凯病如此，唯有死，然死何益于国事？痛绝！至能否邀恩拯救，或准赴义（州）、平（壤）待轮，乞速示。”“顷接英领事知单，身及其妇并柏税司被日兵拦路殴打。日兵凶悍，毫无公法，稍迟，恐华人均难逃，乞速设法。”

唐绍仪见其可怜巴巴，也连电李鸿章，代为求情：“在汉两署办公只余二员，今闻南北进兵，均即逃，无能挽留。仪一人译电、办公，断难理。袁道病又须照拂，势急情迫，乞速示。”“袁道病日重，烧剧，心跳，左肢痛不可耐。韩事危极，医药并乏，留汉难望愈，仪目睹，心如焚。韩事以袁道为最熟，调回尚可就近商办一切，无论和战，尚可图效。若弃置不顾，可惜！乞恩鉴。”[2]

李鸿章接电后同意了，但清政府不同意，复电李鸿章：“电袁道。奉谕旨：毋庸调回，切不可径自赴津，如必须令其面禀情形，仍应请旨遵行。”[3] 李鸿章遵命电令袁世凯缓行。相隔一天，即7月18日，清政府因中日即将决裂，才谕令李鸿章将袁世凯调回。

袁世凯接电后，不顾发烧疼痛，立即打点回国。这时他忽然又得到一个东学党准备在其回国途中行刺的秘密情报，越发心惊肉跳，一刻也不愿停留。急忙变更了回国路线，改装易服，于19日偷偷摸摸逃到仁川，登上平远舰，狼狈不堪地逃回天津。他总算如愿以偿，未做异国飘零之鬼。

---

① 《清光绪朝中日交涉史料》卷14，第26页。

② 以上各电见顾廷龙等主编：《李鸿章全集》2，电稿2，第782、784页，上海人民出版社，1986年。

③ 《清光绪朝中日交涉史料》卷14，第33页。

五　小站练兵

1894年7月25日（光绪二十年六月二十三日），日本海军在牙山口外丰岛海面突然袭击中国军舰和运兵船只，挑起侵略中国的战争。28日，又向中国驻牙山的军队进攻。8月1日，清政府被迫对日宣战，中日甲午战争正式爆发。战争一开始，中国军队即遭受严重损失。对此，袁世凯是负有一定责任的。李鸿章因其发过增兵急电，日本蓄意开战，未加归咎。

此时，战事已成为当务之急。李鸿章奏委直隶按察使周馥总理前敌营务处。8月4日，又奏派袁世凯仍任总理朝鲜交涉通商大臣，兼办理朝鲜抚辑事宜，命其驰赴平壤一带，联络官军，协筹粮运。袁世凯的病尚未痊愈，死活也不愿去。李鸿章认为朝鲜有许多官民信从他，非让他去不可。他不敢抗命，9月9日同周馥一起出山海关，前往辽东。不久，李鸿章又委任周馥办理转运局，命袁世凯协助，专办粮饷军械，供给前线。1895年2月，李鸿章将周馥调回天津，命袁世凯开去其他差使，专办转运局。

对于要不要打这场战争，清朝统治集团内部存在着严重分歧。当日军大举入朝，发动战争的企图明显以后，以光绪皇帝及其师傅翁同龢为首的一部分大臣即帝党主张对日作战，李鸿章和部分朝内大臣则力主求和。积极备战是符合中华民族利益的，况且就当时双方的军事实力而言，日本也未必稳操胜券。避战求和，不做战备，只能贻误戎机，长敌威风，有利于敌人侵占朝鲜，并进一步入侵中国。袁世凯没有直接参与这场争论，但他的思想倾向是很明显的。

战争一开始，袁世凯就存在着严重的恐日病和失败主义情绪。刚回到天津，他就在李鸿章面前大吹中国根本打不过日本，应退守鸭绿江的冷风。当内外争相主战的时候，他又“备陈战无把握”①。1894 年 11 月，日军进入中国东北地区，清军节节败退，他完全丧失了信心，说：“事势至此，惟停战议和，徐图报复，较合算。”②

正是在这种失败主义思想的支配之下，他一闻败讯，立即逃窜，由鸭绿江边的九连城而凤凰城，而辽阳，而新民厅，一直退到山海关。

日军的咄咄进逼，清军的全面溃败，迫使清廷要求停战议和。1895 年 2 月，清廷免去李鸿章的直隶总督兼北洋大臣职务，命其为头等全权大臣，前去日本办理交涉。3 月 14 日，李鸿章启程去日本马关。袁世凯在李鸿章行前，去电“恭叩行旌，万乞珍摄”③；一听到李鸿章在马关被刺的消息，他心如刀绞，火急发电慰问，表现出无限的关切。

4 月 17 日，李鸿章与日本签订了丧权辱国的《马关条约》。按照这个条约，中国要承认日本对朝鲜的控制权，割让辽东半岛、台湾、澎湖列岛给日本，赔偿日本军费白银二万万两，增设沙市、重庆、苏州、杭州四个通商口岸，日本船只可沿内河驶入上述口岸，日本在通商口岸设立工厂，等等。它进一步加深了中国半殖民地化的程度，民族危机空前加剧。

消息传出，全国人民悲愤至极，纷纷要求拒和废约，坚决与日寇血战到底。清政府中的一部分官僚也大为不满，有的提出杀李鸿章以谢天下，废约再战。袁世凯也被人们视为引起战争的罪人加以斥责。李、袁二人同病相怜，感情更加融洽了。4 月下旬李鸿章回到天津，因受舆论谴责，躲在家里不敢出来。袁世凯却不避嫌疑，当即向督办关外军事的刘坤一销差，赴津谒见李鸿章。

5 月，袁世凯请假回河南省亲。后奉旨进京，由吏部带领引见。8

---

① 《容庵弟子记》卷 2，第 5 页。

② 《养寿园电稿》，“电稿”第 148－149 页。

③ 《养寿园电稿》，“电稿”第 222 页。

月2日，光绪皇帝召见了他，派他到督办军务处差委。督办军务处是负责整顿旧军、改练新军的重要领导机关，他能被委派到这里工作不是偶然的。

光绪皇帝

甲午战争的失败彻底暴露出中国旧有军队的腐败无能，显示了日本洋枪洋炮的厉害。清政府从陆军的惨败和北洋水师的全军覆没看到，完全依赖原来的军队维护统治已无济于事，各方面的人士都痛切地感到应迅速改革旧军队，建立新军队。1894年，清政府开始着手筹建新式陆军工作，选派青年出洋学习军事，设立武备学堂等军事学校，批准广西按察使胡燏棻编选定武军十营，两江总督张之洞训练自强军十三营。自强军聘用德国教官，一切悉仿德制，装备全部是新式的。定武军只是部分地采用西式方法训练。

清政府训练新军，给袁世凯进入军事领导机关提供了一个机遇；不过，主要还是靠了他的个人条件和对机遇的把握。早在代替朝鲜训练新军镇抚营时，他就摒弃了淮军的操法而不用，采取了英、德式的操法，这一段历练不仅使他体会到旧军的弊病，而且学习并积累了一些近代军事知识和经验。在甲午战争爆发后提出用西方国家方法编练新军的官员中，他也是比较早的一个。1894年12月，他看到清军败溃，不堪一击，就迭电盛宣怀说："公如筹有款，宜速延名教习，募学徒千人，教兵官认真讲究西法，另改军制。为将来计，此军情决非老军务所能得手，枪炮全不知用，何能战？倘为然，弟愿任监督，必有以报。"① "寇练兵纯用西法，能习西式武器，用又内外协同，赏罚明，号令严，事权一，不惜费。我皆反之，且各军敢战者共计不过六七千人，分守各路，实嫌太单，恐愈战愈糟，愈难结束。"并云："各军皆不知枪炮"，如天津运来的快炮，没有鞍套、马匹及炮油，放炮时则"门涩，一放即弃"，所配炮弹不足十分钟之用。再如士兵用枪，只知托平乱打，不瞄准星，难以

① 《养寿园电稿》，"电稿"第183－184页。

命中。这样的军队，“何能御敌”[①]？又请转军事统帅札饬“各军照西法认真练习”[②]。旧式军队远远不能适应近代战争的要求，改革军制、操法、装备势在必行，这一点他看得非常准确，并且很会利用时机。他毛遂自荐，想当监督，但是，他要抓的是新军军权，旧式军官还不屑于去做。当胡燏棻请他建立一军、策应各军时，他毫不含糊地回答：“凯须饷优械精，熟练一枝，能操不溃之权，始敢措手，否则绝不敢随人奔溃!”[③]

为了表现自己，袁世凯不仅对盛宣怀、胡燏棻等人大谈编练新军，让盛宣怀转告军事统帅，而且还经常致电钦差大臣、军事统帅刘坤一，报告军情，提出整顿军队的建议。1895 年 5 月 7 日，他又上书军机大臣李鸿藻，指出甲午战争的失败，“非患兵少，而患在不精；非患兵弱，而患在无术。其尤足患者，在于军制冗杂，事权纷歧，纪律废弛，无论如何激励，亦不能当人节制之师。……为今之计，宜力惩前非，汰冗兵，节糜费，退庸将，以肃军政。亟检名将帅数人，优以事权，厚以饷糈，予以专责，各裁汰归并为数大枝，扼要屯扎，认真整励〔饬〕。并延募西人，分配各营，按中西营制律令参配改革，著为成宪。必须使统将以下均习解器械之用法，战阵之指挥，敌人之伎俩，冀渐能自保。仍一面广设学堂，精选生徒，延西人著名习武备者为之师，严加督课，明定升阶。数年成业，即检派夙将中年力尚富者分带出洋，游历学习，归来分殿最予以兵柄，庶将弁得力而军政可望起色”。[④] 指陈旧军队的积弊尚能切中要害，提出的改革主张虽乏高见卓识，也还趋时动听。在光绪皇帝召见时，他也讲了军队现有的弊病，非改弦更张，无法抵御外患，慷慨陈述练兵、制械诸事，颇得光绪皇帝称许。由于上述种种原因，他便被派到了督办军务处。

督办军务处尽管非常重要，但袁世凯做的是具体工作，担任的是可有可无的闲差，这种默默无闻的生活，他自然不能满足。当时的清王朝

---

① 《养寿园电稿》，“电稿”第 184－185 页。
② 《容庵弟子记》卷 2，第 2 页。
③ 《养寿园电稿》，“电稿”第 229－230 页。
④ 《袁世凯禀》，《中日战争》5，第 218－219 页。

已经腐朽到极点，卖官鬻爵，贿赂公行，谁花的钱多，能结纳权贵，谁就可以做官，得到实缺、优缺。袁世凯对此非常谙熟，于是通过叔祖父和堂叔在京时的旧关系四出活动，八方钻营，运用贿赂、拜老师、托请等手段，打通当权者的门路。西太后慈禧的心腹、兵部尚书荣禄和庆亲王奕劻、军机大臣李鸿藻以及光绪的师傅、军机大臣兼户部尚书翁同龢，他都结交到了。李鸿藻和翁同龢是清流党的首领，荣禄是拥有实权的满族亲贵。在这些人面前，他极力迎合，鼓吹西法练兵，希冀取得督练新军的权柄。

袁世凯的奔波取得了明显的效果。李鸿藻对他尤其“激赏”，以其“家世将才，娴熟兵略，如令特练一军，必能矫中国绿、防各营之弊，亟言于朝”。荣禄为其出了个好主意，叫他“于暇时拟练洋操各种办法上之”，作为进身之阶，并保举他的军事才干。[①] 翁同龢也认为“此人不滑，可任也”[②]。总督张之洞、刘坤一亦上书为之吹嘘。

根据荣禄的授意，袁世凯立即动手拟订新建陆军的营制、饷章和聘请外国军官的合同，上呈督办军务处。并写道：“查此次军兴，往往易为敌乘、迭见挫败者，虽由调度之无方，实亦军制之未善。若不权时度势，扫除更张，参用西法，认真训练，则前车之鉴，殊足寒心。诚如宪台原奏，不得不为易辙之图，作补牢之计也。”[③] 他又请人帮忙译撰了兵书，博得“知兵”之名。

11 月 19 日，督办军务处大臣奕劻、李鸿藻、长麟、翁同龢等议定：一、胡燏棻改任津芦铁路督办；二、袁世凯练洋队；三、荫昌挑选旗兵，入武备学堂。

1895 年 12 月 8 日，各亲王、军机大臣奏请变通军制，在天津创建新式陆军，派员督练。其奏称：“中国自粤、捻（指太平军和捻军）削平以后，相沿旧法，习气渐深，百弊丛生，多难得力。现欲讲求自强之道，固必首重练兵；而欲期兵力之强，尤必革新旧制。……查有军务处

---

① 《容庵弟子记》卷 2，第 5－6 页。

② 《翁同龢日记》第 5 册，第 2836 页，中华出局，1997 年。

③ 袁世凯：《上督办军务处原禀》，《新建陆军兵略录存》卷 1，第 1 页，新建陆军排印本，1898 年。

差委浙江温处道袁世凯朴实勇敢，晓畅戎机，前驻朝鲜颇有声望。因令详拟改练洋队办法，旋据拟呈聘请洋员合同及新建陆军营制、饷章，臣等复加详核，甚属周妥。相应请旨饬派袁世凯督练新建陆军，假以事权，俾专责任。现在先就定武十营，步队三千人，炮队一千人，马队二百五十人，工程队五百人，以为根本；并加募步队二千人，马队二百五十人，共足七千人之数，即照该道所拟营制、饷章编伍办理。”① 同日，清廷批准，并命袁世凯去天津接管胡燏棻的定武军十营，作为改练新军的基础。同时指出：“该道当思筹饷甚难，变法匪易，其严加训练，事事核实。倘仍蹈勇营习气，唯该道是问！”②

袁世凯取得了督练新军的职权，于1895年12月16日前往小站镇接管定武军。小站镇又名新农镇，位于天津东南，距天津七十里，当年淮军曾在此屯田驻扎二十多年，甲午战争中，该部淮军全部溃散，营房空无一卒。胡燏棻的定武军原驻天津马厂，因营房不敷分扎，乃移驻此地。袁世凯接统以后，派人到河南、山东、皖北、苏北一带招募了步兵，去奉天招募了骑兵，又购置了马匹，加上定武军原来的官兵，共有七千人，并奏请把定武军改名为“新建陆军”。这就是北洋军的起源。

新建陆军采取的是德国和日本建制，有步、炮、马、工程、辎重各兵种，打破了旧军队不分兵种的框子。步队五千人，分左右两翼，左翼二营，右翼三营；炮队一千人，分右翼快炮队、左翼重炮队和接应马炮队三个队；马队五百人，分为四队；工程队五百人，分别负责桥梁、地垒、电雷、修械、测绘、电报。在装备方面，全部换成了从德国购置的曼利夏步枪、马枪、手枪和格鲁森快炮。担任训练的军官有十多名是从德国聘请的，巴森斯负责全军训练，伯罗恩为德操教官，祁开芬为炮队教官，曼德（挪威人）为马队教官，慕兴礼、魏贝尔为德文教官。全军一律习洋操，根据德国陆军教条进行训练。

清政府当初决定编练新军时，掌权的“大老均无主见，又无重肩，

---

① 《督办军务处王大臣原奏》，《新建陆军兵略录存》卷1，第19页。
② 《上谕》，《新建陆军兵略录存》。

轻信轻疑”。袁世凯探悉，知道“断难有为”，一度力辞不干，未得允许①。军队的薪饷经费由政府的户部供给，按说应该没有问题，“无如库帑奇绌，筹拨甚难”②。定武军为旧军改编，“习气太深，积弊亦久，刷除殊非易事，而操练又颇难逐一合法”③。凡此，均给新建陆军的整顿和训练造成困难，使袁世凯深为不快。

这支军队虽然人数不多，但在当时的中国却是首屈一指的，只有张之洞的自强军在装备和训练方面能与之匹敌，其余均不能同它相提并论。因此，崇信“有军则有权”的袁世凯，把它看作自己的命根子。他清楚地知道，若要在黑暗腐败、尔虞我诈、倾轧激烈的政治舞台上站住脚，一步步爬上去，一要有靠山，二要有资本。现在他尽管打通了某些权贵的关节，可是还说不上有了十分牢固的靠山。对他来说，只有这支新建陆军才是货真价实的政治资本。如能把它训练好，使之发挥出维护清王朝统治的重大作用，自己就有了飞黄腾达的保障。另外，他也考虑到新建陆军系创练新军的模范，将来别省添练新军，必定由这支军队中抽调骨干担任教练；这样，他们就会步步高升，而自己是新军的开山鼻祖，肯定也要成为全国新军的总头目。所以，他尽管因有一些困难而深感不快，但仍“每日与士卒共奔走”④，“汰弱募强，拟订规则，考将弁，申号令，殊形忙苦”⑤，把全部心血倾注进去，事无巨细，靡不亲躬，克服困难，下决心训练掌握好。他一向争强好胜，不轻易叫苦，但繁重的工作也累得他昏头胀脑，时感“左支右吾”，“才力短浅”，“实难胜任”。⑥

组建一个新军班底对袁世凯来说是特别重要的。他首先挑选了一些任驻扎朝鲜总理交涉通商事宜时的武弁充当各级军官，又从北洋武备学堂毕业生和原来的部队中物色了一批，另外还请李鸿章推荐了部分人才。

---

① 袁世凯致盛宣怀函，见《近代名人手札真迹》9，第 4254 页。
② 袁世凯致盛宣怀函，见《近代名人手札真迹》9，第 4256 页。
③ 袁世凯致盛宣怀函，见《近代名人手札真迹》9，第 4244 页。
④ 袁世凯致盛宣怀函，见《近代名人手札真迹》9，第 4243 页。
⑤ 袁世凯致盛宣怀函，见《近代名人手札真迹》9，第 4254 页。
⑥ 袁世凯致盛宣怀函，见《近代名人手札真迹》9，第 4243－4244 页。

担任左翼翼长的为姜桂题，右翼翼长为龚元友。统带有段祺瑞、杨荣泰、吴长纯、徐邦杰、任永清、王士珍等。王英楷担任了执法营务处的总办，参谋营务处总办为徐世昌。

徐世昌字卜五，号鞠人，又号弢斋，原籍直隶天津，生于河南汲县。早年在河南与袁世凯结识，由袁世凯资助进京应试。1882 年中举人，1886 年中进士，选为庶吉士，入翰林院庶常馆学习，1889 年散馆后授职编修，兼充国史馆协修、武英殿协修。1896 年 12 月其母病故，丁忧在籍。1897 年 8 月，袁世凯奏请将其调来。徐世昌到后，帮助袁世凯赞画一切，成为袁世凯最得力的智囊和军师，袁世凯有事外出时，他便代为管理军队。

冯国璋字华甫，直隶河间人。他到新建陆军更晚，初任督操营务处帮办，后任总办。段祺瑞字芝泉，安徽合肥人。王士珍字聘卿，直隶正定人。他们皆毕业于北洋武备学堂，有一定的近代军事知识，后来被北洋军称为“北洋三杰”，王士珍、段祺瑞、冯国璋分别获得“龙”、“虎”、“狗”的绰号。

被袁世凯网罗在麾下的，还有段芝贵、梁华殿、刘永庆、陈光远、王占元、张怀芝、何宗莲、马龙标、雷震春、吴凤岭、赵国贤、田中玉、孟恩远、陆建章、曹锟、张勋、王怀庆、阮忠枢等。下级的军官、哨弁，则是通过考试，按成绩优劣委任的。

在军事组织机构方面，成立了新建陆军督练处，袁世凯自领督练官。下设参谋、督操、执法三个营务处，以及粮饷局、军械局、转运局、军医局、教习处（后改为洋务局），负责训练、运输、军械、辎重、军法和研究西方军事方面的工作，制定了各种章程，军队的组织、制度和规模逐渐完备。

建军以后，又成立了步兵、炮兵、工程兵和德语各随营军事学堂，以及讲武堂、学兵营，让学员学习兵法、枪炮、算学、测绘、地理、战阵攻守和德语，培养造就新的军事人才。

袁世凯怎样练兵呢？他任军机大臣后，有一次和张之洞闲谈时，张之洞问其练兵的秘诀。他说：“练兵的事情，看起来似乎很复杂，其实也很简单，主要的是要练成‘绝对服从命令’。我们一手拿着官和钱，一手拿着刀，服从就有官有钱，不服从就吃刀。”[①] 袁世凯在淮军数年，懂得“兵为将有”的重要性，所以特别强调“绝对服从命令”。为达此目的，他的确不惜金钱和地位。他所招致的一批官员，当时大都地位很低或不甚得志，网罗进来之后，即委以重任；其后更屡加保举提拔，结以恩遇，使之对自己效忠。

不仅如此。袁世凯还用慷慨送美人的手段加以笼络控制，对文案阮忠枢即是典型的一例。一天，阮忠枢在天津某妓院结识了妓女小玉，二人感情笃好，欲纳为妾，对袁世凯讲了。袁世凯借口有碍于军誉，没有同意，阮忠枢只好作罢。事过之后，袁世凯便秘密派人将小玉赎出，并购置了房舍和各项陈设，然后带阮忠枢前赴天津。这时天色已晚，阮忠枢随袁世凯进入一个院中，见房中铺陈异常华丽，堂上红烛高烧，摆着丰盛的酒席。及至进入屋里，便见一个丫鬟一面喊着“新姑爷到啦”一面从里间屋里搀扶出一位新娘打扮的俏丽佳人。阮忠枢不明所以，如坠五里雾中；再仔细一看，始知新娘便是自己朝思暮想的小玉，恍然大悟，从此对袁世凯更加忠实效劳，直到袁世凯死去。

对那些不愿绝对服从的官员，当然就像袁世凯说的，令其“吃刀”了。即使不能检束兵丁、尽心职守或其他并不严重的过失，他也严惩不贷，不是降薪、罚薪，就是记过、撤职、降职，用军棍重责。

官员的进退荣辱完全操在袁世凯的手中，他们为了追求个人的名利地位，只能唯袁世凯之命是从，而且思想上都有一种对袁世凯报恩的观念。名义上他们是朝廷的臣子，实际上同袁世凯的关系带有浓重的人身依附性质。后来他们大都成为袁世凯的亲信、心腹、死党和北洋军阀集团的要员，即所谓小站系军阀。

为使士兵绝对服从自己，供其驱使，袁世凯用极端严格的纪律束缚他们。他制定的《简明军律》规定了十八条斩罪，即：临阵进退不候号令及战后不归伍者斩；临阵回顾退缩及交头接耳私语者斩；临阵探报不实，诈功冒赏者斩；遇差逃亡，临阵诈病者斩；守卡不严，敌得偷过，及禀报迟误，先自惊走者斩；临阵奉命怠慢，有误戎机者斩；长官阵

---

① 袁静雪：《我的父亲袁世凯》，《文史资料选辑》第74辑，第128－129页。

殁，首领属官援护不力，无一伤亡，及头目战死，本棚兵丁并无伤亡者，悉斩以殉；临阵失火误事者斩；行队遗失军械及临阵未经受伤抛弃军器者斩；泄露密令，有心增减传谕及窃听密议者斩；骚扰居民，抢掠财物，奸淫妇女者斩；结盟立会，造言惑众者斩；黑夜惊呼，疾走乱伍者斩；持械斗殴及聚众哄闹者斩；有意违抗军令及凌辱本管官长者斩；夤夜窃出，离营浪游者斩；官弁有意纵兵扰民者并斩；在军营吸食洋烟者斩。最后还有两条：夜深聚语，私留闲人，酗酒赌博，不遵约束，及有寻常过犯者，均由该管官酌量情节轻重，分别插箭责罚；凡兵丁犯法情节重大者，该管官及头目失察，均分别轻重参革、责罚、记过。此外，在行军、住宿、操练等方面均有极其详细烦琐的规定。严格执行的给以奖赏或提拔，做不到的施行种种处罚。

袁世凯督练新建陆军时奖给弁兵的功牌

为使官兵效忠于自己，袁世凯不仅经常教育他们要“公忠体国，深明大义”，“亲上死长”，并把这些训诫编为四言白话，刊发各哨，令兵丁熟背；经常颁发“训词”，要各级军官向士兵训话；而且特别强调“事事以本督办为心”①，大树特树个人权威；甚至宣扬个人迷信，让各兵营供奉他的牌位，把他奉若神明，视为衣食父母。为使士兵拼死卖命，还让幕僚编了一些顺口溜令士兵背诵，灌输封建伦理、升官发财、宿命论思想。如《劝兵歌》讲：“为子当尽孝，为臣当尽忠。朝廷出利借国债，不惜重饷来养兵。一兵吃穿百十两，六品官俸

① 《劝谕将士和衷》、《禀呈督办军务处练兵要则》，《新建陆军兵略录存》卷1，第28页；卷4，第2页。

一般同。如再不为国出力，天地神鬼必不容。自古将相多行伍，休把当兵自看轻。一要用心学操练，学了本事好立功；……二要打仗真奋勇，命该不死自然生。……你若常记此等话，必然就把头目升；如果全然不经意，轻打重杀不容情！”① 再加不时施点小恩小惠，如亲自监督发放饷银，防止官员克扣，取得士兵好感，士兵头脑中便渐渐地只知有袁世凯，不知有国家、皇帝了。

新建陆军的编练是中国军制改革史上的一个重大转折，比起旧有军队，它大大前进了一步，实开中国陆军近代化的先河。在这一改革过程中，袁世凯是出了一份力的，功不可没。凭借这笔资本，他的地位扶摇直上，很快登上政治舞台，成为近代中国风云一时的人物。

在练兵过程中，袁世凯并不是一帆风顺的。1896 年 5 月，练兵刚五个多月，其作风跋扈、嗜杀擅权即为军机大臣李鸿藻所闻。李鸿藻爱惜名誉，听后深为不满，一反保举袁世凯时的态度，授意御史胡景桂参劾袁世凯克扣军饷，诛戮无辜，用人“论情面之大小，馈遗之多寡”②。如此沉重的打击，搞得袁世凯“心神恍忽〔惚〕，志气昏惰，所有夙志，竟至一冷如冰”。③ 可是，一听到奉命去查办的是荣禄，他立即忧惧并释。荣禄一到，他极力巴结逢迎，命士兵操演。荣禄第一次目睹洋操，别开生面，不觉大喜；加上不爱惜名誉，只求扩展自己的实力，想把袁世凯收为己用，便作出了保护袁世凯的决定，对随行的幕僚陈夔龙说：“此人必须保全，以策后效。”回京以后，荣禄令陈夔龙拟奏稿。陈夔龙因袁世凯确实擅杀过营门外卖菜的老百姓，胡景桂所参各条仅有轻重出入，提出应将此案下部议处。荣禄说：“一经部议，至轻亦应撤差。此军甫经成立，难易生手，不如乞恩姑从宽议，仍严饬

荣禄

---

① 《新建陆军兵略录存》卷 4，第 5－6 页。

② 荣禄：《为遵旨查明督练新建陆军道员袁世凯被参各节据实复奏折》，中国第一历史档案馆档案。

③ 《袁世凯致徐世昌函》，《近代史资料》总 37 号，第 10 页。

认真操练，以励将来。”[1] 最后竟以“查无实据”复奏，请求“毋庸置议”。不仅如此，还着实把袁世凯夸赞一番，说他“血性耐劳，勇于任事”，是个“不可多得”的将领。[2] 在荣禄的包庇下，这场风险很快过去了，他又精神抖擞起来，越发投靠荣禄，依附荣禄而自固。

1897 年 7 月，袁世凯因练兵有功，晋升为直隶按察使，仍专管练兵事宜。他的官运开始亨通了。

---

① 陈夔龙：《梦蕉亭杂记》卷 2，第 2－3 页，上海古籍书店，1983 年。

② 荣禄：《为遵旨查明督练新建陆军道员袁世凯被参各节据实复奏折》，中国第一历史档案馆档案。

六　出卖志士

清政府的腐败导致了甲午战争的失败，而甲午战争的失败又极大地刺激了中华民族的觉醒。甲午战争之后，帝国主义列强争先恐后地掀起了在中国强占租借地、划分势力范围的狂潮。最先向中国伸出魔掌的是沙俄，接踵而来的有德国、法国、英国和日本。到戊戌变法前后，东北已成为沙俄的势力范围，山东已成为德国的势力范围，两广和云南已成为法国的势力范围，长江流域已变成英国的势力范围，日本也强迫清政府承认福建是它的势力范围，中国面临着空前严重的民族危机。亡国灭种的巨大危险，迫使先进的知识分子起而呼吁变法维新，改革社会制度，救亡图存。于是在 1898 年兴起了戊戌变法运动，也称百日维新。

维新运动的领袖是康有为、梁启超。康有为原名祖诒，字广厦，号长素，广东南海人，1893 年中举人，1895 年中进士，授工部主事，未到任，一直从事变法活动。梁启超字卓如，号任公，广东新会县人，举人出身，是康有为的高足。

变法之前，维新派大声疾呼要救亡图存，必须大讲“西学”，实行变法，再三强调“能变则全，不变则亡；全变则强，小变仍亡”。并提出一系列新政建议：在政治上，要求制定宪法，开设议会，实行君主立宪；在经济上，要求发展商务、农务和工业，开矿筑路，举办邮政，废漕运，裁厘金；文教上，要求废除八股科举和淫祠，改书院，兴学校，办报纸；军事上，要求裁旧军，练新军，整顿国防，实行征兵制。这些主张反映了民族资产阶级参与政权和发展资本主义的强烈愿望。他们呼吁挽救民族危亡，要求民族独立，表现出强烈的爱国主义思想。他们提倡“西学”，特别是大力鼓吹自由、平等、民权、立宪、议会这一套政治学说，在大夜弥天的专制社会中，起到了振聋发聩的作用，启迪了人们尤其是知识分子的思想，猛烈地冲击了专制制度，具有重大的进步意义。

光绪皇帝是个能够接受新思想、颇愿有所作为的青年皇帝，自甲午战败之后即锐志更张，为发愤图强之计，受到维新派的影响，积极主张变法改革。

袁世凯最初也是赞成改革的。1895 年 7 月，他由河南进京之后，就结识了康有为、梁启超等维新人士，并代康有为把一份万言书递给荣禄（荣禄未收）。8 月 20 日，他上奏道："天下大势，递变而不穷者也。变局之来，惟变法以应，则事变乃消弭于无形。此次军兴失利，势诚岌岌，然果能中外一心，不忘仇耻，破除积习，因对变通，不过数十年间，而富强可期，是亦更始之一转机也。"并提出"亟求富强之道"的四条具体建议。①8 月底，康有为在北京发起创立强学会，推陈炽为会长，梁启超为书记员。袁世凯也积极参加了，并捐款五百金，还发动别人捐款，为建立报馆、图书馆作准备，与康有为等人讨论开设书局之事。

德国侵占胶州湾事件之后，1897 年 12 月末，袁世凯上书翁同龢说，今日时局危险极了，必须实行变法。变法之政一时难于毕举，应择最重要的用人、理财、练兵三大端实力变革。不久，他又上书翁同龢，申述说："中国目今情势，舍自强不足以图存，舍变法不足以自强。""而切要易行之端，要当及时而力求振作。似宜遴饬二三忠诚明练督抚，姑参仿西法，试行变革，于用人、理财、练兵三大端，责其所为"，"期以年限"，"俟有成规，再迅饬各省循法推广"。至于守旧的勋旧疆臣，未便屏弃，可以厚禄养之，崇秩荣之。同时强调指出："各国之所以富强者，不过用变法之人，行变法之政；我之所以贫弱者，不过用守旧之人，求变法之治。人与治殊，才与事违，以此望治，是欲南辕而北其辙也，必无幸矣！"②

1898 年 3 月，当变法维新的声浪日益高涨的时候，袁世凯又进京面

---

① 《遵奉面谕条陈事件请代奏折》，骆宝善、刘路生主编：《袁世凯全集》第 3 卷，第 536－546 页，河南大学出版社，2013 年。

② 转见孔祥吉：《袁世凯上翁同龢说帖述论》，《历史研究》1995 年第 3 期。

谒翁同龢，“深谈时局，慷慨自誓，意欲辞三千添募之兵，而以筹大局为亟”，且拿出“瓜分中国画报”给翁同龢看①，“切言必亡必分之道，必须大变法，以图多保全数省”②。

6月11日，光绪皇帝颁布“明定国是”诏，变法开始进入高潮，接着召见了康有为，授其总理衙门章京上行走，准其专折奏事。后又召见梁启超，命其办理译书局事务。

慈禧太后

慈禧太后与过继的儿子光绪皇帝之间常闹矛盾，此时虽然不再训政，但对国家大政仍加控制，凡是重大政治决策及高级官员任免，光绪皇帝都要向她请示报告。变法开始以后，她就做了部署，令光绪皇帝任命自己的心腹荣禄为大学士，管理户部事务，署理直隶总督，不几天又任为正式总督，加文渊阁大学士衔，统率董福祥的甘军、聂士成的武毅军和袁世凯的新建陆军，使之身兼将相，实握军政大权；并命授任新职的二品以上大臣到自己面前谢恩。6月16日，任命刑部尚书崇礼署步军统领。24日，派怀塔布管理圆明园官兵，派刚毅管理健锐营。

变法开始后，光绪皇帝发布了一道道改革上谕，主要是设立农工商总局，开垦荒地，提倡私人办工厂，奖励发明创造；设立铁路矿产总局，修路开矿；设立邮政总局，裁撤驿站；将书院改为学校，开办京师大学堂，废除八股考试，改试策论，选派留学生，设立译书局，奖励著作；军队改练洋操，裁减旧军；允许自由办报和组织学会，裁撤重叠闲散机构和冗员，废除满人寄生特权，准许自谋生计；等等。尽管开设议会的重要政治主张由于康有为认为目前教育未兴，民智未开，尚非其

① 《翁同龢日记》第6册，第3102页。
② 《袁世凯致徐世昌函》，《近代史资料》总37号，第11页。

时，而未正式提出筹备，但上述种种措施已引起恪守祖宗法制不变的顽固守旧派的极端仇视，他们对维新派横加诽谤，对新政大肆攻击。各省督抚除湖南巡抚陈宝箴之外，其余对光绪皇帝所颁发的变法诏令一概置之不理，诏令变成一纸空文。

8月24日，慈禧与光绪决定10月前去天津阅兵，京津一带盛传着天津阅兵时荣禄将要废除光绪的谣言，搞得人心惶惶。

为使变法顺利进行下去，9月4日，光绪皇帝将阻挠礼部主事王照上条陈的礼部六堂官，即尚书怀塔布、许应骙，侍郎堃岫、徐会沣、溥颋、曾广汉全部革职；赏王照三品顶戴，以四品京堂候补，用昭激励，给顽固守旧派一个重大打击。次日，任命裕禄和主张变法的李端棻署理礼部尚书，维新派王锡蕃、徐致靖等人为侍郎。赏谭嗣同、杨锐、刘光第、林旭四品卿衔，在军机章京上行走，让他们阅览奏章，起草诏令，参预新政，加紧推行变法。此四人当时被称为“军机四卿”。顽固守旧大臣益发侧目，怀塔布及御史杨崇伊等人先后至天津，与荣禄密谋。

面对来自顽固守旧派的强大阻力，维新派是清醒的，也曾想尽办法减轻阻力，但没想到会造成如此严重的局面。尽管如此，他们仍然不甘示弱，立志将改革事业进行到底。可是，他们依靠的光绪皇帝没有多少实权，而自己也都是文弱书生，赤手空拳，既无法保证继续变法，也担当不起保护光绪皇帝的责任，万分焦急，不得不急筹对付之策。他们很想找个握有军权的人物作为抵制顽固守旧势力异动，保护光绪皇帝的支柱，袁世凯便成了他们物色的对象。

此前，康有为就考虑过利用袁世凯的问题。他认为：“将帅之中，袁世凯夙驻高丽，知外国事，讲变法，昔与同办强学会，知其人与董（福祥）、聂（士成）一武夫迥异，拥兵权，可救上者，只此一人”；但袁世凯与荣禄的关系至为密切，又“虑其为荣禄用，不肯从也”，于是派亲信弟子徐仁禄去试探袁世凯。① 袁世凯请徐世昌接待。徐世昌仅以模棱两可的话来应付。徐仁禄误以为成功地挑拨了袁世凯与荣禄的关

---

① 康有为：《康南海自编年谱》，见中国史学会主编：《戊戌变法》4，第159－160页，上海人民出版社、上海书店出版社，2000年。

系，回报康有为。

康有为遂代徐致靖拟了一个密保练兵大员疏，向光绪皇帝举荐了袁世凯。又让谭嗣同递密折，请召袁世凯进京，结以恩遇，以备不测。9月11日，光绪皇帝命荣禄传知袁世凯来京陛见。

袁世凯在天津接到荣禄传达的著其即行来京陛见的电旨，感到事非寻常，立即打电话约徐世昌赴津。12日，徐世昌冒雨赶到天津，袁世凯嘱其先行进京探听消息。

朝内朝外大都是顽固守旧势力，慈禧太后反对变法的态度愈来愈强硬。光绪皇帝自知权力有限，非常惊惧。9月14日，写了一道密诏交杨锐带给康有为等人，说："近来朕仰窥皇太后圣意，不愿将旧法尽变，并不欲将此辈老谬昏庸之大臣罢黜而登用通达英勇之人，令其议政，以为恐失人心。虽经朕屡次降旨整饬，而并且有随时几谏之事，但圣意坚定，终恐无济于事。即如十九日之朱谕（指将礼部六堂官革职之谕），皇太后已以为过重，故不得不徐图之。此近来之实在为难之情形也。朕亦岂不知中国积弱不振，至于阽危，皆由此辈所误；但必欲朕一旦痛切降旨，将旧法尽变，而尽黜此辈昏庸之人，则朕之权力实有未足。果使如此，则朕位且不能保，何况其他！今朕问汝：可有何良策，俾旧法可以全变，将老谬昏庸之大臣尽行罢黜，而登进通达英勇之人，令其议政，使中国转危为安，化弱为强，而又不致有拂圣意？尔等与林旭、谭嗣同、刘光第及诸同志等妥速筹商，密缮封奏，由军机大臣代递，候朕熟思审度，再行办理。"① 但杨锐竟把密诏搁置起来，未及时送出。

也是这一天，袁世凯带着随员来到北京，住进法华寺。徐世昌向他汇报了探听到的情况，留下住宿。

16日，光绪皇帝在颐和园召见了袁世凯，询问军事甚详。袁世凯一一恭答。光绪皇帝突又发问："苟付汝以统领军队之任，能矢忠于朕否？"作为一个臣子，谁敢当面说不忠于皇上？除非不想要脑袋！袁世凯赶忙赌咒发誓："臣当竭力以答皇上之恩，一息尚存，必思效忱。"②

① 赵炳麟：《光绪大事汇鉴》卷9。

② 许指严：《十叶野闻》，见《近代稗海》第11辑，第93页，四川人民出版社，1988年。

袁世凯退出后，光绪皇帝以为他忠诚恳切之色溢于眉宇，可以信任，即谕内阁开去他的直隶按察使缺，以侍郎候补，仍专办练兵事务，所有应办事宜，着随时具奏。

袁世凯对超擢侍郎“自知非分”，唯恐引起顽固守旧派的怀疑，于己不利，下午急忙去各处拜访，加以解释，并探听风声。他先找礼亲王世铎，未遇到；继谒协办大学士、兵部尚书刚毅，军机大臣、户部尚书王文韶，军机大臣、礼部尚书裕禄，“备述无功受赏，万不克称”，要上疏辞去侍郎职务。王文韶说：此乃出自特恩，“辞亦无益，反着痕迹”①。他才打消了辞意。

晚上八点钟，袁世凯以侍郎候补的消息传遍京城。康有为拍案叫绝，以为袁世凯必喜而图报，令毕永年等袁世凯统兵围颐和园时，带人废掉慈禧太后。②

袁世凯离开天津以后，荣禄马上檄调聂士成的武毅军进驻天津，三次急电总理各国事务衙门，说英、俄已经开战，英舰七艘游弋于大沽口，要袁世凯马上回天津布防。

9 月 17 日早晨，袁世凯入颐和园谢恩，光绪皇帝又予以召见，夸奖他练的兵、办的学堂甚好，告诉他以后可与荣禄各办其事，目的是使其摆脱荣禄控制，今后不再听命于荣禄。袁世凯出来时会见了奕劻。

同日，守旧派的御史杨崇伊等人至颐和园上封事，请求慈禧太后“训政”。

光绪皇帝知道大局败坏，明发上谕，著康有为迅速前往上海督办官报，毋得迁延观望。

维新派人士一读完这道上谕，就知将有重大变故发生。毕永年预感到大事不妙，问康有为：“今必败矣！未知袁之消息如何？”

康有为彷徨无计，越发把赌注押在袁世凯身上。他以为袁世凯的军师徐世昌与自己交情极好，对毕永年说：将令谭嗣同、梁启超、徐世昌“往袁处明言之，成败在此一举”③。

---

① 袁世凯：《戊戌日记》，《戊戌变法》1，第 549 页。
② 毕永年：《诡谋直纪》，《近代史资料》总第 63 号，第 2 页。
③ 毕永年：《诡谋直纪》，《近代史资料》总第 63 号，第 3 页。

徐世昌又回到法华寺，与袁世凯密议。18 日，袁世凯拜见了奕劻和李鸿章。通过摸底观察，他已经判断出软弱无力的光绪皇帝和维新派必然失败，势力强大的慈禧太后一定会取得胜利。再说荣禄掌握着董福祥和聂士成各军数万人，淮、练军几十营，京内尚有旗兵，而自己仅有七千人马，力量悬殊过甚，绝无战胜的可能。何去何从，得失较然，遂在内心作出了决定。

谭嗣同

同一天，林旭把 14 日光绪皇帝写的密诏交给康有为。康有为当即与梁启超、谭嗣同、康广仁、杨锐等人开会，商议营救光绪皇帝之策，徐世昌也参加了。他们讨论来讨论去，始终想不出一个善策，唯有捧诏大哭，想着以痛哭感动徐世昌，徐世昌亦哭。于是大家嘱谭嗣同前去袁世凯住处，说服他“勤王”，率领敢死队数百人，扶助光绪皇帝“登午门而杀荣禄，除旧党”①。

谭嗣同本来是不同意用袁世凯的，因为他也认为袁世凯不可靠，与康有为争论过数次，“而康必欲用此人，真无可奈何”②。现在他挽救时局心切，也想激发袁世凯的义愤，促其站到帝党一边，以救燃眉之急。

梁启超同意这个看法。林旭持不同意见，认为袁世凯过于狡诈多端，不可依赖信任，即使事情成功，将来也难以控制。因此作一小诗代简致谭嗣同，诗曰：“伏蒲泣血知何用，慷慨何曾报主恩？愿为公歌千里草，本初健者莫轻言（‘千里草’是个‘董’字，‘本初’为袁绍的字，此处喻指袁世凯）。”③ 告诫谭嗣同不要轻率用袁世凯，主张用董福祥。

但此时谭嗣同业已智穷计尽，别无他法可想，事情之紧迫也不容再拖延犹疑，他只得冒险一行。

① 康有为：《康南海自编年谱》，《戊戌变法》4，第 161 页。
② 毕永年：《诡谋直纪》，《近代史资料》总第 63 号，第 4 页。
③ 梁启超：《林旭传》，《戊戌变法》4，第 57 页。

晚上，徐世昌回到法华寺，将康有为等人商议对策和谭嗣同前来的事情向袁世凯讲了，而后急筹对策。18日深夜，谭嗣同只身跑进袁世凯寓居的法华寺，单刀直入地与他谈了起来，参与的只有“某幕僚”也就是徐世昌一人。他们的这段对话，梁启超在其《谭嗣同传》中记载颇详，兹摘录于下：

谭问袁：“君谓皇上如何人也？”

袁曰：“旷代之圣主也。”

谭问：“天津阅兵之阴谋，君知之乎？”

袁答：“然，固有所闻。”

谭即直出光绪密诏，对袁说：“今日可以救我圣主者，唯在足下，足下欲救则救之。”又以手自抚其颈说：“苟不欲救，请至颐和园首仆而杀仆，可以得富贵也。”

袁正色厉声曰：“君以袁某为何如人哉？圣主乃吾辈所共事之主，仆与足下同受非常之遇，救护之责，非独足下。若有所教，仆固愿闻也。”

谭曰：“荣禄密谋，全在天津阅兵之举。足下及董、聂三军皆受荣所节制，将挟兵力以行大事。虽然，董、聂不足道也；天下健者，唯有足下。若变起，足下以一军敌彼二军，保护圣主，复大权，清君侧，肃宫廷，指挥若定，不世之业也！”

袁曰：“若皇上于阅兵时疾驰入仆营，传号令以诛奸贼，则仆必能从诸君子之后，竭死力以补救。”

谭问：“荣禄遇足下素厚，足下何以待之？”

袁笑而不言。

徐世昌在一旁插话说：“荣贼并非推心待慰帅（指袁世凯）者，昔某公欲增慰帅兵，荣曰：‘汉人未可假大兵权’。盖向来不来笼络耳。……荣贼心计险极巧极之处，慰帅岂不知之？”

谭说：“荣禄固（曹）操、（王）莽之才，绝世之雄，待之恐不易易。”

袁怒目视曰：“若皇上在仆营，则诛荣禄如杀一狗耳！”

谭嗣同听了这一番慷慨激昂的言辞，以为袁世凯被自己推心置腹、肝胆相照、忠心贯日的话打动了，又与袁世凯密商一阵。

袁世凯最后说："今营中枪弹火药皆在荣贼之手，而营哨各官亦多属旧人。事急矣，既定策，则仆须急归营，更选将官，而设法备贮弹药，则可也。"① 表示要赶快回天津加紧部署。谭嗣同遂起身告辞。

19 日，徐世昌回天津。慈禧太后由颐和园回宫。

20 日，光绪皇帝再次召见了袁世凯，袁世凯也当面向光绪皇帝表白了一个臣子的"忠心"。奏称变法不能太急，只可让张之洞等明达时务、老成持重的人物赞襄主持，新进诸臣阅历太浅，办事不慎密。出来之后，他就向人散布说："皇上若责我以练兵，我不敢不奉诏；若他事，则非我之所知也。"② 露出要叛卖维新派之意。当天下午，他匆匆忙忙赶回天津，直奔荣禄的总督衙门告密。

21 日早晨，慈禧太后在宫内发动政变，宣布重新训政，光绪皇帝被囚禁于南海的瀛台。同时下令捉拿康有为和康广仁。得知袁世凯告密的情况后，慈禧太后又下令逮捕其他维新派人士。

囚禁光绪皇帝的瀛台涵元殿

① 梁启超：《谭嗣同传》，《戊戌变法》4，第 52 页。
② 梁启超：《戊戌政变记》，《戊戌变法》1，第 263 页。

康有为在政变前一日逃离北京。

梁启超躲进日本使馆，后在日本人掩护下前往日本。

谭嗣同与侠士王五谋救光绪皇帝，没有成功。日本人劝他逃跑，他不听，说："各国变法，无不从流血而成，今中国未闻有因变法而流血者，此国之所以不昌也。有之，请自嗣同始。"①

1898 年 9 月 28 日，谭嗣同、林旭、康广仁、杨锐、刘光第、杨深秀同时被杀于北京菜市口，时人称为"戊戌六君子"。在维新派中思想最激进的谭嗣同临刑前犹大呼："有心杀贼，无力回天！死得其所，快哉快哉！"② 真不愧为富于牺牲精神、敢作敢为的英雄！其他维新人士和支持、倾向变法的官员均遭放逐、罢斥，维新运动彻底失败。

袁世凯对追捕维新人士十分卖力，派人捉拿过梁启超，也捕风捉影地搜查过康有为。据报纸报道，9 月 26 日，他听侦探说康有为在新河小船上被日本人保护着，立刻命天津县和招商局带领捕役数十人前往会拿。但到新河下船一查，根本没有康有为的影子，侦探疑为康有为者，原来是另一个人。

袁世凯的告密扩大了政变的牵连面，增强了政变的剧烈程度，为慈禧立了一大功，慈禧让他护理了十天的直隶总督。后荣禄被任命为军机大臣，管理兵部事务，仍旧节制北洋各军。裕禄被任命为直隶总督兼北洋大臣，帮办北洋军务。裕禄到任后，袁世凯回到小站营次。

当时有一首三言歌谣在社会上流传，道出了袁世凯在维新运动中所起的作用，其词为："六君子，头颅送。袁项城，顶子红，卖同党，邀奇功。康与梁，在梦中，不知他，是枭雄。"③

袁世凯也觉得自己在戊戌变法中扮演的角色实在并不怎么光彩，同时，由于顽固守旧派取得了彻底胜利，便于"戊戌六君子"被杀的次日，即 9 月 29 日，写了一篇《戊戌日记》，为自己开脱罪责，为顽固守旧势力辩护。10 月 10 日，为了再次表白一下自己，他又在小站写了一

① 梁启超：《谭嗣同传》，《戊戌变法》4，第 53 页。

② 《谭嗣同全集》，第 512 页，三联书店，1954 年。

③ 野史氏编：《袁世凯轶事续录》卷 2，第 42 页，上海中新书局，1928 年。

篇《自书戊戌纪略后》，声称："皇太后听政三十余年，迭削大难，功在社稷，亦天下之君也。况今上为皇太后命立，亦有君臣之义，且有母子之分，天下岂有无君无母之国哉！""乃谭嗣同等煽惑搆乱，离间两宫，竟欲陷君于不义，讵为天理所能容？当其谋乱之时，国之危机有三：倘其凶谋果逞，内忧外患一时并起，中原疆域立见瓜分，其危一；设予稍露圭角，该党必将害我，以其党代之，内有悍徒，外有劲旅，何堪设想？其危二；或者发泄后荣相不即入枢廷，善为调和，保全上位，各国必将借口交讧，匪党挟以有辞，将至不可收拾，其危三。赖列祖列宗在天之灵，幸得佑免三危。然祸机之来，间不容发，亦云险矣。予世受国朝重恩，幼受庭训，自通籍十七年来，只知以道事君，不敢稍涉欺罔，无论人之知与不知，而力任劳怨，百折不回，其不忠不孝之言，向不敢出诸口；不料逢此陧机，几涉奇险。然区区此心，意在诛锄误君误国之徒，该党无礼于君，予为鹰鹯之逐，亦人臣之大义。皎皎此心，可质天日，且亦正所以保全皇上。倘该党等凶谋果逞，必将难保宗社，更何以保全皇上？此亦必然之势也。为臣子者，但求心安理得，此外非所计也。"[①] 在此，袁世凯非但把慈禧太后吹捧为"迭削大难，功在社稷"的有道"明君"，还把自己告密的可耻行径当作"保全皇上"的义举；他明明是个"误君误国之徒"，却反噬维新派是"煽惑搆乱"的奸党。这篇奇文和他在变法运动中的表现说明，只要对自己有利，他能够干出任何卑鄙肮脏的勾当，连封建社会中最起码的一点忠义道德都不屑一顾。

1898 年 12 月，荣禄为使北洋各军联为一气，指挥如意，奏请成立武卫军，以聂士成所部武毅军为武卫前军，董福祥所部甘军为武卫后军，宋庆所部毅军为武卫左军，袁世凯所部新建陆军为武卫右军，另外再招募万人为武卫中军，由自己统率。慈禧太后准奏。袁世凯的新建陆军从此改称为武卫右军。

1899 年 1 月，慈禧太后召见了袁世凯，赏其在西苑门内骑马，并乘坐船只拖床。3 月，交部优叙。6 月，袁世凯升任工部右侍郎兼管钱法

---

① 袁世凯：《自书戊戌纪略后》，《戊戌变法》1，第 554－555 页。

堂事务，维新志士的鲜血染红了他的顶子。

值得一提的是，事隔十余年后，被他亲自出卖而又谩骂过的“戊戌六君子”又受到他的表扬了。1914 年 1 月，四川民政长陈廷杰将刘光第、杨锐生平事迹造具清册，上呈大总统袁世凯，并要求袁世凯下令他省将谭嗣同等人的生平事迹造具清册，一并从优议恤，特予表扬。袁世凯于 1 月 28 日批令：“立国大经，首培元气，式庐封墓，自昔为然。所呈四川前清故绅杨锐、刘光第事实清册，详加披阅，慨慕良深。自应特阐幽光，用彰先烈，交内务部从优奖恤，以昭激劝。并由该部分令湖南、福建、山西、广东各省民政长，迅即造具谭嗣同、林旭、杨深秀、康广仁各事实清册，并予矜恤，用示崇德报功之意。”① 同年 9 月，内务部遵照命令拟定了在京师给“戊戌六君子”建立祠宇，并将事实宣付清史馆立传的奖恤办法。袁世凯又批道：“准如所拟办理，即由该部分行遵照。”② 他之所以如此批示，不过借此进一步掩盖叛卖行迹，为自己脸上涂脂抹粉，骗取人们的信任，以实现更大的野心而已。不过，他只顾一时的政治需要，却忽略了昔日写下的《戊戌日记》和《自书戊戌纪略后》，以致弄成“以子之矛，刺子之盾”，把自己的嘴脸越描越丑了。

---

① 《政府公报·公文》，1914 年 1 月 30 日。
② 《政府公报·命令》，1914 年 9 月 11 日。

七　剿团保教

义和拳是义和团的前身之一，与梅花拳、大刀会等秘密结社多在山东、直隶一带活动，声言能请神附体，刀枪不入。清廷一直视其为邪教，严厉禁止。自 1895 年起，山东、直隶两省就不断遭遇严重天灾。1899 年又发生了特大旱灾，广大农村出现了赤地千里，无数人民流离失所的悲惨局面。山东的义和拳遂抓住饥饿人群的求生心理，利用部分平民与信奉洋教（天主教和耶稣教）的教民有些嫌怨的情绪，遂由秘密转向公开；同时为了欺骗群众，避免清廷派兵剿灭，提出“扶清灭洋”的口号，开始打洋教的活动。

义和拳打洋教，就是烧杀抢掠教堂和信奉洋教的教民。1899 年 10 月 7 日，平原县杠子李庄的拳民李长水、杨传文等人抢劫了本庄教民李金榜家的财物。李金榜到县控告。县令蒋楷派总役陈德和协同县勇前往缉捕。李长水等群起抗拒。经过庄民协力帮捕，拿获邱被子等六人。蒋楷提讯，邱被子等供认听从李长水等抢取李金榜家粮食衣物属实，遂命将六人拘押。

李长水逃走，立向长清、茌平、平原、禹城、高唐等地的义和拳首领朱红灯求援。朱红灯带领徒众多人来到杠子李庄，复行抢掠，绑架教民，还声言必须将邱被子等六人一律放回，陈德和讹诈李长水钱文，必须将其交出，否则将教民杀尽。蒋楷亲带勇役驰往拦捕，两名差役被砍伤。蒋楷因情势渐大，当即禀请山东巡抚毓贤派兵弹压。

10 月 16 日，毓贤派济南府知府卢昌诒和补用知府袁世敦带领勇队前往。抵达平原，卢昌诒将毓贤的告示差人送给朱红灯，劝其解散。朱红灯依恃人多势众，抗拒滋闹如故，18 日移驻森罗店。卢昌诒担心酿成巨患，又派人劝谕他们醒悟解散，同时与袁世敦带领勇队前往，以资震慑。朱红灯见官兵到来，竟命拳民开枪轰毙队勇二名，打伤数名。袁世敦下令开枪还击，加以马队回援，两路夹击，格毙拳民二十余名。朱红灯等知势不敌，狂奔逃逸。

毓贤是个顽固透顶的官僚，极其仇视洋教，认为打洋教的人都是义民，在处理民教纠纷时，不分青红皂白，不问是非曲直，对拳民一概加以袒护，对教民妄加罪名。接到卢昌诒禀报后，他就歪曲事实，颠倒是非，说“平原起事之由，教民李金榜向与平民李长水不睦，遇事欺压。该县不能持平，且纵蠹役陈德和屡向百姓讹诈，以致激成众怒，盗匪遂乘机抢掠”。[①] 奏请将蒋楷革职，陈德和提省严办。事实上李金榜对李长水根本没有“欺压”之事，陈德和亦未讹诈百姓。

朱红灯等逃回茌平，与心诚和尚（即本明和尚）、于清水、徐登第等人经过一番协商，觉得事情已经闹大，决定率领同伙四出，抢劫钱财，以图再举。接着抢劫了禹城县苗家林庄教民王书绅等四家的牲口、车辆、衣物，烧毁房屋四间，并杀害了看门的一名平民。抢劫了长清县李家庄教民李公堂家银钱、衣物、车辆、牲畜；并绑架了李公堂之父与弟勒赎，得京钱二十千放回，旋将房屋烧毁。抢劫了郑家营教民郑继先等家钱物，牵去牛马，放火烧毁房屋三间。抢掠茌平县张官屯徐清华等家，将教堂教师王观杰杀害。抢掠王香老庄教民徐养兰家，绑架马家沙窝庄教民刘安义父子三人勒赎。讹诈博平已不再信教的朱明经不遂，将其绑架，放火烧毁草屋数间；并讹索平民周克存家银五十两。抢走教民赵文灿家车辆、粮食，放火烧毁房屋四间，掳捉赵文灿勒赎，得马一匹。

而毓贤仍然“法外施仁”，不咎既往，令其解散。朱红灯准备暂时分散，不料路过茌平县大张庄时，教民突然出来追赶，开枪拦阻。朱红灯等反击，杀毙二人，打伤三人，又放火烧毁洋式教堂及教民房屋一百

---

① 中国第一历史档案馆、福建师范大学历史系合编：《清末教案》2，第 874 页，中华书局，1998 年。

八十余间。

清政府得知“匪徒藉仇教为名，聚众煽惑，屡酿巨案，若不早加震慑，势将蔓延难图”，命令毓贤加意弹压。[①] 并命袁世凯派部队到德州和沂州等地操演。毓贤不得不命道员吉灿升和副将马金叙率领所部官兵，驰往查办，勒限严缉。朱红灯等聚议，其势已成骑虎，不如再行纠聚，以顾目前。又至吴杨二庄，勒索银子七百两。抢劫博平县教民刘开太家牲口、车、粮，烧毁房屋十二间，并绑架男丁二名。平民张万春同他们理论，被他们用枪扎伤身死。11 月 21 日夜间，马金叙将朱红灯捕获，继而又捕获了继续作恶的心诚和尚与于清水。

列强对毓贤不能保护教堂、教民极其不满，要求清政府撤换山东巡抚。清政府也认为毓贤“固执成见，以为与教民为难者，即系良民，不免意存偏袒，似此因循日久，必致滋生事端”。[②] 1899 年 12 月 6 日，命毓贤进京陛见，袁世凯署理山东巡抚。

袁世凯接到上谕，进京请训，奏请仍旧节制武卫右军，得到批准。然后带领人马前去上任。12 月 26 日，抵达济南接任视事。此时有两件棘手之事摆在他的面前，一为高密民众阻止德国人修筑胶济铁路，二为义和拳大肆活动。

对于义和拳，袁世凯早就认定他们为匪，路经德州接见吴桥县令劳乃宣时，即称赞其请明降谕旨惩办拳匪，并电促直隶总督裕禄上奏。上任的第二天，他决定来个“先礼后兵”，颁布了《禁止义和拳匪告示》，说他“统率重兵弹压镇抚，原不难立加扑灭，究未忍不教而诛”。除前任巡抚毓贤已将朱红灯、心诚和尚与于清水正法外，特出示晓谕军民人等一体知悉：“务宜互相劝诫，守分安常”，“毋误堕于迷途。其已入拳教者，痛改前非，立时解散；其未入拳教者，勿复附从。有能激发天良缚献首犯者，定与〔予〕以自新之路，并奖其除恶之功；如其执迷不悟，怙恶罔悛，是乃甘蹈刑章，定当严缉惩治。或敢包庇匪首，隐匿不报，一经发觉，定将窝主按律科罪，并将里保一并究惩。倘再目无法

① 中国史学会主编：《义和团》4，第 8 页，上海人民出版社、上海书店出版社，2000 年。

② 《义和团》4，第 8 页。

纪，恃众抗官，大军一临，玉石俱碎。本署抚部院谆谆苦心，勿谓言之不预也”。①

对于袁世凯出任山东巡抚，列强是比较满意的。英国驻京公使窦纳乐致函英国外交大臣索尔兹伯理说：“关于今后山东北部的局势，我认为，最有希望的前景是挑选袁世凯充任巡抚。这位官员曾担任多年的中国驻朝鲜大臣的职务，并且最近统率驻天津附近受外国人训练的军队约八千人。他已经宣布，必须将全军随他调往该省；同时，他性格果断，而且在必要的时候立即使用武力，这是他一生中在各种危急形势下进行活动的特点。所以使人们有可能期望，在他所管辖的省份中，他将顺利地迅速平定叛乱。”②

一些官僚知道袁世凯坚决与义和拳为敌，恐其操切从事，很不放心。有人提醒清政府，千万不能让袁世凯仓猝出师，甚而有人提议另外简派他人取代之。清廷也不同意采取单纯的高压政策，在袁世凯接任的这天，发出廷寄告诫他：遇有民教之案，持平办理，化大为小，化有为无，不可徒恃兵力，转致民心惶惑。三天后又下达一道措辞相当严厉的电旨：“拳民聚众滋事，自无宽纵酿祸之理。惟目前办法，总以弹压、解散为第一要义。如果寻击官兵，始终抗拒，不得已而示以兵威，亦应详察案情，分别办理，不可一意剿击，致令铤而走险，激成大祸。着袁世凯相机设法，慎之又慎，严饬吉灿升、马金叙等随机因应，各了各案，毋轻听谣传，任令营员贪功喜事，稍涉操切。倘办理不善，以致腹地骚动，惟袁世凯是问！”③

袁世凯尚未考虑好应对之策，12 月 30 日，平阴、肥城交界处发生了一起教案，英国传教士卜克斯被人杀死。袁世凯感到问题严重，立即飞饬泰安知府潘民表督率肥城和平阴两县，缉捕案犯，并电奏朝廷。为避免再发生类似事件，他训令各州县派遣军队对所有教堂、教士严密保护，恳求教士集中居住，不要外出。朝廷因事关对外交涉，命其严缉凶犯，从严惩办；同时派兵弹压阻止德国人修筑铁路的高密民众，以免德

---

① 李文海等：《义和团运动史事要录》，第 65 页，齐鲁书社，1986 年。

② 胡滨译：《英国蓝皮书有关义和团运动资料选译》，第 3－4 页，中华书局，1980 年。

③ 国家档案局明清档案馆编：《义和团档案史料》上册，第 46 页，中华书局，1959 年。

国人找到借口。英国公使窦纳乐得知卜克斯死讯，立即向总理衙门递送照会，声称必须使传教士得到有效的保护，并指令驻上海副领事甘伯乐和两名教士到济南出席审判。

过了两天，杀害卜克斯的人犯解来。袁世凯命按察使胡景桂和济南知府卢昌诒审理，本人又亲自审讯了一次。甘伯乐到来之后，提出四条处理意见，要袁世凯照办：第一，将凶犯从重治罪，巡抚会同观审，领事监刑。第二，将泰安府知府及肥城、平阴两知县革职，永不叙用。第三，照教会绘制的图样，在行凶的地方为卜克斯建立教堂，由教士选择地方，官府拨款，并由民众集资立碑。第四，恭录上年十二月初四日著迅将疏防的各官先行参处的谕旨及办案情形，由巡抚出告示晓谕，不得再发生此类事件。袁世凯立即将巡抚会同观审和将泰安府知府及肥城、平阴两知县革职，永不叙用两条驳回。虽然同意在行凶地方建立教堂，集资立碑，但限制占地不得过大，费用不得超过一万两银子。完全答应的只有第四条。协商量刑时，甘伯乐坚持是强盗杀人，下手各犯，均须拟斩。袁世凯原先认为此案本系匪徒结伙持械掠财杀人，照例应不分首从，一律斩决，因是与洋人交涉，不得不酌留余地。现在见其如此，恐怕另生枝节，但只同意将首犯孟光文和吴方城斩首。以后又驳回其他无理要求，甘伯乐理屈词穷，只得怏怏离去，此案便结束了。

对其他洋人提出不合理的索取赔偿和干预中国的司法事务，袁世凯同样严词峻拒，并电告总署也要驳斥。如美国、德国传教士开具教民受害花名册，呈请赔偿。袁世凯告以教民也是中国人，前已派员赴各地查实被难各家，不分民教，概加赈恤。即便洋人被劫，亦惟缉贼追赃，无有官为代偿之例。法国传教士傅天德请派员会同查办教民各案，袁世凯告以传教士不是官员，按照条约不应干预公事，本省自可选员秉公查办，不公前来投诉则可，会同查办则不可，将其顶了回去。

对于高密民众阻止德国人修筑胶济铁路，袁世凯一面电告高密知县季桂芬务必婉劝德国公司暂缓开工，劝告群众解散，广出告示，解释铁路多架桥梁，必定不会造成水灾，如真成灾，必定奏请豁免钱粮，并加抚恤，决不让人民流离失所；一面电饬莱州府知府曹榕驰往查办，驻登州防营派兵弹压，保护德国的铁路局。但是，高密的群众不服，朝廷又指责他意存推诿，于是他下令将领导群众阻挠修路的李金榜逮捕。后又奏调荫昌前来与德国人谈判，签订了修路条约和煤矿章程，问题方得到解决。

1900年1月9日，清政府电询袁世凯：袁世敦（袁世凯的二哥，在平原镇压义和拳被毓贤奏请革职）是否离开山东？如未离开，着即驱逐回籍，以息人言。继而徐世昌来函，言京中传说他痛剿拳匪，参劾的接二连三。他气得火冒三丈，回信发牢骚说："到任不过十数日，何至有许多劣迹被人一再参劾也？自必有居心倾排者在其内！"① 至于袁世敦被革职，他更为之呼冤不迭。此时他已看完济南、东昌、泰安三府和临清州禀报的一百四十六起案件，其中扰害教民一百二十七起，共三百二十八家；扰害平民十九起，共二十八家；共烧毁拆毁教堂十处，架掳、伤毙教民二十三名，平民七名，对义和拳"实系匪类"的本质有了更深刻的认识，也更坚定了他剿灭的决心；通过四五百拳民攻打不开一个教堂，副将马金叙等屡次将他们击败，并擒住朱红灯、于清水、心诚和尚等事实，他认为义和拳宣扬的"请神附体"、"刀枪不入"纯属妖妄，对"扶清灭洋"的口号尤其嗤之以鼻。因而他不同意清廷的主张，坚持"惩办匪首，以清祸源，实为扼要办法"。②

1月11日，清廷发布上谕称：安分良民学习技艺，自卫身家，或联村众互保闾里，不能目为会匪。今后处理教案，只问其为匪与否，肇衅与否，不论其会不会、教不教。这就在无形之中默认了义和拳为合法的群众团体。义和拳的首领见有机可乘，遂将义和拳改名为义和团。

为了杜绝捕风捉影的浮议，维持社会安定，袁世凯决定对清廷表明自己对义和团的认识和态度。1月13日，他上奏朝廷说：山东"民教积不相能，推究本原，实由地方州县各官平时为传教洋人挟制，不能按照约章持平办案"所致。但"该匪等虽托名仇教，而观其举动，实祗在于纠众劫财。得财稍多，则蓄马购械；分赃不匀，或互斗交殴。乃犹立帜大书，侈口于洋人可灭，借以行其耸动号召之私，而不知其伎俩毫无"。"该匪等一经勇队抵御，即不能支，况能举强盛之洋人而灭之乎！就使

① 《袁世凯致徐世昌函》，《近代史资料》总37号，第20页。
② 林学瑊：《直东剿匪电存》卷1，第61页，石印本，1906年。

真能纠合百十万人，鞭挞五洲，而该匪等势成燎原，不可向迩，国家又将何以制其后！且胶澳、威海逼处强邻，倘骚扰过久，洋人借口助剿，派兵深入，则山东全省必将震动。”统筹全局，应分别治本、治标两层办法，妥慎办理。“所谓治本者何？在于调和民教而已。而调和民教又在于颁示约章，整顿吏治。”“教不得依势凌民，凌民者许民指控；民不得借端闹教，闹教者按律究治。又通饬各属遇案不分民教，但论曲直，毋许教士干预词讼，严禁胥役藉案勒索。”“所谓治标者何？在于绥靖地方而已。而绥靖地方又在于清除匪类，化导愚氓。”一面命官员和绅士前往开导，设法解散，一面悬赏购线，缉拿案犯首要。既“不操切以激变，亦不养痈以贻患”。①

紧接着，他刊发了劝谕民教的告示。内言：国家与外国订立条约，允许洋人设立教堂传教，承认有保护教堂之责。平民遇有冤屈之事，只可向官长呈诉申理，切勿私自报复，倘若聚众哄闹，私相寻仇，不仅使国家受到连累损失，自己也违背王法，有理变成了无理。遇有民教涉讼，传教士应当谨守中国法度，不得干预地方官审理案件。教民信教，仍是中国之人，必须遵守本国法令，倘若恃教为非作歹，定然依法治罪，决不宽贷。同时通饬各级官员，遇有诉讼案件，不分民教，但论曲直，持平办理。如有洋人和传教士干预，应当根据条约章程分别驳斥，不得偏听袒护。如果传教士不安本分，禀请上司核办。差役讹索，尽法惩治。② 并刊发中外条约章程，令官员讲习，保护教堂。一切摊派，平民有的，教民也应该有。19 日，他又将劝谕民教告示稿和通饬各级官员稿，连同济南、东昌、泰安和临清发生的一百四十六起教案案情咨呈总理衙门，让他们了解山东义和团的实际情形。

1898 年慈禧太后再出训政，就打算废掉光绪皇帝，另立新君，因外遭各国抵制，内受两江总督刘坤一等封疆大吏反对而作罢。1899 年 10 月，她决定于农历元旦废掉光绪，立端郡王载漪之子溥儁为帝，改元普庆。军机首领荣禄怕担恶名，献计让溥儁暂时屈居“大阿哥”（满语，

---

① 沈祖宪辑：《养寿园奏议辑要》卷 2，第 1 -5 页，项城袁氏宗祠藏版，1938 年。

② 见中国第一历史档案馆编辑部：《义和团档案史料续编》，第 506 -508 页，中华书局，1990 年。

皇长子的意思）地位，承嗣同治皇帝，伺机再议禅位。慈禧始打消了立即废立的邪念，改为一时权宜之计。1900年1月24日（光绪二十五年十二月二十四日），她召集亲王、贝勒及各大臣，命光绪宣读了立溥儁为“大阿哥”的上谕。这就等于宣布溥儁将来继承同治大统，预立皇储，史书称此举为“己亥（光绪二十五年）建储”。慈禧再出训政，就引起国内人民和海外华侨的强烈反对，要求她退还大政，交给皇帝。“建储”违背清朝祖训，意在废掉皇上，更震动中外，各界人士群起抗争。而袁世凯却与先进的爱国人士相反，上折向慈禧“恭贺圣喜”，向光绪皇帝“恭贺天喜”，① 考虑的完全是个人利益。

2月19日，朝廷根据总理衙门的上奏，发布谕旨，严行禁止义和团，秉公办理教案。袁世凯立即命人拟《严禁拳匪暂行章程》，和上谕一起张贴出去，使民众知晓。章程的主要内容有：州县官吏必须认真访查缉办，倘所管境内有设厂教习者，即将该管州县“照纵匪例从严参办”。庄长、首事、地保必须随时禀报，徇隐不报，即加监禁，与匪通气，即行正法。父兄纵听子弟学习邪拳，除将子弟正法外，父兄监禁三年。所有拳厂，一律毁平，某家设厂，即将该家家产充公。告发某家设厂者，将该犯家产提出一半，赏给告发之人；拿获设厂匪首送案者，将该犯家产全数赏给。设厂的邻人如虑拳匪报复，不敢出名告发，应即通知庄长、首事、地保，密报到官，以凭拿办。知而不报者，提案严办，窝留者与匪同罪。从前拳匪，除著名匪首及曾犯焚抢重案者仍应查拿外，其余被胁者但能悔过自新，一概从宽免究。倘有挟仇诬告，希图分赏者，即行反坐科罪，决不宽贷。②

袁世凯所采取的办法是查禁瓦解，命令各级地方官员和绅士分赴四乡，挨户传谕，“并饬各州县选派讲生，逢集讲解，俾知警悟”。③ 但又命令各州县每天禀报有无义和团踪迹，带领马步亲兵认真防范，“悬赏

---

① 《为穆宗同治皇帝立嗣贺太后折》、《恭贺为穆宗同治皇帝立嗣折》，《袁世凯全集》第5卷，第161、162页。

② 山东省历史学会编：《山东近代史资料》，第3分册，第230－231页，山东人民出版社，1961年。

③ 中国社会科学院近代史研究所近代史资料编辑室编：《山东义和团案卷》，第658页，齐鲁书社，1980年。

购线”，“拿获首要，解散胁从”，“尽法惩办，以儆邪暴，而绝根株”。[①]同时派出武卫右军到处捕杀，“与诸军约云：如匪至即放炮，必不咎汝；若匪至不痛击，则将领以下概正法”。[②] 尽管一些顽固守旧官员骂他是汉奸，他仍坚定不移地执行。

广大团民对袁世凯恨之入骨，人人皆欲得而杀之，食其肉，寝其皮。他们到处散发揭帖，骂他是“袁奸雄”，“杀了袁鼋蛋，我们好吃饭”的歌谣在民间广泛流传。他们还在巡抚衙门的壁墙上画了一个头戴红顶花翎的大乌龟，奴气十足地趴在洋人屁股后面，以示痛恨。

1900 年山东和直隶仍遭大旱，饥饿的民众为了求得生存，纷纷加入到义和团的行列，声震中外的义和团运动突然爆发，并迅速席卷两省。

3 月 14 日，清廷实授袁世凯为山东巡抚。为“外戢戎心，内靖伏莽”[③]，袁世凯奏请将山东原有的三十四营勇队裁并，留下二十营，共一万五千余人，改称武卫右军先锋队，重加训练，并换发新式毛瑟枪。以后又把其余十多营改编为左翼防军、右翼防军和沿海防军，部署在全省各要地。不到两个月，就将义和团的首领王立言、王玉振、朱士和等数十人擒获斩首。团民在山东立足不住，纷纷窜往直隶。

立“大阿哥”以后，朝政逐渐落入顽固守旧的军机大臣刚毅、赵舒翘、启秀、大学士徐桐和载漪之手。为求各国承认立嗣，载漪派人讽示各国公使入贺。各国公使置之不理。载漪自以为将要当上太上皇，恨不得立时把外国人斩尽杀绝，见义和团“扶清灭洋”，大喜过望，企图利用之以达到废立的卑鄙目的。慈禧太后早就怨恨外国阻挠废立，庇护康有为、梁启超，日思报复，也想利用义和团。因此，他们对义和团的态度也发生了变化。

5 月 1 日，清政府准备把义和团改为官办团练，让袁世凯考虑是否可行。袁世凯上奏：“该拳会聚众游行，每于数百里外劫取财物，不得谓之为保护身家；焚杀掳赎，抗官拒兵，不得谓之非作奸犯科；掠害平民，骚扰地方，不得谓之为专仇洋教。”最后又不容置疑地说：“是宜严

---

① 《山东义和团案卷》，第 256、386 页。
② 《义和团》1，第 254 页。
③ 《养寿园奏议辑要》卷 3，第 6 页。

禁预防，未可权宜迁就。”① 在坚持镇压义和团这一点上，他的立场比其他官僚都坚定得多。

在载漪等人的纵容下，6 月上旬，直隶的义和团大批拥进北京，烧杀抢掠教堂教民和一般良民百姓，声言将要攻打外国使馆。10 日，载漪取得管理总理各国事务衙门的大权。同一天，为了保护使馆，英、法、德、日、俄、美、意、奥组织的八国联军两千余人，在英国海军将领西摩率领下，由天津向北京进发，途中遭到义和团的袭击。

袁世凯根本不相信义和团的“灭洋”妄说，在直隶的义和团阻击八国联军之后，他马上命令冯国璋统率军队开往德州驻扎，严密设防。他深以直隶义和团“以闹教为名，驯至聚众倡乱，引敌深入，败坏大局，极堪痛恨”。② 命令邻近直隶的州县和驻军妥为防范，认真缉查，不让直隶团民潜窜沿边各村庄煽惑。“直匪如犯东境，即行痛加剿捕”。③

八国联军向北京进发，慈禧太后慌了手脚，15 日，急命袁世凯带队或派得力将领统带，前往援助，也就是直接同八国联军交锋。17 日，八国联军攻占大沽炮台。也就在这一天，袁世凯接到了勤王谕旨。他立即面临着一个如何处理好与其命运密切相关的两层重要关系的问题：不派兵，开罪于慈禧太后，将来前程不堪设想；派兵，开罪于列强，苦心经营的军事实力会在战争中消耗精光，非所愿，亦不敢；何况还有大股小股的义和团与之作对！处在如此错综复杂的境地，他急得像热锅上的蚂蚁。经过几度冥思苦想，袁世凯终于想出一个两全其美的办法，即借口列强将乘虚而入，义和团将趁机而起，仅派少数人马前往，保存军事实力。19 日，他奏称：京师为天下根本，亟应提一旅之师，星夜奔驰，待命阙下。但山东“为南北咽喉，海疆重地，而威海、胶澳，英、德逼处”，“包藏祸心，伺隙以动”；“近日复有直境盐山、庆云匪徒窜入武定各属，勾结为患”；“且东省铁路正在创办，其所经胶州、高密、昌邑等处人心浮动，尤赖兵队随时弹压。若将所部悉数开拔，恐东省内乱即起，而外患得以乘之”。不得已，只好“凑集三千人”，派孙金彪统带

---

① 《义和团档案史料》上册，第 95 页。
② 《山东义和团案卷》，第 365 页。
③ 《山东义和团案卷》，第 794 页。

赴京。[1] 清政府见说山东海防紧要，又令其停止派兵进京。他本不愿派，续命一到，乐得赶快撤回。

慈禧太后连续召开御前会议，商讨是否对列强开战。当时中国的正规军队连一个日本都打不过，而且刚刚战败五年，割地赔款，元气大丧，再同时与八个强国开战，只要神经正常的人都会断定中国必败无疑。光绪皇帝和吏部侍郎许景澄等极力反对与列强决裂。但载漪一派却控制了朝局，他们不问有无战胜列强的可恃兵力，仅抱着一种以为依靠义和团神奇的法术就能轻而易举地把洋人势力赶跑的幻想，力主抚团灭洋。为促使慈禧下定决心，又编造出一个洋人要求慈禧归政的假照会。慈禧阅后立即失去理性，利令智昏，不辨照会真假，决定孤注一掷。6月21日发布上谕，告知全国臣民，要与列强开战，传旨嘉奖团民为“义民”。22日，派载勋、刚毅统率义和团。23日，命令各省总督、巡抚把义民“招集成团，借御外侮”，并强调指出：“沿江沿海各省尤宜急办!”[2] 旋又命将旧存的军械赶紧修理，配好弹药，以备领用。24日，赏给团民银子十万两。

26日接到朝廷仍饬孙金彪的三千人马火速增援天津的谕旨后，袁世凯奏称：该军已经“往返奔驰千数百里，又经此炎暑酷热之际，不免疲病相乘。如再回援津，计程尚有八百余里，恐非一时所能骤到；即到，亦疲惫不支，虑难得力”；尤可虑者，“潍县地方突有匪徒焚掠美人教堂，并杀伤教民二命。胶澳德人于昨日分派马兵、炮队，在高密一带游弋，借护守各教堂为名，意在窥伺潍坊”，“若再分兵援津，恐未必有济，而转贻误东防”；“况内地盗匪渐炽，在在均须弹压，多处均嫌空虚。臣职在守土，存亡与共，如贪赴援他省之名，而忘本省设防之实，臣实有所不敢。”[3] 竟以“职在守土”为理由，不奉朝命。清政府不允，着其仍遵前旨，不得借端延诿。他见推诿不下，才无可奈何地改派夏辛酉统带六营士兵北上。

对于朝廷命招集义和团御侮之事，袁世凯上奏说：山东与直隶不

---

① 《义和团档案史料》上册，第154页。
② 《义和团档案史料》上册，第163页。
③ 《义和团档案史料》上册，第198－199页。

同，良民“无心结团聚众”，“游手好闲者概系游勇、盐枭、马贼、土匪”，如招集成团，匪徒必定“公然啸聚”，“是未得御侮之实，而内地官民已先受其害矣”。此不独使“饷源必至断绝”，而且造成“腹背受敌，败可立待。”因此，他抗不遵命，仍然主张“照章禁办”。另外提出“延举公正绅士，认真举办团练”。①

还在6月中旬，袁世凯得知列强增兵天津，非常担心国家安危，即通过盛宣怀，向两江总督刘坤一和湖广总督张之洞请教应付时局的策略。刘坤一与张之洞都是坚主镇压义和团的，清政府宣布要同列强开战以后，他们声称开战上谕是“伪诏”，拒不发兵“勤王”。他们认为东南各省为财赋之区，国家饷源所出之地，若能保全，大局或可有所转机；若再蹂躏，全局瓦解，不可收拾。又征求两广总督李鸿章的意见，李鸿章也认为上谕“系矫旨”，断不从命。于是他们便秘密与英国策划“东南保护”，商定上海租界由各国共同保护，长江流域各内地归督抚保护，两不相扰。7月1日，英国驻上海代理总领事霍必澜致电袁世凯，劝其仿效刘坤一、张之洞、李鸿章，“坚定不移地维护秩序”。袁世凯当即回电表示“鄙见与各督所见相同”②，从此实力奉行。加以看到6月26日电寄李鸿章等人的上谕中有“剿之则即刻祸起肘腋”等语，猜测朝廷抚团“有万不得已之苦衷”，“乃是一时权宜办法，大约不久即须戡定”③；义和团与联军作战“屡战屡北”，证实“其为邪术，不足为保卫可知”④，其剿团保教的决心愈益坚定。

7月14日，天津沦陷。19日，清政府命袁世凯严饬夏辛酉部速进，不得以天津失陷，意存观望。袁世凯回答说，该部早已北上，不敢稍涉延缓。

时间又过去十几天，北京危在旦夕，清政府急命各路援兵加紧北上，并特地命袁世凯接济军火，加派数营队伍，保卫首都北京。袁世凯

---

① 《养寿园奏议辑要》卷5，第3-4页。

② 《英国蓝皮书有关义和团运动资料选译》，第61页。

③ 中国社会科学院近代史研究所、中国第一历史档案馆编：《筹笔偶存》，第279页，中国社会科学出版社，1983年。

④ 《筹笔偶存》，第270页。

送去一些军火，却不加派队伍，复奏说“自津郡不守，游匪溃勇勾结土匪，多持洋枪，时来窜扰，几于防不胜防”；“半月以来，已觉疲于奔命，左支右绌”，用以说明抽不出兵力。并虚伪地表示，“京师天下根本，现值军情紧急，奉诏征兵”，“中心焚灼，莫知所措”。最后请求：“可否仰恳天恩俯准，俟将郑家口及平阴县两股土匪办理稍有就绪，再抽拨队伍，饬令迅即北上之处，出自鸿慈逾格。”① 在此，又用乞求宽限的悲切腔调进行敷衍了。

8 月 15 日，联军攻进北京，慈禧太后带着光绪皇帝等人仓皇出逃。

清政府谕令驰援，袁世凯不干；部下请缨，他也不准。8 月初，在鲁直边界围剿义和团的张勋呈请“前往京、津，助剿洋夷”，“杀贼立功”。袁世凯批示：“该管带请赴前敌自效，具见忠勇之忱，应俟各该处敉平，再有调遣。”② 同月下旬，张勋眼见“警跸西巡，都门失守”，“义愤填膺”，又上书“吁请大帅率队勤王”；并说，如袁世凯不得分身，他可以会同各营前往；再不然，他愿“独树一旗，作马革裹尸之想”，报“君父大仇”。袁世凯感到张勋憨直愚笨得可笑，可是这一腔对朝廷的忠诚又不能加以责备，于是批道：“览禀，忠勇可嘉。但曾奉旨责成守土，未敢轻动，姑俟商定，再行饬知。现在武属匪窠尚多，仍望努力肃清为要。切切！”③ 对朝廷说“职在守土”，对部下说“奉旨守土”，欺上瞒下，就是不出兵。

张勋

为了保护洋人不被团民杀死，袁世凯训令各道府州县告知在境传教士，携带眷属到济南寄居，或暂移海口，以避其锋。嗣后又飞饬各属，勒限三日，将在境洋教士及办理铁路矿务的洋人，一律护送到通商口

---

① 《义和团档案史料》上册，第 470－472 页。

② 《山东义和团案卷》，第 46 页。

③ 《山东义和团案卷》，第 67－68 页。

岸。当英国、美国驻烟台领事将二百多名传教士由小清河运往海口的时候，袁世凯“提供了非常宝贵的帮助，他派兵保护每一批离去的人们，极为周到地和关切地对待难民”。[①] 对直隶等省逃到山东的传教士亦是如此。在其周密地护卫下，山东全省无一个洋人遇害。

对教会、教民，袁世凯也关怀备至。7 月 1 日，清廷着各省督抚通饬地方官晓谕教民悔悟，不追既往。他曾执行，下令各州县“将境内教民悉数勒令反教，取具永远再不习教甘结；所有教堂房屋、器具，一律归官”；同时又出示晓谕平民，“不准借口仇教，再寻衅端。如违，即照土匪惩办”！此举“原系暂时保全之计”，“隐喻保护之意”，并非真与教会、教民为难。可是，州县官吏不知其内心隐秘，雷厉风行地大干起来，有些地方还逮捕、拷打拒不退教的教民。袁世凯得报，“恐将来贻人口实”，得罪列强，又谕令“妥慎办理”。后来外国驻中国的官员和传教士提出抗议，他便干脆取消前令，反复强调：“凡系匪徒，必须剿捕；凡系教堂，必须保护”。“教民悔教与否，亟应听其自便，毋庸令悉数具结反教”，“亦不得将教堂房屋、器具充公”。将保教告示张贴各地，不准任何人“扰累阻挠，私自构衅”。倘谁办理不善，“致酿衅端”，即唯谁是问！[②] 并向洋人解释说：“所以劝告教徒暂时放弃他们的宗教，并把教堂置于官员们的照料之下”，是“希望不存在发生骚乱的任何借口，从而可以保证提供保护”，“此外没有任何其他意图”；同时一再保证：“已经尽了一切努力防止破坏，凡已造成破坏的地方，将毫不犹豫地进行公正的赔偿。”[③]

慈禧太后并不是真心要同列强决裂，故开战不久，就指令驻外公使向列强解释开战系出于被迫，乞求原谅。8 月 7 日，正式任命刚调任直隶总督兼北洋大臣的李鸿章为全权代表，同列强议和。

袁世凯认为，“和议将开，筹办善后，自以抚恤被扰教民为第一要义”[④]，主动命令州县官吏亲赴各乡验查教民受害的数目，将团民的财

---

① 《英国蓝皮书有关义和团运动资料选译》，第 364 页。

② 《山东义和团案卷》，第 182、323、397、426、497、527、892 页。

③ 《英国蓝皮书有关义和团运动资料选译》，第 365 页。

④ 《山东义和团案卷》，第 423 页。

产分别查封变价，作为抚恤之用。泰安知府觉得这种做法流弊太多，建议只毁拳厂，逮捕甘心为匪之人，不要查抄房产。袁世凯览禀勃然大怒，立即批令："查封拳厂房地及查抄拳匪财产等项，变价充公，即以此款作为抚恤之用，本部院原为一惩一恤，事属两得；且惩此等误国病民之匪，立法不得不严。……盖亦辟以止辟之意耳。查核来禀情词，殊未达立法本意。至于勇役邀功，仇家扳指，只是法外之弊，是在奉法者随时认真厘剔，未可因防弊而遂废法也。仰即督饬所属，遇有拳匪财产，仍遵前檄严行查办，不得使志在掠夺者破人之家，肥己之产，因而终享其成，以挽颓风而正民纪。"① 州县官员当然遵办。可是有些县如馆陶、莘县，查来查去，无产可抄，不得不据实呈复。袁世凯斥责他们意存徇纵，两面见好，严厉警告说，如不认真查封，所有应需抚恤之款，即由他们自行筹备或自行垫赔，所请拨发恤款，概不批准。州县官员不会自掏腰包，这笔负担自然落在老百姓身上。教民思图发财，报复泄愤，任意捏报，索求不已，稍不满足，即有"觖望"。袁世凯非常担心由此引起洋教士不满，急忙下令，凡有"觖望"者，再量予抚恤；未抚恤者，随时酌量补发；焚毁的教堂房屋，概行修补；团民财产不足，州县设法垫付，不得吝小失大，贻误大局。

袁世凯加入了"东南互保"，只能保境安民，不能同八国联军作战，对八国联军更可想而知了。1900 年 11 月，有个英国领事听说武定府刊印劝令义和团抵挡洋兵的告示，发电质问。袁世凯怕得要死，立命查明。武定府呈复说，告示是有，但那是在奉旨"奖励拳民"之后，因其势大，为诱其出境刊印的，并将告示附上。袁世凯见其中有"洋人罪大恶极，无不立见消亡。谕尔拳民义勇，均各效力疆场。……速赴前敌助战，毋得羁留故乡"等语，立即申斥他们"措辞极不妥协"，下令"尽行销毁，俾免别滋口实"。②

12 月初，八国联军到达直隶南部，邻近的山东各县纷纷告警，请示办法。袁世凯认为，山东的义和团已经剿灭殆尽，洋兵似无借口来犯；

---

① 《山东义和团案卷》，第 491－492 页。
② 《山东义和团案卷》，第 612－613 页。

又从德国驻京公使穆默、驻青岛官员和传教士那里得知八国联军并无由直隶赴山东的意思，便告诉他们：洋人必然不到山东来，“即使相犯，待之以礼，断不至兵刃交加”，要镇定自持，切勿惊慌。① 同时致电穆默等人，乞求八国联军不要入境。时隔数日，未得到穆默的回电，他不知八国联军的许诺是否改变，心中非常紧张，急忙筹备“预防”。他告诉各县的“预防”办法是：赶造山东界牌，多多在直隶、山东交界地方竖立，使洋兵一见便知，以免误会；万一洋兵误入界内，官员应驰往拜谒，优礼相待，婉为商阻，请其退出界外，“以全睦谊”；严行约束队伍，认真弹压地方，勿任搆衅生事；将队伍移驻距边界较远之处，以示无开衅之意；如商阻不听，飞速禀报，“非奉有本部院号令，千万不可轻开边衅”。② 各县闻命，日夜赶造高大界牌，上写山东某县某村和年月日，在交界处及村庄、交通路口广为竖立。许多村镇还用白垩在墙壁上写了“此山东境”几个大字。同时派遣人员购买大批牛、羊、鸡、鸭等，准备联军到来时进行招待。

另外，清廷与列强开战以后，袁世凯还一再上书，请求保护驻京各国公使，保护洋商、传教士及其财产，就德国公使克林德被杀事件向德国道歉，抚恤被害的洋人。与刘坤一、张之洞合奏，请授李鸿章以议和全权。密电荣禄，设法促使清政府答应列强惩凶的要求，委曲允诺奕劻、李鸿章同列强议定的条约大纲十二条。

袁世凯认定，若要“维持大局，其要先在保全东境；保全东境，其要先在断绝匪踪”。筹办防务，“其要仍在先缉办内地匪徒。匪徒不来，洋兵亦不至分道东来”。故在与八国联军开战以后，他就下令迎头痛剿闯到山东来的直隶义和团。同时“分缮谕单，派员饬赴各属剀切示谕，果系忠愤义民，欲为国家效力，谕令其即日驰往天津等处，帮助官军齐心拒敌，以伸同仇之忧。倘畏葸不前，仍复结党横行，抢掠滋事，即系乱民而非义和，应即严捕渠魁，照土匪章程惩办。如敢拒捕，格杀勿论”。③

① 《山东义和团案卷》，第696、650页。
② 《山东义和团案卷》，第339、742页。
③ 《山东义和团案卷》，第414页。

此后，他即以团民均赴前敌助战为理由，把山东境内和由直隶进入山东的团民，一概目之为“黑团”、“土匪”、“乱民”。命令州县清查保甲，编发门牌，实行十家连坐；大办地主武装团练，跟踪追击；命令军队认真梭巡，扼要堵缉，分头查拿，合力围捕，“无论其拳不拳，但问其匪不匪”，一经发现，即驰往痛剿，务必“悉数歼除”，“无留余孽，以杜窜扰，而尽根株”。① 他不仅命令军队在山东剿捕，而且越境到直隶剿捕，以剿为防；不仅命令军队“格杀勿论”，而且授权州县“权宜行事”，就地正法当场拿获者和监候者。对剿捕有功的人员，他慷慨奖赏，竭力鼓励，当官的记大功，晋职衔，加俸禄；当兵的赏给银钱、功牌，存记汇保；死亡的赏葬恤银，受伤的赏养伤银。对防剿不力和专恃防营的官员，他毫不留情，不是斥之为“怯懦不前”，就是责骂为“姑息养奸”，摘去顶戴，记几次大过，勒限严缉。并威胁他们：倘再不能预为防范或逾期不获，一律严行参究！

袁世凯到底剿灭了多少团民，难以进行确切统计。拿张勋的先锋队后路左营来说吧，1900 年 7、8、9 三个月，在海丰县南关一次击毙一百多名；在阳信县东门书院击毙五百余名，生擒五十余名；在蒲台县双台击毙五百余名，生擒二百余名；在滨州小范家击毙一百二十余名，生擒三十余名；在盐山小酆家击毙二百一十余名，生擒二十七名。但这不过是其上报的一部分。据其探勇尹占魁讲，共杀数千人；据在其营避过难的沧州教堂学生井文魁讲，眼见剿毙万余人。其他军队杀的也不在少数，如雷震春部在青城县皂李家庄一次即打死一千三百余名。袁世凯的部下孟继武估计，全省被当场击杀和送县或解省正法的团民，约有数万余人。袁世凯则告诉外国人说共杀四千余人，或言“东省拳匪剿办殆尽”②。

袁世凯剿团保教的赫赫战果赢得了西方列强的一致赞赏。英国驻烟台领事在一份报告中指出：“我们目前在烟台所处的地位是相当稳固和平静的，……我们之所以能够继续留在此地，我认为几乎完全是由于巡

---

① 《山东义和团案卷》，第 132、192、797、909 页。
② 《山东义和团案卷》，第 696 页。

抚所采取的态度；无论他的动机怎样，据我的意见，他已经尽力用他掌握的军队把义和拳逐出本省，而且当他所管辖的地区内发生骚乱的时候，将骚乱镇压下去。他的僚属自然遵循他的榜样。直到目前为止，山东没有被卷入那个势将席卷它的叛乱和掠夺的浪潮。"① 对袁世凯表示十分钦佩和感激。当然，列强对他也格外照顾，到达直隶南部边界的八国联军一看到山东界牌和村镇墙壁上书写的“此山东境”几个大字，便掉头而回，不相进犯。

山东的官僚、绅商见袁世凯能够“怀柔远危”，使“四夷钦服”，八国联军不入山东，境内的义和团剿除殆尽，也对之“齐声感颂，而顶礼日呼东省之福星广被矣”！②

实事求是地说，袁世凯受到山东官民“感颂”是当之无愧的。

义和团提出“扶清灭洋”的口号不过是个骗局，他们根本没有能力“灭洋”，在八国联军之役之前，从未将打击的矛头直接指向列强，例如把列强的势力从割让的领土上、租借地和势力范围驱逐出去。他们打洋教的真实目的也不是为了“灭洋”，而是掠夺钱财。据张三、邵来法等人供称：他们这一股义和团分立红、黄、蓝色旗帜，旗帜上写的是“保清灭教”字样，真实的目的则是“练成出外抢劫，得钱分用”。③ 事实表明，团民打洋教的对象不仅仅限于教堂、教民，同时有大量无辜的未入洋教的平民；其行动就是抢掠、勒索、敲诈钱财，银钱、衣物、车辆、牲畜、粮食等固然在所必得，甚至连犁、磨、锄和锅碗瓢盆等粗贱之物也在抢掠之列。绑架人质更是为了勒索赎金，不遂所愿，则“撕票”继之。他们所做的一切，都是抢掠财富，据为己有。大头目朱红灯供称：1899 年 11 月，听说巡抚毓贤法外施仁，不咎既往，令他们解散，他“遂将连日所得银钱，按人均分，拟暂分散”。没隔几天，他就“因分赃不均，被同伙砍伤头颅数处，并身受枪伤二处；同伙遂赴胡家屯，将朱红灯抛弃寺中”。④ 用暴力劫夺财物，扰乱社会治安的人，就是盗

① 《英国蓝皮书有关义和团运动资料选译》，第 366 页。
② 《山东义和团案卷》，第 743 页。
③ 《山东义和团案卷》，第 873 －874 页。
④ 《山东义和团案卷》，第 16 页。

匪。如果说烧杀抢掠教民还打着“灭洋”的幌子，实际干的是盗匪的勾当，那么，烧杀抢掠平民则是赤裸裸的强盗行径了。即使极力庇护义和团的巡抚毓贤，在铁的事实面前也无法掩饰。他曾亲自提审过朱红灯、心诚和于清水，终于不得不承认他们“形同土匪”，将他们斩首示众。在袁世凯接任这一天，他上奏道：“查此案朱红灯、于清水、心诚胆敢纠胁人众，抢劫各处教民财物，放火杀人，波及平民，复抗官拒捕，伤毙勇丁，实属形同土匪，不法已极。奴才于审明后，批饬将该犯朱红灯、于清水、犯僧心诚即本明三名，绑赴市曹，即行正法，传首犯事地方枭示。”①

袁世凯一开始就看穿了义和团“托名仇教，志在抢焚”②，“阳托忠义之名，阴行盗贼之实”③ 的本质，认定他们为匪，完全正确。任何文明社会都需要用法律遏制人们与生俱来的贪婪和私欲，维系人们生存和发展的正常社会秩序。除了没有法律的野蛮社会，从无认定烧杀抢掠无辜人民是正义的文明国家。义和团在山东焚杀抢掠了五十多个县，受害教民、平民多达几千家。如果不坚决镇压，山东全省势必大乱，无数人民的生命财产势必遭到巨大损失。正因他将义和团剿办殆尽，保护了本省人民的生命财产，使人民得以过上安定的生活，山东官民才会对他“感颂”。

对于加入“东南互保”，袁世凯以后经常在僚属面前夸耀：“此次变乱，各督抚中如无我辈四人搘拄，国事尚可问乎？”④ 他这样说，绝不是纯粹吹嘘。正是他与刘坤一、张之洞、李鸿章冒着被杀头的危险，拒绝执行慈禧与列强开战，奉行剿团保教的政策，才阻止了列强对山东和长江流域的进兵，使东南地区免遭蹂躏，维护了东南地区的社会安定，保证了社会经济的正常发展，有利于国家民族的根本利益，正如时人评论说：“虽用以自全，而国亦蒙其利矣。”⑤

---

① 《义和团档案史料》上册，第 42 页。

② 中国社会科学院近代史研究所近代史资料编辑组编：《义和团史料》，第 1039 页，中国社会科学出版社，1982 年。

③ 《筹笔偶存》，第 412 页。

④ 《容庵弟子记》卷 2，第 22 页。

⑤ 《义和团》1，第 31 页。

然而，袁世凯一再借故拖延勤王这一事实，是难免不使生性多疑、残忍狠毒的慈禧太后心生不快的，更何况他在敷衍朝廷方面尚有破绽可寻呢！如果慈禧太后将来追究，他纵有百口千舌，亦难以自明，再说慈禧太后届时也不一定容他自明。思虑及此，他有些心虚后怕。为了消除怀疑，取得信任，不能不想一些补救办法。他继续走荣禄的门子，几次敦请荣禄赶到慈禧太后所驻之地，作为奥援。他在北京陷落后对慈禧太后表现得格外恭顺，慈禧太后叫接济经费，他竭力奉送。1900 年 8 月 29 日上折说："伏念山西素号瘠薄之区，资用匮乏。……无论东省库款如何支绌，必须设法筹解，以备饷糈。现于藩、运各库中，先行凑集十万两，……星夜趱程前往。"并把截存安徽运解北京的饷银十一万六千两、江苏的五万五百两一并送去。最后表示：仍当随时赶筹巨款，源源接济。[①] 后又派人送去银二十一万两，贡缎二百匹，以及大量食物。慈禧太后命将军火送西安供保卫之用，他立即照办，送上一大批；和约将成之际，他派姜桂题率马步炮队北上，弹压京畿一带，准备迎接慈禧太后回銮。慈禧太后出逃之时，惶惶如丧家之犬，急急似漏网之鱼，什么都来不及带，有时不得不饿着肚皮赶路。得了袁世凯的接济，有如雪中送炭。见其如此忠心，而且对未能"追随警跸"万分"悲悔"，一团疑云顿时消散。另外，袁世凯还和张之洞、刘坤一合筹二万五千两银子，接济留京和追随慈禧太后西逃的官员，博取好感。

袁世凯在极其错综复杂的境况下应付裕如的手段，又获得士大夫的同声喝彩，奉送其一个"才堪应变"的美名。

1901 年 11 月 7 日，李鸿章病逝。同日，清廷授袁世凯署理直隶总督兼北洋大臣。

---

① 《义和团档案史料》上册，第 519 页。

八　北洋政绩

1901 年 11 月 20 日，袁世凯把山东巡抚任内诸事交代完毕，次日起程北上，26 日行抵高阳，护理直隶总督周馥也派人携带总督大印到此迎候。由于当时天津被八国联军占领，尚未交还中国，袁世凯遂于次日到保定上任。

11 月 28 日，慈禧太后以袁世凯“共保东南疆土，尽心筹划”，“卓著勋劳”，加其太子少保衔。①

袁世凯任山东巡抚不到两年，即一跃而为直隶总督兼北洋大臣，位于各省督抚之上，声势显赫，炙手可热。他之所以爬得这样快，得到如此尊荣的头衔，除了受到列强的器重，镇压义和团有功，讨好慈禧太后外，还有一个重要原因，这就是只有他的军队才能担负起拱卫清王朝中枢的重任。过去，负责京畿一带防务的是荣禄统率的武卫军。在同八国联军作战的过程中，聂士成的武卫前军全军覆没了，荣禄自统的武卫中军解体了，董福祥的武卫后军护送慈禧太后到达西安后五千多人被解散了，宋庆的武卫左军所存人数不过一半，唯独袁世凯的武卫右军这支近代化的部队完整无损地保存了下来。不仅如此，袁世凯在山东还改编、训练了武卫右军先锋队，军队数量比原来增加了两倍。在这种情况下，慈禧太后回京后要重建京畿防务，维持京师治安，就只能依靠袁世凯的军队。

1901 年 10 月，慈禧太后带领出逃官员由西安开始返京。在陕西、

① 《德宗景皇帝实录》卷 488，第 17 页。

河南走了两个多月，到12月下旬方才进入直隶境内。袁世凯早就作好了恭迎大驾的周详准备，把一座保定行宫布置得光彩夺目，富丽堂皇。为了表示恭敬，他先期赶到省界恭候。26、27日两天，慈禧太后在顺德府（今邢台市）内丘县召见了他。1902年1月3日到达保定，停留三天，他极尽拍马溜须之能事。后又亲自护送慈禧太后进京。慈禧太后对他更加赏识，赏他穿黄马褂、紫禁城骑马。

在迎接慈禧太后回銮的时候，景廷宾在直隶广宗县领导的抗捐斗争已经开展起来。《辛丑条约》签订以后，清廷命令各省分摊庚子赔款，直隶一些州县议结教案，也要赔款。广宗县地方官按每亩加派征收，景廷宾拒不缴纳。1902年4月，景廷宾竖起了“扫清灭洋”的大旗，率领农民和部分义和团团民抗击清军，进攻教堂，杀死法国神甫罗泽溥，周围各县的群众起而响应。列强认为这是义和团重起，要清廷派兵进剿。慈禧太后刚刚流亡归来，哪敢再惹列强不高兴？急令袁世凯从速剿灭。袁世凯火急命段祺瑞、倪嗣冲等将领带领马步炮队前往镇压。5月，攻破了景廷宾的重要据点件只村。不久，景廷宾被俘。袁世凯命将景廷宾解到罗泽溥被杀的威县凌迟处死。赵洛凤率数千人继起，为景廷宾报仇，亦被袁世凯派兵平定。

镇压了景廷宾的余党之后，袁世凯把严禁义和团章程由八条增加到十一条，遍贴于各州县，经常不顾法律规定，屠杀义和团余众。“苟有举发，俱付营务处审决，大都处死”。当幕僚指出“按法律宜从宽典”，不能做得太过时，他回答说：“此辈如臭虫，孳生不绝，唯有芟夷净尽，以遏乱萌！”①

1902年6月，慈禧太后见袁世凯稳定了京师附近的局势，实授其直隶总督兼北洋大臣。

慈禧太后批准与列强签订空前屈辱的《辛丑条约》以后，不仅引起国内下层民众的强烈愤慨，而且也使社会上层人士对清政府丧失了信心。列强虽未把她列入纵容义和团的罪魁祸首名单而加以惩处，给她保留了面子，但仍把她看作顽固派的头子，对她极为不满。她感到大丢其

---

① 张一麐：《心太平室集》卷8，第36页，1947年。

脸，不得不将溥儁的“大阿哥”名号削去，与光绪皇帝同时听政。同时，为了讨列强欢心，博取列强信任，以应付国内危机，于1901年1月29日发布了筹办新政的上谕，并著大臣、督抚各抒所见，条议上闻。4月，成立了推行新政的主持机关督办政务处，以奕劻、荣禄、李鸿章、昆冈、王文韶、鹿传霖为督办大臣，陆续颁布了整顿吏治，调整官制，改定刑律，兴学校，派遣留学生，办理警务，准满汉通婚，奖励实业，裁减旧军，编练新军等法令。

对于新政，袁世凯是赞成的，在山东巡抚任内已开始贯彻执行。1901年4月25日，他向朝廷条陈筹办新政办法十条，主要有设立课官院和课吏馆，对官吏进行新式教育；学生学习实用书籍和外国学术；各省设官报局，开启民智；派遣王公和官员出国考察；设立商会，兴办商务等。以后又在山东设立了银元局，开办了课吏馆、校士馆，创办了商务总会，成立了大学堂。而这些不过刚刚开始，真正大力推行，则是在其任直隶总督之后。

作为首善之区的都城北京，地处直隶境内；作为权位高于各省督抚的直隶总督兼北洋大臣，不仅行动易为朝廷察觉，而且也为朝廷所依赖。朝廷希望直隶成为各省的模范，希望袁世凯能够表率群僚。袁世凯时当壮年，且任直隶总督之后，又身兼了参与政务大臣等八项要差，正是意得志满、趾高气扬的时候，也极想大干一番，让朝内朝外以及洋人都知道他袁某确实身手不凡，予以刮目相看。故任直隶总督以后，关于各项新政，他事事率先倡办，清廷革创之政，几乎均出其手。其政绩主要有以下几个方面。

（一）增练新军

1901年，清政府鉴于绿营、巡防营积弊太深，冗员过多，不能打仗，再三下令各省严加整顿，汰弱留强，用节省下来的军费编练新军。这就为袁世凯扩充军队提供了一个极为良好的机会。

对于清政府的裁军要求，袁世凯以直隶刚刚经过八国联军之役，情形特殊为理由，非但不遵照办理，反而积极要求增练新军。奏称：“直隶幅员辽阔，又值兵燹以后，伏莽未靖，门户洞开，亟须简练师徒，方足以销萌固圉。”旧军固应酌量裁减，“惟入手之初，必须先募精壮，赶速操练，分布填扎，然后依次汰去冗弱，始可兼顾，而免空虚。现拟在顺直善后赈捐项下拨款一百万两，作为募练新军之用”。① 清政府因京畿防务空虚，批准了他的要求。

1902 年 2 月，袁世凯令人在小站时制定的募兵章程的基础上，修订了募练新军章程十一条和募兵格式八条。

募兵格式规定：年龄限于二十至二十五岁；力大平举百斤以上；身高四尺八寸以上；每小时能行二十里以外；报明三代人口、住址和箕斗数目；吸食大烟、素不安分、犯有事案、五官不全、体质软弱及有目疾、暗疾者均不收。这个标准严格了入伍新兵的选拔。

募练新军章程的要点为：州县应查明各村庄户口，责令庄长、首事、地保公举数人当兵，必须确系土著，均有家属，溃勇、游民不得举充；到军营以后，头目每月饷银五两，正兵四两二钱，月扣头目一两五钱、正兵一两，每六个月派人发给家属；地方官应妥为保护士兵家属，不得任土豪痞棍肆意欺凌，家属遇有诉讼案件，准其援照秀才之例，一律遣抱，以示优待；每名士兵准许免掉差徭三十亩，以示体恤；兵士潜逃，应严密查拿，一个月仍无下落，追究家属；地方官查缉不力，分别参处等。

袁世凯说，这样规定的好处是：“以便稽考”，“显示体恤之心，隐寓防维之意”，“庶兵少逃亡，技皆娴熟，不至虚耗训练之日力，不至空糜国家之饷糈”。② 这个章程基本仿行外国的征兵制度，使士兵不再带有昔日雇佣兵的性质，在中国实属首创。同时，章程显示了对军人资格的重视，提高了军属的社会地位，减轻了家属的经济负担，较前大有进步。对于免除士兵的后顾之忧，使其得以专心操练，也能收到一定效果。另一方面，它也以比过去更新的手段加强了对士兵的控制，使士兵不能随意逃亡。

按照上述要求，1902 年 2 月袁世凯派王英楷、王士珍等人分赴直隶正定、大名、广平、冀州、赵州、深州、顺德，会同地方官精选了六千

---

① 《袁世凯奏议》上，第 428 页，天津古籍出版社，1987 年。
② 《养寿园奏议辑要》卷 13，第 2 页。

壮丁；又奏请朝廷，今后必须发足军饷。清廷大力支持，命令军机处转告各省督抚，务当兼顾统筹，共维大局，照朝廷核定的数目筹解足数，不准稍有短欠。

袁世凯认为，中国军队的弊病在于营制不一，操法不齐，武器装备参差，号令歧异。要想将军队建设好，必须先设军务总汇机关，以便考求利弊，斟酌损益。因此，于 1902 年 6 月在保定创设军政司，作为治军的领导机关，自兼督办。下辖兵备、参谋、教练三处：兵备处负责考功、执法、筹备粮饷、医务；参谋处专管谋略、调派、测绘；教练处管理学务、校兵。以刘永庆、段祺瑞、冯国璋分任总办。这一新式军事机构，成为此后各省军事领导机关的蓝本。

与此同时，袁世凯让人参照中外现行成法，制定了创练常备军的营制、饷章，把军队分为常备兵、续备兵、后备兵三种。服现役的称为常备兵，当差三年，支给全饷；三年后退伍回家，列为续备兵，月支饷银一两，平时在家各就其业，每年 10 月操练一次，以一个月为度，操练时发给全饷；再三年列为后备兵，月饷为续备兵之半，每隔一年操练一次，四年期满，退为平民，停止月饷。遇有战事，得征调续备兵、后备兵入伍。这种将军队区分为现役和预备役，改造成新的多层次结构的西方近代军制规范，也是在中国首次推行。

常备兵的平时编制，以二镇（镇相当于后来的师）为一军，每镇辖步队二协（旅）、马队一标（团）、炮队一标、工程队一营、辎重队一营。营下为队（连），队下为排，排下为棚（班）。全镇共一万二千五百一十二名。此种新式编制系取法于德国、日本，只是在初练时兵额少些，袁世凯打算以后补足。6 月 21 日他上奏说："直隶为畿辅重地，筹饷练兵，固期多多益善。"① 由于筹饷困难，他准备次第增加："按年添练，逐渐扩充，小则增一标一协，大则增一镇一军。"② 从此，他把所训练的新军改称北洋常备军，此即"北洋军"名称的由来。当年，北洋常备军左镇首先练成。

---

① 《养寿园奏议辑要》卷 15，第 3 页。

② 《养寿园奏议辑要》卷 15，第 4 页。

1902 年 12 月 6 日，清政府命精选三千八旗兵丁交袁世凯认真训练，待卓有成效后，再将其余人员轮流派去受训。袁世凯受命后，奏请将该军定名为京旗常备军，以满族人铁良为京旗练兵翼长。所有营规军律，悉照北洋常备军法令办理，营制、饷章亦按常备军编定。次年 6 月该镇练成。不久，清政府又让山东、山西、河南各省选派将弁头目赴北洋军学习操练。

为了既能扩充军队而又避免满族亲贵的疑忌，袁世凯建议清政府设立练兵处，极力推荐奕劻总理其事，自己甘愿退居其次。清政府为统一军权，立即接受，1903 年 12 月在兵部之外成立了练兵处，任命奕劻为总理练兵事务大臣，袁世凯为会办大臣，铁良为襄办大臣。表面看来练兵处的大权由满族人掌握，但练兵处的总提调是徐世昌，军令司正使为段祺瑞，军政司正使为刘永庆，军学司正使为王士珍，副使有冯国璋、陆建章等，他们都是袁世凯派进去的小站嫡系，实际上军权操在他的手里。

练兵处成立后，全国训练新军的制度始归统一，各省设立督练公所。练兵处所拟订的营制、饷章、募兵章程、募兵条件以及军事学堂章程，基本上都是袁世凯训练北洋军的一套办法。袁世凯亦将军政司改为督练处，仍设兵备、参谋、教练三处，以言敦源、段芝贵、何宗莲为总办。

1904 年 2 月至 1905 年 5 月，俄国、日本为宰割中国东北地区发生了尖锐冲突，双方在中国土地上厮杀了一年多。开战前夕，清政府宣布保持中立，并电告各省：日俄相持益急，如竟决裂，中国势处两难，自当妥筹办法。除奉天、直隶边要各地方应由北洋统筹布置、派兵严防外，所有沿江沿海沿边各口，务须加意扼防，慎固封守。

袁世凯一看是个绝好机会，不能放过，立即奏请增加军队。他说：日俄战端难免，不得不预筹地步。畿辅为根本重地，防范尤须稳固。“如欲慎固封守，计非十余万人不克周密。”“惟我方饷绌械乏，断难集此重兵。然详查形势，扼要设防，至少亦须有六万人。”而直隶境内虽有各军数万，但能够出防的只有两万；且子弹大半缺少，军械又多参差不齐。因此必须增兵三万，至少目前要先增募一万。他强调说：“及今募兵购械，已觉为时甚迫，如再延宕时日，待至俄、日兵连祸结，虽有巨款，而乌合之众不足防御，远购之械难应急需，势将束手坐困。”“倘实在无饷接济，或拨饷不能应时，臣何能无米为炊？”要求清政府迅速筹饷。① 说穿了就是：你要叫我防御，就得给我钱，让我增练新军，否则出了问题我不负责。当时清政府考虑到有增练新军加强边防的必要，同时正制定在全国编练三十六镇新军的计划，遂批准让袁世凯继续募练新军。1904 年他在山东、河南、安徽招募壮丁，训练了一镇；1905 年又从武卫右军先锋队中抽选六七成，增募部分壮丁，改编为一镇；把武卫右军及自强军并编为一镇。至此，北洋六镇的编练计划全部完成。

北洋新军与清王朝旧有的军队有明显区别。第一，编制不同。旧军一般以营为单位；新军以镇为单位，镇下为协、标、营、队、排、棚。旧军不分兵种；新军包括步、骑、炮、工程、辎重五个兵种，可起到协同作战的作用。第二，装备不同。旧军使用的洋枪洋炮是过时的，有许多还使用刀矛弓箭等冷兵器；新军则全部是购自外国的新武器。第三，训练不同。新军一律按外国操典进行训练，负责训练的多是外国教官，旧军更难以比拟。第四，官兵素质不同。旧军军官一般出身于行伍，不少人目不识丁，对新式武器大率不解，对绘图、测量、行军、水陆工程诸事尤所不习；新军军官仅开始时有少数系行伍出身，其余皆出自军校，具有现代军事知识。旧军士兵入伍没有一定条件，选拔标准不严，质量很差；新军士兵入伍条件很严，军中设有学兵营，可以学习浅显的军事技术。第五，教育管理不同。新军推行西洋规范，在编制、装备、训练、指挥、战略、战术等方面，都非常注重军事科学和其他技术知识；旧军则无此需要。总之，新军远较旧军优越，战斗力亦强。新军的增练，进一步推动着清政府的军事改革向全面深入开展。从此，冷兵器被送进了历史博物馆，古老的阵法韬略也为新的战略战术所替代。

袁世凯对建立各种军事学堂，培养具有现代军事知识的军官也抓得很紧。因为军队迅速扩大，原来的中下级军官都依次晋升上去，急需补

① 《养寿园奏议辑要》卷 26，第 1－3 页。

充一大批低级军官，同时这又是培植个人势力的好机会。1902 年 3 月，他从武卫右军学堂的毕业生中挑选了五十多名，派赴日本陆军学堂深造。同年 6 月，在保定建立了行营将弁学堂，学习期限八个月。次年兴办了陆军小学堂和北洋武备速成学堂。1905 年设立了军医、马医、经理、军械四个学堂，培养专门人才。在小站开办了电讯学堂，在大沽筹建起宪兵学堂。次年在保定成立军官学堂，教授高等兵学，分速成、深造两科。在天津韩家墅成立了讲武堂和学兵营各一所。参加学习的主要是袁世凯统辖的各级军官弁目，热河、山东、山西、河南和兵部亦选派了部分人员入学深造。

在此时期内，袁世凯还向外国订购了大批军火，派人赴德国、日本专门学习制造武器，武器由此统一了口径和规格，给训练使用和修理补给以极大便利；并在军队中配置了先进的通讯设备无线电，服装按西方的式样加以改换，配备了军医、马医，改变了旧军无医的面貌。

直隶的淮军、练军为数很多，且营制不同，名称歧异。1906 年，袁世凯训练完正规陆军以后，开始整顿地方武装，从马、步各营中挑选精锐三十五营，改编成北洋巡防淮军，以提督夏辛酉、张勋统领。这支部队的主要任务是维持地方治安。

直隶“既遭联军蹂躏，又筹教民赔款，元气大伤，疮痍未复”，“官民交困”①，财政十分困难。既然如此，袁世凯大肆扩张军队，钱从哪里来的？一是用京畿重地，非练重兵不可为由，让清政府拿出巨款，“即借清政府雷霆万钧之力，吸全国之财，以供北洋一区练兵之用”。②二是利用权势，从盛宣怀手中夺取了轮船招商局、电报局等官办企业，扩展经济势力。三是垄断食盐销售，提高盐价，设局制造银元、铜元，发行公债，开办煤矿公司和其他企业。四是苛捐杂税，如加征烟酒税，新增印花税、硝税、鱼税，收取国民捐、房捐、车捐、妓捐，加征田赋附加等等，该项收入在全省总收入中占有很大比重。1903 年 5 月，清政府让各省停止苛捐和印花税，袁世凯在举办新政需款甚巨、无法可筹的

---

① 《直隶布政司遵饬筹款足数详请奏咨文》，见甘厚慈编《北洋公牍类纂》卷 6，第 3 页，北京益森公司，1907 年。

② 文公直：《最近三十年中国军事史》上册，第 40 页，1940 年。

借口下拒不执行。仅仅加征的烟酒税，当年就收取了八十万两白银。清政府见其敛财有方，立即表扬，令各省向他学习，并强行向各省摊派。

袁世凯为了显示一下自己的练兵成就，1905 年 2 月特请练兵处奏派大员前往考察，并要求把北洋常备军各镇一律改称陆军各镇，以便和各省一致。由于直隶新军首先练成，这六镇便被分别命名为陆军第一、第二、第三、第四、第五、第六镇。同年 10 月，北洋军抽出两万多人，在直隶河间举行了秋操（即野战演习）。通过这次演习，北洋军的声名传播中外。

1905 年北洋军在河间举行秋操，阅兵大臣袁世凯、铁良与北洋军将领合影

北洋六镇新军的编练，使袁世凯的兵力骤增至八九万人，成为地方上实力最为强大的军阀。除第一镇外，其他五镇的统制（相当于后来的师长）皆为其嫡系亲信，王英楷、段祺瑞、王士珍、段芝贵、曹锟、马龙标、张怀芝、王占元、吴长纯、吴凤岭、陈光远、赵国贤、李纯等都先后担任过统制。统领（旅长）、统带（团长）均是小站时的旧班底。北洋派军人自成一个体系，俨然独立王国，其他势力根本插不进去，即使后来从日本士官学校毕业回国的士官生，也很难在北洋军立足。加之

他在政界网罗培植了一批党羽，如徐世昌、赵秉钧、杨士琦、梁士诒、张镇芳、朱启钤、周学熙、胡惟德、朱家宝等人，分据中央和地方各要津，就逐渐形成了一个庞大的以他为首脑的北洋集团。同时他还身兼参预政务大臣、会办练兵大臣、办理京旗练兵大臣、督办电政大臣、督办山海关内外铁路大臣、督办津镇铁路大臣、督办京汉铁路大臣、会议商约大臣，直接控制着清政府的许多重要部门，另外还操纵着巡警部。当时就有人向清政府指出，袁世凯如此扩大势力是非常危险的，必须设法防制。清政府中某些当权的亲贵对此毫无察觉，反而把他倚为左右手，遇有重大问题，均向他请教，“朝有大政，每由军机处问诸北洋”①。当年的荣禄是如此，后来的奕劻也是如此。他实际上也成了清政府的重要决策人物。

（二）创办巡警

袁世凯任直隶总督时，天津尚被八国联军占领，省城设在保定。1902年5月，袁世凯首先参照外国办法，拟定章程，在保定创设警务总局一所、分局五所，挑选五百名巡警分布城厢内外，又责令赵秉钧开办了巡警学堂。其时他已预筹天津收回之后的问题，陆续招募警兵三千人，加以训练。同年8月接收天津时，由于八国联军不准中国在天津周围二十里内驻扎军队，袁世凯便把训练好的三千巡警开进天津，以一千五百名留津，称南段巡警局，任赵秉钧为总办；一千五百名分布在西沽、塘沽、山海关、秦皇岛、北塘等处，称北段巡警局。同年冬，在天津设立巡警学堂，聘请洋人充当教员，编译外国有关警务书籍，教授警务知识，令各局巡警学习。次年，将保定巡警学堂并归天津，改称北洋巡警学堂，培养巡警官弁。其后又增添了河巡、马巡、暗巡和消防队，把警察制度推广到各府县及铁路，在全省建立起警察网。

赵秉钧早年只当过各种小官，1900年李鸿章任直隶总督时才升为候补知州。袁世凯到直隶总督任后，“稔知其智略兼优，长于缉捕”②，便委令创办巡警，奏保为知府，加盐运使衔，后又奏保为道员，将其提拔

① 张一麐：《心太平室集》卷8，第36页。
② 《养寿园奏议辑要》卷35，第6页。

上来。从此，赵秉钧对袁世凯感激涕零，百依百顺，死心塌地为其卖命，是袁世凯极为得力的一个帮手。

袁世凯初创巡警时奏称，“警兵所以清内匪”①，也就是用以防范人民。正因如此，他的首创被清廷当作经验推广到全国，使警察制度成为国家机器中一个重要的组成部分。但毋庸讳言，警察制度在维持社会治安和消防方面也发挥了一定的功能。

（三）整饬吏治

清末的吏治之坏尽人皆知，卖官鬻爵，贿赂公行，贪污成风，走后门向上钻营，拉关系互相利用，都成了当官的日常要务。平民百姓把他们恨得咬牙切齿，视如蠹虫公敌。正如一家报纸所指出的：“你瞧现在无论什么报纸上，只要一讽刺做官的，看报的人就没有不拍手喝彩的。不怕有三五个人交谈，但是一提到官场一层，你就去听吧，没有说好话的。这种现象大概得属我们中国为尊了。现在小民视官长如仇敌，……中国做官的确是国民的公敌。”②

袁世凯知道这种情况太普遍，既瞒不住，也无需瞒，干脆承认。他认为，吏治最大的问题“莫如收受陋规一事”。所谓“陋规”，也叫“规礼”或“常例”，就是官吏凭借权力按时、按节、按事，向所属机关和人员索取的金钱和礼物。袁世凯说，因为官员俸禄微薄，而办公用度浩繁，乃不得不取自于属吏。“平时既受陋规，即遇事不无瞻顾”。因此，他首先提出，应以“整饬官方为当务之急”。办法就是令道、府、州、县各将每年应得属员规费据实开报，按其向来所得之多寡，明定等级，酌给公费，多者月给一千两，少者一百两、五十两，任何人不得私相授受。倘再借端敛派或有馈献，严参治罪。如此，便可养官之廉，止官之贪，“长官不必有额外之需索，自可洁己以奉人；下僚不敢作非分之钻营，相与奉公而勤职。庶几大法小廉，而吏治可期蒸蒸日上”。③然而，“章程虽然拟定，而后来未能实行”④。道理很简单：官僚为饱私

① 《养寿园奏议辑要》卷18，第1页。

② 《论中国国民对于官场感情最恶的原因》，《京都日报》1909年10月20日。

③ 《养寿园奏议辑要》，卷19，第1－2页。

④ 甘厚慈编：《北洋公牍类纂续编》卷4，第5页，1910年。

囊，取之多多益善，谁不想额外多弄一些钱？属员为了保住禄位，调剂肥缺，步步高升，不给上司馈献，不进行非分钻营，何能办到？所以命令等于一纸空文。

袁世凯提陋规、改公费，是为了解决“长官不能正己以率属，斯下僚益务媚上而剥民，求其弊绝风清，必不可得”① 的问题，主观愿望应该说很好。但他自己就是个夤缘权贵、大量行贿的行家里手，他带头作俑，如何表率群僚？群僚以他为效法的榜样，还能不“益务媚上而剥民”吗？其结果自然是“求其弊绝风清，必不可得”了。1904年，他又实行津贴办法，每年补贴本省三十四个瘠苦州县银五万两，“然不过苟且补苴，而肥者自肥，瘠者仍瘠”②，并没有解决问题。

第二个措施是设立官吏考验处。袁世凯感到过去对初次到省和新选新补人员的甄别徒然具文，有切实改革的必要，特设考验处，除道、府大员由他亲自考问外，其余概归该处考验，然后委任差缺。考验科目计分五项：一、阅历，如曾办何事，有无成绩之类；二、批判，如公牍文字，以看其学识；三、律例，如新旧法律，各国宪法等类；四、行止，如举动静躁，是否吸食鸦片等类；五、口才，考其对答是否详明，有无条理。由考验处大员会同进行。

第三个措施是设立调查处。调查分为平时与临时两种，前者主要是比较官吏政绩，采访舆论；后者包括朝廷特委总督查办的奏参要案，总督指交事件，各官互相禀讦事件，绅民控告官吏事件。对象仅限道、府以下人员，供袁世凯考察举劾属员时参考。

第四个措施是“开官智”，培养新政人才。为使地方官员具有新政知识，首先设立课吏馆，不久改为直隶法政学堂，专招候补人员学习，其附设之幕僚学堂，专教幕僚。法政学堂每年招收一百二十人（后增收山东等五省举贡一百人），分预科（半年）、正科（一年半），两年毕业。正科讲义，绝大部分由日本教员讲授。课程有：大清律例、大清会典、交涉约章、政治学、宪法、行政法、刑法、民法、商法、国际公

---

① 《养寿园奏议辑要》卷19，第1页。

② 甘厚慈编：《北洋公牍类纂续编》卷4，第5页。

约、国际私法、刑事诉讼法、民事诉讼法、裁判所构成法、应用经济、财政学、警察学、监狱学、统计学、中外通商史、日语、演习裁判。毕业后分优劣委派差缺。其次，命未赴任的州县实缺官员先赴日本游历三个月，参观行政、司法、各官属及学校、实业，回省后再赴新任。再次，委派归国留学生到新政机构中工作。

以上四项措施，前三者做的大都是表面文章，只有最后一项尚有一些实际内容，开办政法学堂能够增加官员的一点新政知识，任用外国留学生更能在新政中发挥一些作用。可是，在整个专制政治制度和官僚体制存在，官员结构不根本改变，贿赂公行的情况下，任何新机构新措施都不可能使吏治大有起色。

事实确实如此。有一个即用知县周子荫感慨良深地说：在外省未做官时，"常闻北洋用人行政之善"；及分发直隶之后，"默察官界之芜杂，吏治之苟且，人员之壅塞，风气之颓衰，迥非意计之所及。设官为民，至此可为寒心"！"近年举行新政，直隶负全国模范之名，不意外州县腐败敷衍或较他省为甚者"。官吏"流品之庞杂日甚，亦运动之术日工。查直隶自道、府以至末秩，数逾虎贲（按：三千），盖候补而外，候选者数百，投效咨调者数百，并无官职而冒充职衔及未经分发者又数百，故有谓北洋为当时官界逋逃薮者"。"他省兼差一二以为罕，直隶兼差四五以为常；他省有兼差而不兼薪，直隶有兼薪而不到差。"往往一局之中办事而负责任者不是官长，而是司事、书记。复有专门安置私人之冗差，结果造成"五羊十牧"。还有无以名之者曰候差，无所事事。"此皆北洋之特色，为各省所罕见。"① 另一个叫彭赓良的道员亦指出："北洋自庚子以降，人员拥挤，候补候选悉萃集于此间，运动是恃，限制全无。自开用人破格之端，遂成藏垢纳污之所。故论官场之现相冗杂，甚于南洋。"② 官吏借亲族之力，以候选谬充上差；在京食优薪，在津兼数局，行同市侩；薪俸之外，公然索取平余、差徭、规费，搜刮无已；调验后继续吸食鸦片；携妓冶游；诸如此类，有增无减。甚且"官场

① 甘厚慈编：《北洋公牍类纂续编》卷4，第5－7页。
② 甘厚慈编：《北洋公牍类纂续编》卷4，第14页。

竟作赌场，卜昼又兼卜夜，一赌数十百元或数千百元。今日此署，明日彼署；今日甲宅，明日乙宅。膺要差者，公事有无，不暇与闻；居现任者，属吏谒见，难谋一面”。[①] 上述事实证明，吏治依然腐败透顶。

（四）提倡实业

20 世纪初年，随着外国资本主义经济侵入的加速和本国民族资产阶级的呼喊，清政府的当权人物开始感到兴办实业的重要，把它作为新政中的重要一项，令各省推行。袁世凯既迭奉谕旨，即督饬各属劝谕地方绅民考究工业、农艺。他标榜的提倡实业的指导思想有三：一、认为直隶地瘠民贫，非于农工诸务切实讲求，不足以辟利源而资生计。二、利源开辟，财政收入增多，可使国家富强。三、兴办实业可以抵制洋货进口，堵塞银钱外流。

袁世凯兴办的实业，有如下几大端：

1. 开办银元局、官银号等金融事业。1900 年，北洋机器局造币厂毁于同八国联军打仗的战火中，因此天津银根吃紧，物价波动，商民交困。1902 年，袁世凯委任周学熙创办银元局，鼓铸银元、铜元，拟以铜元代替制钱，银元代替银两，实行币制改革。其后又开办天津官银号（后改为直隶省银行），发行银两票、银元票、铜钱票。这些措施对于天津市场的资金周转，金融混乱的整顿，都有积极作用，商民称便。但后来滥铸货币，则给工商业的发展带来消极影响。

2. 倡办工业。1903 年 10 月，袁世凯委任周学熙在天津创设直隶工艺总局，作为领导管理实业的官方机关。该局章程申明，它以提倡维持全省工艺为宗旨，以诱掖奖劝全省绅民勃兴工业思想为应尽之义务，以全省工业普兴、人人有自立之技能为目的。章程立意不为不善，可是过于浮夸。不过也确实办了一些事情。

直隶工艺总局直接创办了高等工业学堂（初名工艺学堂）、劝工陈列所（原名考工厂）、教育品制造所、实习工场、劝业铁工厂、种植园、官纸厂、劝业会场、北京第一第二小学堂工场，附设有夜课补习所、仪器讲演会、工商研究所、工商演说会。工业学堂培养工业人才，设化

---

① 甘厚慈编：《北洋公牍类纂续编》卷 4，第 8 页。

学、机器、化学制造、图绘等科，由英、日教员授课。劝工陈列所主旨为启发工商业知识，激发工商业家之观感。主要从事搜采本省、外省和外国产品，分类陈列，以供观览；令本地工业家将其产品同外国同类产品比较得失，访察本地可兴之利、所出之产，研究工艺、成本、销路、运费、包装问题，并随时演说、实验，阐明道理及方法，进行开导；化验化学物品及矿产，以便制造；搜罗有关工业的书籍、标本、报告、新闻、商品目录等，供工商业家考究。教育品制造所陈列中外各种教育书籍、仪器、标本、模型、图表，以备各校考览咨询，仿制应用。实习工场为工业学堂学生实习之处，兼培养技术工人。

直隶工艺总局还通过多种方式和渠道劝导、奖励、推动工商业的振兴。它专门发布劝兴工艺文，号召各界人士“同心努力，急起直追，或独出资财创办工场，或纠合同志设立公司”，“推广工业，大辟利源”。表示：“一切开办之法，保护之方，莫不代为筹画，总以扶助成立为主义。”① 派出工业学堂教员及工商业家到街头马路演说、宣传，派遣劝工委员分赴各地劝导官绅合办工厂；调查各州县出产及工业情况；举办展览会；试办工业售品所，出售所属工厂产品，办理本省寄售业务，但不代售洋货，用以扶植国货，打开销路；考核鉴定厂矿企业，好者给以奖励，1905 年定模范工厂二十七家，1906 年五十八家，并颁发金奖牌三十八枚、银奖牌四十七枚；派人带领工徒前往湖北制麻局学习织造麻织品，赴江西景德镇学习制瓷，到日本考察造纸、织布方法，调查工厂、商品陈列各事；呈请农工商部批准给予发明折叠桌、轧豆榨油机、机器轮磨、黑胰者以专利权。

“津郡工商多守旧，语以东西洋工艺，实耳目所未经闻见”②，近代工业的落后状况可想而知。袁世凯通过直隶工艺总局多方面的提倡和活动，对天津和直隶工业的发展起了很大的促进作用。首先，提高了士民绅商对兴办工商业的认识，使“人人各印入实业二字于脑筋中，而如响斯应，于是学界中人有工业教育之想，商工界人有工艺创造之思”③。

① 甘厚慈编：《北洋公牍类纂》卷 16，第 6 页。
② 《直隶工艺志初编》，“志表类”卷上，第 11 页，北洋官报局刊本。
③ 《直隶工艺志初编》，“志表类”卷下，第 22 页。

1906年实习工场举办的一次为期五天的纵览会，参观者达五万多人，“巨绅入览之余，尤为歆动，有拟即行开办工厂以通风气而兴实业者数家。……其影响于阖邑绅商工业之思想甚非浅鲜”①。其次，培养了一批技术人员和熟练工人，传播了先进的科学技术知识，为本省工商业的发展奠定了初步基础。第三，兴建了一批企业。仅工艺总局出资助办的就有初等工业学堂、织染缝纫公司、造胰公司、牙粉公司和玻璃厂等企业。天津市区在1904至1909年期间开办的工厂有三十三家。1903至1907年五年间，直隶一百五十多个府、厅、州、县中，开办工艺局、所、厂的即达八十五处，资本总额库平银四十二万余两。② 较大的企业，有机器造纸有限公司、万益有限公司（织造毡呢等物）、电灯有限公司、济安自来水有限公司、北洋劝业铁工厂、实业工艺厂、北洋烟草公司和最著名的唐山启新洋灰公司。启新洋灰公司资本一百万元，年产水泥二十余万桶，是当时全国最大的建材工业。其他较小的工厂和专收女工的工厂也开始创办。就全省来说，工业的发展并不十分迅速，也不平衡，但与过去比较，直隶确已迈入一个有了近代工业的新的发展阶段。

矿产方面，则有滦州煤矿有限公司的设立。此矿由周学熙主持的天津官银号呈请开办，主要为振兴商务和接济北洋官用煤。

在收回开平和临城矿权问题上，袁世凯做了不少努力。开平煤矿系李鸿章任直隶总督时委派唐廷枢开办，唐廷枢死后由张翼接任矿局督办。1900年，张翼图谋私利，同德人德璀琳和英商墨林等人勾结，签订契约，将该矿改名为开平矿务有限公司，实行中外合办，在英国注册，欺蒙朝廷奏准立案，实则为洋人骗占矿权。1902年袁世凯发现该矿及其所拥有之河道、口岸、土地等落入英国人之手，即同英国驻华公使萨道义进行辩论，并再三诘责张翼和德璀琳，张翼称并未卖与英国公司，已派律师赴英国控诉，一味拖延。袁世凯见问题不得解决，1903年3月上奏清廷，请饬下外务部向英国公使切实声明，断不承认所签私约，开平矿权不属英国，尤不能把口岸、河道、土地移交英国公司管理。如英人

---

① 甘厚慈编：《北洋公牍类纂》卷18，第6页。

② 南洋劝业会：《直隶出品类纂全编》第3册；《直隶工艺志初编》，“志表类”卷上，第3页。

必欲合办，必须另订章程，以使“我之产地、利权不至凭空断送于外人之手”。[①] 清廷勒限张翼两个月收回。经过半年仍无眉目，袁世凯又几次奏参张翼盗卖矿权，要求收回，但都未有结果，矿权仍被英国霸占。

临城煤矿亦系李鸿章时试办，后来钮秉臣、龚照玙擅自与比利时人沙多私立草约，将该矿产业、房地统交沙多管理，名为合办，实同盗卖。袁世凯于1905年3月奏请将原合同作废，派唐绍仪、梁敦彦先后与沙多重新订立中外合办章程，最后议定借款三百万法郎（合银九十二万余两）合办，把矿产主权收回。袁世凯收回矿权的真正目的是为北洋军开辟财源，但像临城煤矿的收回，在客观上维护了国家主权。

3. 督修京张铁路。京张铁路是由中国自筹资金，自行设计，独立修筑的第一条铁路，清政府决定官办，由袁世凯督修。袁世凯接受任务后即设立路局，筹措资金，委任詹天佑为总工程师兼会办路务，奏准所用钢轨、枕木、机器、车辆等材料免纳厘税，降低成本。该路1905年6月动工，1906年2月丰台至南口段通车，1909年10月全线通车。路长虽仅一百七十余公里，但中经居庸关、八达岭，层峦叠嶂，地形复杂，工程浩大艰巨。洋人曾经轻蔑地断言，中国修筑这样铁路的工程师尚未出世。但事实粉碎了他们的呓语。京张铁路的修成对于抵制侵略，维护权益，振奋民族精神，均有裨益。其中袁世凯的早期督修不无微劳。

4. 发展农业。袁世凯从“非讲求地利，振兴农务，不足资生计而裕度支”[②] 的观点出发，1902年在保定创立农务局和农事试作场，购买农业机器，聘请日本人楠原正三指导种植。其附设之农业学堂，主要教授蚕桑种植和糖、酒制造。保定郊区二百余万株桑秧和小站四百余顷稻田亦归该局经营。此外，该局曾开展了农产品评会、试办农会、劝导种树等活动。各州县对植树造林一般都比较重视，其他方面则收效不大。

（五）广兴教育

袁世凯对教育也进行了改革，而且有所成就。

1. 连疏奏请停止科举考试。1903年3月10日，袁世凯与张之洞联

---

① 《养寿园奏议辑要》卷22，第4－7页。
② 《养寿园奏议辑要》卷17，第1页。

衔奏请递减科举中额，“专注学校一途”。指出“致治必赖于人才，人才必出于学校”，而科举阻碍学校的兴办，“科举一日不废，即学校一日不能大兴”。建议将各项考试取中之额按年递减，学政岁科试分两科减尽，乡、会试分三科减尽。以前的举贡、生员按照不同情况，令其分别入新式学堂、仕学和师范速成科学习，或另给其他出路。① 1904 年 1 月，管学大臣奏陈科举、学堂利弊得失，清廷谕令从丙午科（1906 年）起，科举分三科减尽。1905 年 8 月 31 日，袁世凯再次领衔，与赵尔巽、张之洞、周馥、岑春煊、端方联名上折，极陈现在“危迫情形，更甚曩日，实同一日千金”，纵使“科举立停，学堂遍设，亦必数十年后，人才始盛”，奏请立即停止科举，推广学校。② 清廷立允，谕令自丙午科起，所有乡、会试和各省岁科考试一律停止。从此科举制度被永远地废除了。

科举制度的废除，打破了一千二百多年来以科名选拔官僚体制的格局，为新式的近代学校教育在中国扎根从制度上扫清了障碍。从此，中国得以在教育方面走出千百年的传统藩篱，面向世界，逐步与世界潮流合拍。

2. 大力兴办新式学校。袁世凯对兴办新式学校态度是积极的，采取的措施也是有力的。

首先，组建教育行政领导机构。1902 年在省城设立了学校司，督办全省教育，下设专门教育、普通教育、编译三处。次年遵照学务大臣奏定章程，改学校司为学务处。为普及教育，袁世凯饬令学务处设立研究所，研究学校编制、教授方法；派遣查学员考核官绅办学情况；通令各地成立劝学所、宣讲处、阅报所，进行引导宣传；通令各州县自筹资金，分期分批组织士绅赴日本考察教育，了解各类学校的编制、组织、教育学、管理法，形成一套上下呼应的办学机构。

其次，筹措办学经费。直隶财政十分拮据，袁世凯为兴办学校，普及教育，尽力设法筹拨公款，并劝导地方出资办学，以补公家之不足。

---

① 台湾故宫文献特刊：《袁世凯奏折专辑》第 3 册，总第 826－830 页。

② 《养寿园奏议辑要》卷 35，第 2 页。

同时亲自捐款两万元，表率群僚士绅，受到清廷嘉奖。对捐资兴学者，袁世凯均奏报请奖，给以鼓励，既开通了风气，也解决了部分经费问题。

第三，培养师资。为了解决新式学堂的师资问题，袁世凯多方延揽通晓西学的教师，并聘请美国人丁家立担任高等学堂西学总教习，令其在天津大学堂学生中选拔优等生，充当府设中学堂教员。同年设立师范学堂，分半年、一、二、三年毕业四斋，以后改为三年制，解决师资困难。并选派学生赴日本学习师范，归国后充实师资队伍。

由于上述措施，直隶新式教育发展较快，“官绅协力，风气潜移”，“捐资设学者不绝，公立私立，月有所闻”。① 到1906年上半年，袁世凯奏报已开办的各级各类学堂有：北洋大学堂、高等学堂、北洋医学堂、高等工业学堂、高等农业学堂、优级师范学堂、女师范学堂各一所，初等农工业学堂及工艺总局附设艺徒学堂二十一所，初级师范学堂及传习所八十九所，中学堂二十七所，小学堂四千三百四十四所，女学堂四十所，吏胥学堂十八所。注册入学人数共八万六千多人，连同武备、巡警等学堂，总数不下十万人。据学部1907年统计，直隶办有：专门学堂十二所，实业学堂二十所，优级师范学堂三所，初级师范学堂九十所，师范传习所五处，中学堂三十所，小学堂七千三百九十一所，女子学堂一百二十一所，蒙养院二所，总计八千七百二十三所，学生十六万四千多人，位居全国第二；而直隶学务资产四百八十万两，则名列各省之冠。② 尽管入学人数与全省两千多万人口相比，为数还很少，但在学堂初兴的情况下，几年时间能开办这么多学校，在全国名列前茅，成绩还是颇为可观的。直到民国初年，直隶的教育仍保持着优势，这是与袁世凯任直隶总督时打下的基础分不开的。

袁世凯所办的学校同当时全国的学校一样，学制、编制、教学内容、组织形式等等都是从西方移置过来的。它与旧教育的根本区别在于新学校增设了许多新的课程，使近代科学技术、文化知识、社会学说开

---

① 《养寿园奏议辑要》卷39，第5－6页。

② 学部编制：《光绪三十三年教育统计图表》。

始在中国广泛传播，其进步作用是非常明显的。其他方面也比旧教育先进。由于它刚刚在中国植根和统治阶级的政治需要，自然还不能完全摆脱传统教育的影响，仍然具有某些封建主义的色彩，如修身、读经等课程，即属此类。

袁世凯积极推广教育事业的指导思想是什么？1905 年 8 月 31 日，他在《请立停科举推广学校并妥筹办法》的奏折中着重阐述了这个问题。奏折云："近数年来，各国盼我维新，劝我变法，每疑我拘牵旧习，讥我首鼠两端，群怀不信之心，未改轻侮之意。……科举夙为外人诟病，学堂最为新政大端，一旦毅然决然舍其旧而新是谋，则风声所树，观听一倾，群且刮目相看，推诚相与。而中国士子之留学外洋者，亦知进身之路归重学堂一途，益将励志潜修，不为邪说浮言所惑，显收有用之才俊，隐戢不虞之诡谋。所关甚宏，收效甚巨。且设立学堂者，并非专为储才，乃以开通民智为主，使人人获有普及之教育，具有普通之智能，上知效忠于国，下知自谋其生也。……无地无学，无人不学，以此致富奚不富？以此图强奚不强？……广学育才，化民成俗，内定国是，外服强邻，转危为安，胥基于此。"① 概括起来不外三点：第一，普及教育可收改变列强观听，使其诚服，国家转危为安之效。第二，防止海外留学生"为邪说浮言所惑"，"隐戢不虞之诡谋"，即以兴学给进身之路为诱饵，防止留学生接受革命学说，从事革命活动。第三，使受教育者忠于国家，做大清国的顺民，稳定清王朝统治。关于这一点，从同一奏折中提出的办学方法中也可以看出来。方法的首条即是"尊经学"；其次是"崇品行"，把品德作为一门课程，计入成绩总分，使学生"不至于越矩偭规"②。各中学、师范学堂均设有伦理或修身课，"一切急激过新之学说、时论，概戒弗谭"③，也是为了同一目的。

作为清王朝的高级官员，袁世凯想通过兴办教育挽救清王朝的灭亡，是不难理解的。但事物的发展往往走向倡导者主观意图的反面。新式学堂的教学内容和方法与传统的教育大相径庭，在民族危机空前加

---

① 《养寿园奏议辑要》卷 35，第 2－3 页。

② 《养寿园奏议辑要》卷 35，第 4 页。

③ 甘厚慈编：《北洋公牍类纂》卷 11，第 26 页。

剧，清政府腐败透顶，革命运动日益高涨，西方的社会政治学说不断涌入的形势下，办学的动机与效果、目的和手段都产生了矛盾，“西用”对“中体”的催化作用强烈地表现出来。许多青年知识分子在开始摆脱传统教育的羁绊，迅速接受新的科学文化知识的同时，也接受了新思想的熏陶，知识结构、思想结构都发生了巨大变化。不少人或者投身于推翻清王朝的革命斗争，或者置身于各种爱国运动和立宪运动，加速了清王朝的崩溃瓦解。这一点是袁世凯始料未及的，当然也不能归功于他。然而无可否认的是，青年知识分子之所以能够接受新思想、新知识，提高政治觉悟，与袁世凯兴办学堂从而创造了必需的物质条件是分不开的。

九　结党排异

袁世凯热衷利禄，权迷心窍，自以为聪敏机智，有应付复杂环境和事件的机谋手段，拼命扩军抓权，一心向上爬的劲头有增无减。但他也知道，官场不是那么容易混的，彼此倾轧，钩心斗角，明争暗夺，弄得不好，被人抓住把柄，或者失去“老佛爷”慈禧太后的欢心，说不定哪一天就有丢掉乌纱帽的危险。为了巩固并不断扩大自己的权位，预防种种不测，他费尽心机，要弄了一些手腕。

首先是继续讨得慈禧太后的欢心。他深知慈禧太后极端专制独裁，操生杀予夺大权，取得她的支持，把她当作靠山，是绝对保险而必要的。所以对她极力奉承迎合，完全按照其意旨办事，并用搜刮的钱财大量上贡，想尽一切办法讨其喜欢。例如，慈禧太后由西安回京后，因宫内陈设被八国联军抢去或毁坏，有一次召见袁世凯时，叫他赶紧筹款置办物品。袁世凯一时难以筹齐，心中未免着急，于是邀请各级官员前来商议，提出要借他们的私人款项垫用，以后陆续归还。各官员非但不肯解囊，反而哭起穷来。袁世凯一见如此，暂时作罢。事后，他将天津蔚长厚票号的人找来，假称有大宗公款存入，骗得该票号的账簿，查知诸多官员的存款共有一百余万两。于是又把各官员请来，重提筹款问题。各官员仍说无钱。袁世凯指出他们有巨额储蓄，他们也不承认。于是袁世凯拿出账簿说：“吾固谓公等必无此造孽钱者，是必奸商假托公等名义也。”“既为人假冒，盍以是款入官！”乃不容置辩，派人提取出来。[1]

---

① 柴萼：《梵天庐丛录》卷8，第11—13页。

各官员犹如哑巴吃黄连，有苦说不出。就这样，他终于得到了一大笔款子。其后，他向慈禧太后贡献的银钱和物品更多。

其次，贿买奕劻作为奥援和傀儡。奕劻任总理外务部事务大臣时，在辛丑议和中使慈禧太后避免了祸首的名义，很受慈禧太后的信任和器重。其子载振为商部尚书，父子俱贵，势焰熏天。其人以卖官鬻爵、贪赃枉法著称，无钱不要，无贿不收。袁世凯投其所好，竭力孝敬。1903年荣禄卧病不起，京中传有奕劻将入军机的消息。袁世凯闻知，即派杨士琦送给奕劻十万两银票。杨士琦并告诉奕劻："这些微数目，不过作为王爷到任时零用而已，以后还得特别报效。"荣禄死后，奕劻进入军机处，成为领衔军机大臣，袁世凯越发殷勤，投靠攀附，月有月规，节有节规，年有年规，按时奉送。遇有奕劻及福晋（夫人）的生日，甚至其子成婚、格格（小姐）出嫁、孙子满月和周岁，"所需开支，都由世凯预先布置，不费王府一钱"，较之首府首县伺候督抚，皆有过之而无不及。[1] 他推举奕劻任练兵大臣，自己退居其下，也是想求得掩护、卵翼。他们之间的勾结越来越紧密，奕劻完全成为袁世凯的傀儡。

奕劻

再次，为了探听内廷消息，奏对称旨，不出差错，他在太监身上也花了不少工夫和本钱。慈禧太后最宠信的总管太监李莲英，当然是格外巴结的第一个对象。对地位低的马宾廷，因其能在慈禧太后跟前说上几句话，他也不惜委屈自己，"折节下交"，与马宾廷拜了把子。即使无名太监，他亦拉拢备至，每次入觐，身上总带着十两以至数百两银票多张，随时审情度势，投送"门包"。故所获内廷消息往往迅捷可靠，这就使他能够及时见风转舵，逢凶化吉。

由于上述手段，加之他的权势尚未十分强大，所以在任直隶总督的

① 刘厚生：《张謇传记》，第127－128页。

前期，他在宦海中还算是比较顺利的。

1906 年以后，情况就不同了。随着革命排满运动的日益扩大，立宪思潮的兴起，相当一部分满族亲贵疑忌心很重，对汉族官僚不甚信任。这时袁世凯已经训练完北洋六镇常备军，手握重兵，身兼多职，权倾朝野，党羽成群，达官显贵多其亲戚故旧，且处在帝都肘腋之下，尤其令人侧目。梁启超等人号称天津为“第二政府”，说北京政府诸人皆为其傀儡，也给满族亲贵以提示，把袁世凯看作一个危险人物，促使他们想削去袁世凯的权柄。许多汉族官员亦然。

1906 年 9 月底，御史陈田参奏奕劻、袁世凯“贪横专擅”，指出奕劻接受山东巡抚杨士骧贿赂银十万两，系经袁世凯之手，因此奕劻甘为袁世凯之傀儡。① 此对排袁者又是一个刺激。

同年 10 月，在河南彰德举行了南北新军秋操大演习。参加会操的北军是由第一、四、五、六镇抽调的一个混成镇和一个混成协，段祺瑞为总统官。南军为湖北的第八镇和河南的第二十九混成协，张彪为总统官。袁世凯、铁良被派充阅兵大臣。通过演习，铁良、良弼看到北洋军的训练情况，疑惧心理陡增，排袁之心愈切。

同年 11 月 6 日，清廷发布厘定中央官制的上谕，军机处和原内阁均保留；外务部、吏部、学部均仍其旧；巡警部改为民政部；户部改为度支部，以财政处并入；礼部以太常、光禄、鸿胪三寺并入；刑部改为法部，专任司法；大理寺改为大理院，专掌审判；工部并入商部，改为农工商部；理藩院改为理藩部；兵部改为陆军部，以练兵处、太仆寺并入；增设邮传部，管理轮船、铁路、电线、邮政。

过去，袁世凯因兼差太多，不堪负荷，曾三次奏请开去兼差。清政府仅允其辞去少数几项，多数仍令其统筹兼顾。此次中央官制改革强调的是专职专责，不许兼职。11 月 18 日，他同时上两个折片，其一称：“夙夜誓心，以身许国，每念主忧臣辱之义，时切鞠躬尽瘁之思”；“无如心虽有余，力常不足。臣之才识不逾中人，臣之身体本甚羸弱，自近岁迭膺艰巨，精力益逊于前”。“不但此也，自古权势之所集，每易为指

---

① 《时报》，1906 年 10 月 5 日、12 日。

摘之所归”，“若重寄常加于臣身，则疑谤将腾于众口，使臣因此获贪权之名，臣心何以自明?”“现值改定官制，明诏所布，首以专责成为言。”“臣维欲专责成，必须先明权限”，请立即开去参与政务、会办练兵事务等项兼差。另一称：铁良已补授陆军部尚书，陆军第一镇本系京旗兵丁，应归陆军部管辖。第三镇驻扎保定和锦州，第五镇驻扎山东，第六镇驻扎北京近郊，现在未设军统，亦应归部直接管辖。可是他无意交出全部兵权，因此又说第二、四两镇防区在直隶境内，八国联军“尚未尽撤，大局尚未全定，直境幅员辽阔，控制、弹压须赖重兵”，请求仍归自己“统辖督练，以资策应”。①

20日，批件下来，对其辞去兼差，清廷“着照所请”；对要求“统辖督练”第二、四两镇，清廷仅仅批道：“现在各军均应归陆军部统辖，所有第二、第四两镇，着暂由该督调遣训练。”② 并马上派第一镇统制、副都统凤山接统袁世凯交出的北洋四镇。

北洋军是袁世凯的主要力量之所在，他失去兵权，万分气恼，心情恶劣，以致抑郁生病。但他视权如命，争强好斗，非但没有因此而有所收敛，消沉下去，反而产生更大的扩展权势的欲望。

1906年，盛京（今沈阳市）将军赵尔巽因为东三省在日、俄两国的侵略威胁下形势异常危殆，办事极端困难，奏请朝廷派遣大臣前往奉天等地查看，共商要政。10月，清廷命奕劻之子载振和已经当上军机大臣的徐世昌前去东三省查办事件。11月，载振、徐世昌先到天津，停留了几天，袁世凯招待备极殷勤，并派道员段芝贵等人跟随赴东三省，进行保卫，协助调查。段芝贵为了以后拜在庆亲王门下，竭力巴结讨好载振。1907年1月，载振、徐世昌等人返回天津。袁世凯将二人接到中州会馆下榻，设宴洗尘，并与他们商讨了东三省的问题。

载振生长在骄奢淫逸的皇室贵族豪门世家，年方三十岁，获有贝子爵位，官居农工商部尚书，风流倜傥，既好渔色猎艳，又爱观剧。在中州会馆看戏时，见到一个色艺双绝、娇柔妩媚、风情万种的歌妓杨翠

---

① 《养寿园奏议辑要》卷42，第1－3页。
② 《德宗景皇帝实录》卷565，第5页。

喜，这位贝子爷立即为之倾倒，心荡神摇，意乱情迷，想入非非，不能自持。段芝贵见他这种神魂颠倒的样子，以为奇货可居，机会到来，马上以一万二千两银子将杨翠喜赎出，奉献给载振，曲意承欢。载振大喜，欣然受之。不久，段芝贵又从天津商务总会会长王竹林处借得十万两银票作为奕劻寿礼，贿买高官。

1907 年春，朝廷决定将东三省改设行省。消息传出，钻营奔走于奕劻之门者络绎不绝。袁世凯本想自己当东三省总督，慈禧太后没有同意。奕劻遂按照袁世凯的意见，提出以徐世昌为东三省总督，唐绍仪、朱家宝、段芝贵分任三省巡抚。军机大臣瞿鸿禨见所提尽属袁党，尤其段芝贵以道员而晋升巡抚，实为前所罕见，极力反对。在军机大臣上学习行走的林绍年也力争其不可。4 月 20 日，慈禧太后宣布改革东三省官制，盛京将军改称东三省总督，三省各设巡抚一名；任命徐世昌为东三省总督兼管三省将军事务，唐绍仪为奉天巡抚，朱家宝为吉林巡抚，段芝贵赏给布政使衔，署理黑龙江巡抚。此旨颁布后，举朝为之哗然，许多人大为不满，台谏中著名的“三霖公司”——都察院三位勇于同权奸斗争、诤诤有声的御史江春霖、赵启霖、赵炳麟尤其愤愤不平。

4 月 29 日，一位不经批准、自行入朝的不速之客突然来到北京，这就是 3 月 3 日刚刚调补为四川总督的岑春煊。岑春煊字云阶，广西西林人，戊戌变法时支持过光绪皇帝，八国联军之役时积极率兵勤王，护驾西逃有功，极得慈禧太后宠信，由布政使一直做到两广总督，调补四川总督时因身体有病，正在上海就医。此人为政尚严猛，不讲情面，经常参劾违法乱纪和庸劣不称职的僚属，被人目之为“官屠”，与“士屠”张之洞、“民屠”袁世凯并称为天下“三屠”。[①] 又因其忠于朝廷，敢说敢干，不畏权贵，被称为“肝胆总督”，与“头脑总督”袁世凯、“思想总督”端方、“文章总督”张之洞并列为四大名督。[②] 他极端痛恨奕劻、袁世凯的所作所为，极想在慈禧太后和光绪皇帝面前“造膝详陈种种危迫情形”；又觉巴蜀道远难行，一入四川，此后觐见无日，不于此

---

① 魏元旷：《光宣佥载》，第 14 页，潜园类编刊本。

② 《京话实报)，1906 年 12 月，第 110 号。

际设法入都，后悔无穷。于是以赴任为名，抵达武汉，即电请顺道入觐，且不待复电就乘车北上。

慈禧太后和光绪皇帝一连三日召见岑春煊。岑春煊痛哭流涕地面奏："近年亲贵弄权，贿赂公行，以致中外效尤，纪纲扫地，皆由庆亲王奕劻贪庸误国，引用非人。若不力图刷新政治，重整纪纲，臣恐人心离散之日，虽欲勉强维持，亦将挽回无术矣！"将打击的矛头直指奕劻、袁世凯集团，参劾大僚二十多人。又言："臣不胜犬马恋主之情，意欲留在都中，为皇太后、皇上作一看家恶犬，未知上意如何？"要求留在北京任职，监视防备奕劻、袁世凯等胡作非为，保护朝廷。

慈禧太后大受感动，对岑春煊说："汝言过重。我母子西巡时（指八国联军攻进北京时西逃），若不得汝照料，恐将饿死，焉有今日？我久已将汝当亲人看待，近年汝在外间所办之事，他人办不了，故未能叫汝来京。汝当知我此意。"

岑春煊又对曰："譬如种树，臣在外系修剪枝叶，树之根本却在政府。倘根本之土被人挖松，枝叶纵然修好，大风一起，根本推翻，树倒枝存，有何益处？故臣谓根本重要之地，不可不留意也。"

慈禧太后说："汝所言极是。"① 5月3日，授岑春煊为邮传部尚书。同日，岑春煊又在慈禧太后面前参劾该部侍郎、奕劻的走狗朱宝奎，朱宝奎立即被革职。

奕劻、袁世凯对岑春煊的一举一动都倍加注意，袁世凯每天都有电报致两江总督端方，通报岑春煊的活动和朝廷动向，心中惴惴不安。5月3日，袁世凯致电端方说：根据这几日情形，岑春煊想推翻奕劻恐怕做不到，但岑春煊西行入川或者可免。后又接连致电端方说：岑春煊面参多人，涉及南北洋，"天下自此多事"；"闻日来上辞色甚厉，一再责备诸枢（指军机大臣），颇有推翻萌芽（暗示有推倒奕劻的可能）。……二十三日三件均朱谕（指将朱宝奎革职等上谕），人心皇皇，大局可虑。"②

5月7日，御史赵启霖单衔上折，狠狠参了段芝贵和奕劻父子一

---

① 岑春煊：《乐斋漫笔》，见《近代稗海》第1辑，第100－102页，四川人民出版社，1985年。

② 中国第一历史档案馆档案：袁世凯致端方电，端方档，第354号。

本，并且涉及袁世凯。参折在叙述了段芝贵献杨翠喜、送寿礼的事实，袁世凯受段芝贵蒙蔽，将其由佐杂人员提拔为道员后指出："在段芝贵，以无功可纪，无才可录，并未曾引见之道员，专恃夤缘，骤跻巡抚，诚可谓无廉耻；在奕劻、载振父子，以亲贵之位，蒙倚畀之专，唯知广收赂遗，置时艰于不问，置大计于不顾，尤可谓无心肝！不思东三省为何等重要之地，为何等危迫之时，改设巡抚为何等关系之事，此而交通贿赂，欺罔朝廷，明目张胆，无复顾忌，真孔子所谓是可忍孰不可忍者矣！"①

慈禧太后览奏大怒，又听岑春煊以外边物议沸腾密奏，立即撤去段芝贵职衔，命程德全暂时署理黑龙江巡抚；命醇亲王载沣、大学士孙家鼐确切查明，务期水落石出，据实复奏。并怒斥奕劻："如是欺蔽朝廷，不如用麻绳缢死我母子为佳！"② 奕劻惶惧万分，浑身发抖。载振吓得不知所措，急走天津，问计于袁世凯。

由于参折词连自己，督抚系自己所保，即使奕劻父子不弥缝，袁世凯亦要极力包庇，何况又同奕劻狼狈为奸呢！故他告诉载振说，应先将杨翠喜送回天津，消灭实据，而后再设法转圜。载振依言而行。袁世凯遂把一切安排就绪。天津的某些报纸跟着登出了关于报道杨翠喜一事的更正。袁世凯这才放下了一颗悬吊着的心，10日致电端方说："赵（启霖）疏全虚，不足为害，勿念。"③

5月11日，御史江春霖感到报馆更正大有蹊跷，上折要求调查各报，名为诘问更正原因，实为追究奕劻父子和袁世凯利用权势胁迫报馆掩饰纳贿渔色之事。但奏折被留中。

在袁世凯的精心策划下，奉载沣和孙家鼐之命前往天津调查的印务参领恩志、内阁侍读润昌到达时，杨翠喜已变为王益孙在农历二月上旬用三千五百元买下的使女，并立有字证；天津商务总会会长王竹林则坚决否认有借钱给段芝贵之事。把他们提京面讯，亦无异词。载沣年少不懂世事，孙家鼐顾忌多端，5月16日将调查情况复奏。当日，慈禧太后以赵启霖任

---

① 朱寿朋编：《光绪朝东华录》，总5660页，中华书局，1958年。
② 孙宝暄：《忘山庐日记》下，第1019页，上海古籍出版社，1983年。
③ 中国第一历史档案馆档案：袁世凯致端方电，端方档，第354号。

意诬蔑亲贵重臣，将其革职。轰动一时的杨翠喜案就这样宣布结束。

尽管奕劻父子在袁世凯的大力庇护下安然无恙，然而已经沸腾的物议他们是无法平息的。为了缓和一下舆论，载振于赵启霖被革职的次日奏请开去一切差使，得到批准。此后，载振倍感袁世凯情谊深厚，与其结拜为盟，奕、袁的勾结更为紧密了。

慈禧太后既将赵启霖革职，又准载振辞职，且不恢复段芝贵的职衔，这样处理有着明显的矛盾，说明赵启霖所参并非无据。都察院的御史们个个不平，准备联名奏参。都御史陆宝忠见大动公愤，遂出来调停，上折为赵启霖辩护；赵炳麟则以挂冠去职为赵启霖力争。朝廷皆不准所请。

江春霖心犹未甘，5 月 23 日再次上疏，指出载沣、孙家鼐复奏的案情有六点疑窦：一、买献歌妓之说起于天津的报纸，王益孙为富绅，杨翠喜为名妓，假如真是王益孙买杨翠喜为使女，天津的报纸绝对不会误登；二、使女也就是婢女，天津买婢的身价最高百金，而杨翠喜之身价却高达三千五百元，王益孙绝对不会愚蠢到这种地步；三、杨翠喜色艺倾动天津，年少红颜，岂肯甘充使女？四、证人供词彼此不同，显有捏造掩饰；五、杨翠喜身为名妓，生活在脂粉绮罗之中，不会干使女的活计；六、杨翠喜色艺双绝，王益孙必然动情，因此，买为使女之说，尤不可信。由以上可见，即使王益孙冒名顶替载振把杨翠喜领走的说法为子虚乌有，但王益孙“买妓为妾之事更无疑义”。按照《大清律例》规定，职官纳妓应受处分。而王益孙为兵部候补郎中，若纳妓逍遥法外，未免引起人们不满，应照职官娶乐人条例判处。[1] 江春霖指出案情六个明显的疑点，目的在于要求朝廷将此案彻底查清，以扳倒奕劻父子，为赵启霖洗雪冤屈。其断言王益孙买妓为妾触犯刑律也不是节外生枝，而是企图将其置于罪犯地位，通过审判，使之供出真情，达到上述目的，二者是一致的。可是，他的最后努力未能奏效，朝廷未予理会。此案以后也无人再提，于是彻底告终。

杨翠喜案的满天风雨消散之后，奕劻、袁世凯立即进行报复，发起

---

① 江春霖：《梅阳江侍御奏议》卷 1，第 30－32 页，1927 年。

反击，倾全力排挤打击瞿鸿禨及其重要帮手、在军机大臣上学习行走的林绍年和岑春煊，而又以瞿鸿禨、岑春煊为主要对手，在政界掀起一次大的风潮，史称“丁未政潮”（“丁未”为干支纪年，即公历1907年）。

军机大臣瞿鸿禨身兼外务部会办大臣、尚书，为官清廉，勇于任事，颇负清望，深受慈禧太后信赖。他对奕劻的贪婪昏庸和袁世凯的植势跋扈、结党营私深恶痛绝，同他们一直矛盾很大，积不相能。过去，袁世凯曾着意笼络过瞿鸿禨，先示意愿列入门生，瞿鸿禨以受宠若惊、万不敢当却之；继又托人询问是否可以换帖，瞿鸿禨又婉言推辞。1906年中央官制改革时，袁世凯仍想与瞿鸿禨搞好关系，提出设立责任内阁方案，想以奕劻为总理，自己与瞿鸿禨为副总理，共同组阁，又被瞿鸿禨密奏慈禧太后，予以否定。袁世凯连续碰了几个硬钉子，知道瞿鸿禨不愿同自己同流合污，衔恨益深，立即向奕劻发出警告：必须把瞿鸿禨赶出军机处，否则必受其害。奕劻在任用私人问题上屡遭瞿鸿禨阻挠，早有驱逐瞿鸿禨之意。他们又认为岑春煊之敢于自行入京，系为瞿鸿禨所召；岑春煊之敢于踔厉风发地参劾大臣，也是受瞿鸿禨所指使，欲借岑春煊的力量反对自己；瞿鸿禨与御史赵启霖是同乡，过从甚密，赵启霖之敢于参劾权倾朝野的奕劻父子，措辞如此尖锐，同样是得到瞿鸿禨和岑春煊的大力支持。因而便把一腔愤怒发泄到瞿鸿禨、岑春煊身上。在二人之中，他们又认为岑春煊敢于言事，不畏权贵，于己大为不利，但其甚得慈禧太后信赖，一时难于扳倒，应首先将其排斥出京。于是他们散布流言蜚语，使其不安于位。接着，奕劻以广东钦、廉、潮三府所属地方官府遭到袭劫为借口，奏请将岑春煊急调粤督，从事剿抚。5月28日清廷免去岑春煊的尚书之职，任为两广总督。奕劻又以事关重大为由，怂恿慈禧太后催岑春煊赴任。岑春煊任尚书不及一月，即被奕劻、袁世凯排挤出京。次日，奕劻又奏请授林绍年为度支部侍郎，企图将其赶出军机处。经瞿鸿禨等人力争，林绍年仍留在军机处。

岑春煊临行之前，又密疏参劾奕劻“甚烈”，慈禧太后颇为动心。袁世凯极为担心“不日恐有变局”①。而慈禧太后也确有将奕劻免职的

① 中国第一历史档案馆档案：袁世凯致端方电，端方档，第354号。

打算。一天，奕劻请病假，慈禧太后单独召见瞿鸿禨，谈了奕劻贪婪受贿的事情，并询问瞿鸿禨谁可继任其位，准备撤换，但意尚未决。可惜瞿鸿禨太不谨慎，回家后对其夫人讲了。瞿鸿禨夫人也够嘴快，立即又告诉了《京报》的创办人、瞿鸿禨的门生汪康年之妻，汪康年又传了出去。于是，英国《泰晤士报》便登出奕劻失宠、将要退出军机处的消息。驻京英国公使阅报大惊，深恐奕劻罢免后会影响中英两国关系，命夫人在慈禧太后宴请各国公使夫人时得便问及。慈禧太后非常惊愕，心想此事仅对瞿鸿禨谈过，必然是他有意泄漏，大为震怒。

奕劻听说自己将被黜退，亟谋对策。袁世凯及其党羽均依靠奕劻庇护而自固，闻讯皆大为恐慌。为了保住自己，他们便采取主动进攻的策略和血口喷人的诬陷办法，将打击的矛头集中指向瞿鸿禨。他们召来死党、农工商部侍郎杨士琦密谋，议定由杨士琦起草奏折稿，贿买御史参劾。但瞿鸿禨享有清誉，御史们大都不屑做北洋的鹰犬，一概谢绝重贿。最后杨士琦找到了热衷利禄而又不甚得志的翰林院侍读学士恽毓鼎，送其一万八千两银子，并允诺将其外放为布政使，要他具名参劾。恽毓鼎被收买后甘做奕劻、袁世凯的枪手，立即奏劾瞿鸿禨"暗通报馆，授意言官，阴结外援，分布党羽"①。所谓"暗通报馆"，指汪康年所办的《京报》。自杨翠喜案发生之后，汪康年在报上连篇论列段芝贵、朱宝奎之罢斥，赵启霖之革职，载振之开缺，对奕劻父子抨击不遗余力，遭到嫉恨；所谓"授意言官"，指赵启霖上参折之事；所谓"阴结外援"，指的是英国的《泰晤士报》；所谓"分布党羽"，指的是瞿鸿禨托法部保荐其亲家余肇康为该部丞参。

6月17日，慈禧太后下令将瞿鸿禨开缺，将余肇康革职。她之所以不经查实就将瞿鸿禨开缺，主要不在于被参各节，而在于瞿鸿禨曾多次密请赦还康有为、梁启超，忤逆了太后的意旨；而奕劻、袁世凯又乘机诬陷他主张归政光绪皇帝，触及了她最忌讳的事情，刺到了她的疼处。故以后虽未查出有被参各事，慈禧太后也未收回成命。

6月19日，奕劻为了试探慈禧太后对自己的态度，奏请开去军机大

---

① 《光绪朝东华录》，总5681页。

臣。慈禧太后因无适当人选接替，没有同意，但对他已不再如以前那样信任，同日又任命醇亲王载沣在军机大臣上学习行走，以分其势，并作将来取代之计。

奕劻、袁世凯朋比为奸，结党营私，排斥异己，左右朝政，野心越来越大。7月7日，赵炳麟上《请销党见疏》，内云："今日大臣争权，小臣附势，人心险诈，朝纲废弛，不早维持，弊将安极，岂徒开明末党援之习，且恐酿唐季藩镇之忧。推究其原，皆因威福下移，天下知大臣，不知天子之所致也。"奏请饬令中央各部院及直隶总督袁世凯将康熙三十年十一月禁绝朋党的上谕竖于衙署，使之触目惊心，预防流弊；并附片纠参恽毓鼎希图升官发财，弹劾瞿鸿禨各事均与事实不符。[①] 对于前者，慈禧太后立即照准，令各部院及袁世凯执行；对于后者，则搁置未问。接着，御史陈田又参劾袁世凯揽权营私。

袁世凯见屡遭攻击，深感不安；而清廷企图通过陆军部和度支部逐渐收回督抚军权和财权，以加强中央集权的做法，又令权势欲望很大的袁世凯无法忍受。7月25日，他上折密陈管见十条。关于"明党派"一条，他说什么党有公私之别，公党利国，私党病国。攻击瞿鸿禨"专务汲引私人，阿比亲旧"，"内外结引，排异联同"，搞的完全是私党。请求朝廷"严辨于君子小人之界"，"必察其所行所为，究竟为公为私，而因示以劝惩焉"。[②] 企图把他和奕劻的私党说成是公党、君子之党，以洗刷自己，蒙蔽朝廷，并落井下石，防止瞿鸿禨死灰复燃。

非但如此，袁世凯还主动挑起了一场同陆军部尚书铁良之间的斗争。在同一奏折"国势必须振兴"条下，他写道："陆军部设立以来，已阅十月，观听所系，尚无振作之气象，兴革之举动，足餍众望而惬群情。凡兵法如何厘定，兵区如何规画，兵备如何筹计，兵数如何扩充，及何以作养兵才，何以增进兵格，何以侦察各国之兵势，何以会通东西之兵学，固皆未遑议及，即本部章制，亦迄未见实行。至近畿已成之四镇，举以委诸副都统凤山督练，查凤山初非出身学堂，又未一经战

---

① 赵炳麟：《谏院奏事录》卷3，第7-11页，1922年。
② 中国第一历史档案馆档案：《直隶总督袁世凯密陈管见十条清单》。

事，……才非出众，识非过人，无威望之可言，无功绩之足数，即论其军营阅历，亦甚浅鲜。……举四万众之重任，付诸谬妄人之手，中外腾笑，将士解体……似此非但武备决无起色，且恐愈趋愈下，久将杌陧不安。以我介乎日、俄两强之间，彼方扩张军权，各不下百万之数，我如仍此泄沓瞻徇，几视兵事为儿戏，欲厕于列强而幸免其祸，讵可冀也？……应请旨饬下庆亲王奕劻破除情面，慎选办理武备人才，……方可振兴军政，挽救时艰。"① 妄图把铁良、凤山攻倒，夺取陆军部的兵权和业已交出的四镇兵权。

铁良毫不示弱，声言"是非自有公论"，并乘机向慈禧太后进言：袁世凯"存心叵测，若不早为抑制，满人势力必不能保全"。② 后又奏保凤山"异常得力"，使其获赏一品顶戴。

斗争的结果与袁世凯的主观愿望相反，铁良没有被撼动，而自己却不免为慈禧太后所疑忌了。

奕劻、袁世凯对岑春煊仍不放手，立意把他彻底搞垮。但岑春煊虽被排挤出京，仍受到"宫人交口揄扬"，慈禧太后对他的眷宠"尚未全衰"③，没有重炮弹，要把他扳倒也颇不易。他们知道慈禧太后最恨康有为、梁启超，要扳倒岑春煊，必须把岑春煊说成为康、梁同党。于是便从这里下手，"密奏春煊曾入保国会，为康、梁死党，不可信"。慈禧太后未加轻信，待之如初。这时又出来一个甘心为袁世凯效劳的蔡乃煌，蔡乃煌"侦得其情，思媚袁以求进，因入照相馆，觅得春煊及康有为影相各一，点景合成一片，若两人聚首密有所商者，献于袁世凯。世凯大喜，交奕劻密呈太后，证为交通乱党"④。此时岑春煊在上海养病，尚未到两广总督之任。继之，御史陈庆桂又两次参劾岑春煊，于是慈禧太后对岑春煊的信任动摇了。

8 月 9 日，奕劻、袁世凯的枪手恽毓鼎经过与蔡乃煌密谋，又缮写参折，于次日呈上，参劾岑春煊"不奉朝旨，逗留上海，勾结康有为、

---

① 中国第一历史档案馆档案：《直隶总督袁世凯密陈管见十条清单》。

② 《神州日报》，1907 年 8 月 29 日。

③ 中国第一历史档案馆档案：袁世凯致端方电，端方档，第 354 号。

④ 胡思敬：《国闻备乘》卷 3，第 12 页，退庐全书刊本，1924 年。

梁启超、麦孟华，留之寓中，密谋推翻朝局，情迹可疑”，并“借日本以倾朝局”。[①] 这些全属诬陷不实之词，但却深深触动了慈禧太后之忌。慈禧太后终为奕劻、袁世凯的谗言诬陷所打动，8 月 12 日，将岑春煊开缺。林绍年也被赶出军机处，出任河南巡抚。奕劻、袁世凯在这次政潮中获得胜利，瞿鸿禨、岑春煊等人彻底失败。

袁世凯肆无忌惮地与贪庸误国的奕劻紧密勾结，互相利用，互为奥援，互相包庇，无所不用其极地排斥打击政敌，未免把自己阴险奸诈的嘴脸暴露得过于昭然，以致招来更多的参劾。

8 月 15 日，湖北按察使梁鼎芬又上折参劾奕劻贪私受贿，语极幽默讽刺，其附片则主要对准袁世凯。他说，袁世凯的许多心腹党羽之所以能够进入军机处或担任总督、巡抚、侍郎要职，皆由于“袁世凯言之，庆王行之”。袁世凯“自握北洋大臣、直隶总督重权，又使其党在奉天、吉林皆有兵权、财权”，思之令人寒心；且“其人权谋迈众，城府阻深，能谄人，又能用人”，完全是汉末曹操、晋末刘裕之流的人物。今“乃令狼抗朝列，虎步京师，臣实忧之”[②]。提醒清廷对袁世凯、奕劻结党营私加倍警惕。同月 24 日，御史成昌又上封奏，指出袁世凯的门生故吏布满天下，甚非国家之福。

一个接着一个的弹劾警告，使得慈禧太后疑虑丛生，决心把袁世凯调离北洋。1907 年 8 月 24 日，清廷电召袁世凯入京陛见。30 日，袁世凯进京，慈禧太后赏假、赐食、召见后，9 月 4 日即下令免去其直隶总督兼北洋大臣职务，调任为外务部尚书兼军机大臣。同时被任命为军机大臣的还有湖广总督张之洞。军机大臣的地位比总督高，然而却无总督那样的实权。慈禧太后如此安排，意在阳为尊崇，阴实裁抑，且使他们互相牵制，容易驾驭。袁世凯对明升暗降的奥妙了如指掌，故命下之日，再三力辞。清廷不允。君命难违，他最后无可奈何地告别了恋恋不舍的直隶总督衙门，进京当军机大臣、外务部尚书去了。

---

① 恽毓鼎：《澄斋日记》，光绪三十三年七月一日，稿本。
② 《鄂臬梁鼎芬奏劾庆袁折片补录》，《神州日报》，1907 年 12 月 11 日。

十　妥协媚外

袁世凯初任山东巡抚处理教案问题时，尚能坚持原则，对洋人的无理要求加以拒绝。但其后遇有重大事件，他在列强面前表现出来的则是妥协媚外的姿态。

1905 年 5 月，由于美国惨无人道地虐待华工，迫害华侨，拒不改订已经期满的限制华工条约，威胁清政府签订续约，上海总商会召开特别会议，提出如果美国不改订条约，就抵制美货。并以会长曾铸的名义电请外务部拒绝续订华工条约，电请南北洋大臣阻止外务部续约。同时致电各省商会，要求协力拒约，不用美货。6 月 18 日，天津商务总会和学界也召开大会，起而响应。直隶总督袁世凯认为抵制美货会给国家交涉增加困难，而且朝廷正在考虑请美国出面调停日俄两国从东三省撤兵，立命传来总商会的总理、协理和学界的名流，告诉他们，拒绝续订条约与否，是国家交涉的事件，绅民只应管好本身的事情，倘若绅民都来管国家大事，还要政府干什么？当即宣布，禁止集会和抵制美货，如果违抗，定加严惩！继而通示全省说：“此次拒约之事，实系国家交涉事件，其关系甚大，倘播扬风潮，附和雷同，不但有误国计，且恐累及大局。务宜速止运动，安居乐业。”① 将天津人民抵制美货的爱国运动压制下去。但天津的《大公报》对全国各地的运动深表同情，仍然登载这方面的消息，并论及对美国的政策。袁世凯认为不妥，下令该报不得对抵制禁约之事横生议论。《大公报》以官府不应阻止言论自由，予以拒绝。

① 《袁世凯乃敢与国民宣战耶》，《醒狮》第 1 期。

由于该报总经理英敛之为天主教徒，受到天主教和法国租界的庇护，无法封杀，袁世凯遂饬令巡警总局、天津府县札示官民，严禁购阅，铁道局、邮局禁止代运。天津府县马上贴出告示说：“《大公报》所登，类多有碍邦交，妨碍和平，合行禁阅”，“违必究罚”。告示贴出之日，英敛之和主笔刘孟扬在《申报》刊登广告，讲了该报“触当道之怒，严禁士人购阅，不准邮局递寄，为不封之封”的情况，并十分悲愤地说：“今遇此挫折，芟夷我国民者，非由外人，实为我最有权力之长官也，呜呼！”①

袁世凯担任外务部尚书伊始，正值各省人民收回路矿权利的斗争方兴未艾之时。外务部的总理大臣为奕劻，会办大臣为那桐、袁世凯。他们控制下的外务部，用袁世凯的亲家、两广总督张人骏（1907 年 8 月 12 日授）的话来说，“不过一卖国部而已，官大卖多的，官小卖少的”②。因此，袁世凯根本不会支持人民的正义斗争，他在苏杭甬路权问题上的态度，就是一个最好的证明。

1905 年，浙江绅商成立了商办铁路公司，奏准朝廷招股修筑全浙铁路。次年，江苏绅商亦成立商办铁路公司。浙江铁路的杭州至嘉兴段、江苏铁路的上海至嘉兴段先后动工兴建。

但英国以 1898 年曾订立借款代筑苏杭甬铁路草约为理由，要求清政府改订正约，不准江、浙人民商办。1907 年 10 月，清廷在袁世凯策划下，颁发借款修筑苏杭甬铁路谕旨，把筑路权送给英国，只准两省绅商搭股。

两省人民痛路权之丧失，立即掀起一个坚拒借款、铁路商办的热潮。袁世凯竟以军机处的名义字寄江、浙两省督抚，叫嚷“外交首重大信，议约权在朝廷”③，不准人民反对。浙江京官举行会议，推派代表见袁世凯，请其主持正义，袁世凯置之不理。载沣、张之洞见两省人民情绪极为激昂，主张废除与英国所订草约，以固结民心。袁世凯则声言：外务部的事情一向完全独立，军机大臣不得干预。11 月 29 日，袁

---

① 徐载平、徐瑞芳：《清末四十年申报史料》，第 283－284 页，新华出版社，1988 年。
② 《神州日报》，1907 年 11 月 25 日。
③ 张一麐：《心太平室集》卷 8，第 40 页。

世凯以外务部的名义上折奏称：“彼国（指英国）之力催订约既若此，两省商民之坚拒借款又若彼，中外争持，势甚急迫。现在既无确切作废之凭证足以应付外人，而延宕愈久，诚恐枝节愈多。倘江、浙绅民始终误会，一倡百和，激成事端，适足与外人攘夺之柄。……矧敢轻弃成议，自取纷扰？庚子之乱，足为殷鉴。”① 认为两省人民的斗争会引起列强的武装干涉，因此，原订草约万万不能废弃。慈禧太后感到他做得过分，当面警告他“勿以国家安危徇外人喜怒”②。

两省人民为争回筑路权，各推代表数人进京，当面同外务部斗争。代表尚未到京，袁世凯就扬言：“拒款为江、浙二省少数人之意见，代表进京能听命解散最好，否则以兵力压制！”③ 公然进行恐吓。12月代表到京，袁世凯在接见时，反复强调过去订有草约，目前英国催订正约甚急，万难中变，以昭大信，坚持借款。同时诡称，自己不过是照案执行，并非有意作梗，要代表“兼顾政府”，“顾全邦交”。代表响亮地回答：订草约是有的，但铁路商办系遵旨而行，亦属铁案。代表的责任是誓争“遵旨商办，不入外股”，予以有力的驳斥。清政府见民情激昂，提出改由外务部向英方借款，再由邮传部转借给江苏、浙江两公司，两公司被迫接受，与邮传部签订了存款章程。

袁世凯的妥协媚外，激起绅民的强烈反抗。1908年1月11日，革命党人在上海创办的《神州日报》以东京来稿的名义，就袁世凯借款筑路一事，发表了一篇题为《拟国民递呈都察院请将袁世凯明正典刑恭请代奏折》。它首先总结了历史上赵高、董卓、曹操、杨国忠、蔡京、秦桧、贾似道、严嵩等权奸乱政亡国的经验教训，说袁世凯和上述人物毫无二致，其所作为，“无非凭借威福，渎乱纲纪，甘心卖国，自速乱亡”。接着胪列了袁世凯自入宦途到出任直隶总督期间的一系列罪状，然后指出：其进入军机处以后，“益得凌轹朝臣，操纵疆吏，以树威望”。他与奕劻“私交最昵”，“奕劻庸耄，借袁世凯为爪牙；袁世凯倚奕劻为护符。乃更遍引私人，位置中外”，“诸人皆知有袁世凯，不知有

---

① 《神州日报》，1908年1月15日。
② 《神州日报》，1907年12月22日。
③ 《神州日报》，1907年12月17日。

朝廷。袁世凯羽翼既成，意欲因事立威，乃径借苏杭甬铁路一事，以尝试朝廷，震慑海内”。“袁世凯所以敢于抹杀商办谕旨者，无非为结外援地步”，并“使海内臣民痛心疾目于朝廷之不可恃，揭竿揭木，相继而起，袁世凯乃得总揽兵柄，侥幸成功，因以蓄震主之威，而煽薰天之焰”。“袁世凯之枭雄几于操、莽，而其奸猾过于王伦、秦桧”。“朝廷若不早为之所，则刘豫、张邦昌借外援自立之事，不难复见于今日。”最后归纳了他在路权问题上有十大罪状，强调指出：“朝廷如不加大罚，则路权去，苏浙去，外侮、内讧同时并作，袁世凯非分之望旦夕可偿。神州陆沈，宗社颠陨，如大局何！伏乞皇太后、皇上奋施乾断，立将袁世凯明正典刑！”①

这篇文章所列举的某些事实与实际情况未必符合，调门似也过高，但对袁世凯的揭露特别淋漓尽致。慈禧太后是否看到此文不得而知，可是，由于公开发表在报纸上，它在全国所产生的巨大影响，则远非御史、官僚们的封奏所能及。袁世凯自知内为政府诸人疑忌，外为清议攻击，不安于位，要求开去外务部尚书缺。慈禧太后令其将路约问题办妥再说。

在处理二辰丸事件上，也充分表现出袁世凯妥协媚外的嘴脸。1908年2月5日，日本商船二辰丸装运军火，在澳门附近的九洲洋海面卸货，为中国海军巡逻船查获。经检查，该船没有运往中国军火的护照，遂将船械扣留，拖回黄埔，并将日本旗帜取下，代以中国旗帜。两广总督张人骏立即将事情发生的经过电告外务部，并提出将船械充公的处理办法。日本驻广东领事也将此事报告了本国政府。

14日，日本驻华公使林权助照会清政府外务部，提出抗议，声称军火系运往澳门，经葡萄牙官员允准，不是在中国领海走私，中国将二辰丸拘留显系违约。要求将船放回，交还国旗，惩办官员，赔礼谢罪。葡萄牙驻华公使亦照会外务部，要求释放二辰丸。

张人骏主张按照海关章程付诸会审，或请英国水师提督公断。均为日方拒绝。

---

① 原文中“袁世凯”三字以×××代替，“奕劻”二字以××代替，但当时任何人一看，均知其所指为袁世凯、奕劻二人。为阅读方便，此处引文采用真实姓名。

袁世凯等人在咨询了海关总税务司赫德后，居然认为广东省所举出的证据不足，行动太过鲁莽，遂使日本人有所挟持。3 月 4 日，林权助会见袁世凯等人，转达了日本政府“此事即宜速了，不然日本当行相当之手段”① 的意见，袁世凯等马上就妥协了。6 日，外务部即照会林权助，对撤换日本国旗一事表示道歉。袁世凯等人的妥协退让，使中国在整个事件的处理上陷于被动理亏的地位。13 日，林权助强硬地向外务部提出五项解决办法：一、中国政府对撤换国旗一事，应派兵舰开炮，以表歉忱；二、无条件释放二辰丸；三、二辰丸上军火由中国政府收买，付日本金两万一千四百元；四、处置扣船的有关官员；五、赔偿二辰丸被扣期间的损失。袁世凯立即全部答应，满足了日本的要求。

事发之后，广东以商民为主体的粤商自治会召开会议，斥责日本的无赖行径，致电外务部不要退让。得知袁世凯等接受日方五项条件，商民大愤，召开大会，议决实行文明抵制。粤商自治会会长陈基建、李戒欺率领群众前往督署请愿，要求设法挽救。3 月 19 日为释放二辰丸的日子，总督张人骏遵照外务部所议各节办理。粤商自治会又刊布传单，号召不买日货。次日，自治会发起召开国耻大纪念大会，与会者达十万人。陈基建等人发表了沉痛至极的演说，一些人提出应罢斥袁世凯。接着，商民掀起了中国历史上第一次声势浩大的抵制日货运动，坚持半年以上，上海、广西首先响应，影响波及香港、南洋、澳洲等地，在经济上给予日本较大打击。

日本政府大为恐慌，林权助两次致函外务部，并派人面谈，要求弹压禁止抵制日货运动。袁世凯立即照办。3 月 21 日，外务部致电两江总督端方，转饬上海道禁止商民排斥日货，说“此等举动，于自强事实上毫无关系”，“徒事叫嚣，予人借口”。② 4 月 2 日又致电两广总督张人骏、广西巡抚张鸣岐，令其“严查解散，免启事端”③。

对于坚决反对外务部妥协退让的爱国团体粤商自治会，袁世凯尤为痛恨，几次致电张人骏，加上一些莫须有的罪名，压迫张人骏查办会长

---

① 王芸生：《六十年来中国与日本》第 5 卷，第 152 页，三联书店，1980 年。

② 王芸生：《六十年来中国与日本》，第 5 卷，第 157 页。

③ 王芸生：《六十年来中国与日本》，第 5 卷，第 158 页。

陈基建、李戒欺等人，解散自治会。4月15日又借广东劣绅投函控告之名，以外务部名义致函张人骏，说什么“地方自治应由公正员绅妥为筹办，未便准令无籍之徒妄行开会。该商陈基建等以抵制日货为由，遍贴告条，大书扬旗，殊属狂谬。如果任其妄为，实于国际交涉、地方治安均有关碍。该商等聚众演说，近在督署，执事曾否知有此事？尚希饬属严查，分别究办，并晓谕商民人等立即解散，切勿受其煽惑，以靖人心，而弭隐患”。[①]

张人骏令广州府查复。广州府报称：陈基建、李戒欺等十数年来，“凡地方公益，无事不挺身直赴”，近年所办各事，“皆为地方谋大利”。此次力争二辰丸案，“不过激于义愤，虽不无过激之处，要之皆爱国之士，朝廷尚须加以奖励，万不可误听谣言，以陷善类”。[②] 张人骏据此以复，袁世凯默然。

同年11月香港掀起抵制日货高潮时，袁世凯又旧事重提，欲置粤商自治会于死地。张人骏致电外务部说：“商会自治，功令所许，非等违禁私集，主持之人，均系殷实正商”。“若将首会之人惩办，在日人为以怨报德，在我为加罪无辜”。“若徇外人无据之言，归咎地方正当商首，适堕彼等计中。”[③] 此电无疑是在指斥袁世凯等人迫害爱国人士，讨好日本。由于张人骏尽力回护，袁世凯的毒计始终未能得逞。

---

① 王芸生：《六十年来中国与日本》，第5卷，第160页。

② 《竹园白话报》，1908年6月9日。

③ 王芸生：《六十年来中国与日本》，第5卷，第163页。

十一　伪倡立宪

20 世纪初年，国内的政治形势发生了巨变，民主运动的潮流有如大海波涛，汹涌澎湃，一浪高过一浪，革命运动与立宪运动就是这股潮流中的两大巨流。

自戊戌变法失败特别是《辛丑条约》签订以后，许多青年学子认识到清政府顽固不化，丧权辱国，不可救药，开始抛弃和平改革的想法，图谋革命，革命团体在各地相继建立。1905 年 8 月，孙中山在日本东京建立了中国第一个资产阶级革命政党——中国同盟会，宣布了该会的政治纲领："驱除鞑虏，恢复中华，创立民国，平均地权"。把革命运动大大向前推进一步。在同盟会和其他革命团体的领导及影响下，1906 至 1908 年期间，广东、广西、云南、浙江、安徽、四川、湖南、湖北都举行了规模不等的武装起义。

立宪之议肇端于甲午战争失败之后，复炽于日俄战争的爆发。1904 年以前，虽然康有为在海外创设的保皇会即以君主立宪为目的，但在国内这种主张则寥寥无几。1904 年日俄战争爆发，一些人看到实行君主立宪政治制度的日本连胜君主专制制度的俄国，最后竟能以一个小国挫败大国，认为这一结局只能从立宪不立宪得到解释，把日本对俄国的胜利看作是立宪政体对专制政体的胜利。"于是天下之人皆谓专制之政不足复存于天下，而我之士大夫亦不能如向日之聋聩矣"。① 立宪之议，主

① 别士：《刊印宪政初纲缘起》，见中国史学会主编：《辛亥革命》4，第 10 页，上海人民出版社，1957 年。

张者渐多，遂形成一个波澜壮阔的爱国民主运动。某些官僚也奏请实行立宪。在这种情况下，清廷不得不派出五大臣出洋考察政治。

革命派主张用武力推翻清王朝，建立民主共和国。立宪派则反对用暴力手段推翻清王朝，主张用和平手段废除专制制度，人民参与政权，建立以君主为名义上的国家元首，然而并无任何实权的君主立宪制度，纷纷提出速行立宪，制定宪法，设立国会，成立责任内阁，呼声日高，影响日大。革命运动与立宪运动都主张建立民主的国家，只有所采取的手段和将来组织政权形式的区别，没有根本宗旨的不同，同属民主政治运动的范畴。

对于革命运动，无论满族亲贵还是汉族官僚都是主张镇压的，袁世凯即为最坚决的一个。其时，革命势力主要在南方一带，北方很少有革命党人活动。虽则如此，袁世凯仍然严密防范，绞尽脑汁压制。为防止青年学子倡言革命，“惑乱人心”，他颁布了集会章程，规定学生集会超过十五人者，必须于三日前禀明地方官。[①] 并定出赏格，严饬查拿革命党，获得党首一人，赏给千金，并奏请奖励；获得胁从一名，赏给五百金。[②] 通饬查禁《民报》等书刊。并建议清廷与日本政府交涉，清其查拿惩办购买军械的华人，严禁华人倡言排满革命；派人到各国华侨中演说，并联络报馆广为传布，使海外商民内向，解散逆党；令驻外公使和留学生监督密查留学生，附和逆党者送回原籍。

由于立宪运动不主张采取暴力手段推翻清王朝，而又反对专制制度，故在统治阶级内部分歧很大。在满族亲贵中，一部分顽固守旧分子认为立宪利于汉族不利于满族，大加反对；另一部分满族亲贵则想借立宪之名实行中央集权，排斥汉族官僚。在汉族官僚中，有少数是了解世界潮流的，他们为了促使国家进步，挽救民族危亡，诚心赞成立宪；而一般人则是出于打破满族亲贵的政治优势而附和立宪主张，对立宪的真正含义并不怎么清楚。当然，坚决反对立宪的顽固守旧分子也不在少数。

当立宪运动初步勃兴之时，也就是 1904 年 6 月，东南立宪派首领

---

① 《时报》，1906 年 1 月 19 日。
② 《神州日报》，1907 年 8 月 6 日。

张謇游说两江总督魏光焘、湖广总督张之洞奏请立宪，并代他们草拟好一个折稿。胆小谨慎的张之洞不敢上奏，嘱张謇试探一下直隶总督袁世凯的态度。张謇也认为如能得到地位举足轻重的袁世凯的倡导，对推动立宪十分有利，乃抛弃对袁世凯的厌恶心理，在与袁世凯断交二十年之后致其一函，请其赞助立宪，并以日本明治维新时期的著名政治家伊藤博文、板垣退助相期许。而袁世凯回信答复说：现在还不是时候，需要等等再看。

1905 年，立宪运动高涨，声浪越来越大，某些高级官员奏请实行，清政府也开始讨论派遣大臣出国考察政治。张謇又为抵制美货一事致书袁世凯，信中说："万机决于公论，此对外之正锋，立宪之首要。""今更为公进一说，日处高而危，宜准公理以求众辅。""且公但执牛耳一呼，各省殆无不响应者。安上全下，不朽盛业，公独无意乎？及时不图，他人他日构此伟业，公不自惜乎？"① 从个人的安危荣辱下说词打动袁世凯。袁世凯经过一番考虑，便联合张之洞和调为两江总督的周馥电请实行立宪政体，以十二年为期。②

7 月 9 日，清廷正式决定派遣大臣出洋考察政治。袁世凯见朝廷意向明显，遂又奏请"考求各国宪法，变通施行"③。

7 月 16 日，清廷宣布：方今时局艰难，百端待理，过去的变法不见成效，无法"起衰弱而救颠危"。特简派镇国公载泽、户部侍郎戴鸿慈、军机大臣徐世昌、湖南巡抚端方携带随员，"分赴东西洋各国，考求一切政治，以期择善而从"。④ 后来又加派绍英为考察大臣。这道上谕预示着清廷准备在政治上由闭关转向开放，由恪守祖制转向改革，由"中体西用"转向效法"西体"，拉开了中国政治制度近代化，即由纯粹的专制政治向民主政治过渡的序幕。从此，袁世凯俨然以立宪的倡导者和主持者自居。

---

① 张謇：《为抵制美货事致袁直督函》，《张季子九录》，"政闻录"卷 3，第 9 页。

② 《时报》，1905 年 7 月 2 日。

③ 《时报》，1905 年 7 月 22 日。

④ 故宫博物院明清档案部编：《清末筹备立宪档案史料》上册，第 1 页，中华书局，1979 年。

袁世凯为什么一反戊戌变法期间所为，积极“倡导”起立宪来了呢？这是因为：一、想借立宪消除革命。他认为：“剿除革命党政策，除速施行立宪制度外，更无他法。”① 二、借立宪从满族亲贵中夺取更多的权力。三、看到立宪潮流不可阻挡，趋会时势，进行政治投机，想执立宪之牛耳，博取美名，免得政治上陷于孤立。四、企图通过立宪限制君权，防止光绪皇帝执政后进行报复，保住自己。他之赞成和“倡导”立宪是从反对革命和一己私利出发，在立宪派的推动和大势所趋下作出的一种政治姿态，绝非真诚地拥护立宪。其态度也并非一贯积极，而是见风转舵，反复无常。

五大臣出洋考察政治的上谕发表以后，袁世凯以为朝廷的政策已定，对立宪的热情也跟着高涨，马上奏请派遣官绅游历日本，开启民智，为将来实行地方自治打下基础。加上其他官员的奏请，8月，朝廷谕令奉天和直隶同时试办地方自治。清政府的财政极其拮据，筹措五大臣出洋考察经费相当困难。袁世凯则带头认筹，慷慨地从直隶拿出白银十万两，并允诺以后每年筹款十万两，作为出洋考察经费，显示自己对立宪是多么卖力。

9月24日上午，考察政治五大臣及其随员由北京启程，京师各校师生、绅商界人士、大小官员以及驻京各国公使均前往送行，正阳门火车站冠盖如云，锣鼓喧天，歌声震荡，观者如潮，煞是热闹。当专车正拟开行时，突然一声巨响震天动地，顿时血肉横飞，人们吓得纷纷奔逃。待惊魂稍定，始知炸弹爆炸，载泽受伤甚轻，绍英稍重，此外死伤十余人。五大臣当即商定，改期缓行。慈禧太后听到奏报，慨然于办事之难，凄然泪下，谕令协办大学士、外务部会办大臣兼步军统领、管理工巡局事务那桐和有关部门缉拿凶犯。

袁世凯得到消息以后，立即传见天津巡警总办赵秉钧，严厉命令：“此案所关甚巨，两宫震怒，务须督饬弁兵迅速拿办！但能破案，不愁无破格之升迁；否则，定当严参不贷！”并限定二十天内破案。② 赵秉

---

① 《神州日报》，1907年8月6日。
② 《中外日报》，1905年10月17日。

钧挑选有经验的干练侦探二百人，乘坐专车急如星火地赶往北京。其实他们完全是枉费心机，施放炸弹者为革命党人吴樾，已经当场牺牲。他们查明这一点，此案也就告结。然而，袁世凯却以此事为由头，进一步抓权。他建议设立巡警部，用以维持治安，清查户口，预防革命党人潜伏，并推举徐世昌为该部尚书。清政府照准，同时任命赵秉钧署理右侍郎。徐世昌是袁世凯的军师和心腹，赵秉钧是袁世凯一手提拔起来的得力干将，他们掌握巡警部，与袁世凯掌握没有什么两样，清政府的警察大权一开始便落入袁党手中。

考察政治五大臣遇炸事件对清廷震动很大，一些当权者益发感到立宪的必要与紧迫。如端方在致上海报界的电报中说："炸药爆发，奸徒反对宪政，意甚险恶，然益证立宪之不可缓也。"①

袁世凯则反之，马上将高调转变为低调，非但不像过去那样积极，反而成了立宪的主要阻挠者。载泽抵达英国伦敦后，出使英国大臣汪大燮曾问他谁是阻挠立宪之人。载泽气愤地回答："小阻盛宣怀，大阻袁世凯！"袁世凯在奏对时还"谓可有立宪之实，不可有立宪之名"②。他的出尔反尔，一度大大动摇了慈禧太后的决心，以致出洋考察政治大臣的行期迟迟难定。但在朝廷调整了考察大臣，以山东布政使尚其亨、新任命的出使比利时大臣李盛铎代替徐世昌、绍英后，五大臣还是分批于12月出访了。

通过出访，五大臣认识到，中国与列强的根本差别不是任何别的东西，而是先进与落后两种社会政治制度的不同。不革除专制政治，中国无论怎样努力，也不可能富强，缩短与列强的差距。因此，他们在1906年8月归来之后，一致奏请实行立宪。

袁世凯知道实行立宪成为铁定之局，又一改前此消极反对之态度，表现得空前积极和热心，朝内朝外的大僚均自叹弗如。他向政务处建议：中央政府五品以上官员均应参议要政，预立上议院基础；各州县有名望的绅商俱应参议地方政务，预立地方自治基础；预备立宪先在一省

---

① 《时报》，1905年9月29日。

② 《汪康年师友书札》(1)，第837页，上海古籍出版社，1986年。

试办，逐渐推广，并自告奋勇，提出以直隶作为试点。

1906年8月25日，朝廷命醇亲王载沣、军机大臣奕劻、瞿鸿禨、荣庆、鹿传霖、铁良、徐世昌，政务处大臣张百熙，大学士孙家鼐、王文韶、世续、那桐和参预政务大臣袁世凯阅看考察政治大臣条陈的折件。

8月27日，西太后召见了袁世凯。袁世凯面奏立宪应先组织内阁，从改革官制人手。这种办法是他与戴鸿慈、端方事先商量好的。

袁世凯在天津时已作好了种种打算，“以为此种好机会，略一布置，即可成功”。奉命入京后，逢人就扬言“官可不做，法不可不改”，“当以死力相争”![①]“有敢阻立宪者，即是吴越〔樾〕”！“即是革命党”[②]！他说时唾沫四溅，气壮如牛，对反对者无限上纲，大扣其政治帽子，态度十分激昂。

8月28日，受命阅看考察政治大臣折件的诸大臣讨论是否立宪的问题，大多数都赞成，袁世凯也是其中之一。孙家鼐、荣庆、铁良则认为现在还不是正式实行立宪的时候，铁良还直接对袁世凯说：“如乃公所谓立宪，实与立宪本旨不合。”[③] 由此二人常起冲突。次日，西太后召集上述人员开御前会议，亲自询问各人的意见。

9月1日，朝廷发布上谕，宣布“仿行宪政”，从改革官制入手，预备立宪基础；至于何时正式实行立宪，以后视进展情况而定。实行立宪的基本国策确立下来，国家由此进入预备立宪时期，即由专制政治向民主政治过渡的新时期。

9月2日，朝廷派以载泽为首、以袁世凯殿后的十四位王公大臣编纂官制，即制定政治体制改革方案，并著总督派人参议，奕劻、孙家鼐、瞿鸿禨负责最后核定。6日，设立了编制馆。

按照朝廷的本意，制定政治体制改革方案应由载泽具体主持，但实际上却为袁世凯所控制，一切改革官制的说帖均需经其阅定，然后再向

---

① 《齐东野语》，见陈旭麓等主编：《辛亥革命前后——盛宣怀档案资料选辑之一》，第28－29页，上海人民出版社，1979年。

② 孙宝暄：《忘山庐日记》下，第914页。

③ 《齐东野语》，见《辛亥革命前后——盛宣怀档案资料选辑之一》，第29页。

厘定官制大臣提出。编制馆的提调孙宝琦、杨士琦，起草员张一麐、金邦平等人都是他安插进去的，他们掌握着起草和修改方案的工作，贯彻他的意图。

为了消除反对派的疑虑，袁世凯命人刊印各国官制大略及组织之用意，分送诸王公大臣及政界中人，主张从速制定，以防阻挠。

经过一个多月，袁世凯等人拿出了一个全面改革中央官制的初步方案。这个方案除了裁撤原有的内阁、军机处、吏部、礼部、都察院，合并、精简其他机构外，还增设了一些新的机构，最重要的就是责任内阁，另有资政院、行政裁判院、集贤院、大理院、审计院等。

袁世凯设计的责任内阁并非立宪国家的责任内阁。第一，一般君主立宪国家的责任内阁都是对国会负责的，国会是民主在政权组织形式上的主要体现。即使袁世凯认为目前条件不成熟，国会一时难于成立，然而作为一个全面的预备立宪的改革方案，也应将国会的性质、权限以及与责任内阁的关系等等明确规定下来，以便向着这个目标迈进，体现立宪的基本精神。可是，他不提国会，只讲资政院。而资政院又是由原政务处改设的，总裁、副总裁由皇帝简派，议员也不由民主选举产生，而从王公世爵勋裔中钦选，从京官中会推，从各省和八旗士绅中保荐，根本不是国民的代议机构。它没有什么职权，只不过是政府的“采取舆论之地”，决议对内阁毫无约束力。袁世凯等人关于设立资政院的说明，更将其用心暴露无遗。其中写道：“国民义务以纳税为一大宗，现在财政艰难，举行新政，何一不资民力？若无疏通舆论之地，则抗粮闹捐之风何自而绝？营业税、所得税等法必不能行。”“近日民智渐开，收回路矿之公电、告讦督抚之公呈纷纷不绝，若听其漫无归宿，致人人有建言之权，时阅数年，政府将应接不暇。惟专设一舆论总汇之地，非经由资政院者不得上闻，……通国之欲言于政府者，移而归诸资政院，化散为整，化嚣为静；又限制该院只有建言之权，而无强政府施行之权，使资政院当舆论之冲，政府得安行其政策，而民气疏达，亦不致横决难收，保全甚大。”① 说穿了，其意图有二：一是借资政院增加捐税，二是让

① 《资政院节略》，见《改定官制原奏全录》，京话实报馆，光绪三十二年印。

资政院承担舆论压力，绝无扩大民权之意。不仅如此，他连唯一能够纠劾行政的都察院也主张取消。任何立法监督机关都不要，民权自由一概不见，还谈什么预备立宪？不过是加强专制而已。

第二，依照袁世凯设计的方案，将来势必造成由昔日皇帝专制变为责任内阁专制的局面。因为方案规定内阁特别是总理大臣、副大臣代替皇帝负责任，这就意味着使皇帝处于无权的地位；皇帝发布谕旨，必须经内阁副署；反过来，不经内阁副署，谕旨便不发生效力。这样，在名义上是内阁辅佐皇帝，承旨施行政务，实际上却将皇帝的用人、行政大权转归内阁之手。

袁世凯为什么极端热衷于设立责任内阁？立宪派的刘厚生作了如下分析："他想借改革官制的机会，把军机处裁撤，按照立宪国的责任内阁制由首相组织内阁；再拥护庆王（即奕劻）做国务总理大臣，自己做副总理大臣。至于各部的大臣，则由首相推荐，称为中央政府。等中央政府成立之后，再议改革各省官制。如此，则一切用人之权，都操在庆王手中，说穿了，就是在世凯之手。世凯的权欲本来旺盛，是一个盲进不已的人，但此番的主张另有一个不可告人的隐衷，他见那拉氏年过七十，气体渐衰，深恐那拉氏忽然死了，他所出卖的光绪一旦恢复政权，东窗案发，他的首级难保。他想必须早早预备办法，必须身在北京方能预先布置，方能临机对付。现在军、警势力都已集中在一人之手，世凯本身无论在北京在天津，都能控制。假如他到北京，做了副总理大臣之后，他更可以控制宫廷，为所欲为。"① 这个分析基本上是正确的。袁世凯想和奕劻共同组阁，控制朝政，并防止光绪皇帝对其出卖戊戌维新之举进行报复。所以在草案拟出以后，他就让新近联姻的户部尚书张百熙上疏密保奕劻为总理大臣，他为副总理大臣，迫不及待地想将朝权抓在手里。

袁世凯自以为可以瞒天过海，不为人知，但又怎么能骗得了所有的明眼人？光绪皇帝就当面对他冷厉地说过："你的心事我全知道！"② 袁

① 刘厚生：《张謇传记》，第 135 -136 页。

② 王树枏：《德宗遗事》，见《近代稗海》第 11 辑，第 267 页。

世凯听了吓得冷汗直流，不敢回答。

政治体制改革既是关系到要不要预备立宪、如何预备立宪的重大问题，实际上也是一次政治权力的再分配，牵涉到所有官员和集团的切身利益，自然会引起各方面的关注，产生不同的反响。袁世凯设计了那样一个抛弃民主，企图使内阁专政的改革方案，又企图与奕劻出而组阁，操纵国柄，无疑也会招致一些官员的反对。

反对官制改革，特别是反对设立责任内阁的官员，约而言之，可分为两类：一为守旧派，一为改革派。

守旧派的主角为军机大臣铁良和荣庆。如成立责任内阁，不得兼职，荣庆肯定只能专任学部尚书，地位下降；铁良如出任副总理，其财政权（户部尚书）、兵权（练兵处会办）将同时失去，亦不甘心。在讨论官制改革的会议上，铁良声言："立宪非中央集权不可，实行中央集权非剥夺督抚兵权、财权，收揽于中央政府则又不可。"此时改革方案尚在讨论之中，责任内阁是否建立，袁世凯能否当上副总理大臣，均是未知数，他当然不愿交出兵权、财权，因此首先出面反对，坚持说：实行中央集权"固非不可；但以中国现在情形论之，其事可言不可行"①。双方唇枪舌剑，互相非难，各不相让，常常形成僵局。守旧派均把袁世凯视为眼中钉，纷纷上折条陈立宪之非，不遗余力地攻击袁世凯等人，有的要求撤销编制馆，饬令袁世凯速回本任。

改革派则是从袁世凯的政治野心和主张假立宪出发加以反对，其中以御史赵炳麟为突出代表。赵炳麟在拜命御史的隔日，即1906年10月8日，上折指出：君主立宪国家的责任内阁之所以不能专权，由于有下议院进行监督。中国现在一时难以成立下议院，如果一切大权皆授诸二三大臣之手，而又缺少议院监督，日子长久，"内外皆知有二三大臣，不知有天子"，"流弊必至陵君"，"此所谓大臣专制政体也"。② 四天后，赵炳麟又针对内阁官制草案上折，进一步揭露了袁世凯的阴谋，强调指出："若据此推行，恐大权久假不归，君上将拥虚位，议院无期成立，

① 《时报》，1906年9月30日。
② 《清末筹备立宪档案史料》上册，第123－125页。

下民莫敢谁何，颠覆之忧将在眉睫。”“无论如何，必使上下议院与责任政府同时设立，以免偏重。”① 赵炳麟的奏陈击中了袁世凯的要害，同时将文章作在权臣将要颠覆大清帝国上，也最能打动独裁者慈禧太后的心。

皇室中的王公、贝子、将军等得知袁世凯提出不让他们干预政事，十分气愤，共同怂恿年轻的醇亲王载沣与之为难。据传，在一次会议上，载沣从腰中拔出手枪，直抵袁世凯胸前，厉声道：“尔如此跋扈，我为主子除尔奸臣！”幸亏奕劻适时赶来，出面排解，载沣方始息怒②。

太监们听说袁世凯提出要裁去太监，也恨之入骨。一天，袁世凯刚下朝，便被百余名太监截住，后来越聚越多，围攻不放，有的出言谩骂，有的愤欲饱以老拳。袁世凯急得团团转，只好大呼奕劻为之解围。经奕劻百端劝解，并担保绝对不裁太监后，众太监方撤围而去。

排袁的空气一天浓似一天，京中谣言四起，纷传袁世凯甚不可靠，将不利于皇室。

袁世凯觉得不妙，接连上疏，然而皆被留中未发。在召见时，他又面奏令守旧大臣退休，慈禧太后予以严厉斥责，并将一些参劾他和奕劻的弹章交给他俩同看。直到这时，他才深感处境恶劣至极，恐惧万分，借阅新军秋操为名，急急请训出京，时议比之“宵遁”。

在反对派的抵制下，慈禧太后害怕责任内阁成立后会失去君权，疑忌袁世凯权势过重，没有同意设立责任内阁，仍旧保留了军机处。袁世凯没有捞到副总理大臣，反而因中央官制改革失去许多权力，正像俗话说的“偷鸡不着，反蚀一把米”，其懊丧之情可以想见了。

但袁世凯对于设立责任内阁仍不死心。1907 年 7 月 25 日，他奏请“赶紧认真预备立宪”。如何预备呢？他说：“东西立宪各国，皆用责任内阁之义，使其君主超然为不可侵犯之神圣，故万年共戴一尊。盖立宪国之宪法，恒使国务大臣代任君主之责。”“今曰改官制而去内阁制度，舍其本而末是图，主脑既差，精神胥失。”“如改设新内阁而采用合议

---

① 《清末筹备立宪档案史料》上册，第 438 －443 页。
② 《时报》，1906 年 10 月 7 日。

制，枢臣部臣日相讨论”，“议决于协赞则疑沮不生，事集于众擎则举行自易”。“立宪关键，此其先务。”又奏请设立资政院，“使全国舆论丝联绳贯，若网在纲，采群言以作公言，资群力以厚国力，则气象必有大异于前者”。并云：“预备立宪之方，莫亟于此。”① 一望而知，他重弹的仍是去年官制改革时的老调。三天以后，他又奏请派遣大臣赴德国、日本考察宪法，派王公近支赴英国、德国学习政治、兵备。

袁世凯所主张的立宪根本不是立宪派所要求的真正意义上的君主立宪，只不过袭取它的名称和形式，实行变相的内阁专制罢了。御史赵炳麟发现袁世凯又故伎重演，再次上疏揭露了他的阴谋，指出其带来的严重后果，从而撕掉了他“甚非所以预备立宪之义”② 的伪装。

清政府否决了袁世凯迅速成立责任内阁的意见，但对设立资政院和派员前往德国、日本考察宪法，则采纳了。

任直隶总督期间，袁世凯还派人编刊了《宪政纲要》，创办《政法丛报》，分发本省下属单位和士绅学习，使他们增长宪政知识；并按照朝廷要求，搞了地方自治和司法独立两项试点，这两项试点都选定在天津府和天津县。

奉命试搞地方自治在 1905 年 8 月。其后，袁世凯令天津府设立自治局，进行筹备。自治局首先开展宣讲工作，使人了解自治的利益和方法。又设自治研究所，令所属各县选送绅董入内研究学习。1906 年 11 月，袁世凯令自治局在天津县试办议事会和董事会。自治局组织了有各界代表在内的自治期成会，讨论通过了试办章程。1907 年 4 月开始划分选区，开展选举的宣传活动，继之进行了初选和复选。8 月 18 日，天津县议事会宣告成立。袁世凯派人代表自己在成立会上发表演说，大吹：“今日为天津议事会成立之日，可以为天津贺，并可为直隶全省贺；不但为直隶一省贺，可为我中国前途贺！”③ 同月 30 日，袁世凯奏请以天津县自治为模范，计划全省自治，三年一律完成。另外，还饬令分期分

---

① 中国第一历史档案馆档案：《直隶总督袁世凯折》、《直隶总督袁世凯密陈管见十条清单》。

② 《清末筹备立宪档案史料》上册，第 511 −513 页。

③ 《天津议事会成立之日卢学使代督宪袁演说文》，《北洋公牍类纂》卷 1，第 24 页。

批组织各州县士绅赴日本考察地方自治。天津的试点为全国推行提供了经验，此后各省举办地方自治多以天津为榜样。

试搞司法独立始于1906年。次年3月成立了天津府高等审判厅、天津县地方审判厅和四处乡谳局。除新设几个审判机关外，其他衙门照旧审理民事、刑事诉讼案件，行政、司法依然权限不分，根本无司法独立可言。设审判厅，必须同时设立相应的检察厅，以监督审判官。袁世凯则不设检察厅，仅设检事官，并将其作为审判厅的属官；乡谳局连检事官也不设。至于辩护，那就更没有了。近代司法制度有三个主要环节——审判、检察、辩护，袁世凯所施行的实际上只有审判一个环节，搞的司法改革有名无实。

仿行宪政的基本国策宣布时，立宪派人士以为国家、民族从此前途无量，欢欣鼓舞，热泪盈眶。但在官制改革之后，他们目睹预备立宪进程缓慢，措施不力，颇感失望。同时也逐渐认识到，搞好预备立宪，不能单纯依靠那些身居政府要职的官僚，必须发动人民，开展运动，促进政府实行，于是立宪团体纷纷建立。

1907年9月5日，即袁世凯上任军机大臣兼外务部尚书的次日，慈禧太后召见了他，沉重地对他说："内乱外患，日急一日，究竟如何是好？有云立宪即可安靖者，有云立宪必有大乱者，真无法可施！"这个向来极有决断的女强人，由于缺乏宪政知识，不明世界潮流，在各派官员的激烈争论下失去了主见，不知如何是好，竟至难过得流下了眼泪。

袁世凯则回答说："与其坐以待亡，不如立宪，即使无益，可免后悔。"① 表面看来，他对立宪的热情不减，而其骨子里想的仍是操纵朝政，一如往昔。所以，半个月之后，他又奏请速设责任内阁，妄想与奕劻共同执政。但因许多官员反对他出任副总理大臣，主张先建资政院，他的目的仍未能达到。

当袁世凯开始奏请立宪时，立宪派人士不了解其内心的真实打算，曾颂扬过他对促成预备立宪所作出的贡献。但假的真不了，真的假不了，时间一久，人们就可以从对其言与行的综合观察中分辨出来了。袁

---

① 《大公报》，1907年9月8日。

世凯担任军机大臣和外务部尚书没几天，立宪派便从他在江浙人民力争铁路商办问题上“倒行逆施，坚执其强硬主义而不悔”①，认识到他假立宪的真面目。《时报》就此写道：“此种举动，直欲以挫抑民权、摧荡民气为预备（立宪）着手之方耶？不意以赫赫有名之外务大臣，且方欲组织责任内阁，以期宪政之实行者，乃翻然揭假面以示于天下也!”②

9月20日，朝廷宣布成立资政院，为以后建立正式议院打下基础。25日，正副都御史陆宝忠、伊克坦、陈名侃奏请改都察院为“国会”，以立下议院基础，下议院议员由都察院官员简充，并由各省督抚保荐二三人组成，三四年后再将资政院、“国会”改为上下议院。这种无知妄说可谓荒唐透顶，而在奉旨讨论时，袁世凯居然表示同意。御史们以为陆宝忠等人所奏大失立宪精义，联名上折痛驳。袁世凯的意见终被会议政务处否决。

由宪政讲习会负责人杨度鼓动倡议，从1907年9月起，各立宪团体就认为资政院不能代表民意，推选代表入都请愿，要求迅速建立国会，确定召集国会年限，力争人民参政。1908年掀起一次高潮，湖南、河南、安徽、江苏、吉林、直隶、山东、北京等省市，政闻社、预备立宪公会、粤商自治会等立宪团体，以及北京的八旗士民，或推选代表上京请愿，或直接致电政府，都提出同样的请求。一个群众性的政治运动勃然兴起，立宪派的思想也大为解放，放言议论国事，批评朝政，形势越来越好。

作为政府的领导人，如果有立宪的诚意，对人民的民主意识的觉醒理应感到高兴，加以鼓励，进一步扶植，使之与立宪政治逐渐适应。可是，袁世凯既不这样想，更不如此做，相反，他对群众运动怕得要死，对社会舆论恨得要命。1908年2月，他提出制定禁止人民集会、结社和演说的条例，制定限制言论、出版自由的报律，企图打着法治的旗号，采用专制的手段，将人民的参政意识和民主运动扼杀于萌芽状态之中。

不过，此时他又做了一件令人意想不到的事，这就是同张之洞一

① 《为苏浙路债事忠告外务部》，见悲墨编：《江浙铁路风潮》第1册，“时论”第3页，1907年。

② 《为苏浙路债事忠告外务部》，见悲墨编：《江浙铁路风潮》第1册，“时论”第3页。

起，推荐从日本留学归来的立宪派巨子杨度进入清政府预筹立宪的专门机构宪政编查馆工作（4 月 20 日，朝廷赏加杨度四品京堂候补，命在宪政编查馆行走），并让杨度给满族亲贵讲解立宪的好处。他这样做，目的在于掩饰自己的假立宪面目，欺骗迷惑世人。

对于立宪派发起的国会请愿运动，袁世凯内心是坚决反对的，故暗中阻止都察院将人民的请愿书上奏朝廷；而在立宪派的首领面前又大耍欺骗手腕，说他是十分赞成的，只是朝廷不同意，他也没办法。自己阻挠破坏，反而诿过于朝廷，自己落好人，何等狡猾！

在请愿运动中还发生了一件事，1908 年 7 月下旬，政闻社社员陈景仁电请三年内召开国会，将诬蔑攻击人民请愿、要求民权视为“疯狂”、“几同乱党”，阻挠立宪的考察宪政大臣于式枚革职，以谢天下。慈禧太后以其臆度率请，附和比昵曾犯重案之人（指康有为、梁启超），下令革职。

按说，对一个无罪的人予以这样严重的处理，此案完全可以了结了。可是袁世凯仍不肯罢手，他衔恨于康有为、梁启超和政闻社总务员马相伯秘密联合肃亲王善耆及其他亲贵排斥自己，觉得如此了结尚不足以解其心头之恨，又进而面奏慈禧太后，说政闻社系康、梁所组织，大进谗言，同时力促张之洞向慈禧太后“举发康、梁乱政密谋”①，挑唆慈禧太后加重打击。8 月 13 日，清廷再次发布上谕，说政闻社“内多悖逆要犯，广敛资财，纠结党类，托名研究时务，阴图煽乱，扰害治安”，着即查禁，严惩社员。② 政闻社是个用和平手段、以实现君主立宪为目的的进步的群众团体，既无越轨行动，更未“阴图煽乱”。如果袁世凯是真心实行立宪，为国家、民族前途命运着想，如他自诩的那样，建立“利国”的“公党”，那么，政闻社无疑应该是他的友党，社员无疑应该是他志同道合的同志；他理应赞助政闻社的行动，奏请慈禧太后撤销早年所发的严拿康有为、梁启超的谕旨，让他的同志回国，共同携手致力于立宪事业。即使要报复康有为、梁启超个人，也尽可找其他由头，

① 丁文江、赵丰田编：《梁启超年谱长编》，第 451 页，上海人民出版社，1983 年。
② 《德宗景皇帝实录》卷 594，第 13 页。

不能在陈景仁电请速开国会这个有关预备立宪的根本问题上大做文章，捏词诬陷，置政闻社于死地。然而，事情恰恰相反。这不仅说明他气量极度狭小，专修个人恩怨，睚眦必报，不顾国家大局，更重要的是彻底戳穿了他建立“公党”的谎言，撕破了他积极倡导立宪的伪装。

查禁政闻社的上谕大失人心，舆论纷纷评论说：这简直是“揭其假面而与天下相见以干戈矣”①！立宪派对政府愈益不满，批评抨击愈益猛烈无忌。袁世凯、奕劻之流深恐民气激昂，演变为暴力革命，乃不得不奏请朝廷加紧筹备。8月8日，袁世凯拟出一份宪法纲要说帖即建议书的草稿，嘱军机章京许宝蘅为之删改，然后呈进。说帖写道：“处今之世，如欲保其疆土，全其种类，诚舍立宪别无善策，然非设立议院，亦无从实行立宪。我之宣布立宪已历两年，而应行事项尚未实行。近日中外之请开国会者责言日至，不知议院由宪法而生，非宪法由议院而出。开设议院年限固宜预定，而所有应筹备各事，尤当先期举办，以立完全宪法之本。倘或不慎，势成燎原，再图补救之方，而所损已多矣。盖宪法本有钦定、民定之别，定自上而朝廷主持，其势顺；定自下而人民迫胁，其势逆；逆顺之别即治乱之机，尤不可不慎者也。”② 坚持宪法由皇帝钦定，限制民权，反对由国会制定，扩大民权。由此亦可知，即使其真想实行立宪，其所谓的立宪，也不过是学习最低档次的日本模式而已。

8月27日，朝廷颁发了钦定《宪法大纲》和《逐年筹备事宜清单》，宣布从1908年算起，预备立宪期限为九年，届时召开国会，公布宪法。

---

① 《六月二十七日上谕恭注》，《时报》1908年7月27日。

② 许宝蘅：《巢云簃日记选》，《近代史资料》总115号，第48页。

十二　罢官回籍

袁世凯入值军机时，慈禧太后已是老态毕现，身弱体衰，常常生病。他愈加勾结奕劻，作为奥援。当军机大臣没几天，慈禧太后召见时问他：奕劻是否“要钱”？他极力为之辩护说：“蔡钧、盛宣怀为著名之大运动家，庆王尚不为所运动，以此证之，足见其清廉矣。”① 他们拉帮结伙，党同伐异，争权夺势，肆无忌惮。张之洞在醇亲王载沣（1907 年 6 月 19 日在军机大臣上学习行走，1908 年 2 月 2 日授军机大臣）、民政部尚书善耆、陆军部尚书铁良、军机大臣鹿传霖等人支持下，与袁世凯明争暗斗，两派各不相下，常起冲突。

1907 年 10 月 26 日，梁鼎芬上奏说：“时局危迫，美、日有争我长江商权，英、俄等国有谋我铁路及大借款之协约。挽回之法，莫急于严禁贿赂请托。自徐世昌授东三省总督，驻奉天日本领事荻原守一报其国政府，谓此辈以贿进，不足畏。世昌本袁世凯私人，又夤缘奕劻、载振父子，得此权位。杨士骧、陈夔龙等以贪邪而任兼圻，梁如浩、蔡绍基、刘燕翼等以行贿而任关道，纲纪荡然，恐自是以后，人知有奕劻、袁世凯，不知有我皇太后、皇上矣！臣于若辈夙无嫌怨，实见外人势力日张，大清国衰弱已极，奕劻、袁世凯贪私，负我大清国至此已极，但有一日之官，即尽一日之心。奕劻、袁世凯若仍怙恶不悛，臣随时奏劾，以报天恩，祸福不动其初心，强权或屈于清议。”② 奏折上后，遭

① 《神州日报》，1907 年 9 月 12 日。

② 《德宗景皇帝实录》卷 580，第 4－5 页。

到朝旨申饬；但11月直隶提督马玉昆参劾袁世凯时，慈禧太后又为之动容了。

袁世凯尽管遭到各方疑忌，仍然千方百计与满族亲贵争夺权力。1908年在苏杭甬路权问题上搞得声名狼藉以后，他又想通过奕劻，活动出任陆军部尚书，排斥铁良。但慈禧太后对之已不复如前之信任，他未能得逞。4月，他又向铁良提出：全国训练三十六镇新军的计划正在实行，统制、协统、标统和兵备、参谋、教练总办，非由武备学堂出身或久经训练新军者不能胜任。今后各省添练新军，自统制以下各官，均应从北洋军中咨商调派。显然，这是企图让自己的心腹爪牙去控制全国的新军，因而遭到更多人的疑忌和攻击。

1908年9月15日，即农历八月二十日，为袁世凯的五十大寿（虚龄）。慈禧太后为笼络其心，赏赐较多。京内外官员贺者盈门，献颂贡谀者以百千计。载振也送了寿品，并在一副对联的落款上书有“如弟”字样。

事为刚直不阿的御史江春霖知悉，10月3日，他毅然具疏，奏陈袁世凯“权势太重”，列举其十二大罪状：（一）奕劻为袁世凯祝寿，落款不称王而书写名字，载振自称“如弟”，有干禁例，系“交通亲贵”。（二）干涉都察院封进条陈，“把持台谏”。（三）保举民政部（巡警部改）侍郎赵秉钧，农工商部侍郎杨士琦，外务部侍郎梁敦彦和右丞梁如浩，大理院正卿定成，顺天府府尹凌福彭，直隶总督杨士骧，出使大臣唐绍仪，吉林巡抚陈昭常，安徽巡抚朱家宝，“引进私属”。（四）排挤巡抚冯煦、林绍年，代之以门下世交；东三省总督徐世昌、两江总督端方、江西巡抚冯汝骙、山东巡抚袁树勋，或其谱兄，或其契友，或其亲家，或其宗姓，联盟树党，“纠结疆臣”。（五）进入军机处后恐兵权削夺，引门生杨士骧代为直隶总督，“遥执兵柄”。（六）奏请科举递减，兴办学堂，保送举贡，加额优拔，“阴收士心”。（七）提议开国会，而又阻都察院代奏国民请开国会书，身为壅蔽，反诬朝廷愎谏之名，“归过圣朝”。（八）处理苏杭甬铁路借款问题，假借英国之威，压制江浙绅商，“潜市外国权势”。（九）保荐在日俄战争时期无功之人三百名有异常劳绩，“僭滥军赏”。（十）奏请州、县选缺概归外补，“破坏选法”。（十一）其子袁克定借势以候补道而任农工商部参议，旋署左右丞，“骤贵骄子”。（十二）同宗十余人吸食鸦片，“远庇同宗”。此疏虽名为请求朝廷“鉴古来权臣祸败，为世凯善全始终”。① 实质上是把袁世凯视为权奸，要求查办其罪。

时刻想惩治袁世凯的光绪皇帝“见疏痛哭流涕”，但因畏惧老太婆慈禧太后而“留中不敢发”。② 慈禧太后虽然未给袁世凯处分，但在召见时却把他严厉地训斥了一顿。

在袁世凯五十大寿时，海外华侨拟了一副寿联赠给袁世凯，十分耐人寻味：上联为“戊戌八月，戊申八月”；下联为“我皇万年，我公万年”。③ 上联上句指1898年（戊戌）袁世凯出卖维新志士，下句指1908年（戊申）袁世凯之五十寿期；下联上句是祝愿光绪皇帝万寿无疆，下句明是贺袁世凯长寿，实为暗咒其早死。

然而，人意终归是人意，它只能反映人们的愿望和心态，并不能把它变为现实。有时候，事情的发展还故意与人作对，人们祝愿好人长寿，好人却英年早逝；人们诅咒坏人早死，坏人却偏偏不去阎王爷那里签到。

摄政王载沣

1908年11月3日，慈禧在颐和园度过了七十四岁寿辰，患了痢疾，卧床不起。不知是谁告诉她一个惊人的消息：袁世凯要废掉光绪皇帝，拥立载振为帝。对这个未经证实的消息，她未必真的相信，但对袁世凯和奕劻勾结很紧还是不无戒备的。7日，她把奕劻打发到东陵去查看菩陀峪万年吉地（慈禧太后的陵墓）工程，然后命段祺瑞的第六镇士兵开往涞水，让第一镇控制了北京。

13日，奕劻听说光绪皇帝病危的消

① 江春霖：《梅阳江侍御奏议》卷2，第11－15页。
② 赵炳麟：《宣统大事鉴》卷1，第2页。
③ 《时报》，1909年1月4日。

息赶回北京后，慈禧太后降下懿旨，授载沣为摄政王，命将其三岁的儿子溥仪抱在宫内教养，在上书房读书。

14 日，官方宣布年仅三十八岁的爱国皇帝光绪逝世于瀛台之涵元殿。慈禧太后当即召集摄政王载沣和军机大臣奕劻、世续、张之洞、鹿传霖、袁世凯于福昌殿，宣布：一、立溥仪为嗣皇帝，入承大统。二、以溥仪承继同治皇帝之嗣，兼承光绪皇帝之祧。三、溥仪正在冲龄，着摄政王监国，所有军国政事，悉秉承她的训示裁度施行。待溥仪年岁渐长，学业有成，再亲裁政事。

15 日，慈禧太后又降懿旨说："现予病势危笃，恐将不起，嗣后军国政事，均由摄政王裁定。遇有重大事件，必须请皇太后（指光绪皇帝的皇后隆裕）懿旨者，由摄政王随时面请施行。"① 旋亦死去。

光绪皇帝和慈禧太后几乎同时"晏驾"，引起种种揣测。对于光绪皇帝辞世，有人说是慈禧太后不甘心死在其前派人毒死的，也有人说是吃了袁世凯送来的一剂药丧命的，还有其他一些说法（按：近年专家通过一系列现代专业技术手段证实，光绪系砒霜中毒致死，凶手为谁，尚待进一步研究论证）。据传，光绪皇帝死前留下一道遗诏，写了一个"斩"字，"袁"字刚写了一半就不行了。还传说，光绪皇帝交给隆裕皇后一个纸片，并私对隆裕皇后言："杀我的是袁世凯！"也有的说，光绪皇帝亲用朱笔写了"必杀袁世凯"的手谕，放在他的砚台盒内，后为隆裕皇后发现。

无论此事是否可信，光绪皇帝对袁世凯恨之入骨则是不容置疑的。自袁世凯出卖维新志士之后，光绪皇帝幽居瀛台，"恶袁甚"，"日书其姓名，粉碎之"。② 1900 年逃到西安后，光绪皇帝经常"画成一龟，于背上填写项城（指袁世凯）姓名，粘之壁间，以小竹弓向之射击，既复取下剪碎之，令片片作蝴蝶飞，……几以此为常课"。③

康有为于光绪皇帝死后，在海外发出《光绪帝上宾请讨贼哀启》和《讨袁檄文》，并上书摄政王，指出："先帝之丧苟有可疑，袁世凯固贼

---

① 金毓黻编：《宣统政纪》卷 1，第 3 页，辽海书社，1934 年。
② 金梁：《四朝佚闻》，第 222 页。
③ 吴永：《庚子西狩丛谈》，《义和团》3，第 424 页。

也；既〔即〕无可疑，袁世凯亦贼也!”请求“为先帝复大仇，为国民除大蠹”①。同时联络善耆、载泽等人倒袁。一些素与袁世凯有矛盾的亲贵、官僚，也无不主张迅速除袁。袁世凯整日提心吊胆，其党羽也为他捏着一把汗。

载沣认为1898年其兄光绪皇帝被幽禁瀛台，是袁世凯出卖维新运动造成的，因而对他深切痛恨，对其贪权、培植自己势力也极为疑忌，很想将其除掉，为兄报仇雪恨，杜绝后患，免使自己大权旁落。隆裕为光绪皇帝的皇后，自然赞成。但在“国丧”期内，他们没有立即采取行动。不过，他们一执政，就把袁世凯冷落在一旁了，颁布谕旨，批裁折件，载沣大都取决于张之洞和世续等人，不让袁世凯过问。

12月2日，溥仪即皇帝位，定明年为宣统元年。19日，为了表示新朝的“恩泽”，朝廷优赏奕劻“亲王世袭罔替”；赏加世续、鹿传霖太子少保衔，用紫缰；赏加张之洞、袁世凯太子太保衔，用紫缰。

御史江春霖以为事关重大，上疏摄政王说：“伏思庆王在庚子虽稍有微劳，而自当国以来，政以贿行，官以私进，如袁世凯、徐世昌、杨士骧、赵秉钧、冯汝骙、唐绍仪、袁树勋、增韫等，莫不以重贿破格擢用。而袁尤为其腹心，借新政为名，引用私党，遂令官场相习成风，以奔走为事，钻营为能。今者摄政王监国，此风少息，盖以我摄政王素有贤声，将退小人而用君子。今庆、袁等又邀巨宠矣，不知者以为庆王宠仍不替，宵小之徒且复弹冠相庆矣，袁等之门又如市矣。造端虽微，而关系于前途者甚巨。我摄政王其重思之。”② 借讲朝廷优赏之不当，参劾奕劻和袁世凯。

赵炳麟也乘机发动，上疏密陈用人大计。疏称：袁世凯当军机大臣最令人担心。理由有二：其一，袁世凯为人变诈多端，“善构骨肉”，光绪皇帝“以三十余年之长君尚束手就箝，终身郁结，而世凯得以树植私党，挟制朝廷。方今主少国疑，似此包藏祸心、罔知大义者久在枢垣，他日必生意外之变”。其二，“今日袁世凯党羽虽多，幸皆富贵利达之

---

① 康有为：《上摄政王书》，见汤志钧编：《康有为政论集》上册，第639页，中华书局，1981年。

② 《江春霖奏对之密闻》，《神州日报》1909年1月10日。

人，世凯一出军机，必多解散。若待其党根深固结，谋定后动，他日监国摄政王虽欲去之，亦无可如何。至是时唯有敢怒不敢言，俯首听其所为而已”。因此，必须迅速将其罢斥，“以奠国本而杜后患”。①

紧接着，御史陈田揭参袁世凯。袁世凯反对度支部尚书、镇国公载泽清理直隶财政，擅用军机处名义发电，企图要隆裕太后垂帘听政诸传闻，亦被人告知载沣。善耆和载泽同时秘密向载沣进言：“此时若不速作处置，则内外军政方面皆是袁之党羽；从前袁所畏惧的是慈禧太后，太后一死，在袁心目中已无人可以钳制他了，异日势力养成，削除更为不易，且恐祸在不测。”② 主张非严办不可。

载沣决定惩治袁世凯，拟了一道将袁世凯革职、拿交法部治罪的谕旨。但在征求奕劻、张之洞的意见时，奕劻首先反对，威胁说：“杀袁世凯不难，不过北洋军造起反来怎么办？”③

张之洞尽管与袁世凯矛盾不小，也不同意杀袁世凯，说：“主少国疑，不可轻于诛戮大臣。”④

载沣一听便泄了气。这是因为：第一，袁世凯的势力的确很大，载沣不能不有所顾虑。袁世凯在政界的党羽不必论，仅北洋六镇军队就有五镇掌握在他的党羽手里。当然，杀了袁世凯，北洋军未必敢于造反，但对只知有袁世凯、不知有大清朝的北洋军来说，造反的可能性还是存在的，万一造起反来，以一镇而敌五镇，优劣之势显而易见；而且这样一来，势必牵动全国大局，如果革命党再乘虚而入，后果严重。他不敢去冒这么大的风险，对奕劻的威胁不能不认真考虑。第二，当时已经规定了谕旨必须经军机大臣副署的制度，除非载沣有勇气打破副署制度，敢于独断专行，不准军机大臣过问，否则，要想达到杀袁世凯的目的也不可能。可是，他为人优柔寡断，缺乏决断魄力，经奕劻、张之洞一讲，竟自无可奈何，不得不将谕旨再三修改，最后终于接受张之洞的意

---

① 赵炳麟：《谏院奏事录》卷5，第11－12页。

② 载涛：《载沣和袁世凯的矛盾》，见全国政协文史资料研究会编：《辛亥革命回忆录》6，第324页，中华书局，1963年。

③ 溥仪：《我的前半生》，第23页，群众出版社，1964年。

④ 载涛：《载沣与袁世凯的矛盾》，《辛亥革命回忆录》6，第324页。

见，改为“开缺回籍养痾”，于1909年1月2日发布。

这道上谕是：“军机大臣、外务部尚书袁世凯，夙承先朝屡加擢用，朕御极后复予懋赏。正以其才可用，俾效驰驱，不意袁世凯现患足疾，步履维艰，难胜职任。袁世凯着即开缺回籍养痾，以示体恤之至意。”① 借故强行将其罢官。但也不是完全事出无因，上年10月7日，袁世凯就是以患足病为理由请假五日的。载沣执政后，袁世凯自知失势，也曾称患足疾，令人扶掖入朝。

奕劻最初听到载沣要严惩袁世凯的意见后，马上告知了袁世凯，劝其赶快躲避一下。袁世凯惊惧万状，立即换上普通服装，坐夜车去天津，住在英租界利顺德饭店，想通过直隶总督杨士骧搭船逃亡日本避祸。杨士骧避嫌没有出面，命其长子杨毓瑛向袁世凯说明利害，劝其回京。袁世凯复返北京。不久，即接到了“开缺回籍养痾”的谕旨。这时，他内心的恐惧才减少了一些，当即到摄政王面前“谢恩”。学部侍郎严修上折请朝廷收回将袁世凯开缺的成命，遭到申斥。

袁世凯开缺后，“为了防止清室亲贵出其不意下他的手，他既不敢在京耽搁，又不敢径乘京汉火车去河南，所以先尽快地回到天津，进了租界。他在天津作了严密的布置后，即首途前往彰德”。② 1901年1月6日，天气阴霾，朔风怒吼，滴水成冰，寒气砭骨，袁世凯在天津东站乘火车南下。到车站送行的只有从北京赶来的严修、杨度等三四人，专车更没有，昔日的威风排场一变而为冷冷清清、凄凄惨惨戚戚，其心情之悲凉可想而知。他握住严修的手说：“好冷啊！”语意双关，实感于宦情之冷也。③ 但能保得住一颗头颅，已是不幸中之万幸。

载沣罢斥袁世凯，与满汉问题毫不相涉，和实行宪政也无关系。但袁世凯的党羽为了蛊惑人心，制造混乱，挟制朝廷，重新起用袁世凯，竟大肆散布谣言，说什么袁世凯系“因首倡立宪获咎”④，罢斥袁世凯

---

① 《宣统政纪》卷4，第12页。
② 唐在礼：《辛亥以后的袁世凯》，《文史资料选辑》第53辑，第183－184页。
③ 张达骧：《袁世凯佚事述闻》（之四），《天津文史资料选辑》第16辑，第73页。
④ 《时报》，1909年1月15日。

是“实行排汉也，反对立宪也”[1]；甚而对外国人说“此外交之大变化，而拳祸之再作也”[2]。一些不明真相的人听到这些流言蜚语，又“见袁氏曾主张立宪而今罢归也，以为吾国宪政前途或生障碍”[3]。一股暗流在扩大。

为了击破袁党的阴谋诡计和无耻谰言，以正视听，推动宪政顺利进行，立宪派指出：袁世凯自入军机以后，从未“建一谋，行一政，促立宪之进步”。他所做的第一件“新政”就是强令苏杭甬铁路借款；他提倡立宪的真实动机，“非实见夫宪政之善，而以是救国利民也，欲藉宪政以自卫也”[4]，不过想出面组阁，对宪政没有什么功劳。非但如此，他还最忌恨热心立宪的人，“认为大仇巨敌”。“若此等人果能盘踞政界耶，则内阁不知为何等责任，国会不知有何等权力，名为立宪，实则较之专制尤为残酷”，“故曰袁氏开缺于立宪前途有益无损”。[5]“其所深恶痛绝、除之唯恐不力者，则在民权”，“论者以为假文明之面具，而行其野蛮之手段者，恐不诬也”[6] 有力地回击了这股暗流。

许多人主张应当将袁世凯的党羽一概罢免，以防其报复和死灰复燃。赵炳麟也上疏主张解散袁党，罢黜奕劻，调走直隶总督杨士骧，用人不分满、汉，以息谣言。载沣当即召见赵炳麟，询问如何布置。赵炳麟提出宣布袁世凯罪状；独任张之洞为相，表示重用汉人；起用岑春煊统率禁卫军，巩固朝廷；召立宪派康有为、郑孝胥、张謇、汤寿潜以及赵启霖等人进京，教授皇帝读书，并兼任摄政王顾问，以收海内人望；“实行立宪，大赦党人，示天下以为公”[7]。可是，这个意见却受到与康有为、岑春煊有矛盾的张之洞的大力反对，张之洞认为奕劻老成持重，镇安皇室非他莫属，坚主仍用奕劻。优柔寡断的载沣终于听从了张之洞的意见，让奕劻继续把持朝政。

---

① 赵炳麟：《谏院奏事录》卷5，第13页。
② 《袁世凯之所谓杨生》，《时报》1909年2月4日。
③ 《论袁氏开缺于立宪前途有益无损》，《时报》1909年1月14日。
④ 《十一日上谕恭注》，《时报》1909年1月5日。
⑤ 《论袁氏开缺于立宪前途有益无损》，《时报》1909年1月14日。
⑥ 《论袁宫保开缺事》，《大公报》1909年1月8日。
⑦ 赵炳麟：《宣统大事鉴》卷1，第3页。

但袁世凯庞大的潜在势力及其散布的谣言终究不能让载沣放心，为预防不测，载沣将东三省总督徐世昌调任邮传部尚书；又借京察的机会，令民政部侍郎赵秉钧退休。同时接连发布上谕，宣布朝廷一定将预备立宪进行到底的决心。袁党的鬼蜮伎俩被粉碎，人心和政局也得到了稳定。

十三 “垂钓”洹上

袁世凯居官期间，利用搜刮的巨款，在豫北的汲县、辉县、浚县和彰德（今安阳市）购置了大量田地山林，修建了数处房舍。罢官以后，他未回项城老家，带着两个姨太太到卫辉府的所在地汲县住下。

袁世凯之所以不回项城原籍，除了祖籍的房舍已给亲族外，主要是因为家庭矛盾所致，他不愿同其兄袁世敦往来。矛盾的产生起因于安葬袁世凯的生母刘氏。事情是这样的：袁世凯兄弟共六人，除袁世敦为父亲袁保中的元配夫人刘氏所生，系嫡出以外，其余五人俱为袁保中的继室刘氏所生。对袁世敦来说，袁世凯的生母为庶母。1902 年 10 月，袁世凯由直隶总督任上回祖籍项城安葬其生母的时候，因葬地与恪守封建伦理原则的袁世敦发生了剧烈冲突。袁世敦认为她不过是一位庶母，不准埋入祖坟正穴，只准祔葬于坟地的边角。袁世凯同他争执了很多次，他坚决不答应。在那个时代，有关家族中的大事，官高权重的袁世凯说了并不一定算数，最后要由袁世敦这个嫡长子决断。袁世凯没有办法，只得另外买了一块新坟地安葬了自己的母亲。从此以后，袁世凯就断绝了同袁世敦的往来。也由于这个原因，罢官后他没有回到项城的老家。

辉县城西北五里有河南著名的百泉、苏门胜景。百泉是卫水之源，泉流清澈，毛发可鉴，周围楼台亭阁或雄伟宽敞，或玲珑小巧，与嵯峨苍翠的苏门山交相辉映，风景极为秀美，自汉、晋以来，即成为名流隐士的游览栖迟之所。魏、晋时期的隐士孙登，竹林七贤之一的阮籍，宋以来的程颢、程颐、周敦颐、邵雍、耶律楚材、姚枢、许衡、孙奇逢等理学家、经学家、政治家，以及不食清粟而死的彭了凡，都曾来此游览、隐居或讲学。乾隆皇帝亦在此驻跸过。

该县与卫辉临近，城中也有袁世凯买下的房舍。他经常住在这里，每每约人前来，或临泉而赏景，或登山而寻胜。在孙登长啸的啸台遗迹上，前人留下了不少题咏，袁世凯亦书写了一副对联："运际昌期，应不容先生长啸；闻犹兴起，却常留终古高台。"他还与徐世昌发起捐资，对百泉、苏门等遗迹进行了重修。重修的动机，据其自述是："余以退居养疴，憩息于此，睹名贤祠宇之衰落，胜迹遗踪之荒废，愍焉不安于怀，允宜集资，量为修治，补苴罅漏，踵旧重新，以昭矜式。"此外，他还打算"俟资用宽裕，行将购地建宇，创为书社，搜讨前贤著述、高文典册、散佚遗亡及板籍残缺不完者，校勘梓印，以备硕学名流来游栖止，浏览观摩之助"。①

过了两个月，袁世凯又携全家人迁居到彰德城北门外的洹上村。此村以面临洹水（又名安阳河）而得名。洹水源出林县西北的林虑山中，至彰德境内的善应山湫流涌出，泉脉渐大，由西蜿蜒向东，横贯彰德，注入卫水，恰从洹上村前流过。洹上村的住宅原系何氏的一座别墅，总面积二百余亩，袁世凯"爱其朗敞宏静，前临洹水，右拥（太）行山，土脉华滋，宜耕宜稼，遂购居焉"。② 袁世凯把它买下来以后，又大兴土木，重新修建。宅外砌着高大的院墙，院墙周围筑了几个炮楼，由地方当局派的两营马队驻扎护卫，从外面看仿佛是一个寨堡。院内辟有菜园、瓜园、果园、桑园，饲养猪、羊、鸡、鸭之类。还整修了一座花园，袁世凯因昔日曾得慈禧太后所赐手书"养寿"二字，故将此园命名为"养寿园"。

养寿园中央有三列巨大的建筑，周围有宽广的走廊，轩敞为全园之冠，这就是养寿堂。该堂楹联为集句而成："君恩彀向渔樵说，身世无如屠钓宽"。园南有谦益堂，"谦益"二字为慈禧太后在1902年初所赐，袁世凯以此二字命名，据其自跋所说，意在"俾出入瞻仰，用自循省"③。该堂楹联为："圣明酬答期儿辈；风月婆娑让老夫"，系袁世凯

① 谢愃：《募修辉县百泉祠庙记》（碑文），碑存辉县百泉三碑亭。

② 《容庵弟子记》卷4，第30－31页。

③ 袁克文：《洹上私乘》，第23页，上海大东书局，1926年。

亲拟。其余景观和建筑有：五柳草堂、乐静楼、红叶馆、纳凉厅、澄淡榭、葵心阁、啸竹精舍、杏花村、临洹台、洗心亭、垂钓亭、盖影亭、滴翠亭、枕泉亭、接叶亭、待春亭、瑶波亭、泻练亭、天秀峰、碧峰洞、椎风洞、散珠崖、汇流池、鉴影池、卧波桥。其中汇流池面积广达十亩，是由引入的太平渠水汇聚而成的人工湖，碧波荡漾，临岸鉴影，里面生长着荷菱，养殖着鱼蟹，备有船只。洗心亭位于湖中心，是袁世凯在良辰佳期同妻妾宴乐观赏的常临之处。整个园内名花遍布，香飘四季，茂林修竹，婆娑滴翠，高石泻泉，瀑散珠玉，朱栏半隐，曲径通幽，确是一个景色绝佳、清幽恬静、适于颐养天年的处所。

养寿园中的汇流池

定居洹上之后，袁世凯把其三兄袁世廉接来同住。在这里，他时而同袁世廉扶杖漫步，下棋谈天；时而同几个墨人骚客吟诵风花雪月，诗酒唱和；时而听莺钓鱼，弄舟水池；时而设宴园中，与妻妾子女共享天伦之乐；时而带着家里人去看从南方请来的蚕娘和纺纱娘喂蚕、缫丝；时而接待一下宾客；时而听听河南坠子和柳子戏……

与此相适应，各楼堂亭榭上匾额的题名，体现了他对名利的淡泊。他那张头戴斗笠、身披蓑衣在舟上垂钓的照片，更表明他的无心问世。

袁世凯在养寿园中垂钓

还不止此，他的生活在其所写的诗中也得到相当的反映。请看下列两首吧：

背郭园成别有天，盘餐樽酒共群贤。
移山绕岸遮苔径，汲水盈池放钓船。
满院莳花媚风日，十年树木拂云烟。
劝君莫负春光好，带醉楼头抱月眠。

烹茶檐下坐，竹影压精庐。

不去窗前草，非关乐读书。

从诗中之意看，他似乎完全陶醉于闲情逸致之中。诸如此类，都被收入《圭塘倡和诗》中刊行流传（袁宅前横亘于洹水上的小桥名圭塘）。

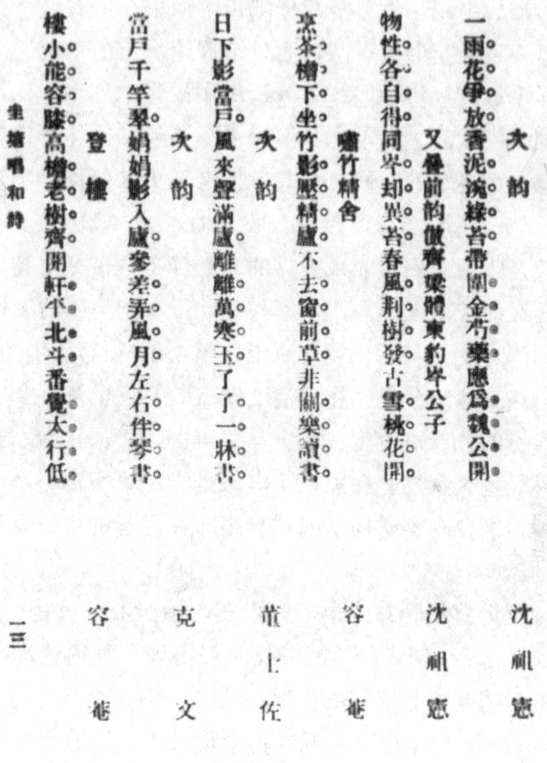

次韵　　沈祖憲

一雨花爭放香泥浣綠苔帶閒金芍藥應爲魏公開

又疊前韵傚齊梁體柬豹岑公子　　沈祖憲

物性各自得同岑却異岑春風荆樹發古雪桃花開

嘯竹精舍　　容菴

烹茶檐下坐竹影壓精廬不去窗前草非關樂讀書

次韵　　萱上佐

日下影當戶風來聲滿廬離離萬寒玉了了一牀書

次韵　　克文

當戶千竿翠娟娟影入廬參差弄風月左右伴琴書

登樓　　容菴

樓小能容膝高檐老樹齊開軒平北斗番覺太行低

圭塘唱和詩　一三

《圭塘唱和诗》的一页

袁世凯这种貌似闲云野鹤式的生活与名士派头，似乎给人一种强烈印象：他看破“红尘”，下决心要隐遁了，至少也心灰意懒，从此与政治绝缘，不再当际会风云的人物了。其实不然，他做的这些表面文章，是故意给人看的，意在欺骗清政府，借以消除对他的注意力。实际上，随着岁月的流逝，他非但没有养成清淡寡欲的习惯，乐天安命，怡然自得，其权势欲反而与日俱增，益发强烈了。他无时无刻不在窥伺着方向，等待着时机，企图东山再起，重握军政大权，而且相信这个日子终有一天会到来。

袁世凯具有如此坚定的信心，绝非出自主观空想。他尽管遭到斥逐，丧失了权力，但并不等于说政治资本跟着全部丢光。其嫡系部队北洋军大部驻扎在直隶、北京一带，由军师徐世昌暗中代为照管着。徐世昌于袁世凯罢黜后由东三省总督调任邮传部尚书，后晋升为内阁协理大臣，不仅得以替袁世凯照管军队，而且掌握清政府的情况，随时向袁世凯报告。北洋军的高级将领们，因清廷将军权集中到皇室，产生兔死狐悲之感，更加对袁世凯念念不忘，不时轻车简从，前往彰德向袁世凯请示或报告消息。过春节的时候，总有一批老部下来给他拜年。对于来访的北洋将领，他都热情亲切地接待，临别时常常馈赠一笔丰厚的程仪，进行拉拢；甚至收留、安置前来投靠的无名部下，借此对整个北洋军产生影响。他还在遥控着北洋军，仍不失为北洋军阀集团的无冕之王。

在虚假的隐逸生活背后，袁世凯十分频繁地进行活动。他同亲戚故旧书来信往，结交达官显贵，在政治上发展着自己的潜在势力；让在农工商部充当参丞的儿子袁克定和徐世昌、冯国璋、段祺瑞、杨士琦等人密送情报；继续贿买奕劻；在家设立电报处，整天机声嗒嗒，同各地联络；订阅各种报纸，观察时局动向；与跟随在身边的少数幕僚研究讨论对付清政府的策略。

诗言志。袁世凯尽管在诗中竭力隐匿政治野心，可是，“寄语长安诸旧侣，素衣早浣帝京尘”，“投饵我非关得失，吞钓鱼却有恩仇”等句，已暗藏着对清廷将其罢官的仇恨；从“漳洹犹觉浅，何处问江村”，“高轩平北斗，翻觉太行低”，“野老胸中负兵甲，钓翁眼底小王侯”等诗句的字里行间，他那不甘蛰伏的情绪，也隐隐流露出来了。

清政府对袁世凯有没有防范呢？有的。当袁世凯开缺回籍时，步军统领衙门曾派袁得亮护送，实则让其暗负监视之责。肃亲王善耆派遣的密探也潜往河南。袁世凯难得有一夜高枕安眠。为了保住自己的脑袋不至搬家，他闭门不出。对袁得亮，他特别另眼相看，认为本家，从封建宗族关系上套近乎，饮食、衣服予以周到的照顾，银钱、财物大量奉送。袁得亮是个愚蠢平庸、不通文墨、贪财好利的家伙，很快就被糖衣炮弹打中，变成了袁世凯的俘虏。其每月向步军统领送交的报告，都是袁世凯的幕僚为之代劳，不言而喻，在报告里袁世凯的真实情况是得不到反映的。不知载沣是相信了袁得亮的报告，还是被袁世凯“退隐林泉”的做作功夫所迷惑，确实放松了对袁世凯的警惕性。这正是袁世凯所企望的。

流光易逝。袁世凯在等待、盼望、焦急中，阴郁地度过了两年多的时间。

这是极不平常的两年多。在这段时间里，国内的政治形势发生了巨大变化，各种矛盾日趋尖锐，人民群众开展了不同形式的反抗斗争。

从1905年开始，挣扎在死亡线上的亿万农民为了求得生存，开展了抗捐、抗税、抗粮斗争，掀起了抢米风潮。1908年以后更趋激烈，直隶、江西、江苏、湖北、湖南、广东、广西、河南、山东、吉林尤为突出。1910年抢米风潮几乎遍及南北各地，以湖南闹得最大。长沙的饥民在一夜之间将一百余家米店全部捣毁，次日又焚烧或捣毁了巡抚衙门、银行、税关、官钱局，以及英、美、德、日等国的洋行、趸船、货栈和教堂，参加的人数达两万以上。反抗清政府因筹办“新政”，诸如调查户口、筹办地方自治、开办学堂和乡村巡警而加增捐税或借机勒索的斗争也到处发生，有的是小规模的骚动或民变，有的则发展成为规模较大的农民起义，如山东莱阳曲诗文领导的起义，人数多达五万，影响周围数县。

工人群众为反对剥削压迫而举行的罢工次数不断增多，斗争在继续发展，上海的工人在这一斗争中表现得最为英勇顽强。

在孙中山的领导下，革命党人仍然坚持着武装斗争。1909年，黄兴、胡汉民在香港设立同盟会南方支部，派倪映典等人在广州新军中发动起义。他们原定1910年2月24日前后起义，后因消息泄漏，部分新军与警察发生冲突，而广州地方当局又下令收缴新军枪支弹药，倪映典被迫提前发动，于2月12日率新军从城郊向省城进攻，清军以绝对优势的兵力打败了他们，倪映典在战斗中英勇牺牲。

起义失败之后，孙中山在槟榔屿会见了黄兴等人，确定了仍在广州起义的计划，具体领导工作由黄兴、赵声负责，选拔同盟会中最坚定的分子作为起义的基本队伍。会后，黄兴返回香港成立了统筹部，作为起义的领导机关。经过长期的准备，预定于1911年4月13日正式起义。由于一些具体原因，起义计划未能如期实现，参加起义的人数也大为减少。黄兴只好临时改变起义部署，4月27日下午亲自带领一百多名选锋队猛攻总督府。总督张鸣岐已经逃走，黄兴将队伍分成三路冲向城外，途中遇到清军猛烈阻击，惨遭失败。事后有人将参加此次起义而牺牲的七十二具尸体合葬在黄花岗，故此次起义被称为黄花岗起义。

立宪派开展的是另外一种形式的斗争，即发动群众，进行国会请愿，要求民权，反对专制，搞得热火朝天。

1908年，清廷在各省请愿代表的强烈要求下，宣布了九年召开国会的期限，公布了宪法大纲及逐年筹备事宜等。1909年10月各省咨议局成立，给立宪派的活动提供了合法阵地。他们认为九年时间太长，亟谋提前。12月，十六省议员代表在上海开会，议决入京请愿。1910年1月代表抵京，上书要求一年内召开国会。清廷借口筹备不完全，国民程度不齐，加以拒绝，请愿失败。

代表遂通电各省继续呼吁，在京成立了国会请愿同志会，创办《国民公报》，派人到各省和南洋各埠，进一步开展宣传和组织工作。他们发表意见书，公开驳斥清廷不能召开国会的两点理由。6月，代表团进行第二次请愿，呈递了十份请愿书。清廷以财政困难、各地受灾为由，再次拒绝。立宪派严厉斥责清廷不筹办国会，就是不打算筹办宪政。

1910年10月，资政院成立并召开第一次会议，代表团第三次上书请愿，要求宣统三年（1911年）召开国会。各省立宪派也发动人民签名，游行示威，向当地督抚请愿。资政院通过了提前设立议院的决议并上奏。十七省督抚亦联衔电奏立即组织责任内阁，明年开设国会。清廷做了让步，宣布于宣统五年召开国会，立即组织内阁，不得再行渎请。一部分立宪派停止了请愿活动，而四川、湖南、湖北、直隶、奉天等省的立宪派仍坚持原议，继续斗争。奉天的代表到达北京后，清廷悍然将他们押解回籍，并下令镇压了其他省的请愿活动。第四次请愿流产。

内阁问题是立宪派和清廷斗争的另一重点。1910年11月，资政院曾参劾军机大臣不负责任，请求迅速组织责任内阁，并宣示军机大臣的责任。清廷宣称：对此问题，资政院无权干预。这种蛮横态度引起各省咨议局的强烈不满，纷纷指斥上谕“俱失朝廷立宪真意，尤动摇国会基础”，“与立宪原则相反”，声言“亿兆人断不期此无实之宪政”！①

1911年5月8日，清廷成立了责任内阁，任命奕劻为内阁总理大臣，那桐、徐世昌为协理大臣，下设外务、民政、度支、学、陆军、海军、法、农工商、邮传、理藩十个部，以梁敦彦、善耆、载泽、唐景崇、荫昌、载洵、绍昌、溥伦、盛宣怀、寿耆为各部大臣。在十三名阁员中，满族占九人，汉族仅占四人；而在满族中，皇族又占了大部分，人们称其为“皇族内阁”。皇族内阁是违背立宪原则的。立宪派召开的各省咨议局联合会立即上书，指出皇族内阁与君主立宪政体不相容，要求另简大员充当内阁总理。又向全国宣告：新内阁执行的政策，均与国民“所希望者相左”，“名为内阁，实则军机；名为立宪，实则为专制”。② 清廷不予理睬。7月初，咨议局联合会再次呈请另组责任内阁。清廷回答：黜陟百司，系君上大权，议员不得过问。咨议局联合会立即加以详细批驳，并声明：授亲贵以国务大臣，无以明朝廷大公之心迹，皇族内阁问题绝对不能通融。

立宪派还从宪法角度驳斥了所谓“君上大权”，指出国家是国民的国家，不是皇帝的私有财产；君主之地位，不过为国家一个机关。动言君上大权，总揽政治权，实为违反国法，剥夺人民权利；只有以议会为国家最高机关，才能定立宪之局。但载沣拒不接受。

清廷的冥顽不化，使立宪派感到绝望，再也不对清廷抱存幻想，一部分从此愤而转向革命，为他们不久参加响应辛亥革命打下了思想基础。立宪派一再发动群众向清廷示威，痛斥上谕，无情地揭露清政府的专制独裁，使清政府陷于孤立的境地，加速了清王朝的瓦解。他们坚决要求实行宪政，为争取民权、自由、国会、责任内阁、宪法而奋斗，提高了国民的民主主义觉悟，为革命时机的成熟创造了条件。

---

① 《中国纪事》，《国风报》第1年第33期。

② 《咨议局联合会宣告全国书》，《国风报》第2年第14期。

与此同时，保路运动也达到了一个新的高潮。浙江、江苏人民继续为争回修筑苏杭甬铁路权利而斗争。而最大的保路风潮则发生在湖北、湖南、广东，特别是四川。

1905年，湖北、湖南、广东三省人民经过斗争，从美国资本家手中收回了粤汉路权，争得了集股自办的权利。1909年，充任粤汉、川汉铁路督办的张之洞，却同英、法、德、美四国银行团议定了湖广铁路借款。湖南绅商民众首先掀起“拒债”、“集股”的保路运动，湖北人民继起响应。1909年末、1910年初，清政府同意了湖南境内的粤汉铁路、湖北境内的粤汉、川汉铁路商办。但到了1911年，邮传部尚书盛宣怀力主借款修路，而借贷巨款，必须以铁路作抵押，于是提出“铁路干线国有”的主张。5月，皇族内阁不顾人民的强烈反对，悍然宣布了“铁路干线国有”政策，任命端方为督办粤汉、川汉铁路大臣，强行接收湘、鄂、粤、川四省的商办铁路公司，同时和英、德、法、美四国银行团正式签订了借款筑路合同。人民以路权丧失关系本省存亡，铁路国有和借款不经咨议局、资政院议决，违反咨议局章程和资政院章程，违反“庶政公诸舆论”的先朝谕旨和立宪精神，怒不可遏，同清政府展开了空前尖锐的斗争。湖南、湖北、广东各界纷纷集会，商人罢市，学生罢课，推派代表进京请愿，誓死力争。四川的川汉铁路股东在成都组织了保路同志会，各府州县参加者达数十万人。商人罢市，农民抗粮抗捐，甚至起而暴动。四川总督赵尔丰诱捕保路同志会和川汉铁路股东负责人，越发激起人民满腔怒火。革命党人则准备把保路运动引向革命，以武力推翻清政府。

上述一切都表明，人民再也不能忍受下去了，清王朝的统治再也不能继续维持下去了。

国内形势的巨变有利于袁世凯东山再起。事实上，他的党羽也一直在不断地进行活动，1910年下半年后更加频繁。11月，唐绍仪因外交失败，天天在军机大臣面前运动起用袁世凯，以应付困境。1911年4月，由于日、俄加紧侵略，东三省形势危急，以奕劻为首的满汉大员十余人同声请求起用袁世凯，力保袁世凯任东三省总督，挽救危局。不久，皇族内阁遭到攻击，协理大臣那桐在奏请辞职的同时，公开赞扬袁世凯的才干胜过他十倍，声称若蒙特用，必可宏济艰难。徐世昌因有袁党嫌疑，不敢公然推荐，但其请求破格擢用的扶危济变之才，也是指的袁世凯。即使像载沣之弟、海军大臣载洵等人，也认为有起用袁世凯的必要。某些列强更是广造应起用袁世凯的舆论。载沣、隆裕太后均不为所动。

清政府的腐败黑暗，如火如荼的群众斗争，各方面的舆论，使袁世凯看到了希望，其东山再起的欲念愈益强烈，无法抑止。1911 年 6 月，立宪派的头面人物张謇由湖北进京，在彰德下车访问了袁世凯。袁世凯初见张謇，不明来意，谈吐闪烁，打了些淮河必须治理一类的官腔；后见张謇态度坦率，他变得格外恭顺，对张謇说："有朝一天蒙皇上天恩，命世凯出山，我一切当遵从民意而行；也就是说，遵从您的意旨而行。但我要求您，必须在各方面，把我的诚意告诉他们，并且要求您同我合作。"① 简直是在乞求张謇帮助他活动出山了。他们"道故论时"，一直谈到午夜，张謇方才带着袁世凯赠送的礼物回到火车上。这次会见给张謇留下了良好印象，认为袁世凯的"意度视二十八年前大进，远在碌碌诸公之上"。②

然而，在某些官僚面前，袁世凯又极力掩饰急于出山的迫切心情，装出一副病魔缠身、行将就木、无心过问政事的可怜相。6 月 22 日，他写信给督办粤汉、川汉铁路大臣端方，将保路运动攻击了一通，说是"无理取闹，亦足见人民程度之太低"；又说自己"志气颓靡"，"不足再言功名事业"，"常患头眩心悸，亦衰朽之一端也"。③ 几天后端方来到彰德，与袁世凯进行了长时间密谈，并且结为儿女亲家。

端方见袁世凯时，面交邮传部大臣盛宣怀带来的一封信。盛宣怀致袁世凯的信中有这样几句话："方之历朝贤将相，罕有其匹，际此时局益艰，跂盼东山再起，宏此远谟，岂异人任！"④ 说得相当直率。袁世凯在回信中吹捧了一通盛宣怀，自谦一番后写道："弟（袁自称）初病

① 刘厚生：《张謇传记》，第 181 －182 页。
② 《张謇日记》，宣统三年五月十一日。
③ 王尔敏、陈善伟编：《近代名人手札真迹》9，第 4261 －4264 页。
④ 王尔敏、陈善伟编：《近代名人手札真迹》9，第 4269 页。

左足，嗣病右臂，头眩心悸，益以失眠，精神日见颓靡，志气更不待言。承大哥期望之厚，当铭诸肺腑。惟久病衰朽，心与世违，愿长作乡人，以了余年。有负厚爱，无任悚惭。弟病眼昏花，不能具丹庄书，敢祈谅之。”① 这种做作功夫真是到家，老实人一辈子也难学会。

但到了8月重修百泉工程竣工时，他那遏止不住的出山欲望，又在其撰写的《重修百泉祠庙碑》碑文中表达了出来。碑文中有如下一段话："龙骧虎跃之士怀奇负异，每息偃乎寥廓之藩，以韬养其光气。而贤哲之有经世之略者，亦往往因以自放焉，如康节诸人是已。今余幸以余闲，无人事之扰，而鞠人（徐世昌）虽居朝列，志亦不忘丘壑，乃得相与致意于此。缅怀孙、阮之高踪，盖夐乎不可攀已。时方多事，风云俶扰，不知所穷，要非沈雄俊伟之才，不足以贞多难。意者风教所树，英才骏足接踵而兴，世变赖以康济。”② 撇开缅怀古人和树立风教的伪言，不难看出，他已经准备着出来收拾乱局了。他认为，虽然"风云"刚刚开始漫卷，可是当权的清廷"不足以贞多难"，无法平息；只有"英才骏足"应时而兴，"世变"才能"赖以康济"。这不正是他那样的"沈雄俊伟之才"施展本领的大好时机吗？

10月10日，革命风暴席卷了武昌城。武汉的革命组织文学社和共进会一直各自活动，主要成员都是新军士兵，他们虽然在黄花岗起义失败后继续做着起义的准备，但也仅是准备而已，并未决定何时举事。9月10日以后，文学社和共进会的负责人看到四川等省人民反对清政府的激烈情绪，先前端方已率湖北新军三营入川镇压保路运动，现在湖广总督瑞澂又急调湖北新军两营入川增援，同时下令四营分驻省内各地，认为武汉统治力量空虚，有机可乘，也担心革命力量因新军调动分散，才开始召开联合会议，商议发难和统一领导问题。24日，确定中秋节（10月6日）起义，推举文学社的领导人蒋翊武为总指挥，共进会的领导人孙武为参谋长，并派人到上海迎接同盟会领导人来鄂主持大计，联络邻近各省策动响应。湖北当局侦得革命党人活动，加紧部署防卫。革

---

① 王尔敏、陈善伟编：《近代名人手札真迹》9，第4266－4267页。

② 碑存辉县百泉三碑亭。

命党人以为准备不足，并未按原先确定的日期起义。10月9日上午，孙武等在汉口俄租界赶配炸药，不慎炸伤面部，被送往医院。俄国巡捕闻声赶来，搜去准备起义的文告、旗帜、徽章、印信和革命党人名册，逮捕数人，转交湖北当局。下午，孙武担心湖北当局定按名册搜捕，让人转告蒋翊武，起义日期万难再延，希望今晚发动。其他人也认为与其坐而被捕，不如及时举义。蒋翊武犹豫一阵，方才下达命令，当晚半夜起义。旋又发生了意外情况，二十多人被捕，蒋翊武逃脱，担任传达命令的人没有及时完成任务，当晚未能发动。10日情况更为危急，三名革命党人被斩首，全城戒严，到处传言官府按名册搜捕。在名册内的新军士兵人人自危，感到大祸临头，纷纷在私下里议论："与其就缚，不如今晚动手，还可以死里求生。"① 于是暗中联络，晚上在武昌发动了起义，新军工程第八营的战士打响了起义的第一枪。接着起义军冲向楚望台，占领了军械库，继之攻击湖广总督衙门。总督瑞澂逃登停在长江的楚豫号兵舰上，第八镇统制张彪遁往汉口。经过一夜激战，革命党人占领了武昌城。11日攻克汉阳，12日攻克汉口，武汉三镇全部解放。

当武昌起义的炮声传到洹上村时，正是袁世凯亲朋满座、觥筹交错庆祝其寿辰的时候（袁世凯生日是农历八月二十日，这个日子在其出生之年是公历的9月16日，在辛亥年则是10月11日）。众人闻讯，相顾失色。袁世凯立即叫撤去酒宴，停止唱戏，纵谈国事成了大家谈论的中心话题。有的说，起义军队不过数营，瑞澂、张彪必能平定；有的说，起义者志在掠夺，三两日间，大兵压境，即将一哄而散；有的说，革命领袖孙中山、黄兴均不在鄂，兵无统属，焉得不败！众言纷纭，莫衷一是，但比较一致的倾向是起义不会成功。

袁世凯一边听着诸人发言，一边急速地思索。渐渐地，他那往日紧锁着的双眉舒展开了，但只抚髯微笑，不作一语。有个门士见状，便问其有何高见。他说：瑞澂、张彪都是无能之辈，怎么能够平定叛乱？摄政王载沣少不更事，内阁总理大臣奕劻昏庸贪鄙，没有奠安大局的能力。听说革命党人占据武昌后，将进占汉阳，其志不在小。看来星星之

① 《辛亥首义回忆录》第2辑，第154页，湖北人民出版社，1957年。

火，或足燎原，也未可知呢！有人马上吹捧说，此事非宫保出任艰巨不可。他慌忙摆手，假惺惺地叫大家只谈风月，勿论国事。他觉得只要施展一下手段，清廷不难落入彀中，自己梦寐以求的出头之日也就到来了。主意打定，向各方面做了布置，特别孝敬了奕劻一笔很大的数目。此后，他的眼睛一直盯着北京，等候着佳音。

十四　东山再起

革命党人一举攻克武昌，瑞澂、张彪弃城逃走的电奏到达北京，清廷举朝惶惶，当权衮衮诸公和皇族亲贵立即研究对策。10月12日，清廷命陆军大臣荫昌督率陆军两镇赶往湖北镇压，湖北军队及赴援各军均归其节制调遣；并饬海军提督萨镇冰率领军舰，会同长江水师往援。下令将瑞澂革职留任，暂署湖广总督，立功赎罪。

荫昌虽在德国学习过陆军，但一直未曾带兵打仗，缺乏调兵遣将的实战经验；而开赴前线的军队都是北洋军，这些人心目中只知有袁世凯，不知有他人，荫昌哪能指挥如意？命荫昌督师，显然不会收到什么效果。

这时，列强出来为袁世凯说话了。列强不知革命党人的宗旨，害怕又会发生类似义和团一样的排外运动，他们对清政府表现出来的“非常无能、软弱和不得民心”①，十分不满。为保住各自在华的利益，他们一方面把军舰开进武汉长江水面监视革命党人，宣布严守“中立”；另一方面极力物色一个“强有力”的人物，以稳定风雨飘摇的清王朝。由于袁世凯亲自训练了一支北洋军队，有多年的从政经验，列强对他寄予厚望。英、法、德、美四国银行团的美国代表司戴德和法国代表贾思纳都认为：“如果清朝请一个强有力的人（像袁世凯）出来协助它，并同意一些宪法改革，则叛乱将失去它的矛头而不久被粉碎。”“银行团要求能有一个像袁世凯那样的人来保证政府的稳定”，“袁世凯在训练新军方

---

① 张蓉初译：《红色杂志有关中国交涉史料选译》，第335页，三联书店，1957年。

面做过许多工作，他看来是制止叛乱浪潮，争回不忠诚的军队，以及同起义首领中的某些人达成协议的唯一人物”。① 英国驻华公使朱尔典与袁世凯是好朋友，更是竭力主张起用袁世凯。美国驻华公使嘉乐恒提出建议清政府起用袁世凯，驻京公使团一致接受了这个提议。为使袁世凯早日出山，列强大造“非袁不能收拾”的舆论。美国还专门派人入宫觐见，带着命令的口气告知清廷：“不是任他（袁世凯）作一个寻常的高级官吏，而是作为朝廷的顾问兼皇权执行者。”②

清政府的内阁总理大臣奕劻、协理大臣那桐、徐世昌都是实权派，与袁世凯关系至深，他们的倾向对摄政王载沣有着重要影响。袁世凯被罢斥后，他们不断要求起用袁世凯，载沣没有同意。武昌事起，他们感到是个绝好机会，想方设法使袁世凯出山，一起向载沣施加压力。载沣对袁世凯极为怨恨，一听起用袁世凯，便向愿以身家性命做担保的那桐发了脾气，予以严厉申斥。那桐提出告老辞职，奕劻不上朝议事。前线军情紧急，必须立即处理，载沣无奈，只得把他们请来重新计议。奕劻进一步阐述理由说：“此种非常局面，本人年老，绝对不能承当。袁有气魄，北洋军队都是他一手编练，若令其赴鄂剿办，必操胜算；否则畏葸迁延，不堪设想。且东交民巷亦盛传非袁不能收拾，故本人如此主张。”载沣不放心，诘问：“你能担保没有别的问题吗?”奕劻回答：“这个不消说的。”打了保票。

素性懦弱、毫无主见的载沣看到奕劻坚持甚力，且以绝对不承担责任相威胁，而且列强对袁世凯很重视，自己也想不出对付当前局面的妥善方案，最后不得不听任摆布，忍泪屈从。他紧蹙双眉对他们说：“你们既这样主张，姑且照你们的办……但是你们不能卸责。”③ 起用袁世凯的事就这样决定了。

有人问那桐：你们这样做，不是加速清朝灭亡吗? 那桐回答说：“大势今已如此，不用袁指日可亡；如用袁，覆亡尚希稍迟，或可不亡。”④

---

① 李约翰：《清帝逊位与列强》，第 271 -272 页，中华书局，1982 年。

② 贝洛夫：《1911—1913 年的中国革命》，第 60 页。

③ 张国淦：《辛亥革命史料》，第 108 页，龙门联合书店，1958 年。

④ 张国淦：《洪宪遗闻》，《文史资料选辑》第 1 辑，第 132 页。

一些王公大臣闻讯，均埋怨载沣先不该放虎归山，此次尤不应引狼入室。恭亲王溥伟立刻去见载沣，载沣虽很后悔，但还是说："袁四有将才，且名望亦好，故命他去。"溥伟说袁世凯久蓄异谋，不能引虎自卫。载沣默然良久，始言奕劻、那桐再三力保，或者可用。溥伟退而出主意说："纵难收回成命，可否用忠贞智勇之臣，以分其势？"载沣问用谁。溥伟说："叔监国三年，群臣臧否，自在洞鉴。"载沣急忙说："都是他们的人，我何曾有爪牙心腹！"溥伟知不可挽回，叹息而出。①

载沣不愿改变原来决定，固然因其性格懦弱，但更主要的还是害怕帝国主义，害怕奕劻等人拆台。他当政三年，完全被奕劻、那桐、徐世昌架空了。在这种情势之下和关键时刻，不要说改变朝中重要人事关系难以办到，即使收回成命又谈何容易！身当其位的载沣比别人考虑的要多些。这不是他思想顽固，更非对袁世凯有什么好感，而是形势使然。再者，他是清政府的头子，政治立场与革命党人根本对立，出于维护大清王朝的目的，他也寄一线希望于袁世凯。因为北洋军是袁世凯一手编练的，除了袁世凯，谁也指挥不灵，欲依靠北洋军镇压革命，势必首先起用袁世凯。据说，他和王公们计议过，无论袁世凯镇压革命是成功还是失败，最后都要把袁世凯除掉。如失败，则借口失败诛杀之；如成功，则另找借口解除兵权，然后设法诛杀之。这是可能的，不过也只是他一厢情愿的想法，袁世凯掌握军权以后，就由不得他了。

10月14日，载沣写好一道上谕，任命袁世凯为湖广总督，督办剿抚事宜。所有该省军队及各路援军，均归其节制调遣；荫昌、萨镇冰所带之水陆各军，亦得会同调遣。并告诉他要力顾大局，不要推辞。接着召见了度支部大臣载泽，命载泽告诉奕劻：派一个与袁世凯熟悉的朝臣，带着上谕前往彰德，"促之速来，善为我辞焉，勿介意于旧事也"。奕劻遂令内阁参议阮忠枢前往。②

当天，阮忠枢抵达彰德洹上村，将上谕和奕劻的亲笔信交给袁世凯，传达了载沣要其"速来"，"勿介意于旧事"的意思。同来者还有

---

① 溥伟：《让国御前会议日记》，《辛亥革命》8，第110页。

② 参见刘体仁：《异辞录》卷4，第47－48页，中华书局，1988年。

内阁统计局局长杨度。其时前来祝寿的王锡彤正在袁府，他与杨度均劝袁世凯不要应命。杨度认为清王朝已经没有什么希望，即使平定了革命党的这次起义，也不会有什么改变。王锡彤则顾虑袁世凯出山后会有性命之忧。袁克定与他们持同一态度。袁世凯怫然不悦，说："余不能为革命党，余子孙亦不愿其为革命党。"①

对袁世凯是否接受任命，一般舆论有三种：一、袁世凯必定乐于受命，下力平定革命党人，挽救清廷危亡，做一个中兴名臣，再居枢府要路。二、袁世凯亦为汉族人，不忍与汉人相屠戮，必然固辞而不就。三、暂时袖手旁观，待双方胜负初晓，再决定去就。

袁世凯是什么态度呢？16 日，他写了一个奏折，借用彰德府的大印盖上，发往北京。其文如下：

> 闻命之下，惭赧实深。伏念臣世受国恩，愧无报称；我皇上嗣膺宝录，复蒙渥沛殊恩，宠荣兼备。徒以养疴乡里，未能自效驰驱，捧读诏书，弥增感激。值此时艰孔亟，理应恪遵谕旨，迅赴事机；惟臣旧患足疾，迄今尚未大愈，去冬又牵及左臂，时作剧痛。此系数年宿疾，急切难望痊愈。然气体虽见衰颓，精神尚未昏瞀。近自交秋骤寒，又发痰喘作烧旧症，益以头眩心悸，思虑恍惚。虽非旦夕所能就痊，而究系表证，施治较旧恙为易。现既军事紧迫，何敢遽请赏假？但困顿情形，实难支撑。已延医速加调治，一面筹备布置，一俟稍可支持，即当力疾就道，藉答高厚鸿慈于万一。②

不难看出，他对载沣的讽刺挖苦充溢于字里行间。载沣以足疾叫他回家养病，他即以足疾未愈不能马上受命相答，真是以牙还牙，以眼还眼！他不是一个可以招之即来，挥之即去，供人任意驱使的人，要吐一吐郁积了两年多的胸中闷气。不过，他认为这是其东山再起的绝好机

① 王锡彤：《抑斋自述》，第 172 页，河南大学出版社，2001 年。
② 《袁世凯奏折》，《辛亥革命》8，第 307 页。

会，不能轻易放过，因而没有犹豫，接受了任命。而任命却是官小权轻，缺乏出山的起码条件，他又不愿立即上任，但又未把话说绝，表示病好即可出山。此即其所以要推辞而又与一般人所想象的固辞不同的地方。

袁世凯的真实想法是什么呢？他认为，“鄂军全变，各路援军极少”，他纵然前往湖北，“无兵节制，赤手空拳，用何剿抚”？对于荫昌带往前线的军队，他也“仅有会同调遣之权”，指挥起来有诸多不便。[①] 对此，他向阮忠枢详细讲了，并“开具”了“节略八条”，实际是其出山的条件，让阮忠枢带回京中，面呈奕劻。“节略八条”的大意谓“无兵无饷，赤手空拳，何能办事，拟就直隶续备、后备军调集万余人，编练二十四五营，带往湖北，以备剿抚之用。又拟请度支部先筹拨三四百万金，备作军饷及各项急需；并请军咨府、陆军部不可绳经文法，遥为牵制”等语。“如各事照办”，他“自当力疾一行”。[②] 言下之意，办不到就不出山。故16日他又致函奕劻，请其抓紧办理“应行筹办各事”[③]。对他来说，提出这些条件是绝对必要的。载沣要他到湖北剿抚革命党人，而剿抚必须有起码的本钱，即掌握一定数量的军队，否则便是空谈。可是湖北的军队“全变”，“各路援军极少”，没有军队，正如他所说，“赤手空拳，用何剿抚”？所以他首先要求调集万余士兵，供自己指挥。有军队必须有军饷，不然士兵不会卖命，故又要求拨付三四百万两。军队作战，要视战场实际情形，由指挥官随机应变，方能取胜，他要求军咨府、陆军部不要遥为牵制，也不为过分。接到上谕后，袁世凯并未立即出山。后来有徐世昌密赴彰德以及袁世凯提出出山六项条件之说，几乎成为史学界的“共识”。实则此说只是传闻，并无其事。[④]

---

① 全国公共图书馆古籍文献编委会编：《袁世凯未刊书信稿》，第1571－1572页，中华全国图书馆文献缩微复制中心，1998年。

② 《袁世凯未刊书信稿》，第1579－1580页。

③ 《袁世凯未刊书信稿》，第1560页。

④ 参见拙作《辛亥革命爆发后徐世昌是否密赴彰德会见袁世凯》，载《近代史研究》2011年第3期。近年披露的徐世昌日记证实了这一论断。（见《徐世昌与韬养斋日记》辛亥篇，第16－17页，北京出版社，2014年。）

同日，荫昌至洹上村。袁世凯装病不出，荫昌谒见袁世凯于寝室。密谈时，荫昌言："武昌系乌合之众，无人主持，不难扑灭。"袁世凯初则表示久居乡野，对国事不敢置辞，旋即一本正经地说："湖北以黎元洪为将，何谓无人？"① 警告荫昌且勿轻战。

18日，载沣看了袁世凯的谢恩折和向奕劻提出的"节略八条"，在其谢恩折上批道："现在武昌、汉口时机紧迫，该督夙秉公忠，勇于任事，着即迅速调治，力疾就道，用副朝廷优加倚任之至意。"②

两天之内，朝中没有动静，袁世凯急着出山，催促朝廷赶快批准他提出的出山条件。19日电请内阁代奏："凯衰病余生，何堪负重！然受恩高厚，利钝姑不敢计，唯有竭尽心力，以图报称。但鄂省兵叛库失，凯赤手空拳，无从筹措，必须赶募得力防军，以备驻防收复地面及弹压各属。""拟请旨俞允在直隶、山东、河南等省，招募曾经入伍壮丁一万二千五百人"，"编集二十五营，作为湖北巡防军"；"惟兵以饷项为命脉，必须裕筹"，"仰恳饬下度支部速拨的款四百万两，以备拨支"。③ 同时又发代奏电，"自刊木质关防，文曰'湖广总督督办剿抚事宜行营关防'"。④ 告知朝廷，他在准备出山了。同时意在表明，他是愿意出来为清廷效力的，但必须给枪、给钱。

同一天，载沣又发布上谕说，袁世凯现已补授湖广总督，所有长江一带水陆各军均著暂归该督节制调遣，会同沿江各督抚妥筹办理。

20日，袁世凯再次致电内阁，要求清政府饬令卸署江北提督、开缺副都统王士珍襄办军务，以便付托得人，早日南下；饬令军咨府正使、副都统冯国璋迅速来彰德筹商一切，其所统第二军可以备援，不必急于调发；副都统衔开缺奉天度支使张锡銮、已革黑龙江民政使倪嗣冲、直隶候补道段芝贵、山东军事参议官陆锦、直隶补用副将张士钰、直隶补用知府袁乃宽均随他驰往前敌委用差遣；第四镇统制吴凤岭迅赴前敌。又奏请饬署江北提督段祺瑞酌带得力将弁，立赴湖北。一望而知，他要

---

① 张国淦：《辛亥革命史料》，第87页。
② 《辛亥革命》8，第307页。
③ 《闵尔昌旧存有关武昌起义的函电》，《近代史资料》创刊号，第61页。
④ 《新任湖广总督袁世凯致内阁请代奏电》，《历史档案》1981年第3期。

把心腹爪牙调到自己身边，指挥起来得心应手。

这一切，清政府都照准了。

袁世凯虽有出山表示，但并未动身，仍然坐在洹上“垂钓”，“抱膝长吟”。

革命形势的迅猛发展，迫使载沣不得不再向袁世凯让步。

革命军占领武昌后，于10月11日成立了湖北军政府，推举原清军第二十一混成协统领黎元洪任军政府都督。

黎元洪号宋卿，湖北黄陂人，毕业于北洋水师学堂，先在北洋海军服役，参加过甲午战争，后在张之洞的自强军任职，两度到日本学习，1906年晋升为第二十一混成协统领。他思想守旧，根本不赞成革命，武昌起义后，还亲手枪杀过革命党人。当督署被占、瑞澂逃走、革命军炮击其司令部的时候，他吓得跑到黄土坡，换上便衣，躲在参谋刘文吉家中。革命党人把他搜出，请他担任都督，他坚决不允。经咨议局议长汤化龙等人再三劝说，又看到一部分革命党人的强硬态度，知道僵持下去没有好处，方勉强应承下来。可是人们请示机宜，他又不置可否，大家背地里称之为“泥菩萨”。及至武汉三镇全部解放，看到士兵和广大人民群众不可遏抑的革命热情和牺牲精神，他才站在革命一边。

由于起义士兵的英勇奋战和立宪派人士及广大人民的积极支援，湖北的革命形势一派大好，京山、天门、黄州、宜昌相继解放。19日攻克刘家庙，清军败退至滠口。

武昌起义得到各省热烈响应，全国像火山一样地爆发了。10月22日，革命党人焦达峰、陈作新和立宪派人士共同领导湖南新军在长沙起义，杀死巡防营统领黄忠浩，巡抚余诚格潜逃。起义军成立了军政府，宣告湖南独立，焦达峰、陈作新被推为正副都督。

同日，陕西新军起义，西安将军文瑞于次日投井自杀，护理巡抚钱能训被拘，前陕甘总督升允逃跑，陕西宣告独立。

23日，九江新军起义，占领了湖口、马当两要塞。

25日，广州将军凤山被革命党人炸死。

清军在前线毫无进展，这和袁世凯坚持“固守”极有关系。22日，他电告荫昌：“前锋不竞，似宜择地集合，固布守局，以待筹备完善，再图进取。”①

23日冯国璋到达彰德，袁世凯告诉他：“乱党颇有知识，与寻常土匪为乱情势迥有不同；且占据武汉，是负隅之势已成，兼工厂未停，火器日出不穷，势力如此之大，诚有不可轻视者。而我军饷械未到，人员未齐，脱令出师太骤，万一偶有失利之处，则关系大局，实非浅鲜。是非筹备周妥，计出万全，断难督师进攻。”② 授意冯国璋“慢慢走，等等看”，压迫清廷在他的出山问题上再做让步。

24、25日两天，袁世凯接连两次电请内阁代奏，称革命党势力雄厚，未可轻视；清军士气不振，兵心不固。当前首要的问题是安抚军心，激励士气。同时奏请派冯国璋总统第一军，段祺瑞总统第二军，陆续开拔，到河南信阳一带集结。

26日，袁世凯再次致电荫昌说：“王师宜策万全，稍有失利，大局益危。必须筹备完全，厚集兵力，知彼知己，一鼓荡平。”③ 故意耸人听闻，阻其采取攻势。再加上冯国璋的消极怠命，拥兵观望，荫昌自然指挥失灵，不能在军事上有所作为。

辛亥革命爆发后任清军第一军总统的冯国璋

面对这种情势，清政府举措皆失，皇族亲贵一筹莫展。载沣考虑，与其让革命党人得势，宗庙覆亡，不如答应袁世凯的要求，或可苟延残喘。于

① 《湖广总督袁世凯致陆军大臣荫昌电》，《历史档案》1981年第3期。

② 中国第二历史档案馆编：《中华民国史档案资料汇编》第1辑，第190页，江苏人民出版社，1979年。

③ 《中华民国史档案资料汇编》第1辑，第190页。

是被迫再次向袁世凯屈服，批准了他的奏请，任命冯国璋总统前线第一军，段祺瑞总统第二军，均隶属于袁世凯；拨直隶、奉天两省武器装备新募兵员。10月27日召回荫昌，授袁世凯为钦差大臣，所有赴援之海陆军、长江水师和此次派出各军，均归其节制调遣；应会同邻省督抚者，随时会同筹办。同时指出："军情瞬息万变，此次湖北军务，军咨府、陆军部不为遥制，以一事权，而期迅奏成功。"并著袁世凯"激励将士，相机因应，有不得力将弁，准其随时撤换，统制以下如有煽惑、观望及不遵命令、退缩不前者，即按军法从事，不得优容迁就"。[①]

袁世凯抓到了军事大权后还不满足，认为有继续等待的必要，所以在电奏谢恩时，除说几句"竭尽血诚，勉图报称"、"效命疆场"、"荡平逆匪"[②] 的空话外，再无具体表示，仍然装腔作势，在养寿园"垂钓"。

正在此时，北方发生了两起惊人事件：一是10月27日第二十镇统制张绍曾屯兵滦州，联合第二混成协统领蓝天蔚、统领卢永祥、伍祥祯、潘矩楹电奏清廷，提出速开国会，改定宪法，组织责任内阁，皇族永远不得充任内阁总理大臣、国务大臣，政治犯之党人一体特赦擢用等十二条要求。继之，张绍曾扣留了清政府运往湖北前线的一列车军火，并致电黎元洪、黄兴，表示断不会督师南下，与民军作战，牺牲同胞生命，助成政府淫威。二是29日山西太原新军起义，杀死巡抚陆锺琦，推举阎锡山为军政府都督。隆裕太后和载沣闻讯惊惧交加，准备偕溥仪逃命热河承德。

袁世凯则以又惊又喜的心情迎接了山西独立和滦州屯兵事件的到来。惊的是清王朝统治的心腹地区出现了很大危机，喜的是可以借此迫使清廷交出更大的权力。

30日，昆明新军起义取得胜利，统领蔡锷被推举为云南军政府都督。

31日，南昌新军起义，建立了江西军政府。

为救燃眉之急，载沣一改办事迟疑不决的作风，经资政院奏请，于10月30日以皇帝名义一连颁发了四道上谕。其一是实行宪政。其二是

① 《宣统政纪》卷40，第15－16页。
② 《钦差大臣湖广总督袁世凯致内阁请代奏电》，《历史档案》1981年第3期。

迅速起草宪法，“与民更始”。其三是革除亲贵秉政，宣称一俟事机稍定，简贤得人，即令组织完全内阁，不再以皇族亲贵充任国务大臣。其四是大赦国事犯（即政治犯），宣布所有戊戌（1898 年）以来因提倡改革获罪、因犯政治革命嫌疑惧罪逃匿和此次乱事（指各省起义）被胁自拔来归者，一律赦其既往；今后臣民如不逾越法律范围，均享国家保护之权利，非据法律，不得擅以嫌疑逮捕。当日，资政院开始做起草宪法的准备工作。11 月 3 日，把宪法信条十九条奏报上去。清廷阅后，即刻予以公布，并宣告择期宣誓太庙，以资信守。11 月 5 日又批准资政院奏请，准许党人按照法律组织政党，借以养成人才，收作国家之用。同时谕令资政院速订议院法、选举法，预备召集国会。凡此种种，主要是为了缓和革命，麻痹人民，维持即将灭亡的统治。

目睹全国各地汹涌澎湃的起义浪潮，清政府统治的土崩瓦解，又估计到组织责任内阁舍我其谁，袁世凯在洹上村不能“稳坐钓鱼台”了。10 月 30 日，他离开彰德南下视师。听到宫廷要逃走热河的消息，他怕失去可供玩弄的工具，急电阻止“北狩”。31 日，袁世凯抵达信阳。荫昌交接完毕，卸下了肩上重担，回到北京。11 月 1 日，袁世凯到达湖北孝感萧家港。

奕劻看到袁世凯已经出山，国事日非，自己无力承担，于 11 月 1 日奏请辞职。其他国务大臣亦辞职。清廷准请，当日开去奕劻的内阁总理大臣和那桐、徐世昌的协理大臣及其他国务大臣的职务，任命奕劻为弼德院院长，徐世昌、那桐为弼德院顾问大臣；授袁世凯为内阁总理大臣，著其即行来京，组织完全内阁，其原管开赴湖北各军及长江水师，仍归其节制调遣。袁世凯接到诏旨，发出一阵狡狯的微笑，但又故意电奏辞谢。载沣心知其伪，没有允许，并再三促其早日进京。袁世凯则谓十九信条规定，内阁

任清廷内阁总理大臣时的袁世凯

总理大臣由国会公举，声称前命不敢奉诏。11月8日资政院开会，正式选举袁世凯为内阁总理大臣。

袁世凯不再推辞，把前方的军事交给亲信干将冯国璋，带领大批卫队浩浩荡荡地北上，13日抵达北京。第二天，隆裕太后和载沣召见了他，叫他不要辜负重托。他听后诚惶诚恐地说："世凯拜此大命，膺此大任，日夜苦思，不知如何始能上安圣虑，下除民苦。"他表示要"杀身成仁，以古圣贤之心为心"，"誓为清廷保全社稷"。①

16日，袁世凯公布的责任内阁成员如下：

外务部大臣梁敦彦（未到任前由胡惟德暂署），副大臣胡惟德（由曹汝霖暂署）；

民政大臣赵秉钧，副大臣乌珍；

度支大臣严修（未到任前由绍英暂署），副大臣陈锦涛（辞不就）；

学务大臣唐景崇，副大臣杨度（辞不就）；

陆军大臣王士珍（未到任前由寿勋暂署），副大臣田文烈；

海军大臣萨镇冰（未到任前由谭学衡暂署），副大臣谭学衡；

司法大臣沈家本，副大臣梁启超（定成暂署）；

农工商大臣张謇（熙彦暂署），副大臣熙彦（祝瀛元暂署）；

邮传大臣杨士琦，副大臣梁如浩（梁士诒暂署）；

理藩大臣达寿，副大臣荣勋。

这些人基本上都是袁世凯的亲信党羽，只有张謇、梁启超是立宪派首领。张謇此时已经赞成共和，主张清帝退位，对所授职务坚辞不就。梁启超亦由于种种原因而固辞。袁世凯为了笼络人心，一再劝驾。过去，他与梁启超有矛盾，曾骂梁启超是"密谋乱政"的罪魁祸首，挑唆慈禧太后予以严重打击；现在，为了利用梁启超，又对之大吹特吹了。他先是致电梁启超，恭维道："公抱天下才，负天下望，简命既下，中

① 马震东：《袁氏当国史》，第59页，1930年。

外欢腾。务祈念神州之陆沉，悯生灵之涂炭，即日脂车北上，商定大计，同扶宗邦。”① 继而他又写信给梁启超说：“十余年来，执事（对梁启超的敬称）含忠吐谟，奔走海外，抱爱国之伟想，具觉世之苦心，每读所著文字，未尝不拊掌神往也。……执事热心匡时，万流仰镜，现值国事羹沸之际，民生涂炭之秋，必不忍独善其身，高蹈远行，不思同舟之急难，坐视大厦之就倾。”② 而梁启超终未回来。

徐世昌这次没有入阁，但他由弼德院顾问大臣兼任了军咨大臣，后又被任为专司训练禁卫军大臣。清廷为了使他效忠，加给他一个太保头衔。他表面上站在清室一边，暗中却充当袁世凯在清室的内线，仍然参与袁世凯的机密。袁内阁不设协理大臣，但保留了前内阁阁丞华世奎的位置，且升阁丞官阶为正二品。华世奎是徐世昌的同乡老友，一向惟徐世昌之马首是瞻，华世奎任阁丞完全受徐世昌指使。遇有重要公文，袁世凯必在上面批“太保阅”三字，使华世奎就商于徐世昌。徐世昌担负着实际上的协理大臣责任。

袁世凯当上内阁总理大臣，手握清政府的一切军政大权，摄政王载沣成了一个徒有空名的傀儡。

---

① 《梁启超年谱长编》，第 563 －564 页。

② 《梁启超年谱长编》，第 564 页。

十五　屡试和谈

辛亥革命的狂飙，清朝政府的腐败，为袁世凯重新登上政治舞台创造了非常有利的客观条件。袁世凯东山再起后，仍然利用这一客观条件，在南北政权的相互搏斗中，进行着巧妙而又卑鄙的政治投机。

袁世凯既然声称不愿为革命党，亦不愿子孙为革命党，其东山再起，自然不是为了革命。他痛恨载沣将其罢官，也不想为清朝卖命。他的如意算盘是想利用南北双方的矛盾和弱点抬高自己的身价，来个一箭双雕。具体地说，就是首先把清政府的军政大权抓在手，打着维护清室的旗号打压南方革命力量，迫其就范；然后借革命力量威胁清廷，逼它交出全部权力；最后夺取全国政权，建立以自己为首的中央政府。

当上内阁总理大臣，袁世凯夺取了清政府的军政大权，实现了打算的第一步。现在，他又根据形势的发展，开始运用纵横捭阖、权术阴谋、操纵利诱、明枪暗箭、软硬兼施等各种手段，分别向两方面进攻了。

武昌起义开始没几天，奕劻电询对付革命的办法时，袁世凯回答说：“在此潮流转变之下，民心思动，已非一朝，不是单靠兵力所能平定，主张剿抚兼施。”①

全国各地义旗纷举以后，袁世凯感到清王朝的败局已定，谁也无力挽回，即使拼着全力把武汉收复过来，亦不能扑灭全国越烧越旺的革命烈火。既然单纯使用武力难以奏效，最好的办法就是相机而动，又打又

① 张国淦：《辛亥革命史料》，第269页。

拉，使之为我所用。这是他考虑的第一点。

第二，他无意于将革命的火焰一下子扑灭，也无意于挽救清王朝的灭亡。自古以来，每一个弄权的奸臣都懂得养敌自重的道理，袁世凯亦不例外。有革命力量在，就有权在，就可以不断逼迫清廷让步，直至最后把它一脚踢开。保存革命力量暂时有利，而且必需，否则便失去抓权和威胁清廷的借口，故而要拉、要抚；但革命力量不服从、不拥护自己也是不成的，故而又必须打、必须剿。

第三，在他看来，革命阵营内部有可供利用的条件和因素，只要措置得当，就有迫使革命力量就范的可能。有一个基本事实他看得很清楚，这就是有些立宪派、旧官僚已经成了革命阵营的一员，而且占据着重要位置。认为同他们打交道不会太困难，并有可能通过他们去进而影响革命党人，使之钻进自己所设计的圈套。

基于上述考虑，他确定了对革命力量又打又拉的策略。

开始，袁世凯利用爪牙刘承恩去进行和谈试探。那时他尚未出山，叫刘承恩以同乡的关系，两次写信给黎元洪。黎元洪未作回答。

10月27日，即被清政府授为钦差大臣的这一天，袁世凯决定给民军一点儿颜色看看，密令北洋军进攻汉口。为给袁世凯出山捧场壮威，北洋军向刘家庙车站进行猛攻并占领之。次日民军反攻失利，29日退守汉口市区。30日，袁世凯南下视师，增调援军至前线，配合冯国璋的第一军强攻。11月1日北洋军占领汉口后，奸淫掳掠，放火焚烧，烟焰蔽天，玉带门一带繁华之处皆成灰烬。北洋军的暴行遭到中外各界人士痛诋，资政院一致要求严治纵容者之罪。清政府命袁世凯查办，袁世凯非但不加惩处，反而电告冯国璋说："该士兵等奋勇苦战，颇为各国嘉许。"① 为其撑腰打气。旋又复电清政府，把北洋军的罪行几乎完全推脱掉："汉镇起火缘由，一系土匪所纵，一系按攻战照例烧攻，一为匪用炮轰焚，不尽由官军所放。当复汉口时，已拒战多日，妇女早已逃扬，未闻有奸淫之说。火烈时，土匪抢掠，传闻亦有兵参杂其间，已再三饬查。"②

---

① 《中华民国史档案资料汇编》第1辑，第207页。

② 《宣统政纪》卷64，第2页。

袁世凯给民军一个下马威，以为有了一点儿谈判的本钱，而且认为民军正在“势穷力竭”之时，必能就范。11 月 2 日，他又让刘承恩致函黎元洪，说朝廷已下罪己诏，确定实行立宪，赦开党禁，皇族不再过问国政，“似此，则国事尚可有挽回振兴之期”，“务望趁此时机，和平了结”。“至诸公，皆大才榱桀，不独不咎既往，尚可重用，相助办理朝政也。项城为人诚信，阁下必素所深知，此次决不至失信于诸公。”企图诱使民军放下武器。

革命党人愤慨地指出：“袁世凯是什么东西？他打了个胜仗，就劝我们投降吗？”① 黎元洪问大家怎么回答，大家主张置之不理，袁世凯又吃了个闭门羹。

11 月 3 日，湖北军政府在阅马场举行了一次登台拜将典礼，黎元洪委任赶来指挥作战的同盟会第二号人物黄兴为战时总司令，民军大受鼓舞。黄兴设司令部于汉阳，将陆军扩充为八协，积极布防备战。与此同时，上海、贵州的民军获得胜利，建立了军政府。汉口的失陷并没有影响革命的全局，也未使袁世凯增加多少身价。

同日，袁世凯电奏清政府，告知已令前线军队停止进攻，派人写信劝解民军投顺。倘逾数日无确实答复，即立限时刻，猛攻汉阳。次日，袁世凯亲赴滠口，向冯国璋、萨镇冰密授方略，调兵遣将，伺机攻取。一手向民军公开伸出橄榄枝，摆出议和姿态；一手暗中加紧磨剑，准备再战。

三天过去了，南方没有反应，袁世凯令刘承恩派侦探王洪胜持信往见黎元洪。王洪胜对黎元洪说：“意在两下取和，以免汉人受害，保全大局。”黎元洪回答：“这个时候，不将皇上推倒，随便和了，以后大权归他，他更比从前加一倍的狠，我们更无有法子了。”以推翻清王朝为先决条件，拒绝了袁世凯的和谈企图。只是最后又说：刘承恩若是能过江来，就请过来谈谈。② 留下了和谈的余地。

11 月 9 日，鄂军总司令黄兴写信给袁世凯，首先指出：“满洲朝廷，衣冠禽兽，事事与人道背驰，二百六十年来，有加毋已，是以满奴主权

---

① 蔡寄鸥：《鄂州血史》，第 130 页，龙门书局，1958 年。

② 《闵尔昌旧存有关武昌起义的函电》，《近代史资料》创刊号，第 69－70 页。

所及之地，即生灵涂炭之地。如但念及汉口之生灵而即思休战，毋乃范围过狭，无以对四亿生灵。”其次，指出清政府开放党禁等，不过是“枝叶问题，而非根本问题”，关键在于推倒清室，“复我汉人之主权”。紧接着从个人得失的角度剖明利害，劝其起义反正，明确告诉他：“人才原有高下之分，起义断无先后之别。明公之才能，高出兴等万万，以拿破仑、华盛顿之资格，出而建拿破仑、华盛顿之事功，直捣黄龙，灭此虏而朝食，非但湘、鄂人民戴明公为拿破仑、华盛顿，即南北各省，当亦无有不拱手听命者。苍生霖雨，群仰明公，千载一时，祈毋坐失。”①

袁世凯见黄兴以中国第一任大总统相期，感到有了奔头，实行两面策略的决心更大了。11日，正式派刘承恩、蔡廷干为代表，带着他的亲笔信渡江与民军议和。他在函内称：“如能承认君主立宪，两军即息战，否则仍以武力解决。”② 黎元洪和军政府负责人会见刘承恩、蔡廷干时，刘承恩、蔡廷干又进一步申明：现在清廷已宣誓实行立宪，革命目的可谓已达。倘再延长战争，生灵益将涂炭，且恐酿瓜分之祸。希望暂息兵端，公举代表入京，组织新内阁，共图进行之策。

黎元洪当即驳斥了革命招致瓜分的谰言，揭露了袁世凯欲借议和实现其“彼握大权，然后驱逐满人，自践帝位”的狼子野心；并从公仇私仇方面阐述了袁世凯应转变立场，同情革命，“反旆北向”，不要做“尤无人格”的“满奴”，“否则约期大战而已”。③ 其他人亦先后批驳了袁世凯的君主立宪论。刘承恩、蔡廷干面红耳赤，张口结舌。黎元洪又复信，劝袁世凯赞成共和，勿为清王朝所用。

其实，袁世凯并不打算搞什么君主立宪，只是目前以清政府内阁总理大臣的身份出现，不能不打出君主立宪的旗号，真正目的还是试探革命党人对自己的看法和态度。通过这两次接触，他心中有了底数，很为高兴；但革命党人拒绝和谈的强硬态度又使他怒不可遏。并且认为，若不挫其锐气，和议固然无望，就是自己的半世威名也将尽付东流。遂决

① 《闵文昌旧存有关武昌起义的函电》，《近代史资料》创刊号，第70－71页。

② 曹亚伯：《武昌革命真史》正编，第263页，中华书局，1930年。

③ 郭孝成：《议和始末》，《辛亥革命》8，第65－67页。

定发动进攻，给民军以重创，狠狠地叫他们吃一点苦头，然后再回过头来和谈。于是他在北上组阁时对军事重新做了部署，令冯国璋速悬重赏，倾全力攻克汉阳。

汉阳一面临长江，一面濒汉水，据有龟山之险，是个险要重镇。北洋军用炮猛轰，企图先发制人，夺取优势。民军则奋勇反击。在开始的几天，两军互有胜负，各不相下。16 日夜，黄兴指挥民军潜渡汉水，反攻汉口，未获成功。在战斗处于胶着状态时，袁世凯派张春霆、刘承恩同黎元洪的代表孙发绪进行谈判，但没有达成任何协议。袁世凯遂檄调援军，会同冯国璋所部强攻。23 日晨，北洋军强渡汉水，民军因多是未经训练的新兵，终于不支，退守三眼桥。次日民军渡江，欲断北洋军后路，也未能如愿。其后双方在美娘山、仙女山、扁担山等地激战两昼夜，反复争夺险要，阵地几度易手，民军终因实力悬殊，伤亡惨重，退至十里铺一线。

11 月 26 日，袁世凯为迫使民军坐到谈判桌前来，特地会见了英国驻华公使朱尔典，表示愿意停战，与民军进行谈判，请其居间调停。朱尔典即电示驻汉口署总领事葛福，将此意转致黎元洪。

与此同时，袁世凯又命北洋军加强攻势，进占十里铺。27 日，北洋军夺取龟山，占据汉阳。

湖北军政府立即召集紧急会议，讨论战守问题。总司令黄兴因汉阳失守，深感惭愧，提出要到上海组织力量，谋攻南京，以为武昌声援，之后即去上海。

北洋军占领汉阳，据有龟山之险，如果渡江强攻，乘胜而进，武昌民军是否能固守得住很成问题。但袁世凯的目的主要是夺回汉阳，使民军知道他的厉害，不能目中无人，屡拒和谈，而不是一鼓荡平武昌；同时，保存武昌，给民军留下一块地盘，既显示了自己对民军的宽大忍让，保留了和谈的对手，又可证明民军力量仍旧不可轻视，继续向清王朝进行要挟。所以他只准北洋军用炮隔岸向武昌城头轰击，不准渡江进取。建功心切的冯国璋几次请求乘胜进攻，袁世凯均未批准。后来他把冯国璋调走，改派段祺瑞接统第一军。段祺瑞接受了袁世凯的秘密指令，按兵不动，整个军事行动便戛然而止了。袁世凯以为武汉三镇业已失去两镇，武昌唾手可得，总算教训了民军，乘机进行和谈，民军不难俯首听命。

为使和谈获得成功，袁世凯这次来了个双管齐下，同时把两条线通进武昌：一是原来的刘承恩、蔡廷干，另一条则是他的长子袁克定。

汉阳刚刚陷落，袁克定就密遣朱芾煌带着汪精卫的信往见革命党人。信中说："袁世凯将率北军反正，即请南军举袁为临时大总统，以免兵连祸结。"①

朱芾煌和汪精卫都是同盟会会员，袁克定如何能派朱芾煌持汪精卫的信去见革命党人？其中大有奥妙。朱芾煌过去与袁克定有交往，武昌起义后，他估计到袁世凯必然得势，便前往彰德，劝袁世凯趁机把清政府的军政大权夺过来，然后投效革命，革命派一定会推其出来统一中国，并表示他愿意做革命党方面的疏通工作。袁世凯认为此人有些用处，便留做策士，待以上宾之礼。

汪精卫能说会道，在同志中有些威信。1909 年他看到革命屡起屡仆，对前途丧失信心，想从事暗杀活动，作孤注一掷，博取壮烈的美名。1910 年 4 月，他追随同盟会员喻云纪、黄复生之后，从日本回国，谋炸摄政王载沣。不料被军警识破，同黄复生、罗世勋一起被捕入狱。清廷正在预备立宪，因他们都是政治犯，未把他们处以极刑。1911 年 11 月 6 日，清政府为怀柔革命党人，应法部奏请，将他们三人开释，发交两广总督张鸣岐试用。袁世凯当时尚在湖北，得知后立即电告留下三人，以待其来。黄复生、罗世勋闻之大惊，当即避地他去。汪精卫则独留北京，投靠了袁世凯。他无耻地吹捧袁世凯，说："中国非共和不可，共和非公促成不可，且非公担任不可。"② 在袁世凯的指使下，11 月中旬，他和立宪派的首领杨度共同发起组织国事共济会，宣扬中国是实行君主立宪还是民主立宪，南北任何一方都不能决定，只能听之于国民公意。他们成立此会，意在要求双方停战，发

---

① 李西屏：《武昌首义纪事》，湖北省政协编《辛亥首义回忆录》第 4 辑，第 71 页，湖北人民出版社，1961 年。

② 张国淦：《辛亥革命史料》，第 115 页。

起召开国民会议，实行国民公决；一旦国民会议决定，双方必须服从，否则即为国民公敌。反对将革命进行到底，制造和谈空气，为袁世凯张目。

朱芾煌由武昌过江归来时，冯国璋（当时尚未调走）的军队怀疑他是间谍，从他身上搜出一张袁世凯任直隶总督时的通行护照。冯国璋让参谋长张联棻讯问，朱芾煌称不见冯国璋不谈。冯国璋难辨真伪，电询袁世凯。袁世凯复电说："此人不是好人，专门在外破坏你我兄弟名誉，请你就地正法。但克定刻不在京。"粗心的冯国璋拟把朱芾煌杀掉。细心的张联棻急忙阻止说："最后一句话有文章，此人杀不得！"于是又电询在彰德的袁克定。① 袁克定答称："朱君芾煌系弟擅专派赴武昌。良以海军尽叛，我军四面受敌，英人有意干涉，恐肇瓜分，是以不得不思权宜之计，以定大乱。……朱君生还，如弟之脱死也！"② 冯国璋知朱芾煌有来头，惹不起袁克定这位大爷，赶快派人把朱芾煌送走。袁克定的活动完全是在袁世凯的授意下进行的，可是他对冯国璋不肯直说，几乎使朱芾煌丧命。

11 月 28 日，袁世凯奏请朝廷颁布上谕，命刘承恩、蔡廷干驰往汉口、武昌，"反复开导"革命党人。刘承恩、蔡廷干到武昌后，由于革命党人反对，又失意而归。但袁世凯为夺取政权，并不因此灰心丧气，仍然孜孜以求。他请英使朱尔典电告驻汉口总领事葛福出面调停，提出停战三日，与湖北军政府接洽。经过几度磋商，湖北军政府和已到武昌的各省代表同意停战，与袁世凯的代表进行谈判。12 月 2 日，民军攻克了南京，南北双方达成武汉地区停战三日的协议。

袁世凯试探与民军进行和谈，遭到溥伟、善耆等皇室贵族和一些效忠清室的汉族大臣的反对。他们已经洞察袁世凯的居心，厉声质问："龟山大捷，汉口〔阳〕收复，乘胜渡江，武昌指日可下，为何既打胜仗，尤需停战言和？"

袁世凯费尽九牛二虎之力，几经波折，终于使和谈开始实现，怎能

---

① 张联棻：《记辛亥武汉之战》，《辛亥革命回忆录》6，第 382－383 页，中华书局，1963 年。

② 《袁克定致冯国璋函》，《近代史资料》总 45 号，第 89 页。

容忍他们从中作梗？听到他们的指责，即与徐世昌商议，尔后软中带硬地回答说："汉口〔阳〕虽已收复，南京又告陷落。南京要冲，倍于武汉。党人势大，国人受其蛊惑，人心浮动，军心更形不稳。议和是一时权宜之计，岂能忘恩于清室？期以三年，必败党人。若以天下为孤注，殷鉴不远，噬脐何及！"① 经此一骗一吓，皇室亲贵们不再有所表示，袁世凯轻而易举地摆脱了他们的缠扰。

---

① 张达骧：《我所知道的徐世昌》，《文史资料选辑》第48辑，第224页。

十六　巩固根本

北方是袁世凯惨淡经营多年的根据地，是北洋军的老巢，是操纵、挟制清廷的最佳所在，是对抗民军的大后方。他一直把抓到清廷的军政大权，确立自己在北方的统治，巩固根本，看作当务之急。因此，他不允许北方有任何风吹草动，所采取的唯一方针，就是镇压破坏革命运动。

在袁世凯入京组阁之前，发生了第六镇统制、革命党人吴禄贞在石家庄突然遭人枪杀的惊人大案。事发之后，清廷马上命段祺瑞前往查办，结果不了了之，至今仍是一桩悬案。由于袁世凯涉嫌，有必要首先交代一下。

吴禄贞字绶卿，湖北云梦人，是留日学习军事的第一期士官生，与张绍曾和蓝天蔚同学，被人誉为“士官三杰”。他们均受革命党人影响，倾向革命。吴禄贞和清宗室良弼（清初睿亲王多尔衮之后）也是同学，二人政治主张不同，但私交很厚。吴禄贞 1900 年 8 月曾秘密回国，参加唐才常的自立军，在安徽大通起义，失败后回到日本。1902 年毕业回国，在张之洞的新军中任营务处帮办、将弁学堂教习。后由良弼推荐，到北京担任练兵处军学司训练科马队监督。1907 年到奉天充任军事参议，帮助陈昭常办理延吉边务，与日本进行交涉，挫败了日本妄图吞并延吉的阴谋，声誉极著。1909 年 4 月升任延吉边务督办，并任陆军协都统。1910 年调回北京，补授镶红旗蒙古副都统。

为了替革命打好基础，李书城建议吴禄贞设法出任湖南或山西巡抚，并请慷慨好义的黄恺元从家中汇来二万两银子，吴禄贞即前往贿赂奕劻。几天后，奕劻告诉吴禄贞，保定陆军第六镇统制正需人补缺，可先去履任。吴禄贞认为统制有实在兵权，保定离北京较近，将来攻取北京容易，很高兴地就任了第六镇统制。但他到保定一看，这支由袁世凯训练的军队已经相当腐败，官兵暮气沉沉，非常丧气。他很想撤掉一些军官，彻底整顿一番。一天，特下手谕：十二协统领周符麟烟瘾甚深，行同盗贼，应即撤职，遗缺以张联棻呈部奏补。呈文上去以后，陆军大臣荫昌不予批准。吴禄贞气极，致函荫昌，说明周符麟如何不称职，同时指责荫昌只知做官，不尽职守，有负国家委任，语气凌厉非常。之后他又亲至陆军部交涉，大吵大闹一通。在他的坚持下，陆军部将周符麟撤职，遗缺让第二十四标统带吴鸿昌署理。荫昌以其太不恭顺，经常横加刁难。吴禄贞见整顿不成，将来第六镇在革命中不会发生多大作用，遂萌退志，长期住在北京，不大过问第六镇的事情。

为整军耀武，显示禁卫军的威力，清政府预定在1911年10月于直隶永平府（今河北省卢龙县）举行秋操。吴禄贞、张绍曾、蓝天蔚所部均奉令参加。吴禄贞准备相机举事，引起清政府怀疑。正在这时，武昌起义爆发，清政府马上停止秋操，调禁卫军拱卫京畿，令新军各回原防待命。张绍曾拒绝执行，屯兵滦州，待机而动。

武昌起义的次日，陆军部决定将吴禄贞的一标步兵、一连炮队开赴汉口前线。14日又改令将其所部第十一协改编为一个混成协，由统领李纯率领，随同荫昌开拔。吴禄贞为和武汉民军取得联系，采取联合行动，曾以自己是湖北人为理由，要求随军去鄂，劝导民军解甲反正。后发觉荫昌有借故陷害之意，未再南下。

在起用袁世凯问题上，皇族亲贵分为两派，一派主张起用，一派竭力反对。反对派，特别是其中的少壮派，如良弼、载涛等人，对袁世凯敌视尤甚。他们“以为亡清必袁，屡次密议如何铲除之方法。袁南下督师，山西变起，私拟以吴所统第六镇扼京汉铁路中段，阻袁北上”。[1]他们与保皇派中的顽固腐朽集团不同，主张依靠新势力维护清室，想与吴禄贞结成临时的联合战线，利用吴禄贞的力量将袁世凯除掉。吴禄贞

① 张国淦：《辛亥革命史料》，第207页。

则既想铲除袁世凯，又要推翻清廷，达到革命目的。二者的根本立场截然对立。

10月29日，山西独立。张绍曾截留运往前线的军火，其中下级军官多数亦赞成革命，见时机成熟，要求他率部起义。他认为本镇高级军官多是保皇派，若仓猝起事，一定没有好结果，坚主先向清廷陈述国是意见。因此，与蓝天蔚等人联衔电奏十二条政纲，提出改革政治的要求。尽管政纲并未超出君主立宪的范畴，但奏折中“当此时局岌岌，亿众之向背实为可虞，万一中途遄征，军心不固，大局益陷于不可收拾之地”[1] 一段话，对清廷隐含着巨大威胁。清廷惊惧异常，一面致电张绍曾，嘉许其爱国之诚，告以已经另组内阁，应其要求派员起草宪法；一面派吴禄贞前去滦州宣慰，并借以观察吴禄贞的形迹。

吴禄贞到了滦州，不但没有“宣慰”，反而把将士召集起来，发表演说，鼓励他们：“荫昌倾北京兵南征武昌，诸君倘偕我倒戈，掩北京不备，可无血刃而定。然后绥靖士民，易置帝政，而传檄东南，释甲寝兵，天下事大定矣，奚以立宪为!”[2] 大家听了欢欣鼓舞，齐声应诺。吴禄贞又和张绍曾密议，合力进攻北京。张绍曾与统领们协商，潘矩楹不同意，会议无结果。事为清廷知悉，立即密令将滦州车站所有车皮全部调进北京，以防运兵；同时急调吴禄贞的第十二协吴鸿昌部开赴山西镇压民军，拆散吴、张的联合行动。吴禄贞闻讯当即离开滦州。

10月31日，吴禄贞赶到石家庄，即令已前进到井陉的吴鸿昌部退回，派参谋何遂、周维桢等前往山西“招抚”，实际是与山西民军秘密联络；同时派人南下与黎元洪取得联系。而他却电奏清政府，报告乏驴岭战役取得胜利，山西民军已允输诚，“顷已下令停止攻击，并即单骑赴娘子关抚慰”。[3] 谎报军情，麻痹清廷。

清廷降旨嘉奖，授吴禄贞署山西巡抚，思以官位打动其心，取消异图，西进太原，解除京汉路中段威胁。

11月4日，北京开往前线的一列装满饷银、枪弹、粮食和服装的火

---

① 《清末筹备立宪档案史料》上册，第99页。
② 钱基博：《吴禄贞传》，《辛亥革命》6，第371页。
③ 《中华民国史档案资料汇编》第1辑，第196－197页。

车经过石家庄，为吴禄贞部所截扣。

接着，吴禄贞向清廷电奏："自湖北兵变，各省响应，如决江河，莫之能御。为今之计，莫若大赦革军而息战事。夫革军之所以敢冒不韪、赴汤蹈火而不辞者，固欲求国民幸福，而非甘心与国家为难也。现禄贞已经招抚晋省混成一协、巡防二十余营，可供征调。如蒙采一得之愚，请饬冯国璋军队退出汉口，愿以只身赴鄂，说以大义，命其投诚，以扶危局。倘彼不从，当率所部二万人以兵火相见。朝廷若不速定政见，深恐将士愤激，阻绝南北交通，而妨害第一军之后路，则非禄贞所能强制也。抑更有言者，官军占领汉口，焚烧掠杀，惨无人道。禄贞桑梓所关，尤为心痛，此皆陆军大臣荫昌督师无状，司长丁士源、易廼谦逢迎助虐，应请圣裁，严行治罪。"① 又致电军咨府："主张南北停战。南方不听，自告奋勇讨伐；北方不听，断其后路！"②

两电威胁的严重性是不言而喻的。因吴禄贞站在第三者的立场上说话，尚未公开打出"叛逆"的旗帜；加上无能为力，清廷的回答只能是忍让，谓其所陈各节，均极中肯，嘉奖了他的"招抚"之功，要其"先靖西路之乱，以固根本"。③

6 日，吴禄贞与山西都督阎锡山会晤于娘子关，表示不当山西巡抚，亟愿与山西民军携手，共同进行革命。他说："现在山西的成败很要紧。山西的独立使京畿震动。我已经和二十镇统制张绍曾、协统蓝天蔚联系好了，山西的军队，张、蓝的军队，加上我们第六镇的队伍，会师北京是一定可以成功的。现在袁世凯派人到武汉捣鬼，他是有阴谋的，我们如果早到北京，就可以把他的计划完全打破。因此，山西的成败关系重大。"④ 当即议定成立了燕晋联军，推举吴禄贞为大都督兼总司令，阎锡山为副都督兼副总司令，温寿泉为参谋长；山西拨出两营，归吴禄贞指挥。当晚，吴禄贞回到石家庄。

周符麟自被吴禄贞强行撤去十二协统领后，对吴禄贞怀有切齿之

---

① 张国淦：《辛亥革命史料》，第 204 页。

② 张国淦：《辛亥革命史料》，第 206 页。

③ 《宣统政纪》卷 40，第 47－48 页。

④ 何遂：《辛亥革命亲历纪实》，《辛亥革命回忆录》1，第 476 页，中华书局，1961 年。

仇，时刻想着报复。荫昌督师南下，周符麟随专车同往汉口前线，常于喝醉酒之后掣其所佩之刀，恶毒咒骂吴禄贞。这时他来到石家庄，用两万元收买了骑兵第三营管带马蕙田。马蕙田与周符麟系东北同乡，在延吉时跟随吴禄贞，颇为吴禄贞所信任，曾任其为卫队长。6 日晚上，何遂得知周符麟、马蕙田秘密召开会议，行动有异，立即报告吴禄贞。吴禄贞说："不要紧的，骑兵营营长马蕙田担任警戒，他是我的心腹，靠得住。"稍晚，何遂又向吴禄贞报告。吴禄贞说："禁卫军一团人天天跟在身边我还不怕，这几个人怕什么？"何遂说："山西军队就快到了，是否派一营人来做你的卫队。"吴禄贞答道："不用了。"①

吴禄贞生平为人志大气豪，以为躲避是懦弱的表现，想用胆量和威风震慑敌人，又过于相信马蕙田的忠诚可靠，所以没有听取同志的劝告，采取必要的应急措施。他甚至把马蕙田传来说："听说你要杀我，你就杀罢！"马蕙田急忙跪下，说："统制待我甚厚，我天胆也不敢！"吴禄贞说："量你也不敢！起来，去吧。"②

7 日凌晨，吴禄贞正在车站办公室批阅文件，马蕙田带着几个同伙进来，对吴禄贞说："来向大帅贺喜。"他打下千去，即抽枪向吴禄贞射击。吴禄贞越窗出室，为伏兵击中牺牲，头颅也被凶手割去。参谋张世膺、副官周维桢同时死难。

究竟谁是杀害吴禄贞的元凶？有的说是袁世凯主使，有的说是清政府干的勾当，有的说是良弼重贿周符麟刺杀的，还有的说是周符麟报私仇。但都是道听途说或出于揣测，难下结论。

说是袁世凯主使的人比较多，如从小就跟袁世凯当贴身随从，以后提拔为军官，被袁世凯视为心腹的唐天喜在事后就对人说："袁世凯知道吴禄贞有胆略，很能干，有政治野心，又倾向革命，很嫉妒他。吴也反对袁世凯。在清朝宗室中最反袁的是良弼，吴与良弼是日本士官同学，极为友善，更遭袁的猜忌。"清政府任吴禄贞为第六镇统制，就是想利用吴禄贞在新军中牵制袁世凯。袁世凯"不止一次说要杀吴禄贞，

---

① 何遂：《辛亥革命亲历纪实》，《辛亥革命回忆录》1，第 477 页。

② 元柏香：《吴禄贞被刺事件鳞爪》，《辛亥革命回忆录》8，第 253 页，文史资料出版社，1982 年。

有时不明说，用右手作砍杀的手势代替”。清政府派吴禄贞为山西巡抚，“袁更恨吴”。“袁世凯亲到孝感视师，因前线需用军火甚急，袁连电催运，清政府接济袁的军火列车，在石家庄被吴禄贞截扣，袁听了，急得吐了两口血。袁知道吴禄贞决心要在北京起义了，就决心要杀吴禄贞，即派人贿通第六镇协统周符麟，唆使管带马步周（即马蕙田）行刺。”①

据曾毓隽讲：“有人携吴（禄贞）之首级来报功者，周符麟报之于段（祺瑞），余适在侧。段告周云，此案中央作如何处理，尚不可知，汝与之五千元，告其速去。”② 周符麟公然敢于带着凶手请功领赏，奉清廷之命查办此案的段祺瑞不将凶手拿获，反酬其劳，说明段祺瑞知道刺杀吴禄贞的内幕。

1924 年段祺瑞的长子段宏业与何遂闲谈时，曾大大称赞马蕙田“是英雄，够朋友”，说由于马蕙田的行动，“省了不少不少的事”。③ 省了谁的事？无疑是省了袁世凯的事。因为吴禄贞被害，北方的革命遭受严重挫折，给袁世凯减去许多麻烦，也使得袁世凯避免了南北夹击、腹背受敌的挨打局面，得以从汉口前线顺利北上，实行夺权计划。总之，不论袁世凯是不是刺吴的主谋，吴禄贞之死对他来说，是极为有利的。

袁世凯进京后，军权、政权一起抓。在军事未定的借口下，他首先取得了近畿各镇和各路军队及姜桂题所部的军事节制、调遣权。接着，又调冯国璋为禁卫军总统官，把禁卫军的领导权从皇族手中夺过来。又改编自己的卫队为拱卫军，拱卫京城，任段芝贵为统领。再加徐世昌操纵的军咨府，赵秉钧掌握的民政部，军警大权均垄断于他一人之手。

在行政方面，袁世凯奏请所有与立宪制度抵触的事项暂时一律停止。主要是：（一）除国务大臣外，其余召见官员均暂停止，总理大臣不必每日入对。（二）除国务大臣外，各衙门应奏事件均暂停止。所有从前应行请旨事件，均咨行内阁核办，必须具奏者由内阁代递，凡无须必请上裁事件，均以阁令行之。关于皇室事务，宗人府、内务府、銮舆卫、钦天监等衙门仍可具奏，奏后知照内阁，但所奏以不涉及国务为

---

① 任芝铭：《袁世凯刺杀吴禄贞之我闻》，《辛亥革命回忆录》8，第 250 −251 页。
② 曾毓隽：《忆语随笔》，《文史资料选辑》第 41 辑，第 21 页。
③ 何遂：《辛亥革命亲历纪实》，《辛亥革命回忆录》1，第 481 页。

限。（三）各部例行及属于大臣专行事件，无须上奏。（四）向由奏事处传旨事件，均暂停止。内外折均递至内阁，由内阁拟旨进呈，再请钤章。按照这些要求，所有政令政务都集中到内阁，皇权被削夺殆尽。

自此之后，载沣丧失了执政的实权，被迫辞去形同虚设的摄政王。12 月 6 日，隆裕太后准其以醇亲王退归藩邸，岁给俸银五万两，不再预政。嗣后用人、行政，均责成内阁总理大臣、各国务大臣担负责任。袁世凯终于把清廷的权力攫取在手，清廷只剩下一个寡妇隆裕太后，一个无知的小皇帝溥仪，更易被其利用了。

袁世凯还不能高枕无忧，北方的革命之火也在燃烧，如任其蔓延扩大，腾起烈焰，势必动摇刚刚到手的地位，甚至可能被活活烧死。因此，凡在北方发生的革命，他都毫不留情地予以镇压。

山西近在咫尺，民军得势，将震动京畿根本，关系至为重大。故吴禄贞被暗害后，袁世凯即派段祺瑞去山西处理“善后”，继之任命张锡銮为山西巡抚，命曹锟率第三镇北洋军全力进攻民军。山西都督阎锡山见大兵压境，畏敌如虎，不战而溃，由娘子关逃回太原；北洋军尚在数百里外，他又弃守太原，窜往别处，成了“长跑将军”，太原很快落人袁世凯的势力范围之内。

武昌起义后，保定的革命党人密谋响应。张雨岑、南琴轩、段炳中、李锐夫等人因素与晋北、归绥的同志有联络，于 10 月下旬同赴张家口，会见当地同盟会员李飞仙，布置起义。11 月下旬，归绥、晋北举义，张雨岑等人立即召开紧急会议，议决在保定迅速发动，予以声援，并乘势北上幽燕。后因枪弹不敷分配，起义推迟。11 月 27 日，再次运送的枪弹被查出，清军捕去数十人，李飞仙等人惨遭杀害，起义被镇压。

北京、天津、保定一带存在着许多革命小团体，互不统属，力量分散，严重影响革命活动的开展。为推动北方革命，北京同盟会派冷公剑为代表，前往武昌会见黎元洪，请求派人北上主持革命。黎元洪即委派胡鄂公为湖北军政府全权代表，胡鄂公于 1911 年 11 月 24 日抵达天津。

对京、津、保一带的革命，袁世凯开始时既公开武力镇压，又指令汪精卫从内部进行破坏。此时的汪精卫已成为袁世凯的忠实走狗，袁世凯经常单独召见他，密谈至半夜。袁世凯对他说："汝能持之，则团体之发展，暗杀之组织，恣汝为之可也。"① 就是说，你如果能控制得住革命党，按我的意图行动，我就不加限制。汪精卫居然答应了他的要求，按照他的秘密指令，在革命阵营内部干了一系列罪恶勾当。

胡鄂公到天津以后，首先与共和会取得了联系。不久，汪精卫即把京、津、保地区的革命活动情况密报了袁世凯。并从胡鄂公处要走活动经费，诡称袁世凯已计划好在11月29日晚十点进攻清室大内，届时由革命党鸣炮为号，发难于正阳门、崇文门、宣武门诸处；袁世凯则令禁卫军第四标由西直门攻入西华门，袁克定率兵三千攻入东华门进行策应。胡鄂公因汪精卫谋炸载沣的大名，把他视为革命之士，信之不疑。起事之后，袁克定与禁卫军根本没有行动，只有革命党人按照计划进攻，结果有十多人被军警密探捕去。11月底开会讨论成立天津民军司令部问题时，汪精卫想当总司令，未果。为争夺领导权，汪精卫又与李石曾、黄复生、赵铁桥等人在天津成立了中国同盟会京津保支部，自任会长。

12月初，京、津、保、通州和石家庄的共和会代表开会，议决成立鄂军代表办事处，由胡鄂公任代表，以集中革命力量，进行统一指挥；并确定共和会同志均加入同盟会。这天，革命党王钟声等七人遭到天津防务大臣张怀芝逮捕枪杀。

12月9日，各地革命党代表开会，讨论起义问题，同时议决组织暗杀团，刺杀袁世凯、张怀芝。刺袁暗杀团由张先培负责，刺张暗杀团由薛成华负责。

由于汪精卫担任京津保同盟会会长，一些同志对他有怀疑，仍不愿加入同盟会。胡鄂公乃于14日联络各革命团体，组织北方革命协会，进一步把革命力量统一起来。

12月18日，直隶省任丘县和雄县的革命党人聚集七十多人，推靳广隆为首领，在任丘县的娘子营村起义。袁世凯闻讯，立即派淮军两营进剿，起义军英勇奋战，终因寡不敌众而失败，靳广隆等九人同时

---

① 胡鄂公：《辛亥革命北方实录》，《辛亥革命》6，第280页。

殉难。

汪精卫不仅从行动上破坏革命，而且从思想上瓦解革命党人。他多次宣扬袁世凯倾向共和，对袁世凯有利，即是对革命有利；袁世凯期待和议甚殷，治军甚严，不会逮捕杀害党人，但党人在和谈期间要停止行动，企图要革命党人放下武器。

为使和谈朝着有利于自己的方向发展，12月27日，袁世凯派汪精卫为和谈总代表唐绍仪的秘密参赞前往上海。行前，袁世凯让袁克定同汪精卫结为把兄弟，进一步加以笼络。从此，汪清卫到上海去完成一项新的为袁世凯效劳的使命，袁世凯对北方革命则一变而为单纯的武装镇压。

革命党人未因任丘、雄县起义失败而气馁，继续加紧在北京、通州、滦州等地的军队中做工作，准备更大规模的起义，活动的重点是驻滦州的第二十镇。

张绍曾在职时，直隶、奉天的不少革命党人均曾至该镇奔走联络。10月下旬，王葆真直接来见张绍曾，游说率部起义。张绍曾请王葆真与驻天津的领事团接洽，同顺直咨议局联络。王葆真当即赴津会见咨议局议长、议员，议长、议员闻听非常高兴，表示如第二十镇宣布起义，经过天津组织政府，咨议局完全担任筹拨军饷，按时供应。王葆真又走访各国领事，及至交涉好，吴禄贞已被刺杀，张绍曾亦经袁世凯奏请解除兵柄，统制由潘矩楹继任。第二十镇的官兵力挽张绍曾不要卸职，率部起义。张绍曾因吴禄贞已死，觉得势孤，遂萌退志，对管带王金铭、施从云等人说：“君等所言，已见肝胆，吾亦有心，宁不感动？惟北方倡义，缓急可恃者，仅驻保之六镇。吴禄贞遇害，应援断绝，曩昔筹议尽成泡影，我军势孤，独鸣岂易！且泾渭分流，萧墙可虑，铤而走险，徒取败亡。少待时机，较有把握。”①

王金铭、施从云见张绍曾消极，不可强留，毅然挑起领导革命的重担，积极鼓动官兵准备起义。

袁世凯害怕第二十镇官兵起事，“根本动摇”，电令东三省总督赵尔

① 罗正纬：《滦州革命纪实初稿》，《辛亥革命》6，第343页。

巽速饬曹锟的第三镇开往北戴河、昌黎一带严密防范[①]，并奏请将蓝天蔚开缺；同时密令潘矩楹在内部加强戒备，限制官兵自由，将军队分调各地，拆散革命力量。

天津的革命党人鉴于张绍曾离职后中下级军官对清廷更加不满，越发把第二十镇官兵作为策动的主要对象，先后派凌钺、王葆真、孙谏声、白毓昆等人向第七十九标的官兵做工作，催促王金铭、施从云等营独立。王金铭、施从云正与驻海阳的管带冯玉祥等人秘密联系，准备发动，遂召开军事会议，为免起义事业遭到反对革命的统带岳兆麟和通永镇总兵王怀庆的阻挠，决定拟推其中一人为大都督。

12 月 31 日，王金铭、施从云、冯玉祥电告袁世凯、顺直咨议局和上海议和代表，要求实行共和，指出："全国人民渴望共和政体之实现，甚于枯苗之望霖雨，诚以非共和难免人民之涂炭，非共和难免外人之干涉，非共和难免日后之革命。"[②] 王金铭、施从云谏请岳兆麟担任北方革命军政府大都督，率众宣布独立。岳兆麟不敢答应，次晨逃往开平，向王怀庆告密。王怀庆立刻电告袁世凯。袁世凯一面调遣曹锟第三镇陈文运部赴滦州防堵，一面派王怀庆前往滦州便宜行事。

1912 年 1 月 1 日，王怀庆到滦州威胁官兵放弃起义，王金铭等人不从，反推举其为大都督。王怀庆一看摆脱不掉，佯为答应。次日，走在路上，乘人不备，策马逃逸。

3 日，官兵正式起义，成立北方革命军政府，推举王金铭为大都督，施从云为总司令，冯玉祥为总参谋长，白毓昆为参谋长，孙谏声为外交部长，通电全国，宣告滦州独立。

袁世凯立即命曹锟和王怀庆统带陆、淮各军前去剿抚，"勒限荡平"。同时下令对第二十镇的第八十标、七十八标、七十七标严密监视，不准有所行动，切断了他们和第七十九标的一切联系，冯玉祥也被拘禁起来。

1 月 4 日，王金铭率军誓师，准备挥戈西向。不意第三营管带张建

---

① 《内阁总理大臣袁世凯致赵尔巽电》，中国第一历史档案馆编：《清代档案史料丛编》第 8 辑，第 13 页，中华书局，1982 年。

② 罗正纬：《滦州革命纪实初稿》，《辛亥革命》6，第 350 页。

功突然据城攻击一、二两营，王金铭、施从云恐贻误时机，乃率两营七百余名战士于晚八点登上火车，扑向天津。次日三点，与曹锟部相遇于雷庄，因众寡悬殊，多数战士壮烈牺牲，王金铭、施从云等人均被杀害。白毓昆逃到古冶被执，从容就义。孙谏声留守军政府，遭张建功毒手。滦州起义又告失败。

通州的革命党人在滦州起义失败后亟谋发动，主持者为王治增、蔡德辰等人。他们在张家湾王治增宅设起义总机关，分头与京、津各界联系。蔡德辰利用华北协和书院师生与驻通州的毅军姜桂题部官兵的交谊关系，将毅军七个营中实力最强的四个营运动成功，议定由蔡德辰电请湖北军政府先发军饷两个月，饷到即行举事。王治增、蔡德辰等人召开会议，定于1月17日举义，攻克通州后便直捣北京。不料毅军中有人动摇，向姜桂题告密。15日深夜，姜桂题突派马队二百多人包围张家湾起义总部，逮捕王治增、蔡德辰等七人，旋即斩决。

对于袁世凯，许多革命党人都认为他是清政府的首脑，革命的最大障碍，为人阴险无信，早就想把他诛锄。蔡德辰等人被捕以后，北京的革命党人聚集在一起商讨办法，继之又得到袁世凯次日将去早朝的消息，遂召开紧急会议，决定刺杀袁世凯。1912年1月16日上午近十二点，袁世凯从宫中出来，乘双套马车由卫队保护着出了东华门，行至东华门大街时，革命党人从酒楼上投下炸弹，当即炸毙护卫管带袁振标，炸伤双套马车的两匹马，袁世凯侥幸未死，在卫兵簇拥下慌忙逃脱。十名革命党人被捕。17日，袁世凯下令将其中的张先培、黄芝萌、杨禹昌三人杀害。这次暗杀，袁世凯虽未丧命，也吓破了胆，急忙搬到地下室去办公，忙不迭派人向同盟会表示要“效忠革命，推翻清朝，并请各同志勿急”，还送给同盟会地下工作人员每人一张京津间的头、二等火车票，[①] 以示友好，实际是怕革命党人再打他的主意。

---

① 税西恒等：《记京津同盟会二三事》，《辛亥革命回忆录》6，第56、58页。

袁世凯遇炸后军警在搜查

1月26日，薛成华等五人在天津新车站谋刺天津防务大臣张怀芝被捕，薛成华当晚即被凌迟处死。

27日，北方革命协会决定1月29日夜十二点在天津举事，制定了起义的详细计划。29日晚，由于王一民和日本人谷村误放信炮，比原计划提前两小时，结果造成各路起义队伍行动不一，人未齐集就匆忙出击。敌人以强大火力反击，起义很快失败。正当他们准备再举义旗的时候，南北议和已经告成，清帝已决定宣告退位，北方革命协会遂宣布解散。

十七　南北议和

1911 年 11 月，南方半个中国基本上脱离了清政府的统治。由于革命发动缺乏统一领导，独立各省依然处于各自为政的状态。这种状态对革命发展极为不利，建立统一的革命领导机构势在必行。

11 月 9 日，湖北都督黎元洪致电各省，请派代表赴鄂商讨组织临时中央政府问题。11 日，上海都督陈其美和江苏都督程德全、浙江都督汤寿潜等人联合发出通电，请各省咨议局和都督府各派代表一名到上海开会，筹建政权。湖北方面以首义自居，不甘退让，派代表到上海力争。最后江浙方面让步，同意各省代表前往武昌开会，每省仍留一人在上海进行联络。

11 月 30 日，各省代表在汉口英租界举行第一次联合会。这一天，袁世凯通过英国领事提出了和谈的要求，代表立即表示同意。12 月 2 日，代表会议作出决议："如袁世凯反正，当公举为临时大总统。"① 他们认为，袁世凯力量强大，同他对抗，没有必胜的把握。如果他赞成共和，推翻清廷只在指顾之间，革命即可早日成功，可以减少流血牺牲，都同意用总统作为交换条件促袁反正，赶快停止战争。

12 月 5 日，各省代表会议议决和谈纲要四条：一、推翻清政府；二、主张共和政体；三、礼遇旧皇室；四、以人道主义待满人。并决定以汉口为议和地点，公举伍廷芳为议和全权代表，温宗尧、汪精卫、王宠惠、钮永建为参赞。6 日，南北双方约定武汉停战延期三天。

---

① 张难先：《中华民国政府成立》，《辛亥革命》8，第 13 页。

12月7日，清政府授袁世凯为与南方民军和谈的全权大臣。袁世凯即日委派唐绍仪为总代表，严修（未行）、杨士琦为代表，杨度等人为参赞，与民军进行和谈。次日，袁世凯召集各代表谈话，一本正经地定下了和谈的基调："君主制度，万万不可变更！本人世受国恩，不幸局势如此，更当捐躯图报，只有维持君宪到底，不知其他。"① "将来国民程度渐渐开通，懂得共和的真谛，再慢慢改为共和政体。"② 反复讲了数十分钟，说得非常"沉痛"，完全是一副忠于清室的面孔。身为清廷的内阁总理大臣，公开宣布这一宗旨是必然的。但他的表演是做给人看的，特别是给清廷和皇族反对派看的。

9日，南北双方议定，自9日至24日各战场均停战十五天。11日，唐绍仪率代表团抵达汉口。伍廷芳因事不能来汉口，约唐绍仪前往上海开议。

12月17日，唐绍仪一行抵达上海。次日，举行了南北议和首次会议。

20日，双方举行第二次会议。议定各战场继续停战七日。会上，伍廷芳提出：今日人心倾向共和，若非承认共和，别无议和之法。坚持必须承认共和，方能开议。

唐绍仪个人立即表示同意，并说："黄兴有电致袁内阁云：'若能赞成共和，必可举为总统。'此电由汪君转杨度代达袁氏，袁氏谓：'此事我不能为，应让黄兴为之。'是袁氏亦赞成，不过不能出口耳。""宜筹一善法，使和平解决，免致清廷横生阻力。"至于具体办法，唐绍仪提出召开国民大会，决定君主、民主问题，认为"开国会之后，必为民主，而又和平解决，使清廷易于下台，袁氏易于转移，军队易于收束"。③ 要求给予时间，做清廷的工作。会后唐绍仪以此事重大，电告袁世凯请示。

和谈开议以后，满族亲贵如恭亲王溥伟、肃亲王善耆等均持反对态度，他们公推代表又一次质问袁世凯："从前洪、杨革命，十三省都沦

---

① 张国淦：《辛亥革命史料》，第289页。

② 冯耿光：《荫昌督师南下与南北议和》，《辛亥革命回忆录》6，第357页。

③《南北代表会议问答速记录》，《辛亥革命》8，第77－79页。

陷，而胡林翼、曾国藩都能讨平，现在南方革命党并无多大实力，黎元洪、程德全都是政府官吏，公然叛逆，若不讨伐，成何体统?”

袁世凯回答得非常巧妙：“你要我讨伐黎元洪、程德全，我可以办得到的；你要我讨伐张謇、汤寿潜、汤化龙、谭延闿等，我是办不到的，他们都是老百姓的代表啊！假如你们不满意，我只有向太后辞职。”① 既用“老百姓的代表”不能讨伐的理由堵其嘴，又用辞职相威胁，亲贵们被他搞得哑口无言。

在正式议和之外，还进行着另一场秘密议和。发起人是直隶陆军学堂总办廖宇春、第一军参议靳云鹏和北京红十字会会员夏清贻。他们私自计议，南北兵力相当，长此下去，不是造成南北分裂，就是永无了期，全国人民万难忍受这种局面。南军宗旨在于实现共和，北军并不反对，唯因忠于袁世凯，才与南军为敌。如南军能推举袁世凯为总统，则共和可望，北军亦易于接受。遂决定以此意分别疏达南北两方。先到湖北见段祺瑞，段祺瑞首肯。廖宇春和夏清贻遂去上海，会晤南军参谋长顾忠琛等人，说明来意。

顾忠琛等人大喜，对廖宇春、夏清贻说：“吾党欲公举项城，正苦无阶。”当即表态：“项城果能颠覆清廷，为民造福，则大总统一席，南军愿以相属。”② 之后，顾忠琛立即向黄兴、程德全汇报。黄兴说：“前次各省推举某为临时总统，某所以坚辞不受者，正虚此席以待项城耳。”③ 立即委任顾忠琛为代表，与廖宇春、夏清贻谈判。

12 月 20 日，双方达成五项秘密协议，其中重要的两条是：确定共和政体，先推翻清室者为大总统。由于清廷在袁世凯掌控之中，协议显然是有利于袁世凯的。

不久，靳云鹏奉段祺瑞之命北上谒见袁世凯，请其赞成共和。袁世凯佯装大怒曰：“某为大清总理大臣，焉能赞成共和，以负付托?”靳云鹏阐述理由后，袁世凯又说：“南人希望共和则有之，北人恐未必然。”

---

① 刘厚生：《张謇传记》，第 192 页。

② 廖少游：《新中国武装解决和平记》，中国社会科学院近代史研究所近代史资料编辑组编：《辛亥革命资料类编》，第 365 页，中国社会科学出版社，1981 年。

③ 廖少游：《新中国武装解决和平记》，《辛亥革命资料类编》，第 366 页。

靳云鹏作了解释。袁世凯问："段军统之意若何?"靳云鹏答："第一军全体一致，主张共和，并议推举宫保为临时大总统。"袁世凯又假装惊异地说："军心胡一变至此？将置余于何地！若欲使余欺侮孤儿寡妇，为万世所唾骂，余不为也!"[①] 经靳云鹏婉词陈说，袁世凯始慨然说："汝曹握兵权者亦复如此，我尚何言！但使我得有面目与世人相见足矣。"[②] 就是说，只要能当上总统，又不落篡夺大清政权和欺负孤儿寡妇的恶名，不留下让世人唾骂的把柄，你们便可放手做去。

这时，列强又出来为袁世凯帮忙了。英国外交大臣葛雷声言："我们对于袁世凯极为尊敬，并怀有极其友好的情感。我们愿意在中国看到一个十分坚强的政府，……这样一个政府，将从我们得到我们所能给予的一切外交上的支持。"[③]

法国则大造舆论，希望袁世凯成为中国的"真主人"，说什么"袁世凯殊有统一全局之力量"，"于皇室及民党间，皆能保其良好之感情，或者彼渐超然于此二者之上，而为将来中国之真主人乎？此则吾外人之大幸也"![④]

12 月 20 日，驻上海的英、日、德、美、法、俄六国领事将同文照会分别递交伍廷芳和唐绍仪，以中国战争继续下去，将使外国人的物质利益与安全遭受重大危险为理由，要求双方早日达成协议，停止冲突，向南方民军施加压力。

12 月 27 日，唐绍仪提出召开国民大会，公决民主和君主的方案，致电袁世凯代奏。袁世凯接电后与徐世昌密商，"认为国体共和已是大势所趋，但对于宫廷及顽强亲贵不能开口。若照唐电召开国民大会，可由大会提出，便可公开讨论，亦缓脉急受之一法"。[⑤] 二人研究后又分头找奕劻密议，决定由内阁奏请隆裕太后召集王公大臣会议讨论。

次日，袁世凯与国务大臣一同将奏折递上，内称："唐绍仪计无所

---

① 廖少游：《新中国武装解决和平记》，《辛亥革命资料类编》，第 376 －377 页。

② 夏清贻：《运动北军反正记》，《辛亥革命资料类编》，第 404 页。

③ 《葛雷致朱尔典电》，上海社会科学院历史研究所编：《辛亥革命在上海史料选辑》，第 1182 页，上海人民出版社，1981 年。

④ 《欧报对于中国革命之舆论》，《辛亥革命》8，第 497 －498 页。

⑤ 张国淦：《辛亥革命史料》，第 294 页。

出，苦心焦思，以为只有速开国民大会，征集各省代表，将君主、共和问题付之公决之一法。其最近两次来电略谓：‘彼党坚持共和，不认则罢议，罢议则决裂，决裂则大局必糜烂。试思战祸再起，度支何如？军械何如？岂能必操胜算？万一挫衄，敌临城下，君位、贵族岂能保全？外人生命财产岂能保护？不幸分崩离析，全国沦胥，上何以对君父？下何以对国民？如召集国会，采取舆论，果能议决仍用君主国体，岂非至幸之事！就令议决共和，而皇室之待遇必极优隆，中国前途之幸福尚可希望。孰得孰失，情事较然。若再延缓，祸害立至’等语。又称：‘现计停战之期仅余三日，若不得切实允开国会之谕旨，再无展限停战之望，势必决裂，唯有即日辞去代表名目，以自引罪’等语。臣等接阅之下，忧心如焚。内察民情，外观大势，实逼处此，无可转圜。言和则词说已穷，言战则饷械两绌。即俯如唐绍仪国会公决之请，而用正当选举之法，选合格代表之人，其手续与时期均非旦夕所能蒇事。革党迫不及待，尚不知能否听从；而决定如何政体，亦难预料。事关存亡，解决非阁臣所敢擅专。唯有吁恳召集宗支王公速行会议，请旨裁夺，以定大计。”① 袁世凯装作万分为难的样子，把一个难题推给隆裕太后和皇室去解决，自己则避免了嫌疑。

隆裕太后不得已，于次日召集近支王公会议讨论。奕劻首先发言，表示赞成，其余诸人除毓朗、载泽外均附和奕劻。隆裕太后见多数人赞成，当即告知袁世凯，准唐绍仪所请，并让唐绍仪转告伍廷芳，先行罢兵，由内阁迅拟选举办法，协定施行。

唐绍仪将召集国会公决国体的意见转达给伍廷芳，伍廷芳同意。12月29日举行第三次会议，达成三条协议：一、召开国民会议，公决国体；二、国体未解决前，清廷不得动用已借之外款，亦不得续借；三、山西、陕西、湖北、安徽、江苏等处清军于五日内一律退出原驻地方百里之外，山东、河南等处民军所占之地，清军不得来攻，民军亦不得进取他处。对此，袁世凯表示赞成，电告段祺瑞退兵。

30日，举行第四次会议，就召集国民会议问题进行讨论，拟定办法

---

① 《宣统三年十一月初九日内阁总理袁世凯等奏折》，《辛亥革命》8，第225－226页。

四条：一、国民会议由各处代表组织，每一省为一处，内外蒙古合为一处，前后藏合为一处；二、每处各派代表三人，每人一票，不足三人者，仍有投三票之权；三、开会之日，到会人数达四分之三，即可开议；四、南方各省和山西、陕西代表由中华民国临时政府召集，北方各省代表由清政府召集，内外蒙古、西藏代表由两政府分电召集。唐绍仪将四条电告袁世凯，袁世凯不予承认。

31 日，举行第五次会议，伍廷芳提议次年 1 月 8 日在上海召开国民会议。唐绍仪电告袁世凯请示。袁世凯将内阁所拟国民会议选举办法九条电告唐绍仪，力主在北京召开。唐绍仪因所议条款不为袁世凯认可，提出辞职。袁世凯竟以唐绍仪与伍廷芳所达成的协议未先与他商明，遽行签订，逾越职权，批准唐绍仪辞职。并电告伍廷芳：嗣后应商事件，由他与伍廷芳直接往返电商。根本否认了唐绍仪与伍廷芳所达成的协议，和议顿时濒临破裂。

袁世凯的态度转变何以如此突然？一言以蔽之，他感到取得总统职位的希望渺茫了。前一段他以为和谈成功，总统即可到手，故劲头很大。现在情况不同了。

首先，正在袁世凯暗自兴高采烈之时，孙中山在南京就任了中华民国临时政府的大总统，此不啻是对袁世凯的当头一棒。孙中山先生是 1911 年 12 月 25 日抵达上海的，29 日，十七省代表选举孙中山为临时政府大总统。1912 年 1 月 1 日，孙中山在南京宣誓就职，宣告了中华民国的诞生。从这天起改用公历，以 1912 年为中华民国元年。孙中山当选总统，袁世凯感到自己受了革命党的欺骗。其实，孙中山是赞成袁世凯任总统的。从国外回到香港之后，他就对胡汉民、廖仲恺言："谓袁世凯不可信，诚然；但我因而利用之，使推翻二百六十余年贵族专制之满洲，则贤于用兵十万；纵其欲继满洲以为恶，而其基础已远不如，覆之自易。故今日可先成一圆满之段落。"① 对代表会议作出的决定他也表示同意。所以，在当选为临时大总统的当天，他就明确电告袁世凯：

① 《与胡汉民廖仲恺的谈话》，广东省社会科学院历史研究室、中国社会科学院近代史研究所中华民国史研究室、中山大学历史系孙中山研究室合编：《孙中山全集》第 1 卷，第 569 页，中华书局，1981 年。

"公方以旋转乾坤自任，即知亿兆属望，而目前之地位尚不能不引嫌自避；故（孙）文虽暂时承乏，而虚位以待之心，终可大白于将来。望早定大计，以慰四万万人之渴望。"① 告诉袁世凯不要怀疑，总统的位置将来推倒清廷后肯定让给他。但袁世凯并不相信孙中山有如此的坦荡胸怀，怀疑孙中山是在引诱自己上钩。袁世凯既然以小人之心度君子之腹，其忌妒、担心、失望、怨恨、愤怒等种种心情自然会交织扭结在一起而无法释然。

孙中山

其次，唐绍仪、伍廷芳在第四次会谈中所达成的四条协议不利于袁世凯。按照国民会议代表每省推选三人的规定，除内外蒙古、前后藏由南北双方召集外，袁世凯只能召集北方八省的代表，而南方却能召集十四省的代表，人数上比北方占着优势，将来选举总统是否一定推选袁世凯，在他看来又是个毫无把握的事情。所以，他故意批准唐绍仪辞职，制造紧张气氛，使和谈处于破裂的边缘。

为压迫革命党人屈从让步，在孙中山就职的当天，袁世凯唆使部将姜桂题、冯国璋、张勋等十余人联名电请内阁代奏："我北方将士十余万人均主君宪。现奉懿旨，将君主民主付诸公决。然革党强横，断不容有正式选举，则必仍徇少数人私见，偏主共和。我将士往返电征意见，均主死战，并已将利害电知唐、伍两代表。"② 以将领反对共和向南方施加压力。

孙中山知道袁世凯心中不踏实，1912 年 1 月 2 日再次电告袁世凯

---

① 《致袁世凯电》，《孙中山全集》第 1 卷，第 576 页。

② 《宣统三年十一月十四日直隶提督姜桂题等致内阁电》，《辛亥革命》5，第 317 页。据冯国璋说，此电事前并未与他会商，发电以后才告诉他，但对不认共和，已表同情于先了。说明他是承认此电的（见《辛亥革命》5，第 318 页）。

说：“文不忍南北战争，生灵涂炭，故于议和之举并不反对。虽民主、君主不待再计，而君之苦心，自有人谅之。倘由君之力，不劳战争，达国民之志愿，保民族之调和，清室亦得安乐，一举数善，推功让能，自是公论。文承各省推举，誓词具在，区区此心，天日鉴之！若以文为有诱致之意，则误会矣。”① 话说得相当诚恳，可是袁世凯仍不相信。

1月3日，南方代表选举黎元洪为副总统，通过了临时政府各部总长人选，成立了中华民国临时政府。

袁世凯暴跳如雷，怒不可遏。4日，他致电伍廷芳，说什么：“国体问题由国会解决，业经贵代表承认，现在商议正当办法，自应以全国人民公决之政体为断。乃闻南京忽已组织政府，并孙文受任总统之日宣示驱逐满清政府，是显与前议国会解决问题相背。”并气势汹汹地质问：“此次选举总统是何用意？设国会议决为君主立宪，该政府及总统是否立即取消？”②

伍廷芳理直气壮地驳斥道：“一、现在民军光复已十余省，不能无统一之机关。在国民会议未议决以前，民国组织临时政府，选举临时大总统，此系民国内部组织之事，为政治上之通例。若以此相诘，请还问清政府：国民会议未议决以前，何以不即行消灭？何以尚派委大小官员？贵大臣亦当无词，请先责己而后责人，方为公允。二、前与唐使订定国民会议第一条，谓国民会议取决多数，议决之后两方均须依从。来电所诘者，请还以相诘：设国会议决为共和立宪，清帝是否立即退位？盖国民会议所以能平和解决者，在其议决能使两方依从，既经两方全权代表签字作准，自应彼此遵行，无须再发疑问。”③ 驳得袁世凯理屈词穷，无言以对。

其后，双方反复争论的是开会地点、国民会议选举方法和退兵问题。表面看来，和议陷于停顿状态，实际上，唐绍仪、汪精卫等人一直在与伍廷芳进行着私下协商。1月8日，袁世凯与伍廷芳电商，各战场继续停战十五日。在此期间，袁世凯一面密令各军备战，准备痛剿革命

---

① 《民立报》，1912年1月6日。

② 观渡庐（伍廷芳）：《共和关键录》，第88页，著易堂书局，1912年。

③ 观渡庐（伍廷芳）：《共和关键录》，第88-89页。

军，一面授意其党羽广造舆论，一时“收拾大局，非袁莫属”之说，纷纷刊登于南北报章。

孙中山先生看到袁世凯无和谈诚意，北洋军叫嚣不已，乃决定出师北伐，自任总指挥，制定了六路北伐的计划。以鄂湘为第一军，由京汉路前进；宁皖为第二军，向河南前进；淮扬为第三军，烟台为第四军，向山东前进；合关外之军为第五军，山陕为第六军，向北京前进。一、二、三、四军达到目的后，即与五、六军会合，共同攻破北京。13日，北伐军柏文蔚部首战告捷，败北洋军于宿州，继之夺取了战略要地徐州。在河南、安徽、湖北等地战场上，也取得了胜利。

在袁世凯的请求下，列强对革命党人大肆恫吓。革命阵营中的一些领导人本来就害怕袁世凯的军事力量强大，主张只要袁世凯肯推翻清室，就给他一个民选的总统。列强一出来威胁，他们越发胆怯。汪精卫更是攻击孙中山先生有权利思想，说孙中山贪恋总统的名位而破坏南北议和。面对种种压力和掣肘，孙中山不得不将北伐终止下来。

1月14日，唐绍仪告诉伍廷芳，清廷正筹商“退处之方”，探询如清帝退位后，推举袁世凯为总统有多大把握。伍廷芳随即电告孙中山。次日，孙中山复电伍廷芳：“如清帝实行退位，宣布共和，则临时政府决不食言，文即可正式宣布解职，以功以能，首推袁氏。”①

这时，张謇、汪精卫、杨土琦、唐绍仪等人唯恐袁世凯错过机会，接二连三地敦促袁世凯痛下决心，当机立断。

张謇致电袁世凯说：“甲日满退，乙日拥公，东南诸方，一切通过。昨由中山、少川（唐绍仪字）先后电达，兹距停战期止十余小时矣。南勋北怀，未可得志，俄蒙英藏，图我日彰。即公所处，亦日加危。久延不断，殊与公平昔不类，窃所不解。愿公奋其英略，旦夕之间戡定大局，为人民无疆之休，亦即为公身名俱泰，无穷之利。”②

汪精卫致电袁克定转告其父：“项城雄视天下，物望所归，元首匪异人任。”③

---

① 《复伍廷芳电》，《孙中山全集》第2卷，第23页，中华书局，1982年。
② 张謇：《劝告袁内阁速决大计电》，《张季子九录》，“政闻录”卷4，第1页。
③ 甘簃：《辛亥和议之秘史》，《辛亥革命》8，第117－118页。

唐绍仪、杨士琦致电梁士诒转告袁世凯："清必倒，民国必成，宁使人诽谤为王莽、曹操，而西方华盛顿不能专美于前。孰得孰失，当能决之。"[1]

接到这些消息，袁世凯觉得时机差不多了，但还不是十分放心，又分别指使其党羽继续进行摸底工作。夏清贻到上海去面见黄兴，朱芾煌则电询孙中山持何态度。有一个党羽还恐吓说："若南方能举袁氏为全国大总统，则彼此当息干戈，永归于好，而袁氏亦必尽力迫胁清帝退位，暂守共和，为民国谋幸福；但如南方不允所请，则彼等当为袁氏效死力，决不迁就！"[2] 看到袁世凯愿意迫清帝退位，态度没有什么变化，黄兴遂答复袁世凯的党羽"如约"，孙中山也仍然表示愿意辞职，以袁世凯为代。

得到了当总统的明确保证，证明了孙中山不会欺骗自己，袁世凯的决心最终定了下来。他立即命令袁克定、梁士诒："为我电致少川（唐绍仪）、杏城（杨士琦）、精卫，并转秩庸（伍廷芳），谓势在必行，义无反顾。唯不能自我一人先发。已将斯旨训示北洋诸镇将及驻外专使、旅沪疆吏，令联衔劝幼帝退位，以国让民，一举而大局可定。另拟优待皇室条件，征南方同意。"[3] 自此之后，和议中的国民会议问题一变而为清帝退位问题。于是，袁世凯开始加紧了逼宫活动。

---

① 甘簃：《辛亥和议之秘史》，《辛亥革命》8，第 118 页。

② 白蕉：《袁世凯与中华民国》，第 19 页，人文月刊社，1936 年。

③ 甘簃：《辛亥和议之秘史》，《辛亥革命》8，第 118 页。

十八　加紧逼宫

在初入北京的一个时期里，袁世凯把反对共和的口号喊得震天价响，经常在人们面前表白："余深荷国恩，虽时势至此，岂忍负孤儿寡妇乎！"①"我自出山，即抱定君主立宪，此时亦无可改变。"②

有一天，在散朝外出的路上，世续指着自己脑后的辫子笑着问袁世凯："大哥，您对这个打算怎么办？"袁世凯肃然回答："您放心，我还很爱惜它，总要设法保全它。"③

南北正式议和之始，袁世凯还毕恭毕敬地对皇族亲贵讲："世凯受国厚恩，一定主持君主立宪。"④

不仅如此，袁世凯还屡次将此意对外宣言。1911 年 11 月 18 日，在召见日本驻华公使伊集院彦吉时他就声称："作为根本解决时局的办法，我个人始终主张非君主立宪政体不可。"⑤ 同月 23 日接见英国《泰晤士报》记者莫理循，又"力言大清万世一系为宜"⑥。1912 年 1 月初，他仍宣言"始终忠于朝廷，终身不为共和党所用"⑦。处处表现出他和清廷的利益是浑然一体、不可分割的，对清廷的深仁厚泽，只有肝脑涂

---

① 白蕉：《袁世凯与中华民国》，第 11 −12 页。

② 罗瘿公：《致任公先生书》，《梁启超年谱长编》，第 567 页。

③ 溥仪：《我的前半生》，第 41 页。

④ 溥伟：《让国御前会议日记》，《辛亥革命》8，第 111 页。

⑤ 邹念之编译：《日本外交文书选译——关于辛亥革命》，第 251 页，中国社会科学出版社，1980 年。

⑥《宣统三年十月初三日路透电》，《辛亥革命》8，第 144 页。

⑦《欧报对于中国革命之舆论》，《辛亥革命》8，第 499 页。

地，以死相报，决不能忘恩负义！其言语和态度，纯然一个大清王朝的坚决维护者。

然而，人们不只是听其言，还要观其行的。迨至得到南方推举其为总统的确切保证之后，袁世凯马上就撕去了假面具，毫不留情地进行逼宫了，皇恩浩荡的清廷刹那间成为势不两立的冤家对头。其故安在？此一时也，彼一时也。彼时，他需要清廷这个工具向民军讨价还价，迫使革命党人就范，故须信誓旦旦，对清廷示之以“忠”；此时，只要能推翻清廷，便可当上大总统，工具变成了绊脚石，故须将其一脚踢开，对民国示之以“忠”。维护君宪与赞成共和，同是出于政治需要，“忠”于清室与“忠”于民国，都是为了一个目的。

袁世凯的逼宫戏从1911年12月下旬就开始了。他首先让梁士诒转告驻俄公使陆徵祥等人，电请清廷让位。接到陆徵祥的电报后，他立即代为上奏。

继之，袁世凯上奏清廷：“库空如洗，军饷无着，请将盛京大内、热河行宫旧存瓷器发出，变价充饷，以救目前之急。”① 接着又指使姜桂题电奏清廷，饬各亲贵大臣，将所存款项分别提出，接济军用。隆裕太后只好允其所请，令宗人府传知各王公“毁家纾难”。但应者寥寥，奕劻拿出十万，其他人三万、两万、几千不等，如同剜掉心头肉一样。袁世凯叫清廷和王公输财赡军，原非单纯为多弄几个钱，主要是胁迫他们赞成共和，不再成为和谈的障碍。他还装作万分愤慨的样子大嚷：“既促我战，又吝我饷，是置我于死地！”② 做进一步威胁。并面奏隆裕太后，说军饷无着，哗变堪虞，逼着隆裕太后拿出内帑黄金八万两劳军。

然而，由于条件尚未成熟，上述的一切只不过是袁世凯整本逼宫连台戏的开场锣鼓罢了。当总统有了保证之后，他便正式粉墨登场，在赵秉钧、胡惟德、梁士诒、段祺瑞等人的密切配合下，将一幕紧似一幕的逼宫戏演下去了。

---

① 《宣统政纪》卷42，第7页。

② 杨玉如：《辛亥革命先著记》，第270页，科学出版社，1958年。

1912年1月16日，袁世凯与内阁大臣联衔上折密奏清廷，在讲了一通议和过程，海军尽叛，军饷无着，强邻虎视辽东，库伦不稳，人心涣散等危急万分的情况以后，笔锋一转，即进入了正题。它写道："环球各国，不外君主、民主两端，民主如尧舜禅让，乃察民心之所归，迥非历代亡国之可比。我朝继继承承，尊重帝系，然师法孔孟，以为百王之则，是民重君轻，圣贤业已垂法守；且民军亦不欲以改民主，减皇室之尊荣。况东西友邦，因此次战祸，贸易之损失已非浅鲜，而尚从事调停者，以我只政治之改革而已。若其久事争持，则难免不无干涉，而民军亦必因此对于朝廷感情益恶。读法兰西革命之史，如能早顺舆情，何至路易之子孙靡有孑遗也！民军所争者政体，而非君位；所欲者共和，而非宗社。我皇太后、皇上何忍九庙之震惊，何忍乘舆之出狩，必能俯鉴大势，以顺民心。"① 在这里，什么"一定主持君主立宪"的诺言，"岂忍负孤儿寡妇"的恻隐之心，统统不见了，字里行间充满了恫吓之意：清廷若不实行共和，民军不依，列强也要干涉，到那时候，皇族就要遭到"靡有孑遗"的可悲下场！

隆裕太后和宣统皇帝溥仪

然而，袁世凯手捧奏折到养心殿去见隆裕太后时，却表演得相当逼真

① 张国淦：《辛亥革命史料》，第300页。

动人。他跪在红毡垫上，一边耸动着双肩，抽缩着鼻子，流淌着眼泪，一边向坐在炕上的隆裕太后断断续续地诉说着，那“伤心”的样子简直非言语所能形容。隆裕太后默无一言，唯有用手绢擦拭流不尽的泪水。坐在隆裕太后旁边的幼小无知的宣统皇帝，不知地下跪着的矮胖老头为谁，听不懂他嘴里嘟噜的是什么，也不明白两个大人因何啼哭，心里非常纳闷。袁世凯见自己主演的这幕逼宫戏效果还不坏，心中窃喜，叩头辞去。

袁世凯从宫内出来，乘马车行至东华门外，即遇到张先培等人用炸弹袭击的事件。这个事件对袁世凯本是坏事，可是它恰恰发生在此时，却又适足以为袁世凯所利用。在皇族亲贵中，良弼、载泽、载涛、铁良、溥伟、善耆等人都是主战派，他们对议和衔恨刺骨，把袁世凯看作逆臣、革命党的奸细，时刻想方设法除掉。载泽还奏劾袁世凯“前借口军饷不足，不能开战；后颁内国短期公债，勒捐亲贵大臣，合内帑黄金八万两，款近千万，仍不开战，是何居心”?[①] 隆裕太后被他们说得将信将疑。袁世凯则命人制造“革命党人已经遍布于北京城”的谣言，大肆欺骗恐吓。革命党人行刺袁世凯事件，正好使谣言得到了证实，使隆裕太后消除了心头的疑虑。袁世凯并不以此为满足，也没有为隆裕太后派特使前往慰问所感动，又利用被炸事件，来了个从此称病不入朝，把逼宫的任务交给了赵秉钧、胡惟德等人，自己躲在幕后操纵，以便掩盖世人耳目，免落篡夺清朝政权的骂名。

当奏请退位的消息一传出，“谁说袁世凯不是曹操”的说法在贵族中占了上风，一部分满蒙王公大臣摆出了要拼命的架势，采取恐怖行动对汉人报复的传说搞得满城风雨，人心惶惶。17日，隆裕太后召集宗室王公开御前会议，讨论是否实行共和问题。奕劻和贝子溥伦主张自行退位，颁布共和。隆裕太后一听，抱着宣统皇帝呜呜大哭，溥伟和载泽等人则竭力反对，会议无结果而散。18日，仍无结果。良弼、溥伟、铁良等人马上联络几十人齐赴庆王府，围攻奕劻。次日早，他们发布激烈宣言，成立了以保卫清室、反对议和为目的的宗社党。

1月19日，袁世凯会见英国公使朱尔典，提出由清廷授予他全权组

---

① 杨玉如：《辛亥革命先著记》，第273页。

织临时政府，或临时政府暂设天津，作为清帝退位后解决全国政权的两项办法，企图将清廷与南京临时政府同时抛弃，由他组织统一政府。

当日，胡惟德、赵秉钧、梁士诒参加了继续召开的御前会议，一齐向清廷进攻。赵秉钧提出，由于革命党力量强大，北方军队已不足恃，故袁世凯欲设临时政府于天津，与革命党开议，要王公亲贵讨论。问题一提出，王公大臣立刻看清了袁世凯的嘴脸，愤激异常，一致表示反对。胡惟德、梁士诒用财政困难、军费匮竭、无法打仗、外国将要干涉等理由进行说服，顽固的亲贵们根本不听这一套。看到这些王公亲贵们不肯就范，他们立即采取威胁手段，同声奏请："人心已去，君主制度恐难保全，恳赞同共和，以维大局。"① 赵秉钧凶相毕露地指斥王公亲贵会而不议，议而不决，声称再如此下去，就要辞职不干，说完扭头就走，胡惟德、梁士诒亦愤然离去。隆裕太后吓得不知所措。会议依然没有结果。蒙古王公纷纷出京，各回本旗，组织义务勤王敢死队，陕甘总督升允准备带兵勤王。各亲贵亦协同宗社党首领良弼，运动禁卫军，合力反对共和，遍发传单，耸动人心。京城中将有暴动的传闻到处流播。

袁世凯感到处境危险，立即电调曹锟的第三镇军队入京护卫，甚至打算在外国人护送下去天津，暂避其锋，后经人劝说，才未成行。北京的路走不通，他又转而就商于南京。1 月 20 日，他让唐绍仪转告伍廷芳，提出拟由清廷授权在天津组织临时统一政府，南京临时政府在清帝退位后两天内即行解散，要革命党人首肯。孙中山明确指出：清帝退位，政权同时消灭，不能把政权私授臣民，北京不得再立临时政府，袁世凯不得于民国未举之先，接受满洲统治权以自重。把他顶了回去。

组织统一政府问题在两方面都碰了壁，袁世凯不得不另打主意，再从逼迫清廷实行共和下手。除指示爪牙继续从外部恐吓外，他还贿买太监小德张（张兰德）和贪官奕劻、那桐等人从内部对隆裕太后恫吓。

小德张是晚清最坏的一个太监，比之慈禧的大总管李莲英、二总管崔玉贵，皆有过之而无不及。对这样一个坏蛋，隆裕太后却百般信任，太阿倒持，即生活细节亦甘受其摆布。袁世凯看准了这条途径，以重金予以收

① 凤冈及门弟子编：《三水梁燕孙先生年谱》（上），第 105 页，1946 年。

买。小德张被收买后，拼命在隆裕太后面前危言耸听，说什么“各省纷纷独立，前敌军队撤不下来，外债无望，饷项难筹，若不答应民党的要求，则革命军队杀到北京，您的生命难保”；倘能依从让位，则有“优待条件”，“仍可安居宫闱，长享尊荣富贵，袁世凯一切可以担保”。[①]

奕劻为了迫使清廷屈服，不惜当众扯谎。有一次隆裕太后召对，他进宫后对大众声言：“革命军队已有五万之众，我军前敌将士皆无战意。”旋至听候召对室，复申前言说：“革命党已有六万之众，势难与战。”[②] 数分钟之内，奕劻并未接到新的情报，却把革命军的人数增加了一万。

隆裕太后为人特别优柔寡断，遇到为难之事，只有啼哭。袁世凯的内外夹攻，使她动摇起来了。

1月22日，孙中山提出议和的最后解决办法五条：一、清帝退位，由袁世凯知照驻京各国公使，电告民国政府，或让驻沪领事转达亦可；二、袁世凯须宣布政见，绝对赞成共和主义；三、接到清帝退位通知后，孙中山即行辞职；四、由参议院选举袁世凯为临时总统；五、袁世凯被选举为临时总统后，誓守参议院所定之宪法，乃能接受事权。并声明：袁世凯若不能实行，即不愿赞同民国，无和平解决之诚意。如此，则优待皇室及满蒙条件亦不能施行，此后战争再起，陷天下于流血，其罪当有所归。令伍廷芳转告袁世凯，并在各报馆披露。

袁世凯接到通知，才真正吃了一颗定心丸。至于宣布赞成共和，那不过是闲话一句而已，凡有嘴的人谁都能说。因此，他心里甜丝丝的。而报端把他以清帝退位换取自己当总统的半公开秘密公之于众，又搞得他很难堪。宗社党更恨他，外国人也讥评他。他不得不令外务部发表并无当总统欲望的声明，同时令人散布他要辞职的流言，用以遮羞。

现在的关键是清帝退位，只要做到这一步，大总统就可到手了。看到开了几天的御前会议不能解决问题，驻外公使催促实行共和的代奏电也不生效，袁世凯怒火中烧，迫不及待地加紧了逼宫的步骤。隆裕太后命胡惟德转告他，仍按召集正式国民会议办法与民国政府接着议和，他根本不加

---

① 载涛：《载沣与袁世凯的矛盾》，《辛亥革命回忆录》6，第326－327页。
② 载润：《有关奕劻的见闻》，《辛亥革命回忆录》6，第466页。

考虑。24 日，他上了一个奏片，一方面说伍廷芳复语悖妄，尚无头绪，仍与切实磋商，欺骗隆裕太后；一方面谎称他的病仍然未好，继续请假，撒手不管，刁难隆裕太后。他拿定主意，清帝不退位，他就不再参与决策，让亲贵们自己去处置，病假一续再续，直到退位问题基本解决为止。

但效果仍不十分显著，在反对派的坚持下，隆裕太后尚未拿定主意。于是袁世凯使出了“杀手锏”，密令段祺瑞联合北洋军将领电奏赞成共和，反对帝制。他要让清廷知道，北洋军已经不再是它统治的主要支柱，没有任何力量可以依靠了，如果再不“俯顺民意”，必将彻底覆亡。他相信，只要祭起这个法宝，不愁制不服清廷。

为迫使清帝早日退位，袁世凯步步紧逼，多方下手，把所能想出来的办法都拿出来了。见隆裕太后坚持召开国民会议解决国体，乃于 25 日上奏清廷，提出清帝退位后皇室优待条件问题，威胁说：“如改为国会议决国体，则优待皇室条件似亦应由国会议定，能否照前优隆，臣未敢预决。”① 弦外之音就是叫清廷立即实行共和，否则他就不能保证清帝退位后皇室受到优待。

1 月 26 日，段祺瑞等将领致电内阁代奏，指斥载泽、溥伟等一二亲贵阻挠共和，明确提出“恳请涣汗大号，明降谕旨，宣示中外，立定共和政体”。②

载泽、溥伟阻挠共和，事诚有之，段祺瑞的指斥没有错，但漏掉了一个主要人物军咨使良弼。良弼是王公亲贵中最有军事才能的人，也是主战最力、嫉恨袁世凯最甚的人，他甚至主张批准袁内阁辞职，另组皇族战时内阁，派铁良统率军队，讨伐南方。以他为首的宗社党于 23 日写信给袁世凯，词锋极为严厉。信中扬言：“欲将我朝天下断送汉人，我辈决不容忍，愿与阁下同归澌灭！”③ 对这样一个顽固分子，不仅北方革命党人视若仇雠，袁世凯同样把他看作眼中钉、肉中刺，必欲除之而后快。

26 日晚，良弼从善耆处回到西四红罗厂住宅门前下车，革命党人彭

---

① 《宣统政纪》卷 43，第 8 页。

② 《宣统三年十二月初八日会办剿抚事宜第一军总统官段祺瑞等致内阁请代奏电》，《辛亥革命》8，第 173 －174 页。

③ 廖少游：《新中国武装解决和平记》，《辛亥革命资料类编》，第 383 －384 页。

家珍急持崇恭（旗人）名片前谒，良弼因夜深推辞不见。彭家珍一边说从奉天来报告军情，所言不可过今夜，一边从怀中取出一颗小炸弹掷向良弼，炸断良弼一条腿。彭家珍因弹片返回，当场牺牲。良弼被炸后，即请外国医生施行手术，情况良好。常顺问其凶手为何人指使，良弼答："不难想知，今日之害我者，即来日之夺国者！"误认为是袁世凯所指使。第三天，正当良弼精神转佳之时，忽然赵秉钧推荐一名中医，进送止痛药酒一杯，良弼饮后不到一小时，即气促神昏，竟至死去。[①]

良弼被炸事件，在客观上非常有利于袁世凯的逼宫活动。梁士诒曾把隆裕太后的恐惧情况对人讲述过："良弼被炸之日，京师风云至急，入朝行礼后，隆裕太后掩面泣云：'梁士诒啊！赵秉钧啊！胡惟德啊！我母子二人性命，都在你三人手中，你们回去好好对袁世凯说，务要保全我们母子二人性命！'赵秉钧先大哭，誓言保驾。我亦不禁泫然。"[②] 王公们闻风丧胆，有些人连忙潜赴青岛、大连、天津的外国租界，藏匿不出。

良弼被炸后，退归藩邸的醇亲王载沣至袁世凯的府第，宣读了隆裕太后封袁世凯一等侯爵的懿旨，敦促袁世凯立即入宫谢恩。袁世凯万万没有想到隆裕太后会来这一手，心中不快，再三辞谢。载沣走后，袁世凯十分气愤地对王锡彤说："近日为君主、民主，余力竭声嘶，为保皇室之尊严，不意其竟以此相待！国之将亡，殆无能救！"[③] 遂上折恳请收回封爵成命。隆裕太后命其勿辞。

袁世凯又上折申述理由说："臣世受国恩，屡叨殊遇。本年武汉事起，重膺疆寄，兼绾兵符，寻以更新政治，荐秉钧衡，当艰阻之迭乘，愤阽危之莫挽。绵历数月，寸效未收，国势土崩，人心瓦解，千疮百孔，无术补苴，诚有如明臣史可法所言：但有罪之当诛，并无功之足录者。"接着列举了"奉职无状"的四个表现，即没有维持住君主立宪，军事无起色，外交斡旋无术，政治腐败如前。又讲："臣以衰病之身，受恩如此，受任如此，而咎愆日积，涓埃无补，分当自请罢斥。只以累世受恩，仰见宵旰焦劳，不忍以言去者重烦圣虑。然若再受高爵，则上

---

① 常顺：《贵臣被炸追记》，《辛亥革命回忆录》6，第389－390页。

② 凤冈及门弟子编：《三水梁燕孙先生年谱》上，第111页。

③ 王锡彤：《抑斋自述》，第178页。

累朝廷赏罚之明，下辜全国军民之望，其何以昭示天下，表率群僚！唯有恳恩收回成命，使臣之心迹稍白，免致重臣之罪。”① 隆裕太后又不准。袁世凯第三次上折申述：“夫事变如是而受高爵，揆之祖制，既所不容；验之前朝，适成衰象。现在艰危日迫，困难殊多，朝廷爱臣，不可使臣受挟权要赏之讥；臣爱朝廷，不欲使朝廷有市恩虚糜之迹。”② 隆裕太后还是不准。袁世凯又第四次上折说：“现大局震撼，人心动摇，成败利钝，未敢逆睹。世变所极，已陷于水深火热之秋；功效弗彰，莫偿夫返日回天之志。若遽受高爵，忝窃殊荣，不独为前代所羞，亦恐为将来所笑。与其辜恩于日后，何如沥忱于事先！”③ 隆裕太后仍然不准。

袁世凯从未如此谦逊过，更不曾对爵禄如此淡泊过，似乎有些不可思议，其实丝毫也不奇怪。清廷封其侯爵系出于不得已，袁世凯之拒绝接受亦是出于不得已。清廷封爵并非因为袁世凯功劳卓著，实为其加紧了逼宫活动，居心叵测，故以高爵相饵，冀收羁縻之效。这样高的爵位，若在辛亥革命以前，袁世凯是求之不得的。现在他要当总统了，高爵对其来说，已由荣崇的象征变为捆绑手脚的绳索。如果接受，要效忠清室，等于作茧自缚，逼宫戏再不好继续演下去了，无论如何不能接受。所以，他破天荒第一次把自己说得一无是处，一连四次恳请收回成命。隆裕太后坚决不允，弄得他啼笑皆非。

孙中山鉴于袁世凯无和谈诚意，反复无常，乃决定停战期满不再展期。1 月 28 日，南京临时参议院成立，林森当选为议长。次日，孙中山电告伍廷芳：“此次议和，屡次展期，原欲以和平之手段，达共和之目的。不意袁世凯始则取消唐绍仪之全权代表，继又不承认唐绍仪于正式会议时所签允之选举国民会议以议决国体之法；复于清帝退位问题，业经彼此往返电商多日，忽然电称并未与伍代表商及等语。似此种种失信，为全国军民所共愤。况民国既许以最优之礼对待清帝及清皇室，今以袁世凯一人阻力之故，致令共和之目的不能速达，又令清帝不能享逊让之美名，则袁世凯不特为民国之蠹，且实为清帝之仇。此次停战之期

① 《宣统政纪》卷 43，第 10－12 页。
② 《宣统政纪》卷 43，第 13 页。
③ 《宣统政纪》卷 43，第 14 页。

届满，民国万不允再行展期，若因而再启兵衅，全唯袁世凯是咎，举国军民，均欲灭袁氏而后朝食！”①

清廷着急，袁世凯也着急：清廷着急是怕丢掉皇冠，袁世凯着急是怕丑行被揭露。为了免遭揭露，尽早夺得全国政权，袁世凯命杨度等人在北京发起组织共和促进会，宣言目前主张君主立宪为时已晚，为挽救国家危亡，保全皇室，应速实行共和。

1月29日，袁世凯上奏：“近议国体一事，已由皇族王公讨论多日，当有决定办法，请旨定夺。臣职司行政，唯遵朝旨。”② 催促清廷迅速作出抉择，早日退位，加紧刁难要挟。

此招着实有效，隆裕太后在其催逼下，整日抱着宣统皇帝痛哭流涕。载沣向来缺乏主见、决断，不敢参与决策，皇室贵族乱作一团。

隆裕太后采取的唯一办法是尽可能拖延时日。2月1日，她召开御前会议，提出采取虚君共和政体，即君主不干预国政的办法，希冀把皇帝保留下来。这自然在民国政府和袁世凯那里都通不过。隆裕太后见实在无路可走，经过反反复复的考虑比较，觉得保留住性命，退位后享受优待条件，总比宗族覆灭的结局强得多。万般无奈，她只好作出了皇帝退位、颁布共和的决定。3日，授袁世凯全权，与南方协商清帝退位条件。

袁世凯的病马上不治而愈，当即把所拟的退位条件电告唐绍仪，令其立刻转告伍廷芳。冯国璋、段祺瑞等六十余人及蒙古联合会也分别电告伍廷芳，提出清帝退位条件，与袁世凯所提无异。袁世凯想在优待条件上卖卖力气，给清廷争得一些体面，好让世人看看他袁某始终是大清的忠臣，所以让他们同时出马相争。

可是，隆裕太后并未决定何时退位，袁世凯不免着急，于是暗嘱靳云鹏携带电稿至前线交给段祺瑞，以前敌将领名义拍发。

2月5日，段祺瑞等人照原稿一字不改地发出。其电如下：“共和国体，原以致君于尧舜，拯民于水火。乃因二三王公迭次阻挠，以至恩旨不颁，万民受困。现在全局威迫，四面楚歌。颍州则沦陷于革军；徐

---

① 《致伍廷芳电》，《孙中山全集》第2卷，第50页。
② 《宣统三年十二月十一日内阁袁世凯奏片》，《辛亥革命》8，第241页。

州则小胜而大败；革舰由奉天中立地登岸，日人则许之；登州、黄县独立之影响，浸遍于全鲁；而且京、津两地暗杀之党林立，稍疏防范，祸变即生。是陷九庙两宫于危险之地，繄皆二三王公之咎也。三年以来，皇族之败坏大局，罪实难数。事至今日，乃并皇太后、皇上欲求一安富尊荣之典，四万万人欲求一生活之路而不见许。祖宗有知，能不恫乎！盖国体一日不决，则百姓之因兵燹冻馁死于非命者日何啻数万！瑞等不忍宇内有此败类也，岂敢坐视乘舆之危而不救？谨率全体将士入京，与王公剖陈利害。祖宗神明实式鉴之。挥泪登车，昧死上达。请代奏。”① 这篇电文着墨不多，但刀光剑影，令人不寒而栗。

段祺瑞

袁世凯接到后，立即召集王公大臣会议。各王公大臣看了，一个个面如土色，毛骨悚然。唯独溥伟感到欺人太甚，发了几句牢骚。事后袁世凯命赵秉钧、胡惟德去劝解，溥伟又顶撞了一阵。后来赵秉钧故意放出口风，说要除掉他，他吓得急忙鼠窜而去。从此，再也无人敢说一句反对退位的话。

几经反复协商，双方在退位条件的基本问题上达成了协议。10 日，袁世凯召集内阁大臣和近支王公开会，讨论通过南京临时政府提出的清帝退位条件最后修正案。11 日，隆裕太后认可，决定下诏退位。同日，袁世凯将尚未颁发的清帝退位诏旨电达伍廷芳、唐绍仪，并转孙中山、黎元洪和南京临时参议院并各部总长。

接着，袁世凯复发一电，表明政治态度。开头一段说得非常漂亮，文曰：“共和为最良国体，世界之公认，今由弊政一跃而跻及之，实诸公累年之心血，亦民国无穷之幸福。大清皇帝既明诏辞位，业经世凯署

① 《宣统三年十二月十八日第一军总统段祺瑞致内阁请代奏电》，《辛亥革命》8，第 178－179 页。

名，则宣布之日，为帝政之终局，即民国之始基。从此努力进行，务令达到圆满地位，永不使君主政体再行于中国。”①

1912 年 2 月 12 日早晨，胡惟德与赵秉钧、梁士诒等进了养心殿。隆裕止住哭泣，领着小皇帝溥仪出来。按照事先规定的礼节，胡惟德等行了三鞠躬礼，隆裕点头还礼，在正中的宝座坐下，溥仪坐在旁边的椅子上。室内一片肃穆。

胡惟德上前一步说：“总理大臣袁世凯身体欠安，未能亲自见驾，所以叫胡惟德带领各国务大臣来给太后清安，给皇上请安。”

隆裕说道：“袁世凯也（世）受皇恩，把这样的局面应付到今天，为国家、为皇室都出了不少力。如今议和能使南方满意，做到优待皇室等等的条件，也是不容易的。我和皇上为了全国老百姓早一天得到安顿，国家早一天得到统一，过太平日子不打仗，所以我按照议和的条件把国家的大权交出来，交给袁世凯办共和政府。今天颁布诏书，实行退位，叫袁世凯早点出来，使天下早点儿安宁吧。”说完她慢慢站了起来，把以宣统皇帝名义颁发的清帝退位、公布优待条件、劝谕臣民三道诏旨递向胡惟德，又说：“胡惟德，你把我的意思告诉袁世凯，这道诏书也交给他吧。”

胡惟德连忙恭谨地走到隆裕座前，鞠着躬双手接过诏旨，并说了几句安慰的话：“现在大局的情形是如此，太后睿明鉴远，顾全皇室，顾全百姓，袁世凯和群臣、百姓岂有不知，绝不会辜负太后的一番慈衷善意。况且优待条件已经确定，今后必然做到五族共和，这个天下就是大家的太平天下了。敬祈太后保重，太后放心。”②

隆裕面露凄惨，领着溥仪退朝。

清帝退位诏出自张謇的手笔，袁世凯将其中的“即由袁世凯以全权与民军组织临时共和政府，协商统一办法”，改为“即由袁世凯以全权组织临时共和政府，与民军协商统一办法”。③ 其目的是，如南京选他当总统，当然很好；纵令不选，他也可以援引此话合法组织临时政府，以示政权得自清室，要来个百分之百的保险。

---

① 《临时政府公报·电报》，1912 年 2 月 14 日。

② 唐在礼：《辛亥前后我所亲历的大事》，《辛亥革命回忆录》6，第 336 -337 页。

③ 《手批清帝逊位诏书稿》，《袁世凯全集》第 19 卷，第 545 页。

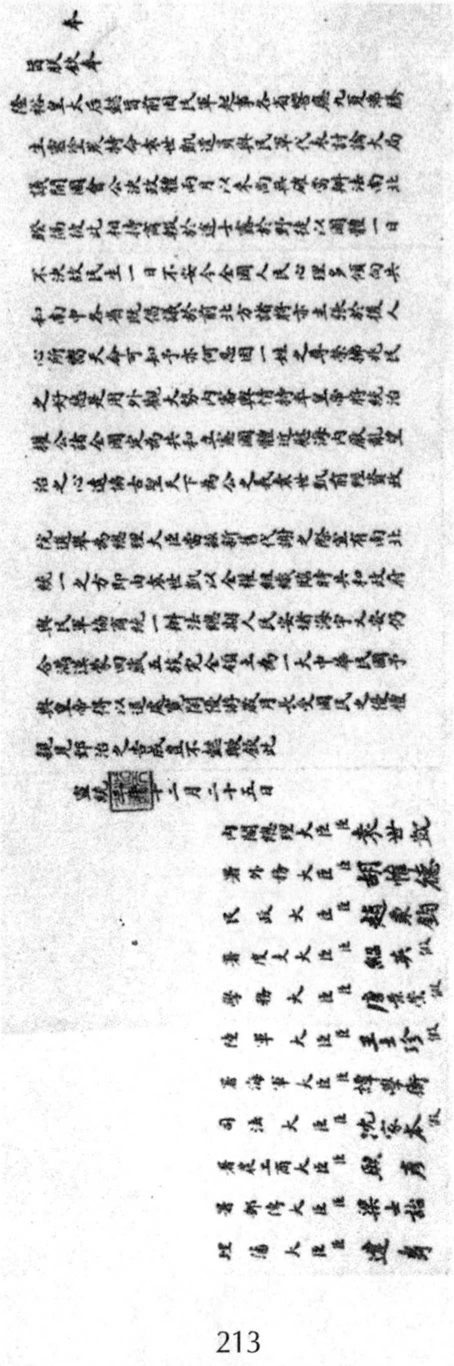

奉
旨朕钦奉
隆裕皇太后懿旨前因民军起事各省响应九夏沸腾
生灵涂炭特命袁世凯遣员与民军代表讨论大局
议开国会公决政体两月以来尚无确当办法南北
睽隔彼此相持商辍于途士露于野徒以国体一日
不决故民生一日不安今全国人民心理多倾向共
和南中各省既倡议于前北方诸将亦主张于后人
心所向天命可知予亦何忍因一姓之尊荣拂兆民
之好恶是用外观大势内审舆情特率皇帝将统治
权公诸全国定为共和立宪国体近慰海内厌乱望
治之心远协古圣天下为公之义袁世凯前经资政
院选举为总理大臣当兹新旧代谢之际宜有南北
统一之方即由袁世凯以全权组织临时共和政府
与民军协商统一办法总期人民安堵海宇乂安仍
合满汉蒙回藏五族完全领土为一大中华民国予
与皇帝得以退处宽闲优游岁月长受国民之优礼
亲见郁治之告成岂不懿欤钦此
宣统三年十二月二十五日
内阁总理大臣 臣 袁世凯
外务大臣 臣 胡惟德
民政大臣 臣 赵秉钧
度支大臣 臣 绍英 假
学务大臣 臣 唐景崇 假
陆军大臣 臣 王士珍 假
海军大臣 臣 谭学衡
司法大臣 臣 沈家本 假
农工商大臣 臣 熙彦
邮传大臣 臣 梁士诒
理藩大臣 臣 达寿

清帝退位诏

至此，统治中国长达二百六十多年之久的清王朝覆亡了，全国人民以无限的喜悦迎接了共和时代的到来。

当天晚上，袁世凯在外交部大楼里把拖在脑后的辫子剪掉。他一边剪，一边不断地哈哈大笑，这种开心的狂欢在其一生中极其罕见。的确，全国政权马上就要到手，他怎能遏制得住自己的激情呢！

十九　拒绝南下

清帝退位，立即把组织全国统一政权的问题提到了南北双方的议事日程。这个问题解决得如何，政权交给什么人去掌握，直接关系到共和国的前途和命运。由于种种原因，这个本应在清帝退位后解决的问题，实际上早在议和当中就已经决定了，革命党人同意让袁世凯当总统。所以，1912 年 2 月 13 日，即清帝退位的次日，孙中山向南京临时参议院辞职，送交了举荐袁世凯为中华民国临时大总统的咨文，以践前言。咨文说：“此次清帝逊位，南北统一，袁君之力实多，发表政见，更为绝对赞同，举为公仆，必能尽忠民国。且袁君富于经验，民国统一，赖有建设之才，故敢以私见贡荐于贵院。请为民国前途熟计，无失当选之人。”①

虽然如此，孙中山在辞职的同时，又在咨文上附了三项条件：(1) 临时政府地点设于南京，为各省代表所议定，不能更改；(2) 辞职后，待参议院举定新总统亲到南京就任之时，大总统及国务员乃行解职；(3)《中华民国临时约法》为参议院所定，新总统必须遵守。前两条的目的在于把袁世凯调离北洋军阀长期盘踞、封建顽固势力雄厚的北方，使其处于革命势力的包围控制之下，不好再搞阴谋活动。第三条目的在于以法律形式限制其不得胡作非为。

袁世凯则在 13 日以“全权组织临时共和政府”的名义，布告文武官衙和军警，代替了清政府，自称临时政府首领，在南京临时政府之

① 《咨参议院推荐袁世凯文》，《孙中山全集》第 2 卷，第 85 页。

外，另组一个临时政府。

2月14日，南京临时参议院召开总统选举会，十七省代表一致选举袁世凯为中华民国临时政府大总统。旋即电告袁世凯，务请驾临南京参议院受职。同日，孙中山亦电告袁世凯，准备派专使北上迎接。

袁世凯当选总统，如愿以偿，欢欣若狂，马上舍弃了"临时政府首领"的名义，换上了临时大总统的头衔。可是叫他去南京就职，他说什么也不干。对此，他在11日的电文中已经有所表示。

15日，袁世凯就孙中山指责其另组临时政府问题，特别是南下就职问题，致电孙中山、黎元洪、南京临时政府各部总长、参议院和各省、各军说："清帝辞位，自应速谋统一，以定危局，此时间不容发，实为唯一要图。民国存亡，胥关于是。……世凯德薄能鲜，何敢肩此重任？南行之愿，真电（11日电）业已声明。然暂时羁绊在此，实为北方危机隐伏，全国半数之生命财产万难恝置，并非由清帝委任也。孙大总统来电所论，共和政府不能由清帝委任组织，极为正确。现在北方各省军队暨全蒙代表，皆以函电推举为临时大总统，清帝委任一层，无足再论。然总未遽组织者，特虑南北意见因此而生，统一愈难，实非国家之福。若专为个人职任计，舍北而南，则实有无穷窒碍。北方军民，意见尚多分歧，隐患实繁。皇族受外人愚弄，根株潜长；北京外交团向以凯离此为虑，屡经言及；奉（天）、（黑龙）江两省，时有动摇；外蒙各盟，迭来警告。内讧外患，递引互牵，若因凯一走，一切变端立见，殊非爱国救世之素志；若举人自代，实无措置各方面合宜之人。然长此不能统一，外人无可承认，险象环集，大局益危。反复思维，与其孙大总统辞职，不如世凯退居，盖就民设之政府、民举之总统而谋统一，其事较便。今日之计，唯有由南京政府将北方各省及各军队妥筹接收以后，世凯立即退归田里，为共和之国民。当未接收以前，仍当竭智尽愚，暂维秩序。总之，共和既定之后，当以爱国为前提，决不欲以大总统问题酿成南北分歧之局，致资渔人分裂之祸。"①

他不能南下就职的理由很多，概括起来就是一句话，如果他离开北

① 白蕉：《袁世凯与中华民国》，第23－25页。

京，“一切变端立见”。为了“爱国”，免致“分裂”，他声言，虽然北方推举他为临时大总统，但他没有组织临时政府，还打算放弃南京参议院选举的总统职务，“退归田里”，简直视大总统如敝屣，风格何等之高！然而稍微一推敲，就发现他是以“退归田里”相要挟；而“退归”还有一项重要条件，即只有南京政府将北方各省和军队接收以后才行。试想北方各省都为其心腹爪牙所把持，各军均系其嫡系武装，哪个不听他的话？谁允许南京政府去接收？你如不接收，他还要“暂维秩序”哩！如此一来，岂不造成两个临时政府的局面？尤其耐人寻味而又带有浓厚讥讽意味的是最后几句话，其用意显然是要告诉对方，他既然能够做到“以爱国为前提，决不欲以大总统问题酿成南北分歧之局”，南京政府为什么不能做到“以爱国为前提”，放弃建都南京呢？由此可见，他采取的是攻势，以退为进，退中有进，手段极其狡猾。

16日，袁世凯致唐绍仪、伍廷芳、张謇一电，说：“现天下糜烂，经济困难，将来抚军治民，头绪万端，而外蒙问题尤难措手，断非世凯衰病之躯所能料理。……务祈三公切商中山，仍以利国福民为念，始终其事，勿弃前功。凯俟接代有人，仍返洹上，务我农业，皆三公之大赐也，感且不朽。”①

可是，电报发出后，他马上发觉不妙，立即又致电孙中山说：“凯之私愿，始终以国利民福为目的。当兹危急存亡之际，国民既伸公义相责难，凯敢不勉尽公仆义务？惟前陈为难各节，均系实在情形，素承厚爱，谨披沥详陈，务希鉴亮。”② 致参议院电与此相同。他到底舍不得丢掉到手的大总统，所以不再提“退归”的问题，而是请求体谅其苦衷了。

当日，他又会见各国驻京公使，争取支持。各公使表示临时政府一定要设在北京，否则不予承认。有帝国主义在背后撑腰，他的架子越发摆得十足。

孙中山又致电袁世凯，请其荐人维持秩序，给以镇守北方全权，促

① 观渡庐（伍廷芳）：《共和关键录》，第175页。
② 《临时政府公报·电报》，1912年2月23日。

其即速南下。

18日，孙中山再次致函袁世凯，说明首都暂时设在南京，具有“系乎中外之具瞻，勿任天下怀宫庙未改之嫌，而使官僚有城社尚存之感”的重要意义，请其一定同意。① 同时委派南京临时政府教育总长蔡元培为专使，外交次长魏宸组、参谋次长钮永建、法制局局长宋教仁和汪精卫等人为欢迎员，偕同唐绍仪前往北京，迎接袁世凯南下，迫其离开北京。

20日，参议院选举黎元洪为副总统。

接到专使北来的电报以后，袁世凯立即指示直隶省和天津地方当局予以特别招待，还派其长子袁克定为代表，专程至天津迎接。

25日，蔡元培一行到达北京，袁世凯命打开正阳门，予以隆重欢迎。下午，蔡元培一行会见袁世凯，递交了孙中山请其就职的手书及参议院选其为临时总统的选举状，敦请其南下。晚上，袁世凯委派外务部首领胡惟德举行盛大宴会热情宴请。

27日，袁世凯邀蔡元培一行举行谈话会。他“用一种自被选为总统以来就有的温和、谦恭的态度回复代表团，说他不配坐这高位，表示决心尽心尽力回报国民之选。他认为立即离京恐有不便，但在正式接受职位后，只要形势允许，他将立即启程赴南京宣誓就职”。②

他考虑到：如再冷冰冰地拒绝南下，舆论将对自己不利；而更主要的是，他怕明确表示拒绝南下后，孙中山真的不解职，南京参议院若因此挽留孙中山或另有推戴，事情愈益糟糕。决不能让到手的全国政权轻易丢掉，冒无谓的风险。因此，他表面上来一套假正经，内心里却盘算着坏主意。

29日晚八点，驻京部队曹锟的第三镇在东城举行了兵变。蔡元培等人抵京后，北京市政当局通知各家各户举行三天大会，晚上进行提灯游行，庆祝中华民国的成立和对专使们表示欢迎。在第三天即29日晚上的游行刚刚开始不久，东北方向就传来轰轰几声炮响。正当人们猜想是放礼炮的当口，突然拥出许多士兵，口里不断嚷着：“宫保要走了!”

---

① 《致袁世凯函》，《孙中山全集》第2卷，第107页。

② 窦坤等译著：《＜泰晤士报＞驻华首席记者莫理循直击辛亥革命》，第176页，福建教育出版社，2011年。

"我们没人管了!""抢哇!"旋即一窝蜂似的奔向大街的金号、银店、当铺、绸缎庄……人们这才猛然省悟，原来不是放礼炮，而是兵变了。于是奔跑哭喊的，寻找子女的，呼叫救命的，乱成一团。火光烛天，伴之枪声，立刻使欢呼庆祝的场面笼罩上恐怖阴森的气氛。

城外的变兵由朝阳门拥进，抢完东四一带，又抢北新桥、东单牌楼。城内的变兵从东安门、王府井大街开始，随后前往煤渣胡同专使们下榻的招待所。蔡元培等人有的未及穿鞋，匆忙逾墙逃入六国饭店避难。最后，变兵窜到前门、大栅栏、虎坊桥等处抢掠通宵达旦，鸣枪归营。商民被害者数千家。

北京兵变造成的废墟

在兵匪肆虐无忌的时候，袁世凯"指挥若定"，非常沉着。他换上短衣，穿上马裤，足登青布便鞋，叫嚷："他们如此胡闹，拿我的家伙来——等我去打他们!"[①] 装得煞有介事。但一会儿又对步军统领江朝宗、毅军统领姜桂题下达指示："你们要调度好自己的军队，必须守卫

① 叶遐庵：《辛亥宣布共和前北京的几段逸闻》，《辛亥革命》8，第122页。

好自己的防卫地带，切不可擅离防地去打变兵。只要你们守好自己的驻防地区，不叫变兵进来，北京城就乱不了。对付变兵，我有办法!”① 他的办法，说得更明确些，就是不准派兵镇压，任变兵抢掠。他只能下这样的命令，因为兵变正是在他的密令下发动的。参加兵变的部队是他亲自调来控制京师的嫡系部队，第三镇统制曹锟是其忠实走狗，没有他的命令，他们是不敢如此肆无忌惮的。

早在数日之前，袁氏父子就策划好了。21 日，袁克定召集曹锟、姜桂题、杨士琦、杨度等人谈话，说：“南边坚持要大总统南下就职，大总统要走，兵权就得交给别人。听说王芝祥要来当直隶都督。大总统只能带一标人去作为卫队，至多也不能超过一协，其余的人恐怕都要裁汰调动。”启发大家想办法。大家嚷嚷半天也拿不出好主意。袁克定忍不住了，方才点明：“我看等那些专使来的时候，把他们吓回去再说。”说完两眼紧盯着姜桂题，希望姜桂题首先有所表示。可是姜桂题未明确表态。袁克定一气之下，宣布散会。

23 日，袁克定又叫来曹锟在公馆里密商。之后，曹锟派人通知第三镇几位军官前来开会。会上，袁克定又把 21 日的话讲了一通，最后加重语气强调说：“难道大清皇上逊位，北洋军官也要逊位吗?”诱导了半天，还是没人吭声。于是曹锟开门见山地说：“我想这件事他妈的好办，只要去几个人把专使的住处一围，一放枪，大伙儿嘴里再嚷嚷：‘宫保要走了，我们没人管了!’只要咱们一吓唬，他们就得跑。”袁克定不住点头说：“只要你们一闹，把他们吓跑了，那就好办了。到那时候，外交团也能出来说话，不放总统南下。这样建都北京就不成问题了，王芝祥也不敢来接直隶都督了。”接着大家发言，表示永远跟着总统。最后议定计划。袁克定还告诉大家，由他通知陆建章，叫军政执法处绝不干涉这一行动。② 兵变的这天，不仅陆建章的军政执法处未加干涉，连赵秉钧亦传令全城巡警一律撤岗，不准干预。

兵变的第二天早晨，唐绍仪去访问袁世凯。袁世凯当门而坐，唐绍

---

① 唐在礼：《辛亥前后我所亲历的大事》，《辛亥革命回忆录》6，第 341 页。

② 参见杨雨辰：《壬子北京兵变真相》，《辛亥革命回忆录》8，第 433－440 页。

仪坐在门侧。这时曹锟戎装革履推门而入，向袁世凯请安后说：“报告大总统，昨夜奉大总统密令，兵变之事，已办到矣。”袁世凯见曹锟说漏了嘴，立刻大骂：“胡说！滚出去！”①

3月1日，北京变兵又抢掠西城；通州、天津、保定等地亦发生了类似事件。

英、俄、德、日等国也采取了行动，他们首先出动了驻扎在京、津的军队在通衢大道上来回巡逻，接着又从外地调兵进京。

所有这些，都证实了袁世凯的所谓“内讧外患，递引互牵，若因凯一走，一切变端立见”的说法不是信口雌黄。北洋军的大小头目们通电狂叫：临时政府必须设于北京，袁世凯受任绝不能离开北京一步，拼命为袁世凯拒绝南下摇旗呐喊，向迎袁专使示威。这时，梁士诒秉承袁世凯之意对专使等人说：“现在全国倡行革命，人心动荡，北方秩序很难维持，像目前这种情形，如果不能及时地调度弹压，确保地方的安谧，就很容易引起外国对我国用兵的祸事，这一点是应该切实注意的。”②

袁世凯的一套骗吓术迷惑了蔡元培等人，加之汪精卫从中有意识地大加渲染，更使他们相信如袁世凯果真南下，北方政局愈加不稳。3月2日，蔡元培等人致电参议院说：“北京兵变，外人极为激昂，日本已派多兵入京。设使再有此等事变发生，外人自由行动恐不可免。培等睹此情形，集议以为速建统一政府，为今日最要问题，余尽可迁就，以定大局。”③ 要求参议院在袁世凯南下问题上让步。

袁世凯在兵变后致电孙中山，想请其迁就一下自己。没想到孙中山表示要率劲旅北上予以援助。袁世凯唯恐孙中山率兵北来，立即复电说：“顷此事变，该兵匪等事后尽数溃走，绝无政治上意见。鄙人连日严饬军警弹压地面，抚恤被害商民，现人心已定，秩序渐次恢复。……毋庸远劳军旅，请停止出发。”④

① 刘成禺：《世载堂杂忆》，见《民国笔记小说大观》第1辑，7，第196页，山西古籍出版社，1995年。

② 唐在礼：《辛亥前后我所亲历的大事》，《辛亥革命回忆录》6，第342页。

③ 凤冈及门弟子编：《三水梁燕孙先生年谱》上，第114页。

④ 马震东：《袁氏当国史》，第108页。

袁世凯还通电全国说："专使到时，决意南下，组织临时政府，统一南北，用慰国民之厚望。今遇此变，实行维艰，公等幸谅。且驻京外交团及吾国驻外各代表等，均云方今欲巩固民国，保全共和，舍速建设统一政府，别无他法。想全国心理，均表同情。因兹事变，南行无期，组织政府，势必从缓，凯实焦灼万状。"① 让各方面知其确有苦衷，无法脱身南下。他又建议由副总统黎元洪到南京代受职权，黎元洪复电不能前往。与此同时，袁世凯专门派唐在礼和范源濂去南京做疏通工作，以平息南方的舆论。由于梁士诒事先与南京临时政府有过联系，做了安排，蔡元培等人一再电请参议院批准临时政府设在北京，孙中山等人拿不出积极妥当的办法，所以只有同意袁世凯在北京受职。

3月6日，南京参议院议决通过了统一政府组织办法六条：（一）由参议院电知袁世凯，允其在北京受职；（二）袁世凯接电后，即电参议院宣誓；（三）参议院接宣誓电后，即复电认为受职，并通告全国；（四）袁世凯受职后，即将拟派国务总理及各国务员姓名电知参议院，求其同意；（五）国务总理及国务员任定后，即在南京接收交代事宜；（六）孙中山于交代之日始行辞职。

7日，孙中山致电蔡元培转告袁世凯，按参议院所开六条办法，在北京正式受职。

袁世凯如释重负，8日即电告参议院，完全承认所列六条办法，并将誓词电达。

9日，参议院致电袁世凯，承认其受职，在致辞中特别奉告袁世凯："《临时约法》七章五十六条，伦比宪法，其守之维谨！勿逆舆情，勿邻专断，勿狎非德，勿登非才！"②

1912年3月10日，袁世凯身着大礼服，顾盼自雄，趾高气扬地在北京就任了临时大总统，宣读了下列誓词："民国建设肇端，百凡待治。世凯深愿竭其能力，发扬共和之精神，涤荡专制之瑕秽，谨守宪法，依国民之愿望，蕲达国家于安全强固之域，俾五大民族同臻乐利。凡兹志

---

① 马震东：《袁氏当国史》，第108页。

② 《临时公报·电报》，1912年3月12日。

愿，率履勿渝！俟召集国会，选定第一期大总统，世凯即行解职。谨掬诚悃，誓告同胞。”①

袁世凯就任临时大总统后与僚属在一起

制造兵变，拒绝南下就职，是袁世凯的一大杰作。事后他在私下里对几个亲信讲：“南中欲以虚荣厚礼诱吾就彼范围，此调虎离山之计，施于他人，宁不如愿！若尝试于我，夫亦太不自量矣！岂真三十老娘，今日竟至倒绷孩儿哉！”② 可见其对自己的这一大杰作是多么欣赏了！

至此，孙中山所设的最后防线已被袁世凯攻破了大半，仅仅剩下《中华民国临时约法》了。《临时约法》完成于3月8日，11日由孙中山公布。在正式宪法产生之前，其效力与宪法相等。它规定了国家为共和国，是一部进步的宪法。它同《临时政府组织大纲》有一个明显区别，国家政权形式为责任内阁制，不是总统制，对总统的权力予以限制。

袁世凯就任临时大总统后，即着手组织政府。经袁世凯提议，参议院通过，唐绍仪当选为内阁总理。唐绍仪在前清时是袁世凯的僚属，为袁世凯所信任。南方有些人对唐绍仪不放心，但多数认为唐绍仪平时与南方颇为接近。后来唐绍仪加入同盟会，以取信于革命党人。

袁世凯在3月11日曾致电孙中山说：“建造伊始，予才短年衰，非赖

① 《临时公报·誓词》，1912年3月11日。

② 许指严：《新华秘记》，见《近代稗海》第3辑，第315页，四川人民出版社，1985年。

群策群力，匡其不逮，难以膺此重任。南京政府幕僚济济，良材之多，盛称一时，概行留用，借资臂助，请代予挽驾。”① 其求贤之切可望而知。但到了真正拟定各部总长名单的时候，他又力加排斥。例如南京方面主张以黄兴为陆军总长，袁世凯则坚决主张用段祺瑞，仅此一席，即争论十多天不能决定。争论到月末，唐绍仪内阁方得以组成。

29 日，唐绍仪出席参议院会议，发表政见，提出各部总长人选。除梁如浩外，其余均通过。各部总长是：外交陆徵祥，内务赵秉钧，财政熊希龄，陆军段祺瑞，海军刘冠雄，司法王宠惠，工商陈其美，农林宋教仁，教育蔡元培，交通唐绍仪（兼，4 月 8 日改任施肇基）。在阁员中，有四名同盟会员，再加唐绍仪亦加入同盟会，有些人就称此届内阁为“同盟会内阁”。事实不然。就人数讲，同盟会不占多数；就重要性讲，外交、内务、陆军、海军、财政均不在革命党人手中，革命党人所得到的仅仅是当时被称之为“冷衙门”的司法、教育、农林、工商四部而已。所谓“同盟会内阁”是名不副实的。

民国第一届内阁成员

为敷衍一下革命党人，袁世凯于 30 日任命黄兴为参谋长，此职在当时亦无实权。黄兴不受。袁世凯改任其为南京留守，使其负责维持南

① 马震东：《袁氏当国史》，第 112 页。

京地方和整理南方各省军队。

4月1日，孙中山正式辞去临时大总统职务。2日，参议院议决北迁。不久，参议院和临时政府迁移到北京。

辛亥革命是一次伟大的革命，建立了不朽的功勋。它赶跑了皇帝，推翻了清王朝，结束了存在两千多年的君主专制制度，建立了中华民国，使中国社会有了一个巨大进步，使民主思想和共和国观念深入人心，成为不可抗拒的历史潮流。它解放了人们的思想，是比较完整意义上的民主革命的开端，历史功绩永垂史册。南京临时政府所颁布的一些进行民主改革的政策法令，诸如禁止刑讯体罚，废除“老爷”、“大人”称号，剪除辫子，禁止缠足、种植吸食鸦片、赌博、买卖华工，不准歧视“贱民”，奖励工商业发展，鼓励人民兴办实业，提倡男女平等，兴办女校，废止读经等，都是符合人民利益和促进社会进步的。

辛亥革命胜利了，但最终却选袁世凯当了总统。之所以如此，原因相当复杂，其中最重要的一个因素就是袁世凯逼迫清帝退位，使统一的中华民国得以建立。袁世凯出任清政府内阁总理大臣以后，即取消了山东的独立，镇压了河南和直隶革命党人发动的起义。东三省的咨议局和士绅大都忠于清廷，反对革命。袁世凯据有这几省地盘，又有训练有素、装备精良的北洋军，要想巩固住北方，并不困难。即使向外扩张，收复失地，亦有可能。例如，山西独立后，他命北洋军进攻，很快即占据太原，军政府都督阎锡山及其民军闻风远遁，若非立宪派人士从中斡旋，南北和谈开始，阎锡山及其民军就会被逐出山西。再如，革命党人的首义之区武汉三镇被北洋军夺取两镇，北洋军如果乘胜渡江强攻，革命党人很难守住武昌。只因袁世凯的目的是压迫民军和谈，而不是一鼓荡平武昌，所以没有做得太绝，武昌才未失守。在这种情况下，倘若袁世凯坚决支持清廷，誓以武力与南方角逐，则鹿死谁手尚难预测，至少可保北方半壁江山，形成“南北朝”对峙的局面，清朝不会灭亡。正是袁世凯加紧逼宫，迫使隆裕太后作出了以宣统退位换取优待条件的决定。不论其当时的主观动机如何，真正迫使清帝退位的是他，有了清帝退位，才有统一的中华民国的建立。因此，决不能将清朝灭亡和统一的中华民国的建立完全归功于革命党人，袁世凯也有一份。

二十　搞垮内阁

袁世凯投身到官场以后，没有汲取一点儿西方国家的民主思想，后来虽然转而主张君主立宪，但并非真心想实行民主政治，辛亥革命的暴风骤雨也没有把他僵化的专制头脑吹打清醒。当上清廷内阁总理大臣后，他曾说过"共和主义""不过起于一二党魁之议论"，并非"真为民人所主持"。因而对"中国人民欲为共和国民，是否真能成熟"，持否定态度。不仅如此，他甚至认为"中国数百年来号称专制，其实即专制亦不完全"①。还说："余深信国民中有十分之七仍系守旧分子，愿拥戴旧皇室，进步一派不过占十分之三耳。若今次革命推倒清室，将来守旧党必又起而革命，谋恢复帝制。似此国中扰乱不已，人人将受其害，数十年间，中国将无太平之日矣！"② 在他看来，中国根本不具备实行民主政治的条件，"共和主义"不适合中国国情，不受国人欢迎，万万行不通。当然，以后他也讲过人心倾向革命和他本人赞成共和的话，但这完全是为了获得全国政权的政治需要，并不能反映其真实思想。

袁世凯具有极大的政治野心，抓权成癖，权大了还想再大，地位高了还要再高，欲壑难填，永无止境。他独裁成性，总想个人专断一切，极其羡慕专制帝王那一套威严，对当总统不感兴趣，极想登上金銮宝殿，过一过皇帝瘾。因为当总统要讲民主，个人不能为所欲为，同时别人对自己的所作所为可以评头论足，任意褒贬，他无法忍受。当皇帝就

① 白蕉：《袁世凯与中华民国》，第5页。
② 白蕉：《袁世凯与中华民国》，第380页。

迥然不同了，“朕即国家”，至高无上，圣旨一下，谁敢不从？一切由“民主”所引起的麻烦和苦恼都不存在，何等惬意！况且当皇帝终身掌权，万世一系，子孙后代皆可锦衣玉食，享尽人间荣华富贵；当总统享受不到这种特权，几届连任下来，即退居人下，子孙后代更不得世袭，哪里能同当皇帝相比！

自从辛亥革命爆发之后，袁世凯就确定了利用时机夺取全国政权的基本方针。当时，他的一些亲信曾劝其利用这一大好时机取清廷而代之。希图攀龙附凤、想做开国元勋的杨士琦和杨度，都是主张君主立宪的，他们心目中的君主就是袁世凯。张一麐在袁世凯视师湖北萧家港时，认为“是时天下大乱，民无所归”，“曾驰电劝进”。① 倪嗣冲也劝袁世凯称帝。赵秉钧、杨以德考虑的是：“俟满廷退位后，即组织临时政府，拥袁为大总统，如南方政府不取消，即拥袁为皇帝。”②

但是，袁世凯比其亲信考虑得更深更远，他不急于在出山之后立即把内心的隐秘声张出去。对此，徐世昌后来做过如下分析：（一）袁氏世受清室恩遇，不肯从孤儿寡妇手中取得天下，为后世所诟病；（二）清廷旧臣尚多，如张人骏、赵尔巽、李经羲等，均具有相当势力；（三）北洋旧部握有军权者，如姜桂题、冯国璋等将领尚未灌输此种思想；（四）北洋军力未能达到长江以南，即令帝制自为，亦是北洋半壁，南方尚须用兵；（五）南方人心向背，尚未可知。③ 这个分析有一定的道理。而更重要的是，袁世凯在当时所能公开打出的旗帜，要么是站在民军一边，推翻清室；要么是站在清室一边，与革命为敌。只有如此，才能得到一方的全力支持，与另一方角逐争雄。从其内心讲，无论站在哪一边，均非其所愿。可是，假若公开亮出帝制自为的旗号，必定遭到两方的强烈反对。其嫡系部队中忠于清室、有封建正统思想的人和不甘对之叩头跪拜的人，亦会站在其对立面。可以肯定地说，愿意追随他的人为数极少，他将陷于绝对孤立的境地，不仅狂妄野心难以实现，而且会招致杀身灭族之祸。因此，他不得不把奸谋深深埋藏在心底，转而采取

---

① 张一麐：《心太平室集》卷1，第12页。
② 白蕉：《袁世凯与中华民国》，第18页。
③ 张国淦：《洪宪遗闻》，《文史资料选辑》第1辑，第133页。

较为稳妥的步骤，准备先夺取全国政权，作为过渡，然后再采取措施，集中权力，一步步实现当皇帝的美梦。

现在，临时总统的位置到手了，袁世凯又朝着既定的目标前进了。

当皇帝不是一蹴而就的，需要很多铺垫，扫清诸多障碍，做许多准备工作。而准备工作也只能偷偷地搞，不能大张旗鼓地干。因为临时总统刚刚到手，地位极不巩固，革命党人占有七八省地盘，掌握着许多军队，民主思想正在方兴未艾，参议院时刻在监督着行动，《临时约法》像紧箍咒一样束缚着手脚，责任内阁操纵着实权，组织一个听命于自己的班子尚需时日，条件极不成熟。因此，袁世凯决定一仍过去，毫不声张，在共和的招牌下，干破坏民主的勾当；在总统的名义下，做当皇帝的准备。

准备工作千头万绪，从何入手呢？经过一段时间的观察、实践和深思熟虑，袁世凯觉得《临时约法》规定的责任内阁制，是实现政治野心的一大阻力和障碍。如果不把它搞垮，将实权抓在自己手里，事事内阁通过才能实行，一切重大法令必须国务员副署才能生效，不用说当皇帝是幻想，当总统亦味同嚼蜡，没什么意思。

而一起共事多年的老朋友、内阁总理唐绍仪，在袁世凯看来似乎也被洗了脑，变成了“另类”。他原以为让唐绍仪出任总理，定会唯命是从，得心应手。可是唐绍仪曾在美国留学，接受新思想较快，辛亥革命后倾向共和，以后又加入同盟会，革命党人对之期望颇大，谆谆嘱其尽忠民国。而内阁总理的地位，又促使其很想发挥责任内阁的作用。所以，唐绍仪就任总理之后，的确发生了一些变化，主张与同盟会合作，俯顺舆情，强调遵守《约法》和承担内阁的责任，强调对国家负责，不再像过去那样恭顺，有时将总统府的决定驳还，有时当面与袁世凯争得面红耳赤，不肯稍让。这在袁世凯的眼里就是大逆不道。他怀疑唐绍仪成了革

中华民国第一任国务总理唐绍仪

命党的内线，在挟革命党势力以自重，欲独树一帜。对于革命党人，他的原则是："他们来，我们是欢迎之不暇的，但是要在我这个圈儿里。"① 谁要越出这个圈儿，不当投降派，他就对谁不客气。现在唐绍仪居然带头打破这个圈儿自由行动，于是他决定首先向责任内阁开刀。

为搞垮责任内阁，袁世凯故意架空唐绍仪。他指使内务总长赵秉钧不服从唐绍仪的领导，同时直接插手重要部门，不让唐绍仪染指。赵秉钧唯袁世凯之命是从，且自视甚高，对唐绍仪出任总理很不服气，在言谈话语中间，经常流露出"唐能够站得住，我们就站不住"的对立情绪。有了袁世凯的支持，赵秉钧益发毫无顾忌，拒不出席唐绍仪召集的内阁会议，拒不执行内阁的决议，甚至横生枝节，百般挑剔，处理重大问题，直接向袁世凯请示。凡外交方面重要和不宜公开的问题，袁世凯直接命令由不受内阁领导的蔡廷干秉承自己的意旨去办。陆军、海军两部的要务，由段祺瑞向袁世凯请示后，交总统府军事处和两部分别付诸实施，至于军事行动，更非唐绍仪所能与闻。财政方面的大事，唐绍仪亦难于过问。内阁逐渐成为有名无实的空架子，唐绍仪无法干下去了。

利用3月14日的借款进行攻击是袁世凯的又一阴谋。在南北政府对峙时期，政费、军费支出浩繁，财政极端困难，结束南京政府，急需相当大的一笔经费。唐绍仪开始向英、美、德、法四国银行团商议借款，银行团要求的条件十分苛刻。为冲破银行团的罗网，解决燃眉之急，唐绍仪同比利时财团（华比银行）签订了借款英金一百万镑的合同。不料此事得罪了企图垄断中国借款的四国银行团，3月19日银行团在京集议，决定停止预付中国借款，予以抵制。之后，四国公使又向袁世凯递交抗议书，指责北京政府违背原定四国优先借款的诺言，正式声明中止借款。袁世凯的党羽正在伺隙，这一事件正好为其所用，成为攻击的口实。他们造谣中伤，大肆散布借款用途不明，甚至说是为了接济革命党军费。袁世凯在背后推波助澜，风波越闹越大，搞得唐绍仪焦头烂额。

袁世凯还亲自出马刺激唐绍仪，在心理上施加压力，在精神上予以

---

① 唐在礼：《辛亥以后的袁世凯》，《文史资料选辑》第53辑，第166页。

折磨。每当二人争论起来，袁世凯理屈词穷时，就话中带刺地说：“我们是没有几天好做的，这个位置早晚要让给你们的。”① 或公开对唐绍仪讲：“少川，吾老矣，子其为总统。”② 说唐绍仪有政治野心，想当总统，使唐绍仪大大不安于位。二人之间的关系更加恶化。

为赶走唐绍仪，袁世凯还制造了一个任命直隶都督的事件。这个问题的提出，系参议院还在南京的时候。当时参议院议决接收北方统治权案，规定各省督抚一律改称都督，咨议局改为省议会，都督由省议会公举。直隶代表谷锺秀、刘若曾等人考虑驻南京第三军军长、原广西副都督王芝祥有些声望，做直隶都督合适，便把王芝祥推荐给唐绍仪。革命党人认为王芝祥做直隶都督，手中掌握军权，可以起到抑制袁世凯的作用，也很赞成。唐绍仪欣然同意，遂通知了直隶人士。顺直议会（包括顺天府在内的直隶省议会）跟着作出推举王芝祥任直隶都督的正式决议。唐绍仪电告袁世凯说：“准参议院咨文及各处函电，皆谓本首都督应先由人民公举，再由大总统委任。王芝祥既经直人举为都督，应请速予发表。”③ 孙中山为此特致电袁世凯，请其按照顺直议会议决案加以委任。

但直隶即是北洋，为袁世凯发迹的地方，他不允许外人插足进来，更不能听任一个接近同盟会的军人控制军权，正所谓“卧榻之侧，岂容他人鼾睡”！故他复电唐绍仪说：“都督由地方公举，抑由中央任命，此固为国会成立后解决问题。但就目前而论，北方三省都督业由本总统委定，决无更改之理。若参议院必欲迫令取消已发之命令，则请先取消本总统之职任。”④ 唐绍仪回京后，又与袁世凯谈起王芝祥督直问题。袁世凯似乎并未拒绝，只是表示一时不便宣布。

王芝祥到京后，袁世凯表面上对其称誉不绝，请其吃饭，并聘为高等顾问，每月给伕马费八百元，甚为优待，背后却找冯国璋、段祺瑞密商出一个一石二鸟之计。唐绍仪说王芝祥是“北洋民意所归”，袁世凯

---

① 唐在礼：《辛亥以后的袁世凯》，《文史资料选辑》第 53 辑，第 168 页。
② 沃丘仲子：《段祺瑞》中编，第 26 页。
③ 《国务总理唐绍仪来电》，《袁世凯全集》第 19 卷，第 699 页。
④ 《致国务院总理唐绍仪电》，《袁世凯全集》第 19 卷，第 716 页。

就针锋相对来个“北洋军意反对”，密令直隶五路军队突然发出反对王芝祥任直隶都督的通电，遍发匿名信，威吓请王芝祥任直隶都督的各界人士。

6月2日，袁世凯同时发出两个命令，第一个命令说：“都督统辖文武，责任重大，任免之权理宜操自中央”，本省人民不能“随意迎拒”，并提出要查明请王芝祥任直隶都督的电报是否“系奸人托名擅电”；若是，即依法严惩！另一个命令则是“斥责”军人不应“迎拒主将”，“不许军人干涉政治”。[①] 形式上似乎不偏不倚，但其真正的意图，正是借军界强烈反对王芝祥任直隶都督为词，拒绝了唐绍仪的推荐，提出让王芝祥出任南京宣慰使，帮助黄兴解散留守部队。

任命王芝祥的问题直接关系到内阁的威信和职权，如不坚持，将来内阁势必降为总统府的一个附属机关。因此，唐绍仪不接受袁世凯的意见，一再申述要尊重《约法》，不要失信于直隶人民。袁世凯说：“王系革命党人，若使督直，不啻引狼入室，将来他和南方联合，我们尚有余地么？”唐绍仪说：“前既答应，现在何能食言？”袁世凯说：“是你答应的，我并未预闻。”唐绍仪又说：“这是责任内阁职权，我要发表。”袁世凯说：“我不盖印，就能生效么？”[②]

袁世凯不给唐绍仪盖印，唐绍仪亦拒绝在袁世凯委任王芝祥为南京宣慰使的命令上签字，进行抵制。6月15日，袁世凯竟然将不经内阁副署的委任状交给王芝祥。

按照《临时约法》，总统命令不经内阁副署不能发生效力。袁世凯此举是公然违背《临时约法》、破坏责任内阁的重大事件，也是他扼杀共和制度的初次尝试，应该起来与之进行坚决斗争。但作为立法机关的参议院对此不加重视，大多数议员把它看作袁世凯、唐绍仪个人之间的争斗，看不清事件的实质，因而未给唐绍仪以应有的支持。只有谷钟秀等少数议员提出质问，指责袁世凯蹂躏参议院的议决案，以命令取消议决案。袁世凯答复说：“据《临时约法》第三十四条，临时大总统任免

---

① 《政府公报·公电》，1912年6月9日。

② 耿毅：《癸丑讨袁回忆录》，《辛亥革命回忆录》1，第537页。

文武职员。而南京议决案在《临时约法》之前，已未采入《约法》之中。当然遵照《约法》，则南京议决案应归无效。”① 南京参议院议决案是一个专为接收北方各省统治权而通过的议案，一旦北方各省督抚改为都督，咨议局改为省议会，都督由省议会公举、中央委任，这个决议案的历史使命即告完成，这种临时性质的议案当然不会载入具有国家根本大法性质的《临时约法》之中。袁世凯以《临时约法》为据，否定南京参议院的议决案，简直是无理取闹。他只谈临时大总统有任免文武官员的权力，不讲命令不经内阁副署不生效的规定，更是故作歪曲，行同无赖。

那个引起双方争论的王芝祥尤其不争气，在拿到一笔远远超过实际需要的宣慰经费，经袁世凯示意余款不必上交后，觉得当宣慰使比做直隶都督更实惠，便不管斗争不斗争，心安理得地南下了。

唐绍仪见袁世凯逼迫打击过甚，忍无可忍，于6月15日愤而拂袖出京。17日，请病假五天，决心辞职。这正中袁世凯的下怀，他在袁克定的来信上批道：“少川请病假赴津，将辞职。名望太坏，祇好许之。”② 但他还要照例来一套猫哭老鼠式的假慈悲，先是批准唐绍仪请假，以陆徵祥代理国务总理，继之命梁士诒和段祺瑞前往天津，做形式上的慰留。

梁士诒在慰留时曾谈及袁世凯与唐绍仪私交甚厚的问题。唐绍仪说：“我与项城交谊，君所深知。但观察今日国家大势，统一中国，非项城莫办；而欲治理中国，非项城诚心与同盟会合作不可。然三月以来，审机度势，恐将来终于事与愿违，故不如及早为计也。国家大事，我又何能以私交徇公义哉！”③ 态度十分决绝。

6月27日，袁世凯在唐绍仪辞呈上批道：“该总理于共和宣布以前，南北奔驰，为民国效劳甚至。及就任总理，经营擘画，错节盘根，困苦艰难，非可言喻。民国草创，正赖长才，岂容听其退休，失兹臂助！特以情词恳挚，出于至诚，不得不谅其苦衷，遂厥初服。应即准如所请，免国务总理本官，任为高级政治顾问。仍望趁此宽闲，勉自调护，以养

① 《民立报》，1912年6月19日。

② 《批长子袁克定函》，《袁世凯全集》第20卷，第105页。

③ 凤冈及门弟子编：《三水梁燕孙先生年谱》上，第122页。

痌之余暇，备政治之咨询，将来倚重正多，当有以副国民之望。”① 把人逼跑，还能甜言蜜语，表示无限留恋，真是一个伪君子！

6月20日下午，同盟会代表张耀曾、李肇甫、熊成章、刘彦往谒袁世凯，告知同盟会国务员于昨晚议定全体辞职。张耀曾提出，第二次组阁，最好组织政党内阁或超然内阁，如采用混合内阁，同盟会会员不愿加入。

袁世凯不赞成，说：“非联合数党及无党之人共得组织，则断不能成一美满之内阁！”“余之主意，在于得人，但问其才与不才，无论其党与不党。”并郑重讲：“余奉告诸君，当放大眼光，从中国全局着眼，从世界大势着眼，断不可沾沾于一党之关系，亦不能硬以和平时代政党更代消长之成例，适用于今日危急存亡之中国。总须大家破除成见，协力同心，共同建设。为国务员者，以热心任事为主，须有自信力，万不可轻听局外之褒贬，以为进退；为议员为国民者，当体当局者之苦衷，力与维持，不宜以党派之意见，拘束而牵制之，使其无发展之余地。”②

袁世凯的所作所为，已使部分嗅觉灵敏的人觉察出他将来有一天总要搞黄袍加身的把戏。他感到马脚露得太早，大为不利，特于6月24日致电黎元洪和各省都督辟谣，隐匿形迹。该电说：“世凯束发受书，即慕上古官天下之风，以为历代治道之隆污，罔不系乎公私之两念。洎乎中岁，略识外情，目睹法、美共和之良规，谓为深合天下为公之古训。客岁武昌起义，各省影从，遂使二千余年专制之旧邦，一跃而为共和政体。世凯以衰朽之年，躬兹盛会，私愿从此退休田里，共享升平，乃荷国民委托之殷，膺兹重任。当共和宣布之日，即经通告天下，谓当永远不使君主政体再现于中国。就职之初，又复经沥忱宣誓，皇天后土，实闻此言。乃近日以来，各省无识之徒捏造讹言，摇惑观听，或以法兰西拿破仑第一之故事妄相猜惧。……维当此艰难缔造之秋，岂容有彼此猜嫌之隐？用是重为宣布：凡我国民，苟以救国为前提，则当能见其大，万不宜轻听悠悠之口，徒为扰乱之阶。若乃不逞之徒意存破坏，借端煽惑，不顾大局，则世凯亦唯有从国民之公意，与天下共弃之！事

---

① 《政府公报·公文》，1912年6月28日。
② 《政府公报·附录》，1912年6月22日。

关大局，不敢不披沥素志，解释猜嫌。知我罪我，付诸公论。”① 在此，他几乎把自己说成是生来就赞成共和的人，谁若怀疑其帝制自为，图谋不轨，即为“意存破坏”，他就要“与天下共弃之”！

他还对陈裕时做过如下表白：“外头人说我要做皇帝，这个皇帝是最要不得的东西，不是清朝就在你们手里推翻了的吗？我是在对全国国民宣誓忠诚下就职的，怎么能说我要做全国人民所推倒的玩意呢！你是对历史研究很深的人，当然知道有史以来做皇帝的都没有什么结果。即如你现在所驻地南京，就是六个朝代皇帝的惨史，他们的子孙甚至于临到末路，有生生世世不愿生在帝王家的怨言。上溯秦汉，下迄唐宋元明，哪一朝是有良好的结果？清帝逊位后，虽受到优待，但是一旦国民不承认他，还有什么方法存活下去呢？我若连这一点都看不清楚，还敢在这乱糟糟的时候挺身而出，当此大任吗？请你将我的话告诉孙（中山）、黄（兴）二公及第八师各位，使他们信任我。”②

6月29日，经参议院通过，陆徵祥出任国务总理。自唐绍仪辞职后，同盟会的教育总长蔡元培、司法总长王宠惠、农林总长宋教仁、署工商总长王正廷（总长陈其美未到职）于6月21日、22日又联袂辞职。袁世凯未予批准。7月初，四人又齐至总统府向袁世凯面辞。袁世凯说：“我代表四万万人民挽留总长。”蔡元培答：“元培亦对于四万万人之代表而辞职！”财政总长熊希龄于7月11日递上辞呈。袁世凯见同盟会阁员坚辞，正合己意，准其与熊希龄一同辞职。交通总长施肇基已于6月底离阁，现在阁员仅剩下赵秉钧、段祺瑞、刘冠雄几个心腹和驯顺的陆徵祥了。

7月18日，陆徵祥出席参议院会议，这个所谓外交名流对施政方针讲不出什么名堂，谈了一些有关他个人的事情，方才提到补充阁员的正题，从而引起议员大哗。袁世凯闻知，深恐补充阁员名单通不过，特地具函参议院，请暂缓投票，再行协商。参议院不予理会，次日，将陆徵祥所提六名补充阁员——财政周自齐、司法章宗祥、教育孙毓筠、农林

① 《政府公报·公电》，1912年6月26日。
② 何遂：《反袁回忆录》，《文史资料选辑》第48辑，第62页。

王人文、交通胡惟德、工商沈秉堃——全部否决。

袁世凯见遭到如此惨败，满腔愤懑，可又说不出任何正当理由，只好在招待全体议员、进行疏通的同时，再次把夹袋中的法宝——北洋军拿出来，使出流氓吓人战术。北京军警联合会通电，痛骂参议院议员“挟持党见，故作艰难，破坏大局”，“实为人民之公敌，共和之障碍”，向议员提出严重警告。① 署名“军界公启”的某些家伙，“声讨吴景濂、谷钟秀、殷汝骊罪状，并牵及谷之死力为王芝祥君督直者，受得贿赂若干云云，且谓将与天下共诛之”；“能取得吴、谷二人头颅者，赏洋一万元”的传单撒遍了北京城；有署名曰“健公十人团”者，“封送一百零三封信分配各议员，言若再不牺牲党见者，将以炸弹从事”；有人向参议院打电话，“声称军警异常激烈，请贵院注意”；② 北京军警公所甚至召开会议，声称再不通过新提的补充阁员名单，即请求以武力解散参议院。五花八门，应有尽有。

参议院受到攻击，内部产生分歧。7 月 26 日表决第二次补充阁员名单时，除工商总长蒋作宾被否决外，其余财政总长周学熙、司法总长许世英、教育总长范源濂、农林总长陈振先、交通总长朱启钤皆通过。8 月 2 日，又通过刘揆一为工商总长，加上原来留任的四个总长，陆徵祥的“超然内阁”总算组织起来了。但陆徵祥提挈不起全局政务，参议院又弹劾其失职，他只好称病请假不出。8 月 20 日，袁世凯任命亲信赵秉钧代理国务总理。赵秉钧将国务会议搬到总统府，一切事务均直接请示袁世凯办理，责任内阁完全成为总统的附属机关，袁世凯破坏责任内阁的目的达到了。

用军警干涉立法机关，是袁世凯的一大“创举”，也是其破坏《约法》的又一表现。通过两次以身试法，他感到民国的法制就是那么回事，只要以武力为后盾，善于搞阴谋，法制是可以破坏的。他从此尝到了甜头，胆子也就愈来愈大了。

---

① 朱宗震、杨光辉编：《民初政争与二次革命》，第 73 页，上海人民出版社，1983 年。

② 黄远庸：《三日观天记》，《远生遗著》卷 2，第 75－76 页，商务印书馆，1927 年。

二十一　礼迎孙黄

当时战争刚刚结束，南北刚刚统一，全国人民迫切希望国家不再分裂，有一个从事生产劳动、过安定生活的和平环境。袁世凯摸准并利用人民的这一心理，事事强调统一，军令要统一，政令要统一，制度等也要统一。说到底，一切必须听他的，绝对服从他的领导；否则，就给人加上"破坏统一"的罪名，置于死地。

袁世凯深知有军就有权，有权就有一切，因而最看重军权。对革命武装，他始终遵循着能消灭者则立即消灭之，不能立即消灭者则分化瓦解之、削弱之，最后仍旧消灭之的反动原则。对于革命党在武昌起义后建立起来的军队，他既不能也不敢公然用武力解决，只能加以削弱。任命黄兴为南京留守时，他就确定了裁减的方针。

在南北对峙的过程中，不仅革命党组建了军队，袁世凯亦招募、扩建了军队。如从减轻全国人民负担着想，应该按照实际需要，南北方军队一起裁减；如从保卫共和国出发，多留南方军队，少留北洋军队，则尤为必要，仅仅裁减南方军队无疑是不公平的。可惜革命党领导人对此认识非常不足。特别是担任整顿军队的黄兴，认为和平时期没有保留大量军队的必要，在袁世凯借口军饷困难不予供给的压力下，又见南京发生兵变，非但不坚持多保留一些，反而自动请求辞职。袁世凯求之不得。可是，他又极其虚伪地致电黄兴慰劝，致电孙中山代为挽留。长江巡阅使谭人凤到京见袁世凯时说："大总统既诚意慰留，即应代为解困。现统兵数万，无饷分发，奈何？"袁世凯乃蹙额皱眉，装作万分为难和愧疚的样子回答："此事累黄留守为难，殊深抱歉。但现时库帑如洗，请转达暂时勉强支持，俟有来源，自当竭力补助。”军饷无着，黄兴辞呈又至。谭人凤问如何处理，袁世凯又来了个“成人之美”，回答说：“克强辞意坚决，不便强以所难，止得成其高尚之志耳。”① 遂批准黄兴辞职，下令凡隶属于留守府的驻江苏部队，除由陆军部直接统辖一部分外，均改归江苏都督程德全接管，并派陆军次长蒋作宾协助切实裁汰。他们按照袁世凯的要求，把驻江苏部队大部解散。7 月 31 日上海都督府取消，陈其美去职，驻沪部队为程德全接收。湖南、四川、江西、安徽等省亦被裁减很多。

孙中山和黄兴都是革命党的领袖，影响巨大，袁世凯极想加以利用，以巩固自己的统治，因此就任临时大总统以后，曾多次电请或派人到南方敦请他们北上。陆徵祥组阁发生危机时，袁世凯为取得同盟会的支持，再次派人到上海相请。孙中山、黄兴也想到北京了解情况，做些调和工作，8 月初致电袁世凯，表示晚些时日同时北上。没过半个月，就发生了袁世凯枪杀张振武和方维的事件。

武昌起义时的张振武

早在几个月前，袁世凯曾致函黎元洪邀聘人才，指明要张振武等人到京，共谋民国进行之法。张振武为湖北著名的革命党人，参与指挥了武昌起义，后任湖北军务部副部长。他根本瞧不起被迫革命的黎元洪，军务部被取消以后，对黎元洪尤其不满。黎元洪对他也很忌恨，二人的矛盾愈趋激化。接到袁世凯邀聘人才函，黎元洪极为同意，告诉张振武等人，中央将委以重任，请他们进京。5 月张振武到京，袁世凯只授以总统府的军事顾问。张振武嫌无实权，袁世凯又委任其为蒙古屯垦使。张振武因袁世凯不批准设立专门机构，跑回湖北。袁世凯得知，又电请他进京。8 月 10 日，张振武与湖北将校团团长方维带领多人抵达北京。

---

① 谭人凤：《石叟牌词叙录》，《近代史资料》总 10 号，第 62 页。

黎元洪这个被称为“忠厚长者”的人，也玩弄起阴谋手腕，欲借袁世凯的屠刀诛锄异己。11日，他密电袁世凯，给张振武、方维加上“蛊惑军士，勾结土匪，破坏共和，图谋不轨”的罪名。并假仁假义地说：“元洪爱既不能，忍又不可，回肠荡气，仁智俱穷。伏乞将张振武立予正法；其随行方维，系属同恶相济，并乞一律处决。”并云自己“抚驭无才，致起义健儿变为罪首”，请给处分。①

黎元洪对别人搞阴谋诡计或可得逞，若对精于此道的袁世凯也来这一手，那就无异于小巫见大巫、班门弄斧了。

袁世凯心知肚明，决定将计就计，利用此事达到自己的目的。他丝毫不露声色，令冯国璋、段祺瑞、姜桂题等高级将领轮番设宴，热情欢迎张振武一行。张振武不知死神业已在向他招手，兴致勃勃地应酬着。13日，黎元洪又电催，并派秘书饶汉祥等人进京谒见袁世凯，请即日处决。15日，袁世凯电告黎元洪，已饬步军统领、军政执法处将张振武、方维查拿，即按军法惩办。所请处分，应毋庸议。当即命段芝贵执行。

15日晚上，张振武在六国饭店宴请北方军人，段芝贵亦在座。席终，张振武回寓所，行至前门，即被段芝贵追至逮捕，解送军政执法处。方维在张振武被捕前已由步军统领枪毙。军政执法处处长、有“杀人魔王”之称的陆建章，不经任何法律手续，于16日凌晨将张振武秘密处决。

在宣布的罪状中，黎元洪的电报被录了进去，最后是袁世凯的一段话：“查张振武既经立功于前，自应始终策励，以成全人。乃披阅黎副总统电陈各节，竟渝初心，反对建设，破坏共和，以及方维同恶相济。本总统一再思维，诚如黎副总统所谓爱既不能，忍又不可，若事姑容，何以对烈士之英魂？不得已，即着步军统领、军政执法处总长遵照办理。此令！”②

这一事件引起中外各方面震骇，舆论哗然。在京的湖北议员和知名人士闻讯，有如雷轰电殛。时功玖、邓玉麟、孙武等人于当日早晨三点

---

① 《政府公报·公电》，1912年8月18日。
② 蔡寄鸥：《鄂州血史》，第207－208页。

就往见陆建章质问，陆建章出示军令，时功玖等人哀痛异常。八点，他们又会同刘成禺、张伯烈、哈汉章等人往总统府谒见袁世凯质问。袁世凯表现出万般无奈的模样，说："我明知对不住湖北人，天下人必将骂我，我实不能救他。"① 接着他又严肃地讲："国法为维持治安唯一之大物，共和国民只赖此法以得生息。若曲法徇情，则公安不可保，人民无时不在危险中，此事实迫于万不得已。吾人念其首功，唯有厚恤其家族。"②

黄兴闻讯致电袁世凯，指出所宣布的张振武的罪状皆属言行不谨，无一条与"破坏共和，图谋不轨"符合；所谓"爱既不能，忍又不可"，是出于黎元洪一二人之意，还是出于共和国法律上之判断，要求明白答复。袁世凯答以已让黎元洪明白宣布该案始末。黄兴再电袁世凯，斥其不经审判，立毙创造共和有功之人，"人权国法，破坏俱尽"③！蔡元培、王芝祥、李怀霜、戴天仇、张人杰、姚雨平、吴敬恒在上海发起成立法律维持会，通告说："大总统与副总统无直接杀人之权。张君振武等所得罪状皆暧昧不明，未经裁判，即行枪毙。尤为可奇者，犹复加恤赠金，掩饰耳目。此种举动，明明故意违犯《约法》，玩弄国民。若不讨论其究竟，无以为法律、生命之保障，尚何共和政体之可言?"④ 揭露了袁世凯、黎元洪违背《约法》、破坏法制、危及共和的罪行。江西都督李烈钧、安徽都督柏文蔚亦来电严诘。上海《民立报》亦为此发表宣言，痛斥袁世凯、黎元洪"妄施权威，破坏司法"，"故杀"、"嗜杀"、"滥杀"，与"独夫民贼"无异。⑤ 孙武、邓玉麟等人更为愤恨，要求袁世凯发给免死券，以示抗议。

湖北籍议员反应最为激烈，一面致电黎元洪严厉质问，一面于18日在参议院提出质问案，要求政府拿出张振武的犯罪证据，陆军总长段祺瑞到院答复。开会时，刘成禺首先发表一篇痛快淋漓的演说，继之，

① 黄远庸：《张振武案始末记》，《远生遗著》卷2，第106页。
② 《神州日报》，1912年8月18日。
③ 《民立报》，1912年8月21日。
④ 《民立报》，1912年8月19日。
⑤ 《民立报》，1912年8月20日。

张伯烈号啕大哭，全院震动，整个会场中，“几于以痛骂痛哭、顿足鼓掌之声充满”①。袁世凯、段祺瑞根本拿不出证据，只得闪烁其词，以事情重大、实关全国安危和军事机密搪塞。并说俟得黎副总统复电，再行答复，国务员明日碍难出席。后得黎元洪来电，开列了张振武等在湖北阴谋起事的证据，又转咨参议院，作为答复。

黎元洪只想借刀杀人，不知袁世凯根本不会代人受过，把责任又推到自己身上。袁世凯并非不知屠杀革命党人会产生强烈反响，其所以如此者，一是从黎元洪之请，杀了革命党人可以推卸责任；二为挑拨黎元洪与革命党人的关系，迫其倒向自己。完全是以阴谋回答阴谋，以其人之道还治其人之身。黎元洪弄巧成拙，声誉大损，只好厚着面皮，凭借饶汉祥的一支生花妙笔，再三通电全国，一面罗列张振武的十四条罪状，证明其死罪有应得；一面沉痛检讨，提出优加抚恤，赡养其母终年，抚育其子成人，派员迎柩归葬，亲自祭奠，将其事略编集成书，请袁世凯宣示天下。同时声明引咎辞职，求得革命党人谅解；可又怕弄假成真，特授意湖北头面人物刘心源、夏寿康等人和汉口总商会、统制黎本唐等二十多人通电挽留。黎本唐在通电中气势汹汹地叫嚷：“湖北非副总统无以有今日，设一旦动摇，议院诸君能否担此重负？”② 黎元洪本是被迫革命的，经此一番折腾，威信丧失殆尽。同盟会总部鉴于黎元洪“暴戾恣睢，擅杀元勋，破坏《约法》，动摇民国”，议决革去其同盟会协理职务并开除出会。③ 黎元洪为保持个人地位起见，遂投向袁世凯的怀抱。

在邀请孙中山、黄兴北上的时候，袁世凯也电邀黎元洪进京“共商国是”。黎元洪受到各方责难，不敢进京。革命党人鉴于袁世凯枪杀张振武和方维，手段太毒辣，一致劝孙中山不要轻入魔窟。但孙中山却坚持说：“无论如何不失信于袁总统，且他人皆谓袁不可靠，我则以为可靠，必欲一试吾目光。”④ 遂偕夫人于8月24日到达北京。

---

① 黄远庸：《张振武案一礼拜之经过》，《远生遗著》卷3，第108页。

② 《袁世凯等有关张振武案的电文一组》，《历史档案》1983年第1期。

③ 《神州日报》，1912年8月30日。

④ 《与送行者谈话》，《孙中山全集》第2卷，第401页。

袁世凯为欢迎孙中山来京筹划甚久，颇具匠心。事先指示接待仪式要十分隆重，供奉要十分丰盛，一切依照大总统待遇。指派了高级军事参议唐在礼和大礼官黄开文负责照料生活起居，总统府秘书长、孙中山的同乡梁士诒陪同活动。同时把建筑宽敞明亮、铺设富丽堂皇的总统府腾出来加以修缮，供孙中山下榻。孙中山抵京后，袁世凯特令打开正阳门，派自己所乘的金漆朱轮双马车，饰以黄缎，前往迎接。

当天晚上，袁世凯举行了盛大的欢迎宴会，致词说：“今次前大总统孙中山君来京，予之寸衷，不胜欢喜。值此好机，听孙君伟大经纶，以补予施政之不足。孙君创立民国，功绩赫赫，垂名后世。予不肖承乏其后，窃虑难堪其任。今夕相会，益当为民国努力，勿背孙君初志。”①完全是一副为民国鞠躬尽瘁、死而后已的正人君子的面孔。孙中山在致答词时也把袁世凯吹捧了一通。

据孙中山说，他此行的唯一宗旨在赞助袁世凯谋国利民福之政策，并疏通南北感情，融和党见。他抵京后，即开始了疏通工作，对有关方面人士谈：“袁总统可与为善，绝无不忠民国之意。国民对袁总统万不可存猜疑心，妄肆攻讦。”② 对震骇全国的张振武案件也明确表态，谓张振武有罪，袁世凯和黎元洪不依法律审判，仅在法律手续上有不当之处。

孙中山在京一个月，先后与袁世凯会谈达十三次之多，参与会谈的只有梁士诒一个人。对孙中山所谈的问题，袁世凯均洗耳恭听，装得特别恭敬谦逊，不论孙中山讲什么，他都表示赞成；偶有不同意时，也要说上两句“贵论宏大，可以参考”的奉承话。有一次孙中山表示愿在十年内修筑铁路二十万里，请袁世凯在同期训练精兵一百万。袁世凯闻声即起，大呼：“孙中山先生万岁！”

孙中山见袁世凯无一点不同意见，不免稍存怀疑，单独对梁士诒说：“我与项城谈话，所见略同，我之政见，彼亦多能领会。唯有一事我至今尚疑，君为我释之。”梁士诒问何事。孙中山说：“中国以农立国，倘不能于农民自身求彻底解决，则革新匪易。欲求解决农民自身问

---

① 马震东：《袁氏当国史》，第163页。

② 《与某人的谈话》，《孙中山全集》第2卷，第412－413页。

题，非耕者有其田不可。我说及此项政见时，意以为项城必反对。孰知彼不特不反对，且肯定以为事所当然。此我所不解也。”梁士诒答道：“公环游各国，目睹大地主剥削；又生长南方，亲见佃田者之痛苦，故主张耕者有其田。项城生长北方，足迹未尝越大江以南，而北方多属自耕农，佃农少之又少。故项城以为耕者有其田，系当然之事理也。”[①]经梁士诒一解释，孙中山连仅有的一点疑问也消失了。

9月9日，袁世凯特授孙中山以筹划全国铁路全权，月给三万元高薪，孙中山欣然接受。

黄兴一行9月11日到京，所受招待与孙中山相同。黄兴来京后，逢人便劝加入国民党（此时同盟会已与其他政党合并为国民党），主张政党内阁，遍邀阁员入党，甚至劝袁世凯入党，并许以推为党的领袖。以为只有如此，政府才能有后援，政局才能安定。袁世凯则以“入甲党则乙党为敌，入乙党则丙党为敌，实不敢以一己之便安，而起国中之纷扰”[②]为由，予以婉言拒绝。赵秉钧奉命加入了，他之所以能在9月下旬当上正式国务总理，就是黄兴向参议院疏通的结果。为减少党人责难，稳住内阁，袁世凯还授意阁员加入。因此，在内阁中，除段祺瑞、刘冠雄、周学熙、范源濂而外，其余皆成为国民党员，赵内阁名义上变成了国民党内阁，实际上正像当时的报纸所讽刺的，它不是政党内阁，而是“内阁政党”。

9月25日，袁世凯命总统府秘书厅通电宣布了八大政纲：一、立国取统一制度；二、主持是非善恶之真公道，以正民俗；三、暂时收束武备，先储备海、陆军人才；四、开放门户，输入外资，兴办铁路、矿山，建置钢铁工厂，以厚民生；五、提倡资助国民实业，先着手于农林工商；六、军事、外交、财政、司法、交通，皆取中央集权主义，其余斟酌各省情形，兼采地方分权主义；七、迅速整理财政；八、竭力调和党见，维持秩序，为承认（指外国承认中华民国）之根本。并说是与孙中山、黄兴协定，并得到黎元洪深表赞成的。从政纲内容看，袁世凯主要是强调“统一制度”、“中央集权”和“维持秩序”，但又迎合孙中山

---

① 凤冈及门弟子编：《三水梁燕孙先生年谱》上，第123页。

② 《致柏文蔚论政见书》，《袁大总统文牍类编》，第45页，上海会文堂书局，1926年。

办实业的心理，加了两条发展实业的东西。总的来说，它在客观上有利于袁世凯的集权统治。

通过会谈，袁世凯在亲信面前对孙中山、黄兴的评价是：“孙氏志气高尚，见解亦超卓，但非实行家，徒居发起人之列而已。黄氏性质直，果于行事，然不免胆小识短，易受小人之欺。”① 这一评价虽不完全正确，但对孙中山、黄兴的为人还多少有几分认识。

而孙中山、黄兴均被假象所迷惑，上了袁世凯的圈套。8 月 28 日，孙中山即表示同意举袁世凯为正式总统。9 月 2 日又在北京报界欢迎会上宣布：“现在政治之事，有袁大总统及一般国务员担任，鄙人从此即不厕身政界，专求在社会上作成一种事业”②，即建筑铁路，以实现其民生主义，不再与袁世凯竞争总统。4 日，在答记者问时又说：袁世凯没有野心，民国现在很难得这么一个人。10 月 6 日对上海国民党员演说时还讲：“余信袁之为人，很有肩膀，其头脑亦甚清楚，见天下事均能明彻，而思想亦很新。不过做事手腕稍涉于旧，盖办事本不能全采新法。……欲治民国，非具新思想、旧经验、旧手段者不可，而袁总统适足当之。故余之荐项城并不谬误。”“嗣后国民党同志，当以全力赞助政府及袁总统。袁总统既赞成吾党党纲及主义，则吾党愈当出全力赞助之也，建设前途，于此望之矣。”③

黄兴也说：“兴至京时，觉有一绝大希望及一绝大乐观之事，为袁总统之苦心谋国是也。报纸有以拿破仑诋之者，殊为失当，且亦绝无之事。袁之为人，精神充足，政策亦非常真确。”“今日北有袁大总统，南有黎副总统，犹之屋有栋梁，而吾辈方能住居寝食歌哭于其下，故我辈一面监督现今之政府，同时复当尊重此两大伟人。”号召各界“须出真实爱国心，以赞助大总统建设之伟业。”④

袁世凯听了这些言论，内心着实高兴。

---

① 许指严：《新华秘记》，见《近代稗海》第 3 辑，第 350 页。

② 《民立报》，1912 年 9 月 9 日。

③ 《在上海国民党欢迎会的演说》，《孙中山全集》第 2 卷，第 484－485 页。

④ 湖南省社会科学院编：《黄兴集》，第 280、289、271 页，中华书局，1981 年。

二十二　否认刺宋

辛亥革命以后，官僚政客群相组织政团，一时政党林立，名目繁多。这些政党并无明显的纲领区别，故其一会儿分化，一会儿组合；有些人身跨数党，有些人朝秦暮楚。临时参议院在南京时，比较著名的大党有同盟会和统一党、民社、共和建设讨论会。临时参议院迁到北京，经过再度分化组合，主要的政党为共和党、民主党和国民党。

共和党成立于 1912 年 5 月 5 日，推黎元洪为理事长。其政纲是：(一）保持全国统一，采取国家主义；（二）以国家权力，扶持国民进步；(三）应世界大势，以和平实利立国。该党依附袁世凯，与同盟会相对抗，在临时参议院内，势力与同盟会相匹敌。后来，章炳麟等人从该党分离出去，仍旧打着统一党的旗号进行活动。

民主党成立于 1912 年 10 月，由几个小党合并组成，以梁启超为首领，是第三大党。其政纲是：（一）普及政治教育；（二）拥护法赋自由；(三）建设强固政府；(四）综核行政改革；(五）调和社会利益。

中国同盟会原是一个秘密革命党，民国成立，南北统一，该党以为革命已经成功，今后的主要任务就是从事议会斗争，由秘密改为公开，变成一般宪政国家的政党。为对抗日益增长的共和党势力，确保在议会中占有多数，一部分人主张同盟会与其他小党合并，另组新党，宋教仁坚持尤力。

宋教仁字遯初（亦作钝初)，号渔父，湖南省桃源县人。早年读书，1904 年与黄兴等人创立华兴会，被推为副会长。同年 11 月在长沙组织起义事泄，遭到清政府通缉，出逃日本，先入法政大学，继入早稻田大

学学习法政。1905年同盟会成立，任司法部检事长，后又担任《民报》庶务干事。1911年1月返回上海，任《民立报》主编。7月，同盟会中部总会在上海成立，为五总务干事之一。武昌起义后，同黄兴一起去武昌，协助湖北都督府办理外交事务。南京临时政府成立，任法制局局长。唐绍仪内阁时任农林总长，后辞职。他认为，要建设好共和国家，首先应组织一个良好的政府；欲组织良好的政府，必须实行政党内阁；而实行政党内阁，就要改组政党，争取议会多数。否则，不能团结同志，等于让敌党坐大，自我孤立，将来在大选中必然失败。这一主张遭到一些会员的激烈反对，也得到相当多的支持，孙中山亦同意。

8月25日，同盟会与统一共和党、国民共进会、共和实进会和国民公党在北京召开改组成立大会，合组为国民党。孙中山被推举为理事长，实际主持人则是代理理事长宋教仁。其政纲有五：（一）促成政治统一；（二）发展地方自治；（三）实行种族同化；（四）注重民生政策；（五）维持国际和平。改组后的国民党成员增多了，但成分却更加复杂了。

按照《临时约法》规定，临时参议院成立后，在十个月内应进行国会选举。根据参议院议决，国会采取两院制。8月10日，袁世凯公布了《中华民国国会组织法》和《参议院议员选举法》、《众议院议员选举法》。

为获得国会中的多数席位，各党展开了激烈的竞选活动。宋教仁是坚决主张内阁制而反对总统制的，他说："盖内阁不善而可以更迭之，总统不善则无术变易之；如必欲变易之，必致摇动国本。此吾人所以不取总统制，而取内阁制也。欲取内阁制，则舍建立政党内阁无他途。"① 因而对组织政党内阁起着决定作用的国会大选活动特别热衷。他向国民党发出号召："我们要停止一切运动，来专注于选举运动。选举的竞争是公开的，光明正大的，用不着避甚么嫌疑、讲甚么客气的。我们要在国会里头获得过半数以上的议席，进而在朝，就可以组成一党的责任内阁；退而在野，也可以严密地监督政府，使它有所惮而不敢妄为；应该为的，也使它有所惮而不敢不为。"② 他以身作则，到处奔波，不惮劳

---

① 陈旭麓主编：《宋教仁集》下册，第460页，中华书局，1981年。

② 《宋教仁集》下册，第456页。

苦。1913 年初，他回湖南省亲后，即去长沙、武汉、上海、南京、杭州，每到一地，均激昂慷慨地发表竞选演说，鼓吹责任内阁，抨击时政，锋芒毕露，甚至点名揭露袁世凯。在国民党湖北支部召开的欢迎会上，他对大家讲："现在接得各地的报告，我们的选举运动是极其顺利的。袁世凯看此情形，一定忌克得很，一定要钩心斗角，设法来破坏我们，陷害我们。我们要警惕，但是我们也不必惧怯。他不久的将来，容或有撕毁《约法》、背叛民国的时候。我认为那个时候，正是他自掘坟墓、自取灭亡的时候。到了那个地步，我们再起来革命不迟。"①

1913 年 1 月 10 日，袁世凯发布国会召集令，限当选的参众两院议员于 3 月齐集北京，人数过半后即同时开会。

在宋教仁和国民党人的共同努力下，国民党在参众两院的初选和复选中虽未获得过半数的席位，但却成为国会中的第一大党。除去跨党和无党派者外，在众议院的五百九十六个议席中，共和、统一、民主三党共得一百五十四个，国民党得二百六十九个；在参议院的二百七十四个议席中，国民党获得一百二十三个，共和、统一、民主三党仅得六十九个。

大选的胜利陶醉了国民党人，他们对当选为参议员的宋教仁寄予很大希望。宋教仁也忘乎所以，满以为依靠第一大党的支持，就可以出而组阁，当上国务总理了。

通过与孙中山和黄兴会谈，袁世凯觉得国民党容易对付，并未把大选放在心上。对宋教仁这位最有头脑的政治活动家，袁世凯曾着意拉拢。宋教仁回籍省亲前，他慷慨解囊，赠送一套价值三千元的西服和一张五十万元的交通银行支票，并表示如不够用，还可再增加。宋教仁思量再三，觉得完全拒绝不好，留下西服，退回支票。致函袁世凯说："绨袍之赠，感铭肺腑，长者之赐，仁何敢辞？但惠赠五十万元，实不敢受。仁退居林下，耕读自娱，有钱亦无用处。原票奉璧，伏祈鉴原。"② 袁世凯知其意志坚决，不可以金钱收买，难以驾驭，对其在大

---

① 《宋教仁集》下册，第 456－457 页。
② 《宋教仁集》下册，第 426 页。

选中的活动更加特别注意。得知其对自己的揭露，冷哼道："其口锋何必如此尖刻?"① 看到大选的结果，袁世凯更加担忧，深恐宋教仁组织责任内阁，国民党议员不选自己当正式总统，政权被国民党用和平方式夺去。

从袁世凯在民国后的一系列实际行动中，某些人已经发现了希望，希图通过劝进获得富贵。3 月中旬，湖北商人裘平治等上书总统府说："总统尊严，不若君主"，请求"暂改帝国立宪，缓图共和。"

裘平治等的想法与袁世凯完全一致，只是在袁世凯看来时机过早罢了。于是袁世凯决定显示一下自己的"革命性"，让那些散布"流言蜚语"的人看一看自己是如何忠于共和与民国的。19 日，他下令查拿裘平治，声称："共和为最良之国体，治平之极轨。""本大总统受国民付托之重，就职宣言，深愿竭其能力，发扬共和之精神，涤荡专制之瑕秽，永不使帝制再见于中国。皇天后土，实闻此言!""不意化日光天之下，竟有此等鬼蜮行为，若非丧心病狂，意存尝试，即是受人指使，志在煽惑。如务为宽大，置不深究，恐邪说流传，混淆观听，极其流毒，足以败坏共和，谋叛民国，何以对起义之诸人，死事之先烈? 何以告退位之清室，赞成之友邦? 兴言及此，义愤填膺。所有呈内列名之裘平治等，着湖北民政长严行查拿，按律惩治，以为猖狂恣肆干冒不韪者戒!"② 其调门之高，态度之厉，即使国民党人亦无出其右者。但果真严惩，便堵塞了劝进之路，以后谁也不敢出来吹喇叭抬轿子了，因此，他的"革命性"也就仅仅止于一纸命令而已，再也不见下文了。

就在袁世凯下令惩治裘平治的第二天，即 3 月 20 日晚上，在上海发生了一起震动中外的大血案。

宋教仁南下湖南、湖北时，有些同志因其颇负声望，恐怕袁世凯见忌，均劝其加以戒备。宋教仁虽说要警惕，可是又认为此乃杯弓蛇影之事，殊不足虑，极其麻痹大意。1913 年 3 月抵达上海后，已接到许多恐吓信函，他均一笑置之。

---

① 张国淦:《孙中山与袁世凯的斗争》，见杜春和等编:《北洋军阀史料选辑》上，第 154 页，中国社会科学出版社，1981 年。

② 《政府公报·命令》，1913 年 3 月 20 日。

20 日，宋教仁准备乘坐当晚十一点的特别快车去南京，然后转乘津浦线火车北上京城，出席即将召开的第一届正式国会。离沪之前，同志们还提醒他要“慎重防卫”。他仍不介意，笑哈哈地答道：“无妨，吾此行统一全局，调和南北，正正堂堂，何足畏惧！国家之事，虽有危害，仍当并力赴之。”① 陈其美插话说：“钝初，你不要快活，仔细他们会用暗杀的手段来对付你！”宋教仁放声大笑，说：“只有我们革命党人会暗杀人，哪里还怕他们来暗杀我们呢？”于右任从旁警告他千万要仔细，并建议改坐轮船从海道进京。宋教仁嫌走海路太慢，坚持坐火车。②

当晚十点四十五分，宋教仁在黄兴、于右任、陈其美等陪同下，向沪宁车站的检票口走去，突然遭到凶徒枪击。于右任等立即将其送往沪宁铁路医院抢救。

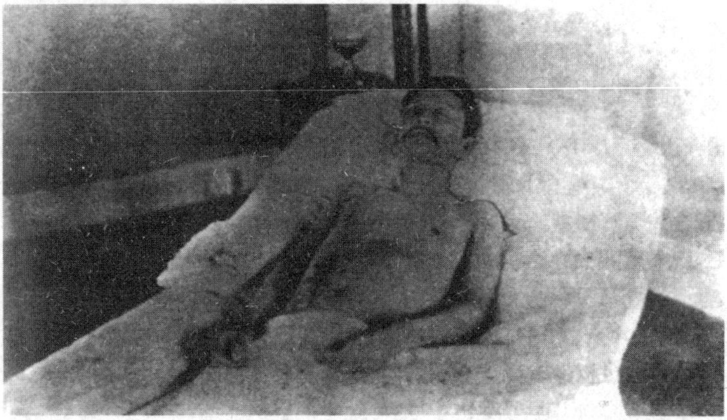

被刺后的宋教仁

21 日，黄兴致电袁世凯、国务院和参议院，通报了宋教仁遭到凶徒枪击和受伤情形。袁世凯得悉，“大为惊诧”③。当即电令江苏都督程德全、民政长应德闳、上海交涉使陈贻范、上海县知事和沪宁铁路局总办锺文耀，“立悬重赏，限期破获，按法重惩”，并命陈贻范和上海县知事

---

① 徐血儿等：《痛言》，见《宋渔父》第 1 集，后编，《民立报》排印本，1913 年。
② 杨思义：《宋案见闻》，《辛亥革命回忆录》8，第 579 页。
③ 远生：《宋遯初君死后之观察》，《民初政争与二次革命》，第 239 页。

前往医院慰问。[①] 程德全立即悬赏一万元，通饬军警，加派探员，勒限时日缉拿凶犯。黄兴和陈其美、闸北巡警局、上海县知事亦分别悬赏一万元，沪宁铁路局悬赏五千元，缉拿凶手。

由于伤势过重，抢救无效，宋教仁于22日晨四时四十七分逝世，年仅三十二岁。去世前犹口述致袁世凯遗电说："望大总统开诚心，布公道，竭力保障民权，俾国会得确定不拔之宪法。"[②]

在宋教仁弥留之际，黄兴和陈其美分坐在病榻左右，各执其手，再三说："钝初，放心！我们要代你报仇的！"[③]

22日下午，人告宋教仁逝世，袁世凯愕然说："有此事乎？"看过电报，依旧愕然说："确矣！这是怎么好？国民党失去宋遯初，少了一个大主脑，以后越难说话。"[④] 遂又立即下了一道命令说："民国新建，人才至难，该凶犯胆敢于众目昭彰之地狙击勋良，该管巡警并未当场缉拿，致被逃逸，阅电殊堪发指。前农林总长宋教仁奔走国事，缔造共和，厥功甚伟。迨统一政府成立，赞襄国务，尤能通知大体，擘画勤劳。方期大展宏猷，何意剧闻惨变，凡我国民，同深怆恻。应即交国务院从优议恤，用彰崇报。所有身后事宜，业经电饬陈贻范会同钟文耀妥为料理。方今国基未固，亟赖群策群力，相与扶持。况暗杀之风，尤乖人道，似此逞凶枪击，藐法横行，匪惟国法所不容，亦为国民所共弃。应责成江苏都督、民政长迅缉凶犯，穷究主名，务得确情，按法严办，以维国纪而慰英魂。"[⑤]

此时革命党人谭人凤正在北京，闻讯去见袁世凯探听口气。袁世凯十分惋惜地说："遯初，中国特出之人才也，再阅数年，经验宏富，总理一席固胜任愉快者。何物狂徒，施此毒手！"谭人凤说："外间物议与政府有关，不速缉获凶犯，无以塞悠悠之口。"袁世凯面红耳赤，急急分辩说："已悬重赏缉拿矣，政府安有此事！"谭人凤又往见赵秉钧，赵

① 《政府公报·命令》，1913年3月23日。
② 《民立报》，1913年3月22日。
③ 周南陔：《宋教仁被刺之秘密》，《近代史资料》总第68号，第60页。
④ 远生：《宋遯初君死后之观察》，《民初政争与二次革命》，第239页。
⑤ 《政府公报·命令》，1913年3月23日。

秉钧坦然说："外间议论，我不与辩，久后自当水落石出也。请先生静待，勿惑浮言。"①

宋教仁惨遭暗杀，全国震惊。国民党人深知此举"非仅二三奸徒为之，而内幕中必有政治关系有力之人，为之指使"。② 故而均极端愤怒，一致强烈要求查拿凶手，严惩幕后指使之人。上海的国民党员几乎全部出动，分头寻找线索。似乎有宋教仁的英灵在暗中佑助，破案的速度快得惊人。

21 日晚上，两个潦倒不堪的学生来到国民党上海交通部交际处，要求面谒要人，报告机密。交际处主任周南陔接见了他们。

一个学生报告说：我们是从四川前来投考学校的学生，住在五马路的六野旅馆。隔壁房里住着一个衣衫不整、相貌不善的人，名叫武士英，看样子很穷，每天早出晚归。昨天午前，忽然有三四个人来找他，他很欢喜。来人走后，他向我们借坐车的钱，我给他一角，他说不够，我又给了他两角，他就走了。晚上八点回来的时候，他已经换上一身新的西装，到我们房间掏出一把钱，约有几十元，说我有钱了，遂拿出一元还我。我说哪用这么多？他说有人提拔他，叫他去干一件大事，事成之后，还会得到一千元。说完就出了房间。我们都说他有神经病。今天我们在报上见到宋教仁先生被刺的消息，发现这人不见了，问了旅馆的伙计，说他 20 日一夜也没有回来，今天早晨大约七点钟的光景，他回来付了账，提着破皮箱走了。我们觉得此人很可疑，特来报告一声。

周南陔让他们回去，立即把此事报告了陈其美。陈其美指示他一定要尽快找到武士英，但找了一天一夜也未找着。搜查武士英住过的房间，没有可疑之物，只找到一张应桂馨的名片。

应桂馨又名应夔丞，原为上海的流氓帮会头子，辛亥革命时取得陈其美的信任，当上了上海都督府的谍报科长，后来充当南京总统府的庶务科长，兼管孙中山的卫队，因为违法乱纪被撤职。他回到上海，将青洪帮改组为国民共进会，自任会长，以后又被江苏都督程德全委以江苏

① 谭人凤：《石叟牌词叙录》，《近代史资料》总 10 号，第 68 页。
② 徐血儿：《呜呼万恶之奸徒》，《民立报》1913 年 3 月 22 日。

驻沪巡查长。此人在上层社会极有手面，社交很广。周南陔认识他，但还不能确定他是否与宋案有关。

23日，又有人到交际处报告：古董商人王阿发曾经物色过杀手。

周南陔马上派人找来王阿发询问。

王阿发说：一个星期之前，到应桂馨家兜售字画，应桂馨拿出一张相片给我看，说是想办这个人，你若是能办到，给你大洋一千元作为报酬。我想自己是个生意人，不是暗杀党，哪能干这种事？当时就拒绝了。后来问一个朋友干不干，朋友起初答应了，后来觉得不能无故杀人，又不干了。今天看见报纸上登出宋先生的相片，与那天应桂馨给我看的极为相似。

周南陔听了，联系到在武士英房间搜查到的名片，断定应桂馨嫌疑重大，急忙请示陈其美。然后带领干员与王阿发来到四马路的总巡捕房，报告了总巡捕卜禄士，要求协助逮捕。

卜禄士马上命西探总目安姆斯托朗带领人马，并派一名西探前往法捕房，请蓝总巡亲自带领中西探捕，会同英租界探捕，还有周南陔等人，一齐到文元坊应桂馨家拘拿。

这时已经到了晚上。众人来到街口，先派人到应家去问，得知应桂馨不在家，到妓女胡翡云家去了。众人找到胡翡云，又说应桂馨在迎春坊妓女李桂玉家赴宴。

来到李桂玉家门前，安姆斯托朗在四周布置好。估计到里面人多，应桂馨身上可能有枪，拘捕不大方便，决定将他引出来。

周南陔自告奋勇走进院内，在楼下吩咐相帮（即龟奴）请应桂馨下楼，说有要事相商。

应桂馨下来，见是周南陔，笑道：“你来得很巧，今晚宾客不多，请入席吧。”

周南陔笑道：“有一句话，在这里不便说，我们到门外谈一谈，再来入席如何？”

应桂馨坦然不疑，走在前面，跨出了大门。安姆斯托朗一见，立即从门旁闪出，用两只大而有力的手紧紧抓住他的双手，一名西探上前抱住他的腰，防备他掏手枪，其他人一拥而上，把他拿住，押上汽车，风驰电掣地开走了。

24日天明，英、法捕房的人员和国民党的人押着应桂馨，到应家进行搜查。

应家每天都有不少人进出，为了防止意外，捕头令探捕守在前后门内，以免外面的人知道，外面如有人进来，立即逮住。然后命将家中的男女分开软禁，女的在楼上厢房，男的在楼下厢房。

分派已定，开始搜查。可是，把楼上楼下仔仔细细翻了个遍，也不见与刺杀宋教仁有关的东西。大家都无比的焦急，打电话向周南陔讲了。

周南陔立刻赶到应宅，眉头一皱，计上心来，与捕头相商以后，独自走到楼上厢房，见了应桂馨的妻子和两个姨太太，装作极为机密的样子，低声说："我是在捕房与应大人接过头的心腹人，你家大人托我安慰你们，不必着急。事情有眉目了，到明天就可以解释明白。但是应大人关照，必须赶快取出秘密文件交给我，以便做好手脚。快点儿！快点儿！"接着他问："哪一位是晓得这地方的太太呀？"

一个姨太太见他说话的神气活像丈夫的好友，果然中计，说："我晓得这地方，但这里守得这样严密，怎么弄法？"

周南陔说："我可以自由来往，一切有我，你放心，快去拿好了。"

姨太太走到旁边，蹲下身子，掀开一块活动地板，取出一只小箱子。

周南陔接过，如获至宝，又问："还有别的要紧的东西没有？"

姨太太答道："没有了，全在这里。"

周南陔立即下楼，将箱子交给捕头。打开一看，里面藏有文稿、密电码本子和其他文件，还有一支五响手枪，两粒子弹，两个弹壳，子弹与从宋教仁身上取出来的一模一样。他们来不及检阅文电，马上收好，来到软禁男人的厢房。

男人中有一个身材短小，穿着新衣，面目凶恶，特别引人注意。问他名字，回答说叫武士英。捕头怀疑他是真凶，当即派人到沪宁车站找来一个曾经见到凶手逃走的小孩儿辨认。小孩儿指认就是他。捕头下令将他逮捕，和应桂馨同时押回捕房。

第二天捕房会审，武士英起初尚想抵赖，后来终于供认：

他的真名叫吴福铭，山西人，在云南军队当过管带，军队裁减以后，来到上海。六七天之前，他在茶馆认识了一个名叫陈玉生的人，对他说："现在我们要办一个人，这个人与中国的前途有非常的关系，是个无政府党，我们要替四万万同胞除害。"他毅然答应了。

3月19日，两人又在一起吃茶，陈玉生约他加入共进会，领他与应桂馨见了一面。晚上，陈玉生也在六野旅馆开了房间。

20日晚上，他与陈玉生在三马路半斋吃饭。喝到半酣的时候，陈玉生对他说："要办的人姓宋，过一会儿上火车，就好行事了。"说罢交给他一支手枪。这时另外两个人叫来两辆黄包车，四人坐着到了沪宁车站，一人去买站台票，一人在外望风。票才买好，看见一行人走来，陈玉生指着一人说："这个人就是姓宋的。"

等了一会儿，见姓宋的几个人从客厅出来，走到检票的地方，他就开了一枪，往外逃走。逃到门口，看见有人进来，他又倒在地上朝天放了两枪，免得人追。而后逃到门外，跳上黄包车就到应桂馨家去了。不久，陈玉生也到了，他便交还了手枪。

陈玉生说："如今好了，我们已替四万万同胞除害了！"

应桂馨也称赞他："你干得很好，将来必定送你出洋去读书，学费由我担负。"

法官问武士英得到多少酬劳，他答道："事前许我一千元，但我只拿到三十元。"①

通过检阅搜查到的证据和武士英在初审中的供词，黄兴以为案情大白，认定暗杀宋教仁的主谋不是别人，正是堂堂的临时大总统袁世凯和国务总理赵秉钧，同谋犯是内务部秘书洪述祖，具体执行者是应桂馨，所雇的杀手则是武士英，满腔悲愤，于是奋笔疾书了一副挽联：

前年杀吴禄贞，去年杀张振武，今年又杀宋教仁；

---

① 破案过程系综合下列资料写成：周南陔口述：《宋教仁被刺之秘密》，《近代史资料》总第68号；《刺宋凶犯应夔丞武士英被捕记》，《民初政争与二次革命》，第234－236页；《宋教仁遇害》（四志、五志、六志），《申报》1913年3月25、26、27日。

你说是应桂馨，他说是洪述祖，我说确是袁世凯。①

26 日，稽勋局局长冯自由送上呈文，请求给宋教仁一次性抚恤金三千元，遗族年抚恤金一千六百元，并将宋教仁之丰功伟绩饬令国史馆立传。袁世凯批示同意，并令该局查明宋教仁有子几人，派遣游学深造，比冯自由想得还要周到。

27 日，国务院通电各省说：据应桂馨 23 日函称，沪上发现一种监督政府、政党之裁判机关，并附有简明宣告文，杂列宋教仁、梁启超、孙中山、袁世凯、黎元洪、赵秉钧、黄兴、汪荣宝、李烈钧等人“均为民国神奸巨蠹”，俱应加以“惩创”，特先判决宋教仁死刑，即时执行。令各省密查防范。②

这个裁判机关完全是虚构出来的，目的是迷惑世人，混淆视听，让人一看袁世凯和赵秉钧的名字与宋教仁等一起列入黑名单，就相信世界上真有那么一个机关存在，并且暗杀宋教仁的正是它。但伪造者的手段太拙劣，显见得是个低能儿，以致不分好坏，扬言要把各类人物进行处决，使人一望而知是个弥天大谎。

在日本得知宋教仁被刺身死消息的孙中山于 27 日回到上海，当晚，与黄兴、陈其美、居正、钮永建、柏文蔚等人研究对策。孙中山说：“袁世凯身为总统，不以法律杀钝初，而以暗杀杀钝初，是乃盗贼之所为，其叛民国必矣，非出兵讨之不可。”③“他认为宋案的发生，是袁世凯阴谋消灭国民党革命势力，以便帝制自为”，“必须乘机立即调集各省兵力，一致声罪致讨”；并认为袁世凯“对于各方面的阴谋布置还未妥帖，推翻较易，切不可延误时机。”黄兴则“认为袁世凯帝制自为的逆迹尚未昭著，南方的革命军又甫经裁汰，必须加以整备才能作战，因而主张稍缓用兵，以观其变。”④当即商定由孙中山密电广东陈炯明，黄兴密电湖南谭延闿，作好出兵的

---

① 《黄兴集》，第 319 页。

② 《宋教仁被刺及袁世凯违法大借款史料》，第 81－82 页，台北，1968 年。

③ 章开沅主编：《居正文集》下册，第 528 页，华中师范大学出版社，1989 年。

④ 周震麟：《关于黄兴、华兴会和辛亥革命后的孙黄关系》，《辛亥革命回忆录》1，第 338 页。

准备，并派李书城等前往南京发动第八师。但陈炯明、谭延闿回电均言内部意见不一致，实力薄弱，出兵困难。第八师因兵额缺得太多，也说现在不能出兵。有鉴于此，黄兴主张暂缓用兵。孙中山还想“亲自到日本寻求日本政府的援助”，但黄兴和其他人“多不赞同此举”，“认为依靠外援来反袁，是不容易得到国人谅解的”，主张法律解决，① 最后决定组织特别法庭审理宋教仁被害一案。

30日，北京的国民党在湖广会馆开追悼宋教仁大会，赵秉钧派京师警察总监王治馨为代表到会演说。岂料王治馨太蠢，竟然说：“赵（秉钧）、宋（教仁）因政党内阁问题，颇有密切关系。自宋被刺后，获犯应桂馨，搜出证据，牵涉内务部秘书洪述祖，应、洪又有密切关系。因此，袁总统不免疑赵，而赵以洪时往袁府，亦疑袁授意。及前日赵与袁面谈，彼此始坦然无疑。惟袁谓：宋被刺前，洪曾有一次说及总统行政诸多掣肘，皆由反对党政见不同，何不收拾一二人，以警其余？袁答谓：反对者既为政党，则非一二人，故如此办法，实属不合云。现宋果被刺死，难保非洪借此为迎合意旨之媒。唯有极力拿治，以对死者。”② 袁世凯看过报纸上的报道，气得暴跳如雷，声色俱厉地说：“措辞太不检点，王治馨可恶！赵总理何以任其乱说？说后若无事然，并不声明更正？”③

应桂馨、武士英被捕以后，洪述祖即请病假，前往天津。在预审应桂馨时，牵涉到洪述祖。因其为内务部秘书，赵秉钧虑受嫌疑，命王治馨的秘书潘毓桂和探访局局长李寿金前往天津，将其带回。及至潘毓桂和李寿金抵达天津，洪述祖业已逃走。他们追踪至青岛，四处侦察，访知洪述祖所住之处，受到德国人保护，马上报告。4月3日，袁世凯和赵秉钧拟出三种计划，命内务部次长言敦源和内务部秘书程经世办理：一，酌带人员，将洪述祖诱出德国人管辖的地界，然后掩捕；二，劝洪述祖束身归案，免至累及政府；三，与德国人交涉，引渡交犯。言敦

---

① 李书城：《辛亥革命前后黄克强先生的革命活动》，《辛亥革命回忆录》1，第206－207页。

② 《民初政争与二次革命》上编，第236－237页。

③ 张国淦：《近代史片断的记录》，《近代史资料》总37号，第159页。

源、程经世等于5日晚乘火车至济南，见到山东都督周自齐，得知洪述祖已为德国人拘留。既然如此，诱捕已不适用，他们即令所带人员折回北京，并电告了袁世凯和赵秉钧。7日傍晚，言敦源、程经世至青岛，与潘毓桂和李寿金会见后，知道洪述祖在德国工部局拘留一夜，取供以后，早经释放。经过商议，他们共同决定，一面向德国人交涉，一面劝洪述祖自行归案，齐头并进。德国官员对他们说："苟有证据，可以商量交犯，盖纯系感情作用，不认为正式办法。"不愿交人。那时德国尚未承认中华民国，前清的条约又无引渡犯人的专条，他们只得放弃这一途径。8日，言敦源、程经世约洪述祖相见，"百方劝诱，促其自行请求回京"。洪述祖坚决不答应，声言宁愿听从德国人的法律审理。言敦源等见"已无研究余地，遂辞出"。① 就这样，洪述祖仍旧留在青岛，逃脱了法网。

4月8日，中华民国第一届正式国会成立，袁世凯派梁士诒为代表，到会发表了一篇非常漂亮的祝词，最后说："诸君子皆识时俊杰，必能各抒谠论，为国忠谋。从此中华民国之邦基益加巩固，五大族人民之幸福日见增进，同心协力，以造成至强大之民国，使五色国旗常照耀于神州大陆，是则世凯与诸君子所私心祈祷者也。谨致颂曰：中华民国万岁！民国国会万岁！"②

不论袁世凯如何表达对民国对国会的无比"热爱"，南方的国民党人一致认为，他是刺杀宋教仁的元凶，一些激进分子更在公开场合演说或在报章上著文，猛烈抨击，声言要将其打倒。4月13日，国民党上海交通部为宋教仁召开追悼大会，有人宣言：北京政府为"专制政府"、"强盗政府"、"杀人机关"，"吾人须预备对付之方法，对付不了，则推倒之；不胜，则继之以血战"！有人大呼："杀宋先生者非他，袁世凯是也！吾人继宋先生未竟之志，第一当不承认袁世凯为总统！"有人说："主犯并无别人，必系要想做皇帝的那一个人！"还有人讲："杀宋者

---

① 《言敦源等诱捕洪述祖日记残稿》，见中国第二历史档案馆编：《中华民国史档案资料汇编》第3辑，政治2，第1035－1038页，江苏古籍出版社，1991年。

② 《政府公报·附录》，1913年4月10日。

袁，破坏民国者亦袁！”袁世凯有做皇帝之心，“故非推倒袁氏不可”！[1]戴天仇（即戴季陶）在《民权报》著文，历数袁世凯在武昌起义后之罪恶，论证其实为“民贼”，呼吁将其除去。[2]

案件尚未经过中国法院审理，国民党人就如此叫嚷，袁世凯得知，心中极其恼怒。可是，他极力忍住，表面上装得若无其事，大讲静候法律解决，对来自各方面的责难，一概不加“深辩”。他答复柏文蔚说：“遯初被戕，正为人才痛惜。而一般昧昧者，乃以风影之词，嫁祸政府。无论遯初人物为有识者所宜爱护，即以手段而论，政府虽愚，亦何至卑劣至此！现在罪人既得，自可按法穷治，毋庸深辩。”[3]后来对汪精卫说得更为轻松：“此案发生后，一切搜查、审讯，中央极端放任，正因法律问题，不容牵入政治，使其静候判决，不难皎然大白于天下。……乃诸君子督责过甚，使依草附木者横生枝节，未免气矜之隆。鄙人以国事为重，激则召争，平则息事，一以淡字诀处之。”[4]以此证明他是清白的，坦然的，与宋教仁被害一案毫无牵连。

早在3月29日，程德全、应德闳就在上海电报局查阅了洪述祖与应桂馨最近往来的电报底稿。4月16日，上海地方检察厅接管了由上海公共租界会审公堂移交的武士英。次日，又将应桂馨引渡。程德全、应德闳电请司法部在上海组织特别法庭审判，并请袁世凯任命伍廷芳为主任。但司法总长许世英依据《约法》和《法院编制法》规定，没有同意，指令由上海地方审判厅负完全责任，审理所有一切。同时指出，审理时，可请江苏行政、司法长官及与宋教仁有关系的诸人旁听。18日，上海公共租界会审公堂又将在应家搜查到的手枪、子弹、函电等物证移交上海地方检察厅厅长陈英，陈英又送请程德全、应德闳检查。以后程德全、应德闳又迭次电请司法部在上海组织特别法庭审判，均为许世英拒绝。

4月24日，杀手武士英突然暴毙于狱中。据说这是应桂馨的党羽为

① 《民初政争与二次革命》，第287－288页。
② 《民初政争与二次革命》，第289－292页。
③ 徐有朋编：《袁大总统书牍汇编》卷5，第31页，上海广益书局，1926年。
④ 《袁大总统书牍汇编》卷7，第5页。

了杀人灭口，把有毒的馒头送进监狱给他吃了毒死的。程德全等又致电许世英称："要犯武士英在押身毙，人言啧啧，嫌疑滋多。若此案审判再行稽延，致他犯再有变故，德全等实难负其责任，应请大总统查照迭电，准予组织特别法庭，迅赐任命。"①

在孙中山和黄兴的强烈要求下，25日晚上十二点钟，程德全、应德闳向袁世凯、参众两院、国务院、各省和各报馆发出通电，公布了搜查出的与宋教仁被刺案有关的函电证据。并提出迭经电请组织特别法庭，一俟奉准，即行开审。函电证据主要有：

1913年1月9日，国务院总理赵秉钧致内务部秘书洪述祖函，内称："应君（即应桂馨）领款，不甚接头，仍请一手经理，与总统说定才行。"

1月14日，赵秉钧致应桂馨函，中云："密码送请检收，以后有电直寄国务院可也。"外附应密电码一本，上注"国务院应密，民国二年一月十四日"字样。

26日，应桂馨致赵秉钧密电，有"国会盲争，真相已得，洪回面详"等语。

2月1日，应桂馨致赵秉钧密电，有"宪法起草以文字鼓吹，金钱联合，主张两纲：一除总理外不投票，一解散国会"等语。

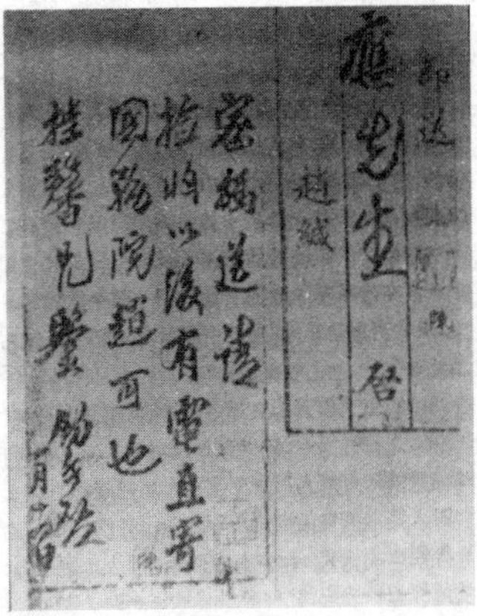

赵秉钧致应桂馨函

同日，洪述祖致应桂馨函云："大题目，总以做一篇激烈文章，方有价值。"

2日，应桂馨致内务部秘书程经世转赵秉钧电云："孙（中山）、黄（兴）、黎（元洪）、宋（教仁）运动极烈，民党忽主举宋任总理，已向日本购孙、黄、宋劣史，警厅供抄宋犯骗案、刑事提票，用照辑印十万册，拟从横滨发行。"

① 《政府公报·公文》，1913年4月30日。

同日，洪述祖致应桂馨函云：“要紧文章，已略露一句，说必有激烈举动。吾弟（指应桂馨）须于题前径密电老赵（秉钧），索一数目。”

4日，洪述祖致应桂馨函，有：“冬电（2日）到赵（秉钧）处，即交兄（洪述祖自称）手面呈总统，阅后色颇喜。说弟颇有本事，既有把握，即望进行云云。兄又略提款事，渠（指袁世凯）说将宋骗案情及照出之提票式寄来，以为征信。”

8日，洪述祖致应桂馨函云：“日内宋辈有无觅处，中央对此似颇注意。”

11日，洪述祖致应桂馨函云：“宋件到手，即来索款。”

22日，洪述祖致应桂馨函，有：“来函已面呈总统、总理阅过，以后勿通电国务院，因智老（赵秉钧号智庵）已将应密电本交来，恐程君（经世）不机密，纯令归兄一手经理。请款总要在物件到后，为数不可过三十万。”

3月10日，应桂馨致洪述祖电：“八厘公债，在上海指定银行交足，六六二折买三百五十万。请转呈，当日复。”

13日，洪述祖致应桂馨电：“蒸电（10日）已交财政长核办。债票只六厘，恐折扣大，通不过。毁宋酬勋位，相度机宜，妥筹办理。”

同日，应桂馨致洪述祖函，有：“《民立》记遁初在宁之说词，读之即知其近来之势力及趋向所在矣。事关大计，欲为釜底抽薪法。若不去宋，非特生出无穷是非，恐大局必为扰乱。”

14日，应桂馨致洪述祖电：“梁山匪魁顷又四处扰乱，危险实甚。已发紧急命令，设法剿捕。乞转呈，候示。”

18日，洪述祖致应桂馨电：“寒电（14日）应即照办。”

19日，洪述祖电告应桂馨：“事速进行。”

20日半夜两点（21日凌晨），即宋教仁被刺之后，应桂馨致洪述祖电：“廿四十分钟，所发急令已达到，请先呈报。”

21日，应桂馨致洪述祖电：“匪魁已灭，我军一无伤亡，堪慰。望转呈。”①

① 《民初政争与二次革命》，第242－244页。

26日，孙中山和黄兴即联名通电全国，请“严究主名，同伸公愤”。[①] 鉴于组织特别法庭被司法部拒绝，黄兴还致电袁世凯，说明组织之必要：“吾国司法难言独立，北京之法院能否力脱政府之藩篱，主持公道，国中稍有常识者必且疑之。况此案词连政府，据昨日程督、应省长（实为民政长）报告证据之电文，国务院总理赵秉钧且为暗杀主谋之犯。法院既在政府藩篱之下，此案果上诉至于该院，能否望加其罪，政府无所阻挠，此更为一大疑问。……司法总长厕身国务院中，其总理至为案中要犯，于此抗颜弄法，似可不必。”最后要求：“务请大总统独持英断，毋为所挠。”[②]

同日，袁世凯向副总统黎元洪和各省都督、民政长发出通电说：“此次宋案发生，幸将正凶及牵连各犯次第破获，自应彻底根究，按法治罪。此是法律问题，与政治判然两途。好事之徒，不候法律解决，妄生谣诼，直欲使法律混入政治，以遂其破坏之计；又直欲藉一二人暧昧之私，倾覆政府，动摇国本。此案既经公廨交还，已电饬程督先将牵涉洪述祖证据检出，专员送交部省，以便交涉。政府办理此案，既未一步放松，亦未稍形操切，无非按照法定手续，使外交方面勿生阻力，以成信谳而伸法纪。乃外间不察事实，动云某某指使，或则牵扯政府，或则指斥伟人，辗转传讹，挑动恶感。须知证据既在公堂，中外具瞻，谁能掩饰?”“若借故牵扯，希图扰乱，则前途渺渺，非本大总统所敢知矣。”[③]

赵秉钧阅过程德全等通电公布的宋案证据，以为“有直接、间接关涉及于本总理者，有吠影吠声含射及于中央政府者，若不详为解答，诚恐以讹传讹，转滋误会”。28日特发出通电，申明与其直接有关的几个问题。[④]

对于1月9日致洪述祖函，有“应君（夔丞）领款，不甚接头，仍请一手经理，与总统说定才行”等语，赵秉钧辩解说：“此函系因应夔丞担任解散共进会，除领款五万元外，其巡缉一差，亦为消弭伏莽，由程都督

① 《民初政争与二次革命》，第245页。

② 《民初政争与二次革命》，第245－246页。

③ 《政府公报·公电》，1913年4月28日。

④ 见《民初政争与二次革命》，第257－261页，不再一一注明。

（即程德全）电请中央每月津贴二千元，大总统照准。应夔丞请领该项津贴之款，本总理饬查，国务院、内务部均无成案，故有致洪之函，声叙始末。至今应（夔丞）之公文印领，尚存国务院，有案可查也。”

对于1月14日其致应桂馨函说明送密电码，以后有电直寄国务院赵之事，赵秉钧说：“查上年十二月中，应夔丞北上，循例谒见大总统及本总理，力言共进会党均系青红两帮，抚无可抚，诛不胜诛，惟宜设法解散，以杀其势。曾经开具条款，领洋五万元以为解散该会费用。政府允许，款由内务部发给，档案可查。至本年一月，应（夔丞）将南归，濒行求见，面请发给国务院密码电本。本总理当以奉差各省特派人员向用密电报告，以防漏泄，应夔丞请发密码，理无固拒，因而许可。又恐其借事招摇，别生枝节，因函嘱其以后有电直寄国务院，借示在官言官，语不及私之义，而别嫌明微之隐衷，亦可于滋揭示。斯则本年一月十四日之函所由来也。”

对于1月26日、2月1日应桂馨两次致其密电和2月2日应桂馨致内务部秘书程经世转赵秉钧电，赵秉钧说：应密电本由洪述祖专掌，前两电洪述祖均未译呈，“本总理至今未见”。后一电质问程经世，程经世说即时交洪述祖，但洪述祖亦未译呈，他又未看到。

对于2月4日洪述祖致应桂馨函中提到各事，赵秉钧说，冬电（2日）洪述祖并未译呈，不知所指何事。“其面呈总统一节，尤为虚构。查各部员司谒见总统，向由该部长官带领。总统府门禁森严，一切来宾均先由传宣处登记。本总理既无带领洪述祖谒见总统之事，而查阅总统府门簿，亦无洪述祖之名，其为不根之谈，显而易见。”“即果谒见，而查阅该函，于‘即望进行云云’之下，紧接‘兄又略提款事，渠说将宋骗案情及照出之提票式寄来，以为征信’等语，可知款系收买提票之款。上段所谓‘喜悦’，所谓‘进行’，均指提票而言。缘二月二日应犯寄程经世转赵总理冬电内，本有‘已由日本购孙、黄、宋劣史，警厅供钞宋犯骗案、刑事提票’之语……推之……二月十一日洪致应犯函‘宋件到手，即来索款’，二月二十二日洪致应犯函‘请款总要在物件到后’各语，皆指收买宋在日本骗案、刑事提票而言，决不影响于谋杀。且皆洪假借政府名义诳诱应犯，决非受政府之嘱托，以其毫无政府委任之凭证也。”

另外，对于3月13日洪述祖致应桂馨电中有“毁宋酬勋位”等语，赵秉钧认为，在各证物中，此电“最足以使中央政府立于嫌疑之地位”，也作了说明：“查《临时约法》，授与勋位系大总统特权，然向例必由各机关呈请，其勋绩不甚显著者，则开会评议，取决多数。即中央特授，亦须评决。如毁宋即可酬勋，试问应由何人呈请？何人评决？洪电诳应，岂难推定？”

因此，他得出结论说：通观3月10日以前各函电，“有言解散共进会及欢迎国会团者，有言收买宋在日本刑事提票者，皆于谋杀无涉。盖应犯谋刺宋教仁，其杀机起于《民立报》载宋在宁演说，三月十三日应致洪函已明言之。……即以该函中‘若不去宋’一语而论，系属反挑之笔，尤见去宋之动机起于应之自动，而非别有主动之人，文理解释，皎然明白。此证明中央政府于宋案无涉者也”。

对于洪述祖，赵秉钧说，作为内务部总长对于他在行政法上之犯罪，虽有怠于监督之责任，而对于其刑法上之犯罪，则无代为受过之理由。

赵秉钧通电自辩以后，袁世凯更十分严肃地发出通令说：“案中证据，亦据江苏都督、民政长有电撮要宣布，其原电所呈国务总理赵秉钧致应犯及洪述祖手书各一件，然一为发给该犯应密电码，一为该犯请领津贴，均属因公，无关宋案，已由该总理通电各省都督、民政长宣布，究竟有无关涉，应由法庭依法判决。教唆主使，国有常刑，无所庸其袒庇，亦无所庸其罗织案外无干之人，更不能互相揣测，谬为诋諆。乃近来迭接各处来电，竟指赵总理为宋案主谋，并称人心愤激，请速诛赵等语，阅之殊堪骇诧。查赵总理致应犯手书二件，初无一语涉宋，未经审判，尚难认为有犯罪嫌疑，即果犯罪属实，刑律既有明条，尽当依律科断，纯系法律问题，何能涉及政治？似此节外生枝，诚恐混淆观听，扰乱政局。为此明白宣示：宋案现既破获，一经法庭研鞫，有无主谋，自不难水落石出。各该案外之人，毋得飞短流长，借端挑拨，俾昭信谳，而释群疑。将此通令知之。”① 又声言：3月13日以后洪述祖与应桂馨

① 《宋教仁被刺及袁世凯违法大借款史料》，第227页。

往来函电中虽然“间有影射政府之处，然不近情理。即如‘毁宋酬勋’一语，最为可疑。抑知给勋手续甚繁，其由各都督所请内有功绩不甚显著者，设平勋会公同评议。即中央受勋，亦先由评勋会讨论，再经铨叙局查明履历，撰制证书。造此电者不明事理，直同儿戏。即云‘毁宋’，有何理由？授何勋位？此种谰言，虽三尺童子，亦不足欺也。至公债票三百五十万，询据周总长（财政总长周学熙），洪（述祖）曾兜揽，知其人不足恃，却之。票有票据，抵押有押主，实事可征，决无其事。其余应、洪二人互骗之语，政府岂能担任”？①

与此同时，袁世凯就黄兴请批准组织特别法庭一事复电说：据程德全公布的证据，3 月 13 日以前似专为解散国会团及应桂馨、洪述祖串谋挟制讹诈各事，与刺宋无涉。惟 13 日以后各函，应桂馨有“‘如不去宋’一语，始寓造意谋害之点。俟人证齐集，审判公开，自能水落石出”。至于赵秉钧与应桂馨“直接之函”，惟 1 月 14 日“致密码电一本，声明有电直寄国务院，绝无可疑。如欲凭应、洪往来函电，遽指为主谋暗杀之要犯，实非法理之平。近一年来，凡谋二、三次革命者，无不假托伟人，若遽凭为嫁祸之媒，则人人自危，何待今日？甲乙谋杀丁，甲诬乙以丙授意，丙实不知，遽断其罪，岂得为公？请约法家将各项证据详细研究。公本达人，当能洞察。许（世英）总长迭拒副署，若听其辞职，恐法官全体横起风潮。立宪国司法独立之原则，未便过于摧抑。……公为人道计，为大局计，必能使法理与事实两得其平。国事艰难，人心险恶，转移风气，是所望于我公”。② 不仅反对设立特别法庭，反而指责黄兴“摧抑”司法独立。

29 日，许世英担心不批准设立特别法庭，“设他犯再生变故”，自己负不起责任，呈请辞职。袁世凯没有批准。同日，上海地方检察厅票传赵秉钧到案受审。次日，赵秉钧请病假，并呈请辞职，拒绝到案。5 月 1 日，袁世凯以段祺瑞代理国务总理。

宋案证据公布以后，国民党人仍然认为袁世凯和赵秉钧是刺宋的幕

---

① 《袁大总统书牍汇编》卷 7，第 6－7 页。
② 《政府公报·公电》，1913 年 4 月 30 日。

后主使者。有人指出："所谓绝大之凶犯即袁氏是也。"[1] 徐血儿写道："暗杀宋先生者，群知元凶正犯之为袁世凯、赵秉钧也。"呼吁大家"亟起推翻此杀人之民贼"。要求"袁、赵自行解职"，接受特别法庭裁判。[2] 徐谦在《布告国民》文中斥骂北京政府为"杀人之政府"，"背叛民国之政府"。并写道："袁世凯也，赵秉钧也，洪述祖也，应桂馨也，若此诸犯，皆为刺宋之共同犯罪人，皆应受民国法律之制裁。"倘其不服从法律裁判，国民万不能再事姑息，"虽兵连祸结，亦无所顾忌也。至此时也，则我国民为保全民国战！为发挥民权战！为诛锄奸人战！为征讨叛逆战"！[3] 先前国民党人的叫嚷已使袁世凯的忍耐达到极致，这些带有超强刺激性的言语无疑加速了他痛下剿灭国民党的决心。双方的斗争越来越趋于表面化。袁世凯的御用报纸登出"伟人造反"的特大新闻，国民党的报纸则用"总统杀人"予以有力还击。

5月3日，逃到青岛租界的洪述祖发出通电，声称："宋教仁乃欲借政党内阁之说，以遂其植党营私之计，垄断政界，党同伐异。""其弊甚于满清贵族专制，其祸必至于亡国灭种。而一般盲从之徒不知宋教仁行伪而奸，言伪而辩，一倡百和，搅乱大局。非讦发宋之劣迹确据，宣布中外，不能毁其名誉，败其势力。适应夔丞来书，言及宋教仁前在日本犯有骗案，日廨出票拘提，拟设法购得此票，印行广布，为釜底抽薪之计。因彼党亦欲购取灭迹，故索款甚巨。述祖力为赞成，屡次函电促其进行，催取此件。又恐述祖人微言轻，不得不假托中央名义，以期达此目的。应夔丞本为江苏巡查长，与国务院时通函电，借此影射。又因总理不接洽，故索取密电一手经理。述祖宗旨不过欲暴宋劣迹，毁宋名誉，使国民共弃去之，以破其党派专制之鬼蜮而已。迨应有号、个两电，莫解其故，故欲到沪面诘。不谓若辈忽以购取宋教仁劣迹之往来函电，强认为谋杀之证据，殊与事实不符。试思述祖如果欲戕其生命，何用重金购觅提票，以毁其名誉耶？此理甚明，不须另证。乃立心破坏之人，不问事实，且欲借此牵涉政府，挑动南北恶感，以实行其亡国灭种

---

① 《民初政争与二次革命》，第272页。
② 《民初政争与二次革命》，第299－302页。
③ 《民初政争与二次革命》，第294－298页。

之政策，实所痛心。诸公热心救国，主持公道，特通电陈明，伏祈公鉴。再，‘毁人’二字，系北京习惯语，人人通用，并无‘杀’字意义在内，久居北京者无不知之，岂能借此附会周内。合并声明。”① 此电声明他和应桂馨只是由于不满宋教仁搞党派专制而欲毁其名誉，根本没有谋杀之意；他在与应桂馨联系时假借了中央的名义，为的是促其进行。不仅为自己的罪行辩护，而且把袁世凯、赵秉钧开脱得一干二净。

5月6日，上海地方检察厅致电司法部，请速咨外交部与德国胶澳总督交涉，将洪述祖引渡归案。又以赵秉钧、程经世均涉嫌疑，二次发出传票，请北京地方检察厅协助传二人归案。

赵秉钧接到传票，即致函北京地方检察厅长，谓洪述祖通电已承认假托中央名义，足以证明他与宋教仁一案无关；他致洪述祖、应桂馨二函均属正常公文往来，并无嫌疑，故无到厅候质之理，对传票当然可以拒绝。程经世亦以对转呈文件绝对不负责任，无人对质，拒绝出庭。

5月11日，天津女学生周予儆前去京畿军政执法处自首。几天前，她哥哥周予觉（宋教仁的秘书）和黄复生、参议员谢持，携带炸弹和黄兴给的三千元钱，进京暗杀袁世凯。但在侦探的追踪下，周予觉叛变了，便让其妹出面自首。周予儆供述，现有暗杀党在京、津组织血光团，专门从事炸毙要人，颠覆政府，引起暴动的活动，黄兴是血光团的团长，谢持是财政部长。军政执法处据此逮捕了谢持。

自宋案发生后，袁世凯曾数次电邀黄兴和孙中山北上，面商解决宋案，化除南北隔阂等问题。但黄兴和孙中山均未北上。此时，袁世凯遂把黄兴摆到一个阴谋颠覆政府的罪犯地位。

但国民党人并未就此罢手，5月22日上海地方检察厅再次电促北京地方检察厅，速提赵秉钧到案受审。31日，北京地方检察厅根据周予儆的供词，认黄兴有组织谋炸要人罪，将该案移交上海地方检察厅，由上海交涉使陈贻范转饬会审公廨审理。领事团以无切实证据，原告不到沪质讯，与租界规定章程不符，将传票退回公廨。6月11日，陈贻范征得领事团同意，会审公廨票传黄兴，黄兴立到。但终因缺乏证据，没有原

① 《民初政争与二次革命》，第265－266页。

告，无法开审。

6月30日，赵秉钧向袁世凯呈请说："自宋案以来，谣言四起，人心惶惑"，公布证据之后，"仍有多事之徒以此案作为制造争端之借口"。为此，请总统援照欧美各国成例，"指派德高望重、精通法律之中外人士，组成调查委员会，调查该案并据报闻"。当日，袁世凯即下令设立调查委员会，由伍廷芳主持，命莫理循（澳大利亚人，清末任英国《泰晤士报》的驻北京记者，袁世凯聘请的政治顾问）参加，对宋案进行调查。伍廷芳建议设立一个特别委员会，向莫理循讲了。但莫理循对他说："在国外的任何国家中，不是土生土长的本国人去参加这种调查委员会的从未有过。""如果有个外国人参加了委员会，也增加不了国家的尊严。我认为这是对国家荣誉的一种反映，难道偌大中国，竟找不到一个公正无私的人？这个建议本身就是荒谬的。外国人定会讥笑中国，让一个外国人参加调查国务总理行为的委员会。"伍廷芳同意他的观点。莫理循还致函内阁，指出应当理智冷静地对待此事："国务总理赵秉钧先生要求由公正法庭调查案情这件事本身，就最好地证明了他是无辜的。可是，如果真按他的建议进行调查，事情闹到什么地步才能结束呢？不光是赵总理必须受到审查，南方的显要政治家们（指孙中山、黄兴等）也必须为把他们卷入案内的公职行为出庭解释，以驳斥对他们提出的那些含糊而缺乏事实根据的控告。我谨再次提出，为了国家的尊严和中国人民的荣誉，在目前时刻进行这种调查是不明智的。""如果仍然认为指派一个特别委员会对此案进行调查是适宜的，再找不到比伍廷芳博士更能够庄严地主持这项工作的人了。他不仅在全中国享有盛誉，在全世界也博得尊重。"① 大概由于这个原因，特别委员会没有成立。旋即爆发了"二次革命"，宋案又退居到次要地位了。

根据从应桂馨家中搜出的手枪、子弹、函电等物，凶手武士英的供词，以及1919年北京政府大理院对洪述祖的判决，洪述祖和应桂馨合谋刺宋绝无疑义。

---

① 骆惠敏编、刘桂梁等译：《清末民初政情内幕》下册，第179、190－194页，知识出版社，1986年。

赵秉钧和袁世凯是否为洪述祖的幕后主使人呢？这种说法诚然事出有因，一则公布的函电证据中涉及他们二人，二则除去宋教仁之后，他们是最大的受益者，具有明显的作案动机。

宋教仁极力主张实行政党内阁制而反对总统制，如果他组织责任内阁，势必牵制总统的职权，对袁世凯不利，也使赵秉钧失掉了总理的位置；如果国民党议员在当年的正式总统选举中不投袁世凯的票，政权会被国民党用和平方式夺去，对袁世凯来说，就无异于灭顶之灾。赵秉钧为其一手提拔起来的心腹，二人利害一致，故授意赵秉钧进行。所以他们都有可能指使洪述祖暗杀宋教仁，嫌疑极其重大。

然而，有作案动机和嫌疑并不等于必定杀人。在这一刑事案件中，袁世凯和赵秉钧是否有罪，不能仅看当时国民党人和后人怎么说的，还要看他们本人的自辩，更必须由司法部门通过反复查核人证物证，作出准确的判决，才能确定。

首先看赵秉钧在4月28日通电中的自辩。

他说1月9日致函洪述祖，让其办理应桂馨领款之事，是因为他对领津贴这种具体小事不大清楚，才命其办理。这对身为国务总理兼内务总长的他来说，是很正常的，可以理解的，因而其辩解是可信的，何况有应桂馨领款的文件可查。

他说1月14日送应桂馨密码电，是因为“奉差各省特派人员”均送，应桂馨请求发给，不便拒绝。这种解释应该说也是合理的。

他说1月26日和2月1日应桂馨致其两电，专掌应密电本的洪述祖均未译呈，他未看到。这种情形可能存在，也可能是他故意将责任推卸给洪述祖。究竟如何，无据可查，洪述祖对其辩解也无任何表示，只能存疑。但这两电的内容是讲国会选举，与刺宋无关。

他说2月2日应桂馨致程经世转他的密电，质问程经世，程经世说即时交洪述祖，但洪述祖没有译呈，他又未见到。此电的内容是应桂馨报告购买孙中山、黄兴和宋教仁在日本的“劣史”，辑印发行，破坏宋教仁的名誉，不使其当选国务总理，尚无谋杀之意，即使赵秉钧看过，亦难断定是谋杀的确证。

他说洪述祖去见袁世凯，应由长官带领，他没有带其进过总统府，总统府传宣处的登记簿也没有洪述祖的名字。登记簿是否被改动，值得怀疑，但未经查证，不能骤下断语。尤其应该注意的是，此电讲的确为收买提票之事，所以也不能作为谋杀的确证。

涉及袁世凯的证据有两处，一为2月4日洪述祖致应桂馨函中所说的面见袁世凯之事，二为“毁宋酬勋位”。对此，赵秉钧已有解释说明，袁世凯也讲了酬勋必经的手续，因此不能作为谋杀的确证。

应桂馨和赵秉钧之死，一向被认为是袁世凯杀人灭口，亦即其为刺宋主谋的最大原因。

应桂馨于1913年7月“二次革命”爆发后，纠合狱中囚犯越狱逃走，躲进青岛租界。袁世凯镇压了“二次革命”，应桂馨认为时机已到，公然发出“请平反冤狱”的通电，并大摇大摆地跑到北京，要求政府实践“毁宋酬勋”的诺言。据说他手中还有赵秉钧、洪述祖发给他的更为重要的密电未被搜去，他当作第二生命一般，用极为秘密的方法藏匿着，怕袁世凯过河拆桥，不肯交出。1914年1月19日下午四点半，他由执法处的两名高等侦探护送，从北京乘快车去天津，车过杨村附近，被人乱刀砍死，血肉模糊，惨不忍睹。应桂馨之死，袁世凯确有极其重大的嫌疑，但亦无任何直接证据证明是其所为。

1913年12月16日，袁世凯任命赵秉钧为直隶都督，1914年2月19日，又让他兼任民政长。但时隔八天，他在家中死去。当时多传说他是看到应桂馨的可悲结局，有点儿愤愤不平，打电话对袁世凯发牢骚说：“如此，以后谁肯为总统做事!”而后中毒而死。意为他是被袁世凯命人毒死的。但据《申报》报道，赵秉钧起病于23日，27日死去。在其病后，总统府医官屈永秋奉命带着法国医生贝熙叶前往诊视，但未能起死回生。屈永秋最后向政府报告：赵秉钧“所得系周身动脉硬变（心经尤甚)”，“其致命之

赵秉钧

原系心经衰弱，由于心脏神经痛症或血栓所致也”。[1] 可见传说并不一定真实。当然，屈永秋所下的结论也不一定绝对可信。不过，缺乏铁证，实难断定为袁世凯杀人灭口。

据2011年9月19日中国网上一文说，1998年5月1日赵秉钧的后人赵纯佑致函赵耀民写道：“先祖（指赵秉钧）卒于1914年2月27日，实为2月26日亥（时）末子（时）初，应为阴历二月初二。因督署秘书长于27日始电报袁总统，原电谨称‘腹泻头晕，厥逆扑地’，并无七孔流血而死。后人作传，妄加枝叶，引人猜疑袁（世凯）因涉有加害之嫌，指为北洋集团离心之始。其实他是死于中风，即今所谓脑溢血，倒卧于内寝床头侧旁，这是当时家属亲见，并无吐血情形。”这个叙述或许更加真实，与屈永秋的报告也较吻合。

至于袁世凯拒绝黄兴等提出组织特别法庭审理宋案的问题，似乎表明他与赵秉钧做贼心虚，其实不然。6月30日，赵秉钧曾向袁世凯呈请指派中外人士组成调查委员会调查该案，就是想消除自身的嫌疑。袁世凯当即下令设立，说明他也不是反对、阻挠审理宋案，而是不相信黄兴等人设立特别法庭，会作出公正判决。

还有一个非常值得重视的事实是：与赵秉钧直接联系的洪述祖在1913年5月3日发出的通电中承认，他赞成应桂馨从日本购买提票，毁宋名誉，同时假托了中央名义，使赵秉钧和袁世凯摆脱了所有干系。1916年，他从青岛租界迁居上海租界，躲匿起来。1917年4月因与德国人在会审公廨涉讼，被宋教仁之子宋振侣访知，诉于上海检察厅，该厅即向会审公廨交涉引渡。1917年押解到北京后，直到1919年3月被处以绞刑，经过京师地方审判厅、高等审判厅和大理院几次审理，他虽然极力为自己开脱罪责，可是，却始终没有明确供认刺宋是奉何人之命。如果说1913年5月3日的通电他将赵秉钧和袁世凯开脱出来，是为了以后有朝一日获得他们的庇护，重新被重用的话；那么，此时赵秉钧和袁世凯均已去世，他就没有回护他们的必要了。他作为唯一与赵秉钧联系的当事人在这种情况下尚不供认系奉何人之命，要确认赵秉钧或袁

---

① 《老新闻》，第184－185页，天津人民出版社，1998年。

世凯是刺宋的主谋，就更困难了。

现代刑法重视的是证据，实行疑罪从无、无罪推定的原则，即没有确凿证据证明有罪的，不得确认任何人有罪。研究宋案也要坚持这一原则，缺乏确凿证据，就不能认为赵秉钧或袁世凯是刺杀宋教仁的主谋；纵然有些问题没有搞清，也只能存疑，或作出某种推断，但不可仅凭怀疑、推测和想象骤下结论。如果此后发掘不出新的有力证据，刺杀宋教仁究竟是如赵秉钧所说，“去宋之动机起于应（桂馨）之自动”，“洪（述祖）假政府名义诳诱应犯”进行，抑或洪述祖奉赵秉钧、袁世凯之命，就永远是个难解的谜了。

二十三　镇压“革命”

在程德全、应德闳公布宋案证据的次日即1913年4月26日深夜，袁世凯命赵秉钧、周学熙、陆徵祥与英、法、德、俄、日五国银行团签订了“善后大借款”合同。借款总额为二千五百万英镑，利息五厘，实收八四扣，只有二千一百万镑，四十七年还清，以盐税、关税和直隶、山东、河南、江苏四省所指定之中央税款为担保。并附有三项特别条件：一，将来以盐税为担保借款，或与此性质相同之借款，银行团有优先权；二，凡领款凭单，须由审计处所属稽核外债室华洋稽核员会同签押，方能核准；三，于北京设盐务署，署内设稽核总所，由中国总办一员、洋会办一员主管，各地盐斤纳税后，须由该处华、洋经协理会同签字，方准将盐斤放行。盐税存于银行，非经总会办会同签字，不能提用。

在国会中新当选的参议院正副议长、国民党人张继、王正廷闻讯，连夜谒见袁世凯，意图阻止签订合同。袁世凯拒不接见。张继、王正廷十分愤慨，于27日通电全国，指出借款悖谬有三：一，不交正式国会通过，蹂躏立法机关；二，竟许外国人为盐务稽查所总办、审计处总办、借债局总办、长芦盐政局总办，丧失主权，召将来瓜分之祸；三，政府擅借大宗外债，反谓前参议院已经通过，祸国殃民。最后宣言：“违法横行，至于此极！政府如此专横，前之参议院既屡被摧残，今之国会又遭其蹂躏，不有国会，何言共和！继等唯有抵死力争，誓不承认！”① 呼吁各省都督、民政长、省议会一致起来斗争，迫使袁世凯取

---

① 《民立报》，1913年5月1日。

消借款案。

此电一出，黄兴、孙中山和国民党的安徽都督柏文蔚、广东都督胡汉民立即响应，江西都督李烈钧更是严斥袁世凯借款蔑视国会，违背《临时约法》，丧失主权，要求立罢此议。表示“一息尚存，此心不死，宁为共和之鬼，不为专制之民”！①

在刚刚成立的国会内部也极不平静，许多议员因借款监督财政，干涉盐务，条件过苛，借款违法，先后提出反对和质询案。4 月 29 日，参议院以借款未经该院通过，违背《临时约法》，议决无效，给袁世凯一个迎头痛击。5 月 2 日，众议院议员四十人就政府违法借款一事，对赵秉钧和周学熙提出弹劾。参议员汤漪等人亦因借款关系国家存亡，条件内容秘而不宣，提出质问违法借款书，要求国务总理和财政、外交总长在一日内明白答复。

暗杀宋教仁业已引起国民党人的公愤，这次秘密借款犹如火上浇油。为反对大借款和声讨刺杀宋教仁而召开的公民会、联合会、拒债会如雨后春笋，数不胜数；揭露抨击袁世凯的函电文章目不暇接，读不胜读。全国各地沸反盈天，抗议借款与追究刺杀宋教仁主凶的声浪叠加交织在一起。湖北、湖南、江西、广东、安徽、江苏、奉天、吉林、陕西、云南、广西、福建、甘肃、贵州等省议会相继通电，斥责袁世凯藐视立法机关，坚决否认大借款。投入到这一行列来的，既有都督、名流、绅商巨富，又有工人、市民、学生。

5 月 1 日，自由党、社会党和工党等又在上海召开“全国公民大会”，通过了四大提议：一，要求国会即日提出弹劾临时大总统及国务院总理案，令其即日去职，接受法律裁判。由副总统代行大总统职权，并剥夺袁世凯候选总统之资格，令国会议员不得选举袁世凯为正式大总统。二，不承认未经国会通过，私行签约的大借款。三，各省停解中央款项。四，各地方暂不奉行中央所发的军事乱命。汪洋、邓家彦、戴天仇等十几人又相继演说，“大旨均主张决不承认杀人犯罪之人为大总统、

① 《宋教仁被刺及袁世凯违法大借款史料》，第 338－339 页。

为国务总理，又须合全国同胞，拼死力不承认未经国会通过之大借款”。[①]

袁世凯见此，加以4月中旬得到李烈钧有联合安徽、湖南等省，反抗中央，拟在南京建都，推举黄兴为正式大总统，并到湖北游说的情报，以后“更有赣、粤、湘、皖、苏、闽、浙七省联合反抗袁世凯的风声”[②]，遂决定武力消灭国民党。他既要对付国会，又要对付各地人民；既要从事“文斗”，又要准备“武斗”，一时忙得不可开交。

5月2日，袁世凯把借款问题正式具文咨告参众两院，说此项借款条件去年12月27日国务总理和财政总长曾向前参议院作过报告，均经表决通过，自系当然有效。不承认违法，企图取得国会认可。

为阻止舆论抨击，3日，袁世凯发布命令说：“共和国家，以道德为基础，以法律为范围。”“宋教仁被刺一案，业经赵秉钧通告说明，五国借款一案，亦由财政总长详细宣布，阅者酌理准情，当能了然于两事之真相。乃有不问是非，不顾虚实，竟将立法、行政、司法各机关一笔抹倒，凭个人之成见，强举世以盲从，直欲酿成绝大风潮，以遂其倾覆政府、扰乱大局之计，岂共和国民固当如是耶？”“为此，通令各省都督、民政长，通行晓谕，须知刑事案件，应候司法机关判决，外债事件确经前参议院赞同，岂容散布浮言，坐贻实祸。本大总统有维持治安之责，何敢坐视扰攘，致无以对我国民也。”[③] 同日，又以外电报道为口实，发布“除暴安良”令，说如果“奸人乘此煽诱，酿成暴动，则是扰乱和平，破坏民国，甘冒天下之大不韪。本大总统一日在任，即有捍卫疆土，保护人民之责，唯有除暴安良，执法不贷。为此令行各省都督、民政长，转令各地方长官，遇有不逞之徒潜谋内乱，敛财聚众，确有实据者，立予逮捕严究”。[④] 企图用恐吓手段迫使反对派放弃斗争。

5月5日，众议院召开会议，讨论善后大借款案，绝大多数议员认为政府违法签约，绝对不能承认，结果以二百二十九票对八十七票通

---

① 《九亩地之公民大会》，《民立报》1913年5月2日。
② 《民初政争与二次革命》，第389页。
③ 《政府公报·命令》，1913年5月4日。
④ 《政府公报·命令》，1913年5月4日。

过。旋将袁世凯的咨文退回，以示否认。参众两院议员吴景濂、林森等三百余人立即将这一消息通告全国。

同日，参议员马君武等十多人通电宣布借款始末，谓去年 12 月 27 日，赵秉钧和财政总长周学熙仅携带借款情形说帖、合同大意和附录特别条件草稿，出席临时参议院秘密会议，并未带正式公文，议员仅对少部分条款举手表决，其余连内容、性质亦不知道，会后临时参议院并无正式公文咨复政府。当时临时参议院曾郑重声明，将来合同成立之前，政府必须提出借款全案，正式交院议决。周学熙亦明确答复说，商量妥洽后，当然提交院议。会议记录证明，借款合同确实未经临时参议院通过。有力地驳斥了袁世凯硬说此案业经临时参议院通过的谎言。

还是这一天，柏文蔚、李烈钧、胡汉民和湖南都督谭延闿又联合发表了反对大借款的通电，内称："借债关系全国人民负担，无论君主、共和，凡属立宪国，均须议院正式通过，方能议借。不意以号称民国、期限既终之政府，乃有悍然不经院议、私借巨款之事，且举债至二千五百万镑之重。""财权先亡，国本随之。""海内外烈士前仆后继，躬冒万死，缔兹民国，而政府甘以断送于借款之下。"吁请各方面协力抗争，"毋使民国因借款而亡"①。揭露了袁世凯的专制独裁，指出了借款对国家的危害。

接着，七十二名原临时参议院议员又以当事人的资格，通电证实了大借款的违法。国民党议员亦发布通告，表明决不承认违法借款的立场。

尽管如此，袁世凯仍然无所忌惮，命代理国务总理段祺瑞到国会答复质询。段祺瑞自有他的主意，竟也昂然赴会。答复质询时，整个会场热闹非常，有人质问为何不经国会讨论，非法签字；有人跳到凳子上大骂袁世凯破坏《约法》，欺凌国会；有人拍案高喊"打倒袁世凯"；有人向段祺瑞投掷墨盒。而段祺瑞却只讲借款案请求国会追认，对质询一概置之不理，态度极其蛮横。

5 月 7 日，袁世凯又送交参众两院一个咨文，说："此次签字，固有

---

① 《民立报》，1913 年 5 月 8 日。

不得已之情势，且系按照前参议院表决之案始行定议，正可证明政府之尊重议会，何敢蹈蔑视国会之罪戾！更何敢稍存轻视国会之心！”诡称尊重国会，借款合法，企图蒙混过关。接着列举了一大堆“不得不反复声明”的手续上未完备的理由，以证明其没有一丝一毫的过错。最后扬言：“值兹财政艰窘，国际债权催逼更甚，借款一日不成，国本一日不定，此次合同签字，在势无可取消！”① 干脆采取进攻姿态了。

国会不承认借款合法，袁世凯在法理上就输了理。为把国会中的国民党势力打下去，他煞费苦心地想了个以党制党之计，密令梁士诒、张一麐四处活动，用金钱收买统一、民主、共和三党议员，合组一个新党。4 月 30 日，三党召开联合会，初步议定合并为进步党。在借款问题闹得正激烈的时刻，三党虽未正式合并，但被收买的议员已成为袁世凯的应声虫了。他们或是为袁世凯辩护，或是在会下向国民党议员委婉疏通，再不然就无理取闹，采取中途退席，使法定人数不足，无法表决的办法，加以阻挠破坏。有些国民党议员看到政海波澜无法收拾，对武力讨伐袁世凯缺乏信心，再加上私心过重，舍不得丢掉议员位置，反对借款的劲头远不如开始时大了。

对国会以外的反对势力，袁世凯主要靠接二连三的命令进行压制。5 月 7 日，他首先申令军人不得附和革命，要各将领严加防范。8 日，又通电申斥带头反对借款的李烈钧、柏文蔚、胡汉民和谭延闿，说：“都督为现役军官，有绝对服从之义务；民政长为行政长官，有服从中央命令之义务，万国通义，讵尚未闻！该都督、民政长等近日电文多出于职任范围之外，竟置行政系统于不顾。该都督等亦有属官，如相率效尤，何以为治？且唆同僚以抗争，陷国事于危险，雌黄信口，更非身列军界政界者所当为。”“似此张皇宣告，荧惑人心，国事更将何赖？”②

岑春煊、伍廷芳等十余位社会名流见大局垂危，深恐战端一开，造成南北分裂，5 月 4 日特通电全国，提出四条意见，希望采纳。前两条为：一，宋案词连政府，洪述祖固宜速求引渡，归案讯办。赵秉钧既涉

---

① 孙曜编：《中华民国史料》上，卷 2，第 26－27 页，上海文明书局。
② 《政府公报·公电》，1913 年 5 月 10 日。

嫌疑，届时亦应出庭受质，方能表白。政府固不便强辞辩护，抗不受理。攻击政府者，亦宜静听法律制裁，不必纯尚感情，过于激烈。二，借款由全国负担，必须通过议院，自是正理。急宜将所签之约，交国会研究，苟无各弊，中国现需借款，人所共知，谅国会必能同意。否则，亟应设法取消，免激公愤。5 月 9 日，国事维持会理事孙毓筠、王芝祥等亦发出通电，主张宋案纯系法律问题，应静候法律解决。借款为时势所必须，手续不完全责在临时参议院，不能专责政府；国会成立，自有正当监督用款之法，不在借口违法，推翻成约。副总统黎元洪亦通电认为，借款非常必要，国民唯有监督用途，力求补救；宋案由法庭主持办理。

袁世凯决意武力消灭国民党之后，即抓紧作军事准备。4 月 28 日，五国银行团为应袁世凯的急需，首先交付五十万镑。袁世凯立即将其中的一部分分发张勋等部。5 月 5 日，命令李纯的第六师由保定南下河南信阳，着手军事力量的部署。次日，又亲自在总统府召开秘密军事会议，确定了对湖南、江西、安徽、江苏四省作战，以湖北为主要策源地，海军策应沿岸的总方略。攻击的重点为江西、江苏，进攻的主力，京汉线是李纯部，津浦线是张勋部和北洋军第五师。

9 日，袁世凯电复岑春煊等说：已饬外交部和山东都督向德国人引渡洪述祖。《约法》规定："法官独立审判。各国法律，凡案在预审期中，各报纸不得登布此案。当宋君被刺之始，尚未获凶，即有人预设成心，诬指政府。继又凭影射之词，牵混之据，断章取义之文电，预侵法官独立职权，实为文明国所未有。即就所呈证据而言，赵秉钧尚无嫌疑可说。设将来法庭判决，应行备质，政府断无袒护理由。但未经判决以前，无论何人不得妄下断语，判决以后，当事亦何得抗不受理。而感情用事者，日逞其不法之言论自由。""借款由前参议院通过。""至合同条件，均由财政部一再宣告，且国民代表咸集都下，自有正当主张。""彼借端煽惑者，以自由行动为方针，分裂之祸，孰执其咎！""诸公在沪言沪，或未悉原案实情，请约同志数人联袂来京，调查正确，必有真知灼见，拨云雾而见青天者。"①

---

① 《政府公报·公电》，1913 年 5 月 10 日。

10日，袁世凯命李纯部由信阳再次南下，移驻武昌，摆好了沿江东下进攻江西的态势，东路同时加紧了南下的准备。13日又发布命令说：据北京、汉口、上海、苏州等总商会来电称，“上海少数之人，托名全国公民，开会鼓吹，有意破坏大局，牵动商业，各埠成交货物纷纷止退，乞严饬各省禁止讹言，保卫商民”。“著各省都督、民政长查禁造谣生事之人，从严惩办；一面剀切晓谕商民，勿堕奸谋，照常营业。”①

岑春煊的代表蓝建枢到京谒见袁世凯。袁世凯拒绝调和，以强硬的口气对他说：“今日并非调和南北问题，乃系地方不服从中央，中央宜如何统一问题。宋案自有法院，借款案自有议会，我与岑君等皆不能说话；君系现役军人，尤不能说话。至李烈钧等为地方长官，于行政之系统上，中央不能不求统一之方法。”②

18日，谭人凤和王芝祥进京见袁世凯。袁世凯对王芝祥说：“并非南北有意见，乃地方不服从中央，中央当然惩治，无调停之可言。”③会见谭人凤时，他更“痛诋克强（黄兴）种种违法行为，切齿咬牙，大有欲得而甘心之意”。④声色俱厉地说：“人谓我违法，我丝毫不违法。宋案候法庭裁决，借款听国会解决。国会议决要如何便如何，我何违法之有？宋案证据有黄克强盖印，黄克强既非行政官，又非司法官，何能盖印？即此已违法，尚责我乎？”⑤

在装备方面，袁世凯除了令各军工厂日夜赶造武器弹药外，还从外国订购了大批枪械弹药。军火买办商雍剑秋想兜揽军火生意，发一笔横财，竟无偿地贡献给袁世凯步枪六千支，德国式大炮十门。袁世凯接收后立即奖励雍剑秋一枚三等文虎章。通过雍剑秋的活动，德国又送给袁世凯一万支步枪，二十门大炮和一批手枪。袁世凯喜出望外，对德国感激不尽。

经费有了，武器有了，军事力量也部署得差不多了，袁世凯要向国

---

① 《政府公报·命令》，1913年5月14日。
② 黄远庸：《最近之大势》，《远生遗著》卷3，第122页。
③ 《时报》，1913年5月23日。
④ 谭人凤：《石叟牌词叙录》，《近代史资料》总10号，第70页。
⑤ 《民初政争与二次革命》，第364－365页。

民党人摊牌了。19日，冯国璋、段芝贵、姜桂题、张勋等八十一名高级将领发出通电说：近来“桀骜之徒，野心勃发，直欲拼四万万同胞之头颅，偿少数人权利之思想。一借口于宋案，再借口于借款，四出诱煽，遍伏乱机。以致谣言沸腾，公理遏绝”。“乱天下者，与天下共击之。我辈军人，向不入党，只知有国，不知有党；只问乱不乱，不问党不党。如有倾覆政府、破坏共和之人，我军人枕戈而待，不敢言劳。”① 公然向国民党人示威。

5月21日，袁世凯气势汹汹地命梁士诒、段芝贵、曾彝进传语国民党人：“现在看透孙（中山）、黄（兴），除捣乱外无本领，左又是捣乱，右又是捣乱。我受四万万人民付托之重，不能以四万万人之财产生命听人捣乱！自信政治、军事经验，外交信用，不下于人。若彼等能力能代我，我亦未尝不愿，然今日诚未敢多让。彼等若敢另行组织政府，我即敢举兵征伐之！国民党诚非尽是莠人，然其莠者，吾力未尝不能平之！”梁士诒叫曾彝进以个人资格转告，袁世凯不允，高叫：“即说是袁慰亭说的，我当负责任！”② 公开向国民党人叫阵，气焰万丈。

30日，以黎元洪为首的十七省都督、民政长通电，坚决反对推翻借款，更坚定了袁世凯以武力战胜国民党人的信心。

但袁世凯公开向国民党人叫阵，就难免不使越来越多的人怀疑他不是真心拥护共和，而是阴谋恢复帝制。5月下旬，《大陆报》（美国侨民在上海出版的英文报纸）记者弥勒为此专门访问了他，首先问其主张何种政体。

袁世凯回答：“自以共和政体为主张！盖共和既已告成，而又欲适用他种政体，其愚孰甚！”

弥勒问：“近有人评论总统并不实心赞成共和，拟复君主旧制，有是事乎？”

袁世凯极其郑重地答道：“予知此种谣传，自不能免；然既为公仆，岂能逃诽谤乎！此种问题，当留之以待后人之解决。余既为民国办事，

---

① 《民初政争与二次革命》，第411－412页。

② 白蕉：《袁世凯与中华民国》，第49－50页。

必当尽余之能力，以求民国之成功。倘有破坏之危险，决非自余而生，必由于一般暴徒，以破坏国家为主义者也。”

弥勒又问：“有人谓总统欲仿效拿破仑，信乎?”

袁世凯笑道：“余欲为华盛顿，非拿破仑也。华盛顿为历史中最有名人物，建造自由国家，余何故欲为拿破仑，而不为华盛顿乎?”

弥勒又问：“现在中国最要之事为何?”

袁世凯说：“对内对外均以和平，此为最要之事。”

弥勒又询问，此次反对中央，欲为第二次革命之情形。

袁世凯愤然说：“此种人已有革命习惯，无建设思想，无实地经验，不识中国大势之真象。然人民必不助其所为。大概此种人可分为两种，第一种已得政府酬报或官职而不满意者，第二种尚未得政府酬报或官职者。”①

在此，他把自已标榜为共和制度的坚决维护者，把国民党人视为破坏国家的暴徒。

5月29日，进步党成立，推举黎元洪为理事长，梁启超、张謇、汤化龙等九人为理事。其党纲是：采国家主义，建设强善政府；尊人民公意，拥护法律自由；应世界大势，增进和平实利。对于时局，该党主张：拥护袁世凯为正式大总统候选人；改组现内阁；先选举总统，后制定宪法；大借款在今日之财政上不能反对，只可监督其用途；宋教仁案则以法律解决之。该党的现行政策是有利于袁世凯的，但其根本目的则是想把袁世凯导入并约束在民主政治和法治的轨道之内，同袁世凯仍是两股道上跑的车，他们的一些想法在袁世凯那里照样通不过。

国民党的某些上层人物仍想通过和平途径解决问题，汪精卫提出三条解决办法。一，举袁世凯为正式总统；二，袁世凯在临时期内不撤换都督；三，宋教仁案将来罪至洪述祖、应桂馨，不再往上追究。黄兴、蔡元培等均无异议。汪精卫即请赵凤昌等转托张謇出面调和。

张謇鉴于汪精卫、蔡元培等诚心维持全局，又觉得“总统既不成问题，则枝叶之解决较易”，愿意充当调停人，遂于6月12日致函袁世

① 《时报》，1913年5月29日。

凯，告以汪精卫提出的三条办法，并提出，周予儆案不要再传黄兴，广东、安徽、湖南都督不能再撤，申诫军人不得干预政治，通令为孙中山、黄兴分辩，请汪精卫、蔡元培入京，劝告本党议员在选举正式总统时保持稳静一致①，请袁世凯接受。袁世凯复电说："自共和成立以来，待遇伟人（指孙中山、黄兴），倾诚结纳；即有以过于将顺来相诮责，在所不顾，方谓敬人者人恒敬之耳。其依附伟人诸辈，气焰熏灼，俨同贵胄，亦不惜屏声忍气，曲予优容。而经年以来，彼党执拗，动辄骂人，肆意诬蔑；凡与鄙人稍有情感者，莫不吹求痛击，体无完肤。然且抱定不较之心，隐忍迁就，以冀其悔悟，非有所畏也；特以国计民生，不堪再扰，故降心相从耳。不意国会将开，党争激烈，适有变故，借为大题。北伐乍闻，逢人辄告；煽乱之使，日有所闻；以及军事会议，暗杀分途，种种奇闻，现于沪上。调人络绎，名曰维持，而暴烈进行，仍不住手。无非甘心鄙人，破坏民国。即不为一身计，宁不为一国计？为公为私，退无余地，唯有行吾心之所安而已。倘伟人果肯真心息兵，我又何求不得！如佯谋下台，实则猛进，人非至愚，谁肯受此？"②

袁世凯已下定决心消灭国民党，对调和根本不加考虑。可是，无端地发起军事进攻，未免显得师出无名，暴虐无道，于是他决计狠狠地刺激一下国民党人的反抗情绪，促其首先采取军事行动，将挑起内战的罪名扣到对方头上。6月9日，他以李烈钧无术维持、不孚众望为由，免去其江西都督职务；任命黎元洪兼领江西都督事；贺国昌护理江西民政长；欧阳武为江西护军使兼第一师师长，节制江西所有陆军；陈廷训为江西要塞司令，节制湖口、九江一带江防部队，直属陆军部管辖。14日，又免去胡汉民的广东都督兼民政长职务，任命陈炯明为都督，陈昭常为民政长。30日，再免去柏文蔚的安徽都督兼民政长职务，以孙多森为民政长兼署都督。

李烈钧、胡汉民、柏文蔚都是握有一定军事实力的国民党的重要人物，袁世凯将他们免职，已是司马昭之心，路人皆知。为了挑起战端，

---

① 《致袁世凯函》，《张謇全集》第1卷，第257－258页。
② 《二次革命史料》，第41页，台北，1968年。

袁世凯加紧调动兵力，7月2日，电令李纯第六师一部开往九江、湖口。接着命海军中将郑汝成率一千余名士兵进驻上海江南制造局，命驻沪海军司令李鼎新增调军舰两艘驶进上海。在其步步紧逼之下，一场内战势所难免了。

孙中山一开始就主张武力讨伐袁世凯，后见多数主张法律解决，他也同意了。7月上旬，他又在上海召开国民党要人会议，决定进行“二次革命”。

李烈钧由上海秘密返回江西湖口，发动当地驻军起义。7月12日上午八点，驻沙河镇赣军林虎旅向李纯部发起猛烈攻击。李烈钧立即召集会议，宣布江西独立，通电讨袁。并发布檄文如下：“民国肇造以来，凡我国民，莫不欲达真正共和目的。袁世凯乘时窃柄，帝制自为，灭绝人道，而暗杀元勋；弁髦《约法》，而擅借巨款。金钱有灵，即舆论公道可收买；禄位无限，任腹心爪牙之把持。近复盛暑兴师，蹂躏赣省，以兵威劫天下，视吾民若寇雠，实属有负国民之委托。我国民宜亟起自卫，与天下共击之。”① 自此，国民党的“二次革命”开始，南北战争正式爆发。次日，江西省议会召开特别大会，公举李烈钧为江西讨袁军总司令，欧阳武为都督，宣告与北京政府脱离关系。

15日，江苏宣布独立。

17日，安徽宣布独立。

18日，上海、广东宣布独立。

20日，福建宣布独立。

25日，湖南宣布独立。

8月4日，重庆宣布独立。

战端开后，袁世凯火速增调汤芗铭驰赴江西前线，督率战舰与陆军协同作战；令湖北海军集结长江上游，随时支援江西；令李鼎新和张勋在上海、山东备战待命；令海军部调军舰南下游弋长江。

这次战争与黎元洪很有关系。当时湖北的裁军工作尚未大规模进行，军队甚多，地位有举足轻重之势。袁世凯出兵江西，势必假道武

---

① 《江西讨袁军总司令李烈钧檄文》，《讨袁史料》，第41页，台北，1978年。

汉。如黎元洪不答应借道，袁世凯定要极其慎重地考虑出兵问题。但黎元洪自张振武被杀以后就卖身投靠，对袁世凯消灭国民党欣然同意，而且披肝沥胆，大递降表。其致袁世凯电有云：“元洪惟知服从中央。长江下游，誓死撑拄，决无瞻顾。倘渝此盟，罪在不赦！”袁世凯笑不可抑，亦报之以赌咒发誓，回电说：“世凯若有欺天下之心，利一姓之见，亦罪在不赦！”① 有了黎元洪的倾心输诚，袁世凯才得以顺利派师南下。7月14日，黎元洪又说李烈钧“称兵叛乱”，致电袁世凯发令征讨。17日，黎元洪再次献媚说：“湖口方面，亦竟潜设总统府，妄称讨袁军。是乱党反抗中央，中央征剿乱党，大局所关，决非鄂、赣相争之事。元洪处军人之职，受国民之托，惟知服从命令，拥护共和，名誉生命，皆所不计。”② 黎元洪为虎作伥，越发助长了袁世凯的气焰。

战火引起一部分人士的严重不安。蔡元培、汪精卫、唐绍仪为避免战祸，于19日致电袁世凯，请其辞职。蒋智由发起一个“弭祸会”，主张和平，要求袁世凯下台，永不再当总统。

袁世凯正想消灭国民党，要其辞职，根本没有可能。他宣称：“受事以来，始终以尊重人道主义及适合世界大势为主旨，苟可和平维持，决不肯轻事破裂，……决不肯再言破坏，自取覆亡。乃若有之，则亦二三不逞之徒，生性好乱，必不能得多数国民之同情。本大总统若再曲予优容，便与此辈同为亡国祸首，非惟辜负众望，实亦矛盾初衷，唯有牺牲一身，保全大局，竭我绵力，殄此幺麽。”③

7月21日，袁世凯发布戒严令，宣告湖口、徐州等处地方，凡应攻守各地域，均处戒严状态；其余地方，各司令官可临时宣告戒严；北京因有“奸人匪徒混迹其中，希图扰乱”，亦同时宣告戒严。④

同日，袁世凯又发布两道命令，重申了用兵的“正义性”和“必要性”。什么“叛党欲破坏民国，惟本大总统责当保之；叛党欲涂炭生灵，惟本大总统责当拯之”；什么“断不忍五千年神明古国颠覆自我，

---

① 蔡寄鸥：《鄂州血史》，第242页。
② 《袁世凯政府三日存电》，《近代史资料》总26号，第60页。
③ 《致各省宣布意旨书》，《袁大总统文牍类编》，第75－76页。
④ 《政府公报·命令》，1913年7月22日。

但使一息尚存，亦不许谋覆国家之凶徒以自恣”；什么“暴徒倡乱”，“不得不以兵力戡定”；什么“用兵定乱，为行使《约法》上之统治权”①，等等。他把自己打扮得俨然是真理的化身，人民的救星。

7月23日，袁世凯撤销了孙中山的筹办全国铁路全权，决心将内战进行到底，对任何人的劝告一概置若罔闻。

战争的结局是袁世凯胜利了。

江西自宣布独立后，双方展开激战，李纯部初战败北，急调两旅增援，袁世凯令驻泊武昌之军舰四艘赶赴湖口参战。7月16日，袁世凯命心腹大将段芝贵为江西宣抚使兼第一军军长，前往督剿。25日，李纯部陆军和汤芗铭的海军从两面夹攻，讨袁军不支，湖口失陷，姑塘被袁军占领。接着袁军兵分三路，往攻瑞昌、南康、德安。为鼓舞军心，促使士兵卖命，袁世凯特发银币十万元作为犒赏。8月4日，任命李纯为江西护军使，加前敌将领吴金彪、石振声陆军中将衔，加吴鸿昌、萧安国、张敬尧少将衔，赏出力兵士银三万元。讨袁军连连失利，江西都督欧阳武由南昌败走吉安。李烈钧率部进入南昌。8月18日袁军进攻，李烈钧败退至丰城。袁世凯大喜，奖励段芝贵一等嘉禾章，晋授李纯勋二位，马继增勋三位，张敬尧勋四位。后李烈钧率队与袁军激战数日，损失惨重，余部四散，李烈钧逃往日本，江西讨袁失败。

孙中山得知南京第八师不能出兵之后，非常气愤，派人秘赴南京，“运动部队下级军官除掉其将领，以便亲去指挥独立”。黄兴恐南京局势对孙中山不利，“自请赴南京主持军事，由陈其美进攻上海”。② 7月14日，黄兴抵达南京。15日，在黄兴的一再要求下，江苏都督程德全宣布江苏独立。黄兴即日就任讨袁军总司令，通电讨袁。之后召开省议会联合会，推举岑春煊为各省讨袁军大元帅，但岑春煊不久即去上海。程德全不赞成独立，亦潜往上海。江苏讨袁的重担由黄兴一力承担。16日，驻徐州讨袁军冷遹之第三师向驻韩庄的袁军靳云鹏之第五师发动进攻，初获胜利。张勋和田中玉率部驰援，冷遹部遭数面夹击，撤至柳泉。袁

---

① 《政府公报·命令》，1913年7月22日。

② 仇鳌：《辛亥革命前后杂忆》，《辛亥革命回忆录》1，第453页。

世凯立即授张勋为陆军上将，旋又任为江北镇抚使。张勋督队猛攻柳泉，鏖战三日，讨袁军退至徐州。23日，袁世凯任命心腹大将冯国璋为江淮宣抚使。不久，徐州陷落。袁世凯急令张勋率部由水路取道清江、扬州，进攻镇江；令冯国璋率部由津浦路南下速取临淮，进逼浦口，然后两军会合，攻取南京。28日，黄兴因讨袁军败北，只身出走上海。程德全马上宣告取消江苏独立，委任杜淮川为第一师师长并代行都督事。江苏第一次独立宣告结束。

8月2日，冯国璋部攻占蚌埠。袁世凯密令冯国璋、张勋，对取消独立的军队一律勒令缴械，将其首领枪毙，倘持械观望，以叛军论；并饬令二人，不论江苏是否取消独立，都必须迅速占领南京。冯国璋、张勋督师星夜兼程前进，讨袁军抵挡不住，败退至浦口。为迅速占领南京，袁世凯又以保留第八师建制为交换条件，诱降第八师师长、冯国璋之婿陈之骥。

8日，何海鸣带队占领都督府，第二次宣布江苏独立，自任讨袁军总司令。投袁之意已决的陈之骥马上包围都督府，拘捕何海鸣，召集军官开会，说："战则取胜无望，和则可以保全。"主张接受袁世凯的条件，和平解决，宣布取消独立。① 第二次独立仅历六小时之久。

11日，陈之骥渡江迎接冯国璋进城，第二十九团士兵乘机将何海鸣释放，仍举其为讨袁军总司令，第三次宣布独立，并打败第八师，占领各处险要，加强了防御。

张勋部攻陷镇江后于15日接近南京，强占紫金山、天堡城。守军奋力反击，终将天堡城夺回。张勋督队再攻，讨袁军给以坚决回击，战斗空前激烈，天堡城五易其手，至21日终为袁军所夺。这时安徽都督兼讨袁军总司令柏文蔚到来，被推为江苏都督。袁军连攻数天，均被击退。柏文蔚因与何海鸣意见分歧，从南京出走，何海鸣兼任都督。讨袁军四路出击包围南京之敌，没有成功。9月1日，张勋部首先炸毁城墙入城，冯国璋部继之，南京陷落，"二次革命"失败。

---

① 陈树庭：《陆军第八师的编成和参加二次革命的经过》，《辛亥革命回忆录》6，第322页。

袁军立即把南京变成了人间地狱，冯国璋所部官兵纵火焚烧下关，烈焰冲天，数日不熄，无数人民失去栖身之所。城内的袁军如同野兽一样恣意烧杀淫掠，家破人亡者不可胜计，许多妇女投入秦淮河自尽。张勋的辫子军尤甚，三名日本侨民亦丧命于其部官兵的屠刀之下（后来日本向袁世凯政府提出强烈抗议，要求惩凶赔款，赔礼道歉，袁世凯一一答应，张勋还亲自到日本驻南京领事馆谢罪）。9月3日，袁世凯特下令嘉奖，授张勋勋一位，冯国璋一等文虎章，刘冠雄勋二位，雷震春、施从滨勋三位。

7月17日，胡万泰宣布安徽独立，当时柏文蔚尚在外地。进攻安徽的头目是倪嗣冲，22日被任命为皖北镇守使，不几天升为安徽都督兼署民政长。27日柏文蔚抵达省会安庆，就任安徽都督兼讨袁军总司令。8月初，袁军占领凤台，接着攻陷寿州、正阳。袁世凯授倪嗣冲一等文虎章相鼓励。胡万泰被袁军收买倒戈，率兵围攻督署。讨袁军失利，柏文蔚退往芜湖。胡万泰遂通电取消独立，请倪嗣冲到省视事。柏文蔚坚持斗争数日，应何海鸣之请前赴南京。不久，汤芗铭和胡万泰率军水陆夹击芜湖，讨袁军溃散，安徽讨袁亦败。

7月18日，讨袁军总司令陈其美宣布上海独立。此时袁军增调两千余人进驻上海制造局，加上原有驻军，该局已达九千多人。23日，讨袁军前往进攻，伤亡惨重。后复猛攻，伤亡亦重，加之刘冠雄带军舰参战，讨袁军难以抵敌，退至吴淞及宝山一带。28日，袁世凯任命郑汝成为上海镇守使。8月13日，袁军进攻吴淞要塞，讨袁军退守嘉定，陈其美躲入租界，上海讨袁又成败局。

广东独立于7月18日晚，陈炯明任广东都督兼讨袁军总司令。26日，袁世凯任命龙济光为广东镇抚使，率兵进讨。龙济光得令后即率部由广西梧州东下，直趋广州。8月2日，陈炯明部第二师师长苏慎初、旅长张我权同时倒戈，炮轰都督府，陈炯明逃往香港，广东取消独立。3日，袁世凯任命龙济光为广东都督兼署民政长，授为陆军上将。龙济光率部抵达广州后，又击溃了驻守观音山的讨袁军，广东的讨袁斗争最后失败。

7月20日，第十四师师长许崇智任讨袁军总司令，迫使都督孙道仁宣布福建独立。23日，许崇智通电讨袁，并准备派兵援助江西。但本省军队不愿出省作战，难于调动，再加江西、上海等地讨袁军屡遭挫败，许崇智遂于31日离省，孙道仁于8月9日宣布取消独立，福建讨袁有如昙花一现，迅即消失。

由于都督谭延闿反对，在南方宣布独立的各省中湖南较迟。7月7日谭人凤返湘发动起义，国民党人极为活跃。在形势逼迫下，谭延闿不得不于25日宣布独立。看到赣、皖、苏三省讨袁接连受挫，湖南一部分国民党人士出走，谭延闿遂于8月13日宣布取消独立。

四川发动最晚，8月4日，第三师师长熊克武就任讨袁军总司令，宣布重庆独立。川东宣抚使王陵基率部攻击熊克武部，先后占领南充等地。12日，袁世凯下令拿办熊克武，并着鄂督黎元洪、陕督张凤翙、滇督蔡锷、黔督唐继尧各调军队，会合兜剿；嗣后，再令唐继尧兼领滇黔援川军总司令，进攻讨袁军。9月8日，王陵基部进攻合川，熊克武亲率数千人与之大战，结果败北，熊克武于11日出走，四川讨袁亦败。

"二次革命"发生在癸丑年，战争的重点在江西、南京，所以又称为癸丑之役或赣宁之役。

辛亥革命前，革命党人没有取得一个根据地；"二次革命"前，由国民党人任都督的，即有广东（胡汉民）、江西（李烈钧）、安徽（柏文蔚）、湖南（谭延闿）、广西（陆荣廷）、四川（尹昌衡）、山西（阎锡山）、陕西（张凤翙），也就是说，他们占有八省地盘；此外，江苏都督程德全属于无党派人士，但接近国民党，孙中山和黄兴均在上海，江苏军队中的高级将领多为国民党人，因此，也可以说江苏在国民党人掌控之下。辛亥革命时，革命党人没有自己完全掌握的军队，甚至连新军、会党也没有掌握在手，临时联络参加发难的只有几营中的部分士兵；而据1913年统计，8月以前，革命党人任都督的八省军队计有二十五万多，加上江苏的三万多，超过二十九万①，这些军队虽然不一定都十分可靠，但可供指挥的总有十来万。辛亥革命时毫无准备，而且局限于武昌一隅；"二次革命"早有酝酿，十日之间即有五省独立。辛亥革命时同盟会并没有成为全国革命运动的领导核心，湖北的革命党人仅在

① 《陆军费与财政之关系》，《东方杂志》1913年第10卷第2号。

当地的极少数人中有些影响；“二次革命”时国民党则成为全国最大最有影响力的政党。两相比较，无论从哪一方面看，“二次革命”成功的条件都远远超过了辛亥革命，根本无法相提并论。然而，在辛亥革命爆发后的一个多月中，南半个中国和北方的山西、陕西均脱离了清王朝的统治，最终取得了胜利。而不到两个月，“二次革命”即以国民党的惨败、袁世凯的胜利而告终。

国民党之所以失败得如此之快，如此之惨，其自身固然存在着一些问题，但并不是主要的，主要在于不得人心，受到国人的强烈反对。这是因为：

第一，国人特别是绅商界人士宁愿忍受经济损失，支持辛亥革命，是为了推翻专制制度。民国成立之后，他们迫切希望有个和平的社会政治环境，过上安定的生活，恢复发展经济。加以当时袁世凯的真实政治面目尚未彻底暴露，因此，他们认为国民党人动辄“革命”，使用武力解决问题，危及国家安定的做法，是故意“扰乱”，“破坏大局”，因而大加反对，各省商会几乎无一支持。兹以江苏为例，略加说明。

5月7日，上海总商会通电全国说：“前年武昌起义，海内响应，人民苦于专制，急求改革，不惜牺牲生命财产，克成共和，元气凋残，剥民以肤，忍痛负创，希图幸福，过渡之历劫，无用怨怼。乃光复以来，瞬经一载，损失纵不可数计，而秩序渐安，人心渐定。当此春夏之交，正商业进行之际，满望国会成立，选举正式总统，为我商民造福。讵意风波迭起，谣诼朋兴，谗说讹言，如沸如羹，致人心静而复动，国家安而复危。金融尚未流通，贸易陡然阻滞，各埠成交之货物，纷纷函电止退，影响及于中外，危殆情形，难以言状。”“近日纷纷争议，宋案也，借款也，选举总统也。窃谓宋案审判于法庭，借款、选举取决于议院，自有法律为范围，岂尚血气为胜负？商人在商言商，不知附和，若有破坏而无建设，乱靡有定，胡所底止？”“务祈大总统、国务院、参众两议院、各省都督、民政长，以保卫商民、维持秩序为宗旨，无使我商民喘息余生再罹惨祸，坐致大局沦胥，贻革命丰功之玷。不胜惶急待命之至。”①

① 《民初政争与二次革命》，第333页。

5月9日，出口皮毛杂货商业公会等十八个团体联名致电袁世凯说：“自光复后，商界元气未复，亟望大局安靖，藉舒商艰。近因宋案、借款两问题发生，上海少数之人，权利私见，托名全国公民，开会鼓吹，措词激烈，有意破坏大局。于是人心动摇，谣诼蜂起，全国商业大为牵动。惟上海商界人民各团体均未敢随声附和，自取危亡。”①

国民党的重要人物陈其美曾两次造访辛亥革命时与其一起策划上海光复的商会首领李平书，希望实业界人士予以援助。李平书答道：“今年之事，地方不赞成，非上年可比。”“今慎勿轻举妄动，使之反德为怨，致以后无从办事。”②

7月18日上海宣布独立之后，身为国民党员的资本家王一亭和沈缦云请总商会劝告商界赞成，话尚未讲完，贝润生厉声说：“吾侪商人，自前年光复时所受之艰危，至今犹能记忆，然当时情形，乃全国一心，故宁受艰危。今日之情形何如？王一亭、沈缦云，汝纵杀我，决不能使我赞成独立！且商会亦决不能以独立通告商界！”表决的结果，商董二十多人中只有他们二人和另外二人举手赞成独立，遂以少数不能通过而罢。③

7月21日，上海总商会又发出通电，旗帜鲜明地表明态度说：“赣省变起，商业受害，今日上海全体商界开会，均反对此次扰乱。”④

辛亥革命时曾为南京临时政府筹款七十万的张謇，所言更为直接深刻，他在为调和南北致孙毓筠、王芝祥的函中写道：武昌起义以来，“上海一年军事所用，可考而知者，一千一百余万；人民商业之损失，数亦累千万”。“人民之所以忍痛茹苦，出此代价，以恣所谓志士、所谓伟人之使用者，庶几脱专制之毒，而旦夕可一尝共和之福也。”“且彼时人民之倾脂竭髓，饷军资械，奔走响应，绝不反顾者，一望政治之革新，一望兵祸之速解。”“及见所谓志士、所谓伟人者，风云倏忽，荣悴顿殊，宫室车马子女玉帛之奉，过于昔日之王侯；剽略劫勒叫嚣隳突之风，甚于平常之军队。”“稍能看报识时务者，则皆鉴于前辙，惴惴焉怀

---

① 《申报》1913年5月10日。
② 姚文枏：《通敏先生行状》。
③ 《申报》1913年7月22日。
④ 《讨袁声中之上海》，《民立报》1913年7月22日。

生命财产之忧，孰肯以汗血所得之金钱，供二次、三次革命不已之挥霍，自买今年明年纠缠不了之苦痛？人心如此，钱从何来？无所得钱，凭何革命？”最后说：“不愿所谓志士、所谓伟人者，以天与人归始，以天怒人怨终也。”①

对此，一些国民党人也看得很清楚。如国民党人经营的《民立报》在6月1日刊文说：辛亥革命之后，“元气凋丧，民力疲极，并力恢复，犹虞不及，庸能再受莫大之损失乎？且社会心理，莫不翘首企踵以渴望太平之隆盛，一闻变起，心惊胆裂，寝食为之不宁，较诸前次革命时，闻兵变而色然以喜者，盖大相悬绝者矣。夫人民之厌乱既如此，则尚有谁敢为戎首，轻心发难乎？发难之后，谁肯附从之乎？此我国之无二次革命之余地可知”。② 出于这种认识，当孙中山发动“二次革命”后，他们自然不会跟着行动了。

第二，“二次革命”是由宋教仁被刺案引起的，而刺宋是一起刑事案件，纯属法律问题，在宪政和法治国家，只能通过法庭解决。孙中山颁布的《中华国民临时约法》也明确规定，刑事案件由“法官独立审判”。黄兴当初主张法律解决，还有另外一种用意：“他认为当时国人还未认清袁世凯的凶恶面目，还以为反袁是国民党人的偏见；我们如果通过法律解决的办法，把袁世凯谋杀宋教仁的真相暴露出来，使国人共见共闻，即可转变国人对袁世凯的看法，激起国人的公愤，使他们转而同情国民党。”③ 就案件的性质和当时的情势而言，这是唯一正确的解决办法。但孙中山、黄兴又怀疑赵秉钧受审后上诉到北京的法院，受到政府庇护，难治其罪，非坚持设立特别法庭审判不可。这种做法已使一般人认为，“孙、黄既非地方长官，又与法庭绝无关系，何权可以干涉政治与法律问题”？“若竟执杀宋罪赵，并及于袁，是其利用宋死以冀达其争权夺利之私计”，“以遂其朕即国家之志”。“国民党人不从正轨上为之申冤泄愤，竟视为一种争权夺利之机会，此岂稍有人心者所忍为。”④

① 《调和南北致孙少侯、王铁珊函》，《张謇全集》第1卷，第281－282页。
② 《民初政争与二次革命》，第373页。
③ 李书城：《辛亥革命前后黄克强先生的革命活动》，《辛亥革命回忆录》1，第206页。
④ 良心：《呜呼国民党之自杀政策》，《民初政争与二次革命》，第319－321页。

即使认为袁世凯和赵秉钧为刺宋的主犯，对其行为恨之入骨的人，也极不赞成“武力解决之说”，“盖立宪国家最注重法律，舍法律而别谋他道，即破坏法律”。[①] 而孙中山“激于感情”[②]，不在《约法》和法律允许的范围内活动，立意发动战争，破坏宪政和国家安定，使人民重遭战乱之苦，必然遭到国人的强烈反对和迅速惨败的命运。

与镇压“二次革命”紧密相配合，袁世凯进一步加强了独裁专制，绞杀民主自由。首先是取缔言论自由。他给报刊妄加了许多罪名，诸如“鼓吹二次革命”，“私通民军领袖”，“妨害大局”，“妨害时机”，“袒护逆党”，“煽惑国民”，“诋毁政府”，等等，不一而足。据不完全统计，从7月至12月，遭到封禁和被迫停刊的报纸即达四十多家，其中中央政府直接下令执行的有十几家。不少报刊的负责人、主笔、编辑被传讯和监禁，甚至被处决。总之，一切持论公正、具有反袁倾向的报刊均被取缔或被迫停刊。只有拥袁的报刊受到了真正保护，享受着充分的“自由”。

漫画：袁世凯查封报馆禁止言论自由

① 朱宗良：《宋案与借款平议》，《国民月刊》第1卷第1号。
② 《黄兴集》，第357页。

对于赞成共和制度、不满其统治的政党，袁世凯也视为心腹大患，竭力加以摧残破坏，甚而下令解散。

可是，袁世凯并未立即解散国民党。这当然不是因为他胆小或心慈，不敢为，不忍为，而是由于国民党在国会中占据着优势，还需要利用他们在选举中把自己捧上正式总统的宝座。如果宣布为逆党，国民党议员不能继续留在国会，选举势必推迟，立即加以解散尚非其时。尽管如此，他对国民党人绝不能听之任之。7月31日，他发布通令，声言："政党行动，首重法律。近来赣、粤、沪、宁凶徒搆乱，逆首黄兴、陈其美、李烈钧、陈炯明、柏文蔚皆系国民党重要之人，其余从逆者亦多国民党党员。究竟该党是否通谋，抑仅黄、李等私人行动，态度未明，人言藉藉。现值戒严时代，着警备地域总司令传询该党干部人员，如果不预逆谋，应限令三日内自行宣布，并将隶籍该党叛徒一律除名，政府自当照常保护；若其声言助乱，或借词搪塞，则是以政党名义为内乱机关，法律俱在，决不能为该党假借也！"① 硬是利用行政权力干涉国民党的内部事务，强制该党开除部分党员的党籍。8月3日，在京的国民党本部负责人吴景濂、王正廷迫于袁世凯的强大压力，宣布将黄兴、陈其美、李烈钧、陈炯明、柏文蔚开除出党。

在袁世凯的专制统治之下，人身自由同样毫无保障。如北京，侦探密布，军警四出，人人自危，稍一不慎，即罹逮捕杀头的惨祸。议员伍汉持、徐秀钧等人便被处以极刑。参议员朱念祖、赵世钰、张我华、高荫藻、丁象谦，众议员刘恩格、褚辅成、常恒芳，仅仅因与南方讨袁军有点儿关系，就被北京警备司令部逮捕。章炳麟进京以后，即被监视软禁，直到袁世凯死后方才恢复自由。一般群众的人身自由与安全更无保障，军警看着谁不顺眼，或认为有嫌疑，想抓就抓，想杀就杀，管你有罪没有罪、误杀不误杀。11月宣告北京解除戒严后，袁世凯仍然命令军警头子加意查拿惩办"不轨之徒"。

袁世凯在"二次革命"前后究竟抓了多少人，已无从统计；但从全国各地看守所的情况看，为数不少。司法部在命令中几次提到，各地看

① 《政府公报·命令》，1913年8月1日。

守所“收容人数强半逾额，少者数百，多者近千”。以北京来说，不仅原有的北京、宛平两监狱已“无地可容”，而且连新增设的第二、第三看守所，也“已无收容被告人之余地”。由于抓人太多，看守所拥挤不堪，秽恶熏蒸，空气污浊，疾疫流行，以致“疾病死亡，不时见告”，“被告人所受之痛苦，较之已决之囚尤为酷烈”。[①] 许多人的生命丧失在如同地狱一般黑暗的监牢之中。

1912 年 5 月 2 日，袁世凯曾严厉发布过一道保护地方立法机关的命令。其时他刚刚当选为临时总统，尚能对体现民主政治的立法机关表示一定的尊重，以显示其拥护共和的“诚意”。在镇压了“二次革命”之后，他就自食其言，不顾法定手续，用暴力强迫解散了江西、广东和湖南的省议会，并下令拿捕省议员了。

民主自由是清末以来国人梦寐以求的东西，也是辛亥革命取得的巨大成就。如果背离这个最根本的政治原则，就是对中华民国国家性质的破坏。袁世凯绞杀民主自由，再清楚不过地表明，他已经开始背叛中华民国了，只是由于尚需利用一下民主政治的形式，背叛得还不够十分彻底而已。

---

① 《政府公报·命令》，1913 年 8 月 6 日、12 月 1 日、1914 年 3 月 26 日。

二十四　胁迫选举

打败了国民党，北洋军的势力煊赫一时。段芝贵、雷震春、张镇芳等人以为时机已到，经常在袁世凯面前露出一点儿口风，试探其对帝制持何态度。对奴仆的赤诚效忠，袁世凯很为赞赏，但以为过于急躁冒进，操切从事，风险太大，因而既不向他们泼冷水，又不明确表示支持鼓励。他认为，应当先当上正式总统，然后再一步步向前做去，才顺理成章，千稳百当。所以，老谋深算的袁世凯现在急于把正式总统弄到手。

要由临时总统变成正式总统，必须具备两个最起码的条件：一是要有一大批议员拥护；二是要有法律依据。

在袁世凯看来，第一个条件比较容易解决，因为他是可以利用各种办法使议员乖乖就范的。在国会中，国民党与进步党的势力最大。“二次革命”期间，有些国民党议员已经南下，少数遭到袁世凯逮捕杀害，打败国民党之后，又利用威胁、“宽免”和金钱慑服、招降、收买了一批，剩下来的国民党议员，多数虽不愿同流合污，但立场并不十分坚定，仍想通过制定新宪法捆住袁世凯的手脚。总之，国民党议员在国会的阵容不如以前强大了。

进步党拥护袁世凯，和国民党作对，以期得到袁世凯的支持，达到操纵国会、组织内阁的目的。现在看到国民党势力一蹶不振，自己一跃成为国会中最有力量的政党，大有出而组阁的希望，越发向袁世凯献媚取宠。他们在大选中投赞成票是不成问题的。

袁世凯对进步党本来也没有什么深情厚爱，但考虑到要选正式总统，手中必须要有个得心应手的工具以供驱使，眼下由进步党担当这样一个角色最恰当不过了。再说，大选前后的政治门面还要装潢，抑制国民党不能不依靠进步党，因而也对之极尽拉拢之能事，甚至满足其组阁的愿望。

自赵秉钧辞去国务总理后，总理一职由段祺瑞暂代。后来部分进步党议员提出要弹劾内阁，袁世凯乃决计对内阁加以改组。最初，他想让徐世昌出任总理。徐世昌因国会中尚有国民党势力，不敢出来。于是袁世凯敦请进步党员张謇出面组阁。张謇知道诸事棘手，婉辞不就。袁世凯则纠缠不放，张謇荐熊希龄以自代。熊希龄在唐绍仪内阁时任财政总长，唐绍仪内阁倒台，他又出任热河都统。袁世凯同意让熊希龄组阁，但并非真正欣赏其人，而是因为熊希龄同各党派素有关系，想利用他减少各方面的阻力。国民党议员此时所处的地位比较困难，一部分温和派想与进步党相互提携，故熊希龄在两院得以顺利通过。7 月 31 日，袁世凯正式任命熊希龄为总理。

熊希龄亦知前途黯淡，不敢轻试，迟迟不到京就职。在袁世凯和梁启超的多次催促下，熊希龄方于 8 月 28 日履职，准备把全国的各大名流都网罗进来，组织人才内阁，来一番作为。可是，袁世凯早把一些重要位置的名单拟定了，只留下司法、教育、工商三部供熊希龄支配，和第一届内阁留给国民党的位置相似。进步党不甘心，梁启超尤其看中财政总长一席，同袁世凯讨价还价。袁世凯采取折中办法，叫熊希龄兼任财政总长，进步党只得到此为止。9 月 11 日，“第一流人才内阁”组成，各部总长是：外交孙宝琦，内务朱启钤，陆军段祺瑞，海军刘冠雄，交通周自齐，司法梁启超，教育汪大燮，工商张謇，财政熊希龄兼。这是进步党成立以来最为得意的时候。

为保障选举必胜，袁世凯还指使梁士诒、叶恭绰出面，把梁士诒直接控制的议员同志会和潜社、集益社以及其他小团体联合起来，组成公民党。该党是彻头彻尾的御用党，专为大选拉选票，届时把袁世凯选为正式总统。为此，该党决定，国会议员参加公民党者，月给津贴二百元，议员被吸引和利诱者约在一百人以上。

选举总统的法律依据叫袁世凯大伤脑筋。按规定，正式总统必须在国会制定宪法之后，依据宪法选举产生，宪法未定之前，不能选举。这时宪法还没有影子，他急得抓耳挠腮，寝不安席，食不甘味。其心腹爪牙深以为忧，日夜揣摩磋商，终于想起先选举总统、后制定宪法的妙策。他们倡言，若要取得外国承认，使国家免受瓜分之祸，必须先选举出总统。

此意一出，众人皆心领神会。8 月 5 日，黎元洪会同十九省都督、民政长发出通电，主张先选出总统，再定宪法；或是先从速制定宪法，再选总统。但不论采取何法，一定要在两个月内，一气呵成。完全迎合了袁世凯要当正式总统的急切心情。9 月 5 日，进步党人在众议院提出先制定大总统选举法，选出总统再制定宪法的议案，获得多数通过。8 日，参议院亦通过。

袁世凯殷切盼望于 10 月 10 日“双十节”就任正式总统，叫参众两院加紧炮制，两院则催促宪法起草委员会从速拟定。10 月 4 日，作为宪法一部分的《大总统选举法》最后完成。宪法会议于次日公布。袁世凯认为法律公布权属于总统而不属于宪法会议，因此对宪法会议直接公布很不高兴。但若为此争论起来，肯定造成选举推迟，影响早日就任，就把这口气暂时憋在肚子里。两个起码条件皆备，关键在于投票选举了。

10 月 6 日，国会选举正式总统，地点在宣武门内的众议院会场。这天，会场内外紧张异常。从宣武门到会场的大街上增添了许多岗哨，荷枪实弹的军队如临大敌，往来梭巡。会场的围墙上站满了军警，三四千号称“公民团”的人则把会场围了个水泄不通。这些“公民”全是总统府的拱卫军。他们一个个身穿从前门等处估衣铺中租来的便衣，暗藏短枪，由化了装的拱卫军中路统领李进才和后路统领刘金彪分别带领赶到会场。他们系奉命而来，肩负着一项特殊使命，即充分表达“公民”们的心愿，确保袁世凯当选为正式总统。这是袁世凯担心落选而采取的一项应急措施，它在中国的选举史上可称得上空前的一大“创举”。

在京的国民党议员、进步党议员和其他党议员几乎全部与会。如果采用光明正大的方法选举，袁世凯一次当选的可能性是有的。因为不仅公民党、进步党议员和其他被收买的议员会投赞成票，就是一部分国民党议员由于无适当人选，幻想通过制定新宪法限制袁世凯，也准备投赞成票。袁世凯却并不这么想，他相信强权的威力，以为用军警包围会场，一次当选更有把握。而效果适得其反。他这种卑鄙无耻到极点的行为，既激怒了有血气的议员，坚定了动摇的议员，又使稍有人格的议员感到受了莫大侮辱，刺激他们站在对立面，无形中给袁世凯一次当选增加许多困难。

袁世凯派军警包围选举会场

《大总统选举法》规定，总统选举以选举人总数三分之二以上列席，用无记名投票方法，得票满投票人数四分之三者当选。两次投票无人当选时，就第二次得票较多者二人选之，以得票过投票人之半者为当选。此次与会者共七百五十九人，超过了法定人数三分之二很多。

选举开始投票时只有议员在场，开票时各国驻京公使、特派员和记者均到场参观，中国人士也不少，仅女士即有三十余人，旁听位置上座无虚席。

第一次投票的结果统计出来，各人所得票数是：袁世凯四百七十一票，黎元洪一百五十一票，孙武三票，康有为十一票，梁启超四票，王赓三票，孙中山十三票，段祺瑞十三票，伍廷芳三十三票……此外尚有废票二十余张。投票总数为七百五十九，因所得票数皆不足总投票数的四分之三法定票数，故无人当选，必须进行第二次投票。

由检点人数、发票、投票，到开票、计票，第一次选举完毕，已至中午。会议主持人、众议院议长汤化龙宣布休息后继续投票。但会场并未准备午餐，议员想走出会场吃饭，立即遭到“公民”们的大声呵斥。“公民”们唯恐人走了不回来，不足法定人数而使选举流产，所以只许进，不许出。那些抽鸦片的议员烟瘾发作，苦不堪言，向“公民”苦苦哀求；而“公民”铁面无情，毫不通融，害得他们涕泪交流，丑态百

出。进步党本部只好给本党议员送来些热汤面、白米饭和面包、点心充饥，经解释，系给拥护袁总统的议员用的，方允送进。国民党本部援例送来食品，“公民”非但不许送入，反而破口大骂“饿死活该”！国民党议员十有八九没有吃上东西，大都饥肠辘辘，饥饿难耐。

第二次投票后各人所得票数是：袁世凯四百九十七票，黎元洪一百六十二票，伍廷芳二十二票，孙中山十二票……总投票数为七百四十五，仍未有人达到法定票数而当选，必须进行第三次投票，按照大总统选举法规定，从所得票数最多的袁世凯和黎元洪两人中决选。时已薄暮，场外的“公民”们急红了眼，连呼：“不选出我们中意的大总统，不许选举人出会场一步！”在场议员还有七百零三人，第三次投票的结果，袁世凯得五百零七票，超过半数，当选为中华民国第一届正式大总统。场内稀稀落落拍了几下巴掌，三呼“万岁”！此时已是晚上八点。“公民”们看到袁世凯终于当选，在齐声高喊“大总统万岁”之后，便欢呼雀跃地讨赏去了。

在这个不平常的一天里，袁世凯的心情很不轻松，不时向守候在办公桌旁等候消息的秘书长梁士诒打听选举进展的情况。听到袁、黎决选的报告时，他大吃一惊，绕室彷徨，脸似严霜。直到最后揭晓，方才颓然无力地坐下。

袁世凯派军警包围选举会场，触犯了《新刑律》中的“妨害选举罪”。《新刑律》第一六〇和一六一条规定：“对选举人以强暴胁迫，妨害其于会场之往来及其他选举权之行使者”，或“骚扰选举会场、投票所、开票所者”，处三等至五等有期徒刑，或三百元以下三十元以上罚金。这里说的系个人犯罪行为。袁世凯派了几千人包围、骚扰选举场所，干涉选举人自由出入会场，不准选举人吃饭，用暴力胁迫选举，其罪无疑更重。但他是政府的头头，谁有胆子去追究呢？法律对他这位头头来说，不就是那么回事嘛！“刑不上头头”，头头有枪杆子，他才不怕议员和老百姓说三道四呢！

次日选举副总统，“公民”们未再“莅临指导”，出席者七百一十九人，黎元洪得六百十一票，一次当选。

10月10日是中华民国的国庆节，袁世凯决定将就职典礼和开国纪念同时举行。他选择的就职地点，既非国会会场，亦非中南海的总统府，而是仿照前清皇帝御极的故事，定为皇宫的太和殿。

布置会场时，国会与总统府发生了争论，由此亦可见袁世凯之别有用心。总统府原拟在殿内按东西南北方位分设座席，北面为主席台，作为袁世凯宣誓的席位，南面是外国使节和政府高级官员及其他代表，东西两列为两院议长、议员。继张继之后当选为参议院议长的王家襄认为安排不当，提出反对。他说："民国以民为主，总统就职原系向全国国民代表议长、议员宣誓，其余参加典礼的只是外宾及见证的官民代表而已。如此，自应将议长、议员席位设在北座南向居中处，听取总统矢誓，万不可侧居客位，贻讥世界。此事必须持重审慎。"① 可是袁世凯坚持非"南面"不可。自古以来的君主都是面南称孤道寡，他岂肯甘心"北面"？"国民代表"算是老几？经过几次争议，最后国会到底扭不过总统，做了让步，形成妥协，改将议长、议员席位安排在殿中南部，坐南面北，东为文武官员，西为各国公使、清皇室、蒙藏代表及名流士绅，袁世凯依然坐北朝南。

任中华民国正式大总统时的袁世凯

上午十点钟，佩带军刀的三百二十名卫士列队进入大殿，分两排站立，形成一条警卫胡同。接着，总统府秘书长梁士诒、秘书夏寿田、侍从武官长荫昌、军事处代理处长唐在礼，各乘四人抬的彩舆而至。最后，一座八人抬的大彩轿落下，袁世凯身着装饰金线的钴蓝色陆海军大元帅礼服，神气十足地由梁士诒、夏寿田、荫昌、唐在礼四人拥上主席台坐下。

参加典礼的议员约有四百余人，比选举总统时几乎减少了一半。典礼开始，袁世凯起立宣誓。《大总统选

① 唐在礼：《辛亥以后的袁世凯》，《文史资料选辑》第53辑，第173页。

举法》规定的誓词为："余誓以至诚遵守宪法，执行大总统之职务，谨誓。"袁世凯读"余"时，声音颇高；继读"誓以至诚遵守宪法"时，其声微弱，几不可辨；再读"执行大总统之职务"时，又转洪亮有力；读"谨誓"二字时，声复低沉。言为心声，袁世凯有选择的抑扬腔调，正表明其内心对这一誓言并不打算遵守。宣誓完毕，一些胁肩谄笑者高呼了几句"万岁"。袁世凯喜滋滋，乐陶陶，频频向呼喊者点头微笑。

继之，袁世凯宣读宣言书。宣言书很长，其中有许多自我吹嘘、欺骗人民的谎话和不能兑现的空话，但有些也暴露了其复辟倒退的阴暗心理。一开始他就说："此种政体（指共和制度），吾国四千年前已有雏形，本无足异；乃事权牵制，无可进行，夙夜彷徨，难安寝馈。"① 诋毁共和制度，准备将其抛弃。

袁世凯就任正式大总统时的庆祝券

礼毕，众人退出。一般观礼拜贺者均是步行，唯独国务总理熊希龄乘坐二人肩舆。一个湖南籍议员见到熊希龄大呼："秉老（熊希龄字秉三），你在紫禁城乘二人肩舆，是钦赐的，抑自备呢?"熊希龄答："你猜猜。"另一议员说："我看是从清室借来的。"闻者皆大笑。② 有些人已看透袁世凯要走复辟帝制的老路了。

下午，在段祺瑞、王士珍等人陪同下，袁世凯在天安门城楼观看了一会儿阅兵仪式，因对开国纪念活动不感兴趣，稍微站了站，即悄然离去。

袁世凯就职后发布了授勋令，颁发了各种奖章。奇怪的是，得到勋

① 《政府公报》，1913 年 10 月 11 日。
② 韩玉辰：《民初国会生活散记》，《文史资料选辑》第 53 辑，第 248 页。

位的没有一个是推翻清王朝的革命人士，而是清室总管世续、前清遗老徐世昌和心腹赵秉钧。各省都督、民政长大都是勋二位、勋三位。

国庆这天，袁世凯通电各省，宣告就任大总统之职。其中有这么几句话："世凯承乏临时总统且年余矣，时局艰难，民生困苦，深恐统一之局未能圆满。幸内乱初定，人心稍安，而救国本怀，未酬万一。本拟解职归田，以释重负，此次国民会议已被选举，各友邦又以余被选之日为承认之期，何敢高蹈鸣谦？敬以国庆日就正式大总统职。"① 似乎他当总统系出于万般无奈。把这段话同派军警包围选举会场相对照，不令人作呕欲吐么！在宣言中，他要求国民"立身以信为本"，不说谎，不欺诈；其实，他的行为堪称得上撒谎天下第一，欺诈当世无双！

袁世凯就任中华民国正式大总统的当天，与各国公使合影

同日，副总统黎元洪在湖北兼领都督任内就职。

---

① 徐有朋编：《袁大总统书牍汇编》卷7，第21页。

中华民国成立一年多，未得到世界各国承认，直到1913年4月国会正式成立之日，美国、秘鲁、巴西三国方才承认。袁世凯当选为正式总统后，日本、奥地利、葡萄牙、荷兰、西班牙、墨西哥、德国、俄国、意大利、法国、瑞典、英国、丹麦、比利时、挪威、瑞士亦次第承认。袁世凯经常在人们面前吹嘘夸耀，把各国的承认说成是自己的功绩。

二十五　摧毁共和

过去，袁世凯的势力完全在北方。扑灭国民党的“二次革命”后，除广西、贵州、云南、四川因兵力不敷分配，鞭长莫及，无力控制外，南方其余各省均成为袁氏的天下。反对他的都督被赶跑了，被迫独立、首鼠两端的都督被撤换了，即使坚决反对独立而并不为其十分信任的都督也被调开了，接替者尽是其心腹党羽。

安徽都督倪嗣冲、上海镇守使郑汝成、广东都督龙济光、江西都督李纯，是在镇压国民党的过程中或结束时任命的。

1913 年 9 月下旬，袁世凯以云南都督蔡锷因病请假为由，命其进京“调养”，调唐继尧署理云南都督，又派刘显世为贵州护军使。由于蔡锷在云南、贵州两省很有影响，而这两省又是北洋军的势力达不到的地方，袁世凯对其加倍提防，曾对曹汝霖说：“松坡（蔡锷字）这个人，有才干，但有阴谋”，“我早防他，故调来京”。①

浙江都督朱瑞在“二次革命”中是中立派，袁世凯命其进京，用恩威并施的手段，很快将其降服。

湖南都督谭延闿在“二次革命”时宣布过独立，10 月下旬，袁世凯命其来京另候任用，委任海军次长汤芗铭接替湖南都督兼查办使。

11 月，海军总长刘冠雄奉袁世凯之令率李厚基的部队进入福建，遣散了湘军，命手下的士兵在旧藩台衙门放火，把都督孙道仁吓跑。

原江苏都督程德全被迫宣布过独立，讨袁失败后不敢回南京。9 月

---

① 曹汝霖：《一生之回忆》，第 154 页。

3日，袁世凯任命张勋为江苏都督。江苏都督的位置袁世凯本是留给冯国璋的，但在进攻南京时，张勋首先攻入，袁世凯只好把都督给了张勋。不久，袁世凯以张勋所部屠杀日本人，用外交压力迫使张勋就任长江巡阅使（驻徐州），把江苏都督让给冯国璋。据张勋讲，其丢掉江苏都督位置的真正原因，是北京崇文门监督何棪让他劝袁世凯做皇帝，遭到他的严斥，从而得罪了袁世凯。

湖北都督一直由副总统黎元洪兼任。黎元洪在镇压“二次革命”时立下了汗马功劳，袁世凯曾授以一等文虎章，赠送“民国柱石”匾额；但以其不是自己人，而其所处位置却十分重要，始终放心不下，处心积虑地将其调开。12月8日，袁世凯硬派大将段祺瑞到武汉敦请黎元洪进京。黎元洪推辞不得，匆匆召开一个秘密会议，作好交代，准备过几天回来。岂知还在进京的路上，段祺瑞署理湖北都督的命令就发表了。袁世凯以隆重的礼仪接待了黎元洪，表面上打得火热，实际上则把他软禁于当年慈禧太后囚禁光绪皇帝的瀛台。黎元洪见返回湖北无望，被迫于12月19日辞去湖北都督的兼职。袁世凯当日写信，盛称其“伟业丰功，彪炳寰宇”，极为肉麻地说：“昕夕握谈，快倾心膈”，“每念在莒之艰，辄有微管之叹”，“嗣后凡大计所关，务望遇事指陈，以匡不逮”。① 不论袁世凯说得如何动听，黎元洪知道自己只剩下一个副总统的空头衔了。

袁世凯还派曹锟率第三师扼据岳州，杨善德率第四师扼据松江，伍祥祯率第三十九混成旅驻守长沙，与新任各都督共同监视南方。

当上了正式总统，对南方的控制已基本解决，民主政治也失去了存在的价值，于是袁世凯又向仅存的民主政治的表征——国会和《临时约法》大开其刀，彻底摧毁刚刚建立的共和制度了。

制定出《大总统选举法》后，宪法起草委员会着手制定正式宪法，以代替《临时约法》。宪法起草委员会设在天坛祈年殿，10月14日《天坛宪法草案》拟出，提交宪法会议审议，基本精神仍是立法权属于国会、责任内阁制等政治原则。

① 《政府公报·命令》1913年12月20日。

对于宪法，袁世凯一直耿耿于怀。早在1912年11月他就说过：“将来宪法，关系国家根本大法，所有编制宪法之人，应对于行政一方面格外注意，切不可再如《约法》中种种之规定，制限个人，贻误国事。”① 1913年3月又说：“将来宪法之所规定，……如若束缚政府太甚，必至一事不能着手。国内之统一不固，安能对外竞争乎！故一言及此，即令正式选举乃属于吾，亦当视宪法之所规定以为进退。”② “如果国民此次仍将总统一席举予时，予必先行声明，若宪法规定组织内阁等事，仍有《临时约法》第三十四条之缚束，虽被选亦必辞职。”③

袁世凯得悉《天坛宪法草案》大大不利于自己，千方百计地将其扼杀。16日，他故意撇开宪法草案不谈，节外生枝地向众议院提出一个增修《约法》草案，要求扩大总统职权。要求增修《约法》，即意味着不承认《天坛宪法草案》，这是他对宪法会议的第一个打击。

为什么要增修《约法》呢？袁世凯说：“国事日削，政务日隳，而我四万万同胞之憔悴于水深火热之中者且日甚。凡此种种，无一非缘《约法》之束缚驰骤而来”。“第四章关于大总统职权各规定，适用于临时大总统已觉有种种困难，若再适用于正式大总统，则其困难将益甚。苟此种种之困难，其痛苦若仅及于本大总统之一人一身，又何难以补苴弥缝之术，相与周旋；无如我国民喁喁望治之殷，且各挟其身命财产之重，以求保障于藐躬。本大总统一人一身之受束缚于《约法》，直不啻胥吾四万万同胞之身命财产之重，同受束缚于《约法》！本大总统无状，尸位以至今日，万万不敢再博维持《约法》之虚名，致我国民之哀哀无告者且身受施行《约法》之实祸。”④

在他眼里，《约法》成了一切坏事的根源，有所建树的障碍，束缚总统的桎梏；而且束缚了他，就等于束缚了四万万人民。打着人民的名义搞阴谋，倒是他在辛亥革命后新学的一手。他感受最深的束缚，是《约法》中规定的各项“同意权”。因此，他要完全打破“同意权”，提

① 《接见某人谈宪法问题》，《袁世凯全集》第21卷，第108页。
② 《与长江巡阅使谭人凤之谈话》，《袁世凯全集》第22卷，第231页。
③ 《对于倘被选为正式大总统之声明》，《袁世凯全集》第22卷，第282页。
④ 《政府公报·公文》，1913年10月23日。

出总统有权宣战、媾和及缔造条约，制定官制、官规，任免文武官员，均无须经国会同意；在国会闭会期间，总统有权制定与法律同等效力的教令及财政紧急处分之权等项要求。

10月18日，袁世凯又提出宪法公布权问题，给宪法会议第二次打击。其在给宪法会议的咨文中强调指出：宪法公布权属于总统，议会对于宪法案，只有起草权及议定权，而无宣布权。企图利用公布权，扼杀天坛宪法草案。

但对宪法会议公布《大总统选举法》又如何解释呢？袁世凯说：宪法会议公布《大总统选举法》“显与《临时约法》暨《国会组织法》规定不符。然以目前大局情形而论，内忧外患，纷至沓来，友邦承认问题，又率以正式总统之选举能否举行为断。是以接准来咨，未便过以《临时约法》及《国会组织法》相绳”。而今大总统已经到手，情况今非昔比，“若长此缄默不言，不惟使民国议会蒙破坏《约法》之嫌，抑恐令全国国民启弁髦《约法》之渐”。“宪法会议以此项宣布权，乃竟贸然行使，其蔑视本大总统之职权，关系犹小，其故违民国根本之《约法》，影响实巨”。①

由此可见，袁世凯执行法律是有条件的，视政治需要而定的。有利于己的，可以枉法，不以法律相绳；不利于己的，就据法力争，说人违法，予以否定。前天，他把《约法》骂得一钱不值，声称必须增修，仿佛迟延一日就要招致重大内忧外患；今天，又把《约法》当作法宝和根据，向宪法会议攻击。对国家根本大法采取如此恶劣的实用主义态度，完全说明他是个任意玩弄法制的阴谋家。

鉴于袁世凯专横独裁和肆意摧残共和制度，宪法起草委员会中的一部分国民党议员张耀曾、谷锺秀、孙润宇、沈钧儒等人和进步党议员李国珍、蓝公武、丁世峄、汪彭年、刘崇佑等人联合起来，于10月21日共同发起组建民宪党。其宣言书略称：该党“以贯彻民主精神，厉行立宪政治为宗旨”。“如有摇撼民主国体者，则竭全力维持之、保护之”。“政府而逸出宪政常轨者，吾党则认之为公敌。不为阿谀，亦不专以攻

① 《政府公报·公文》，1913年10月23日。

击为事，而以公平之态度，为完密之监督焉。”① 这表明，进步党中已经有一部分人开始警悟，准备同“摇撼民主国体”的袁世凯进行斗争了。

国会认为，宪法正在修订，增修《约法》实无必要；袁世凯所提增修意见，宪法起草委员会亦未采纳；关于宪法公布权，宪法会议也以宪法尚未完成敷衍过去。

袁世凯气急败坏，特于10月22日咨达宪法会议，告知已派遣施愚、顾鳌、饶孟任、黎渊、方枢、程树德、孔昭焱、余棨昌八人为委员，代其陈述对宪法的意见；并告知今后凡召开有关宪法的会议，均应事先知照，以便让八委员随时出席陈述。妄想强行干涉制宪工作，把制宪权抓在自己手里，给予宪法会议第三次打击。次日，尚未得到宪法会议的答复，施愚等八人即到会，要求出席会议。

宪法会议认为，该会议性质与两院不同，大总统对于该会议既无提案权，自无特派员出席说明之理由，不同意出席。宪法起草委员会亦以政府委员出席宪法起草会议，无法律根据；且宪法起草规则规定，除两院议员外，其他机关人员，既不能出席，亦不能旁听为理由，严词拒绝。

袁世凯见干涉制宪的阴谋又遭破产，乃使出屡试不爽的恐吓伎俩，于10月25日通电各省文武官员，授意他们群起反对，对宪法会议进行第四次打击。通电称：“此次宪法起草委员会，该党（国民党）议员居其多数；阅其所拟宪法草案，妨害国家者甚多。”“综其流弊，将使行政一部，仅为国会附属品，直是消灭行政独立之权。”“倘再令照国会专制办法，将尽天下文武官吏，皆附属于百十议员之下，是无政府也”，“势非亡国灭种不止”。本大总统“确见此等违背共和政体之宪法，影响于国家治乱兴亡者极大，何敢缄默不言”！“各该文武长官同为国民一分子，且各负保卫治安之责，对于国家根本大法，利害与共，亦未便知而不言。务望逐条研究，共抒谠论，于电到五日内迅速条陈电复，以凭

---

① 杨幼炯：《中国政党史》，第76－77页，商务印书馆，1937年。

采择。"①

此电一发，那些狐群狗党的"谠论"马上就抒发出来了。但他们对宪法内容避而不谈，集中攻击宪法起草委员是"国家蟊贼"，叫嚣要铲除国民党，驱逐国民党议员，解散国会，撤销宪法草案。倪嗣冲、冯国璋、张勋、张镇芳、汤芗铭诸人叫得最凶。倪嗣冲早在10月12日就叫嚷："似此害群之马不除，天下安有永平之望！拟请通令京外各处，将国民党一律解散；其有身居津要而迹涉嫌疑者，应令免职回籍，使之闭门思过。"② 10月29日又通电恶毒攻击《宪法草案》"显违法理，阴加鼓煽，实为该党破坏民国再接再厉之手段，与黄兴等之谋逆搆乱，一而二、二而一也"。嚎叫应"迅将国会解散，其国民党之议员，并即驱逐回籍，交各省官司详加察看"。③

10月30日，《天坛宪法草案》全部杀青。次日，宪法起草委员会三读通过，接着提交宪法会议。袁世凯遂决定摊牌，解散国民党，搞垮国会，彻底解决问题。

11月4日早晨，在总统府摆设好了一个经过精心设计的圈套。总理熊希龄被约到总统府议事，熊希龄方到，即有外国公使来谒见袁世凯（这又是预先设计好的）。袁世凯先会见外宾，嘱熊希龄暂入办公室稍候。室内空无一人，熊希龄见袁世凯办公桌上放着前司法总长许世英查报避暑山庄盗宝案卷，悄悄略加窥探，始知关系自身，面色立变。原来，熊希龄以前任热河都统时，办公、居住均在承德避暑山庄。该山庄是清廷的行宫，风景极其优美，皇帝常去避暑及行围射猎。熊希龄在山庄居住时，曾派亲信清点过庄内宝物，并慷国家之慨，将乾隆喜用的一把折扇送与袁世凯的亲信姜桂题。姜桂题把所得古物转交袁世凯，并将此事密报。熊希龄以庄内宝物久经年所，恐怕前任经管人员有偷换的事情，亦曾向袁世凯请示运至北京统一保管，而袁世凯未有表示。迨熊希龄奉命进京组阁后，袁世凯即派许世英查办山庄失宝案。许世英明察暗访，写了一个报告呈交袁世凯。袁世凯抓住这个把柄，目的是一旦需

---

① 凤冈及门弟子编：《三水梁燕孙先生年谱》上，第157－159页。

② 《安徽函电》，《近代史资料》总26号，第110页。

③ 《安徽函电》，《近代史资料》总26号，第112页。

要，即用以挟制熊希龄，今日恰是其时。

袁世凯会见完外宾，传熊希龄到外室谈话，见熊希龄神态有异，装作极其“关切”地问道：“秉三，你昨晚别是因公忙没有睡好觉吧？不然，为什么面色这样不好看，精神很显疲惫呢？”心虚情怯的熊希龄闻听此言，忙谢过不迭。袁世凯随即严词厉色地说：“国事不好向前推进，都因国民党凡事故意刁难掣肘，真令人痛心！我国现在是责任内阁制，如不将国民党这个障碍铲除，内阁既不能顺利执行职责，总统的权力也就不能行使了。根据目前形势，我们要把国家治好，非立即解散国民党、取消国民党籍的议员资格不可。我的意见如此，秉三，你看怎样？”熊希龄处此威胁情势之下，恐惧万分，再也不敢说什么，只好俯首听命。袁世凯见其并无异言，即将准备好的解散国民党的命令摆出，命熊希龄签署。[①] 熊希龄签毕，袁世凯立刻传令在邻室等候的内务总长朱启钤进来签署。

接着，袁世凯下达了解散国民党、取消国民党籍的议员资格的命令。命令宣称：“此次内乱，该国民党本部与该国民党国会议员潜相搆煽”，“但知搆乱，以便其私，早已置国家危亡、国民痛苦于度外，乱国残民，于斯为极”。特饬令迅将国民党京师本部立予解散；并令各地将国民党所设机关，不论支部、分部、交通部及其他名称，于三天内一律解散。“嗣后再有以国民党名义发布印刷物品、公开演说或秘密集会者，均属乱党，应即一体拿办，毋稍宽纵！”至于国民党议员，“阳窃建设国家之高位，阴预倾覆国家之乱谋”，实已丧失议员资格。因此，自江西湖口地方倡乱之日起，凡国民党议员，一律追缴议员证书、徽章。所缺议员名额，由内务总长速令各省分别查取本届合法之参议院、众议院议员候补当选人，如额递补。同日又向全国申告解散国民党之理由说：“国民党之所谓党略，大率借改革政治之名，行攘夺权利之实。凡可以逞其野心者，虽灭国亡种，荼毒生灵，亦所不惜。……该党标其名曰国民，而专以残民为事，与民意违反，……阴谋诡计，层出不穷，秘密机关，逐经发

---

① 参见郑廷玺：《袁世凯挟制熊希龄解散国民党的经过》，《文史资料选辑》第 48 辑，第 153 页。

现。本大总统何能宽容少数乱徒，置四万万人利害于不顾？不得已，始有解散该党之令。”由于国民党议员“曲庇作乱之逆党”，“不知有国家，只知有本党；不知有团体，只知有个人”，也只能将其议员资格取消。①

当天下午，如狼似虎的军警扑向国民党本部，连续搜查四小时之久，将该党党员名册、重要文件和档案材料全部收缴而去。同时大批巡警分头闯到国民党议员家里，追缴证书、徽章，三百五十多名议员被取消了议员资格。袁世凯收缴的目的，并非如他所宣称的是什么“巩固真正之共和，宣达真正之民意”②，和“刷新共和之政治，俾我国民咸享幸福”③，而是为了解散国会，破坏共和，残民以逞。他计算了一下所余两院议员仍足法定人数，仍可继续开会，便不顾所发命令中的时间界限，又命军警追缴江西湖口起义前已脱离国民党籍和跨党的八十多名议员的证书、徽章。两次总共非法追缴了四百三十八位议员的证书、徽章，占两院议员总数的半数以上。

11 月 5 日，参众两院开会，袁世凯派军警紧紧把守门口，手持名单，逐一盘查，不准撤销议员资格者入内。国会因不足法定人数不能开议而名存实亡。

宪法起草委员会由于二十多名国民党议员资格被取消，加上数人辞职，无从开议而宣告解散。它的解散，标志着《天坛宪法草案》流产。袁世凯成为胜利者，用不着再为宪法问题大伤其脑筋了。

进步党人对解散国民党开始是拍手称快、幸灾乐祸的，以为从此国会便成了自己的天下；及至看到国会不能继续召开，才发觉袁世凯“醉翁之意不在酒”。进步党人前此由于袁世凯的真实面目尚未彻底暴露，曾错误地依附袁世凯，同国民党进行斗争，现在发现袁世凯阴谋消灭国会，破坏民主政治，投入到反对其专制独裁斗争行列的人更多了。为维持国会，他们考虑了两个补救的步骤：第一步，恢复部分被追缴证书、徽章的议员资格；如此着不行，再进行第二步，从候补当选人中递补，以足法定人数。

---

① 以上引文均见《政府公报·命令》，1913 年 11 月 5 日。

② 《政府公报·命令》，1913 年 11 月 5 日。

③ 《赣宁之役资料散辑》，《近代史资料》总 26 号，第 145 页。

11月7日，剩余议员开会，议定由参众两院议长王家襄、汤化龙出面见袁世凯，谈维持国会问题。其办法是：湖口之役前已声明脱离国民党者，恢复其议员资格；确有证据证明反对江西起义者，恢复其议员资格；加入他党者，不以国民党议员看待。汤化龙见“国会一旦顿僵槁”，“痛之极，争之切”，对袁世凯讲：“议员罪应黜否在法，总统得黜议员否，事须别论，要不能借口仆国会，无国会非立宪也。今宪法尚未成，即国会竟寐罢，公将何以处民国？”① 张謇、梁启超也分别向袁世凯陈述了意见。袁世凯解散国会唯恐不速，何能再去补救？可是又无法公开表示，就把这个难题推给熊希龄去解决。果然，熊希龄以调查困难为借口予以否定了。

按照11月4日的命令，如果真的让候补议员递补，恢复国会的正常活动并不困难。但“递补”云云纯系欺人之谈。为彻底破坏国会，11月12日，袁世凯一面让国务院电令各省迅即查明自湖口之役起隶籍国民党的省议员，追缴证书、徽章，取消其议员资格；一面让内务总长朱启钤出面电告各省，递补从缓，俟中央筹定划一办法再行举办。根本不打算递补。进步党恢复国会的第二步计划又无法实现了。

11月13日，王家襄、汤化龙不得不通告在京议员，由于不足法定人数，无法开议，从14日起，议院暂行停发议事日程。

议员们不甘心国会被袁世凯消灭，起而与之斗争。17日，众议院议员一百九十多人向政府提出《质问追缴国民党议员证书徽章影响及于国会书》，指出：“议员资格之疑义，其审查权属之两院，院法规定，彰彰可证。今政府以隶籍国民党之议员，早不以法律上合格之议员自居为理由，岂非以政府而审查议员资格，侵害国会法定之权限乎？至于追缴证书、徽章，直以命令取消议员，细按《约法》，大总统无此特权，不识政府毅然出此，根据何种法律？”又说：在取消资格的议员中，“有已早脱该党党籍，改入他党，或素称稳健，曾通电反对赣乱者，亦一同取消。政府确为惩治内乱嫌疑耶，则应检查证据，分别提交法院审判，不得以概括办法，良莠不分，致令国会人数不足，使不蒙解散之名而受解

① 《蕲水汤先生行状》，汤氏治丧处编：《蕲水汤先生遗念录》，第4页，1919年刊本。

散之实也”。最后质问：“究竟政府方针，对于民国是否有国会之必要？对于国会是否以法律为正当之解决？”① 要求政府三日内明白答复。尽管他们对国民党依然持有偏见，但提出的问题却击中了袁世凯企图解散国会的要害。

参议院议员六十余人见政府置之不理，也于12月3日提出质问书，阐述了与众议院议员质问书中大体相同的理由。再次强调指出：“此事于民国国体政体有重大关系”，“政府如以为民国犹应有国会也，其速取消前令，彼此相见以法律。否则，以为国会掣政府之肘，防大政方针之实行，则政体如何，无关存亡，仅〔尽〕可任意所为。乃计不出此，既以非法使议会永无开会之日，而又畏首畏尾，不欲居破坏国会之名，究竟奚所取义？是何居心”？② 态度相当强硬，措辞亦很尖锐。

国务院迟至12月23日才予以答复。答复首先以质问权的行使应以《约法》和《国会组织法》为主，《议院法》为从，否定了议院活动停止后议员有质问权，声明政府有不负法律上答复之义务。关于追缴证书、徽章，答复说：“盖以议员多数而为构成内乱之举，系属变出非常，不特《议院法》未规定处理明文，即各国亦无此先例。”“事关国家治乱，何能执常例以相绳！”就是说，不需要法律根据，也可以解散。至于递补问题，答复说，已让各省办理，大家不要误会。③ “第一流人才内阁”作出这样蛮横无理的答复，声誉扫地无余。

袁世凯不想恢复国会，也不想承担解散国会的恶名，11月26日，他下令召集政治会议。会议人员组成，每省二人，蒙藏事务局数人。总理举派二人，总长各举派一人，法官二人，总统举派八人。袁世凯所举派八人为李经羲、梁敦彦、樊增祥、蔡锷、宝熙、马相伯、杨度、赵惟熙。12月12日，袁世凯指定前清云贵总督李经羲为政治会议议长，增派杨士琦、饶汉祥为委员。之后任张国淦为副议长，顾鳌为秘书长。

---

① 孙曜编：《中华民国史料》中，第三，第8－9页。
② 孙曜编：《中华民国史料》中，第三，第5－7页。
③ 孙曜编：《中华民国史料》中，第三，第13－15页。

政治会议议员合影

12 月 15 日，袁世凯召见各委员，在训词中大肆攻击共和民主，并指出："国力之强否，视其内政外交之若何；而内政外交之善否，又视其政府之强固与否，而国体之为君主为民主不与焉。"① 认为国家制度无关紧要，不论君主、民主，只要能使政府强固就行，隐喻着要恢复帝制。下午，政治会议在北海团城承光殿举行开幕式。

22 日，二十二省都督、民政长、护军使三十九人，以黎元洪领衔通电，痛诋国会，要求解散，留京议员均给资回籍，请袁世凯向政治会议咨询"救国大计"。有了"民意"，袁世凯便堂而皇之地把救国大计咨询案、增修《约法》程序案交付政治会议讨论。

政治会议于 1914 年 1 月 10 日议决，呈复袁世凯。关于国会问题，会议认为，"现在国会组织不良"，"又事实上职权业已停止"，应明白宣布解散，"暂结残局"。解散以后，是否给资，由政府决定；是否回籍，可听其便。关于增修《约法》问题，会议认为，政治会议为政府咨询机关，无参预增修根本法律的职责，应在咨询机关及普通立法机关以外，特设造法机关解决。

对第一个答复，袁世凯非常满意，1 月 10 日即据此下令解散国会，

① 徐有朋编：《袁大总统书牍汇编》卷首，第 28 页。

停止议员职务。命令的最后，照例又是骗人的鬼话："改良国会，关系于共和政治之前途非常重大。""一俟厘定组织各法及选举程序以后，政府自必切实进行，依法召集。""本大总统誓当力谋政治刷新，克期以待最良国会之出现。"①

政治会议的第二个答复没有解决问题，袁世凯又要其讨论造法机关应如何组织、用何名称、职权范围和议员选派方法。

政治会议经过研究讨论，于1月24日议定一个大纲，确定造法机关名为约法会议；职权为议决增修《约法》案及附属于《约法》之重要法案；其成员，由现有各机关团体外另选议员若干人组织；议员选举方法"以学识经验为准"，选举区划采取"都会集中主义"，选举资格采取"人才标准主义"。并附了一个《约法会议组织条例》，一并呈报袁世凯。袁世凯阅后认可，1月26日公布《约法会议组织条例》。规定每省出议员二人，蒙、藏、青海八人，京师四人，全国商会联合会四人，共计六十人。

在筹备约法会议期间，袁世凯见缝插针，做了两件不能不办的"大事"。2月3日，他以湖北、河南、山东、直隶、甘肃、安徽、山西、热河、湖南、吉林、贵州、浙江等省民政长、都统电呈自治会"把持财政，抵抗捐税，干预词讼，妨碍行政"，"私设公堂"，"密布党徒"，"暴民专制"等为借口②，下令将地方各级自治会立予停办。次日，又以二十一省都督、民政长三十六人提出省议会"于应议政事不审事机之得失，不究义理之是非，不权利害之轻重，不顾公家之成败，惟知怀挟私意，壹以党见为前提"③，请求解散为借口，交政治会议讨论施行办法。政治会议认为，"省议会之不宜于统一国家，与统一国家之不应有此等庞大之地方议会，殆无疑义"；且自国民党议员取消后，各省议会之职权早难行使，事实上已无存在之理由。因此，应一律解散，所有一切行政事务，由行政长官完全负责。④ 2月28日，袁世凯据此下令把各省省议会一律解散。从中央到地方，一切"碍手碍脚"的立法机关、民

---

① 《政府公报·命令》，1914年1月11日。
② 《政府公报·命令》，1914年2月4日。
③ 《政府公报·命令》，1914年2月5日。
④ 《政府公报·公文》，1914年3月2日。

意机关、监督机关，尽被取消。

袁世凯的目的已经达到，于是过河拆桥，唆使党羽向“名流内阁”施加压力，熊希龄提出辞职，2月12日袁世凯批准。梁启超、汪大燮亦连带辞职。张謇因经手的实业暂时不能摆脱，没有跟着离去，“名流内阁”产生五个月即垮台了。孙宝琦被任命为代总理。

经过几十天的筹备，约法会议于3月18日正式开幕。孙毓筠被选为正议长，施愚为副议长。孙宝琦代表袁世凯致词，首先不遗余力地攻击了一通《临时约法》，接着说：“若长守此不良之《约法》以施行，恐根本错误，百变横生，民国前途，危险不可名状。故本大总统对于此次增修《约法》，固信诸君发抒伟论，必有良好之结果。尤愿诸君宝贵时日，能为积极之进行也。谨致颂曰：中华民国万岁！中华民国国民万岁！”① 中华民国实际上被颠覆了，仅余的一点象征《临时约法》又要被废除了，国民亦快变作“臣民”了，他还居然高喊“民国万岁”、“国民万岁”，真是一个十足的政治骗子！

约法会议开幕前，袁世凯经常对人讲“国会专制，固不适宜，内阁集权，亦多窒碍”②，极言总统制之利。约法会议是袁世凯的御用造法机关，一切唯袁世凯之命是从，袁可亦可，袁否亦否。因此，袁世凯扩大总统职权的要求，约法会议全部无条件接受。5月1日，袁世凯宣布了增修《约法》的经过，公布了袁氏《中华民国约法》。

《临时约法》规定，国家统治权属于参议院、临时大总统、国务员和法院，新《约法》则规定“大总统为国家之元首，总揽统治权”；《临时约法》规定责任内阁制，新《约法》则规定为总统制。总统职权除把袁世凯所要求的各条全部囊括进去之外，还做了可以“解散立法院”的重要补充，把国家最高立法机关变成袁世凯任意玩弄的工具。新《约法》赋予了袁世凯与皇帝相等的权力，以法律形式肯定了他的专制独裁。袁世凯在新《约法》中还特意把国务总理改成国务卿，规定清室优待条件“永不变更其效力”，以便顺利地完成由总统到皇帝的过渡。

---

① 《约法会议开会颂辞》，《袁大总统文牍类编》，第27页。

② 凤冈及门弟子编：《三水梁燕孙先生年谱》上，第188页。

因为中国的"卿"是与天子、诸侯密切相关的，先把"卿"写进根本大法，将来出现皇帝比较自然，不使人们有突兀之感；写上优待条件，即表明政权由清室嬗递而来，为过渡到皇帝埋下一个伏笔。这和他公开宣扬"彼之为元首，其权不特因国民选举而得，且由清室下谕授之"①，正是同一用意。

到此为止，辛亥革命所取得的一切成果，被袁世凯破坏无余，连一点可资纪念的东西都未保留，中华民国仅剩下一个徒有虚名的空壳。

① 白蕉：《袁世凯与中华民国》，第137页。

二十六 围剿白朗

自从袁世凯当上临时总统以后，全国各地工人、农民和其他阶层的群众反对他的斗争此伏彼起，一直未断。其中规模最大、坚持最久的是白朗领导的河南农民起义。

早在辛亥革命前夕，豫西一带的农民群众就开始了武装起义。辛亥革命的胜利，并未使广大农民的政治、经济地位得到任何改善。袁世凯非但不去设法减轻农民负担，反而横征暴敛，搜刮不已。除此而外，河南人民还遭受地主豪绅残酷的政治压迫和经济剥削。已经起来斗争的农民不甘忍受，再加上民主革命思想的影响，斗争烈火越烧越旺。当时，仅郏县、宝丰两县，就有五股比较大的农民武装队伍。他们“编制队伍，设立官长，布置颇有条理，所用半皆快枪。”①

白朗字明心，河南省宝丰县大刘村人，生于1873年。家有土地二百亩，幼读私塾，及长务农。1908年遭本村地主殴打，且被诬告入狱。其母卖了一百亩地，才把他救出。之后投巡防营当兵，因饱受欺辱，复离队回家，遂萌生反抗之心。1911年他组织起一支二十多人的队伍，开始了武装斗争。他长得英俊魁梧，性格豪放，膂力过人，两腿较长，走路极快。袁世凯政府及官僚、地主均诬称他为“白狼”，一般老百姓也把“白狼”当作他的绰号。

袁世凯得知白朗及其他农民“造反”，立即命令河南驻军痛剿。1912年4月下旬，陆军第六师师长、会办汝南剿匪事宜的李纯派遣大批

① 《政府公报·公文》，1912年10月27日。

军队前往郏县、宝丰、鲁山，围剿四个多月。白朗带着队伍转入山里，继之进入舞阳东南的母猪峡，暂避敌人锋芒，同时从事联络发展工作。

1913年4月，白朗的队伍发展到六百多人。于是率队攻打唐县，击败守军，缴获许多枪支弹药。6月，攻克禹县，镇压了曾痛剿过起义军的前新野县知事叶承祖，提出“打富济贫”的口号，把官府、豪绅的财物分给贫苦人民，得到人民热烈拥护，宋老年、李鸿宾等股加入，队伍发展至二三千人，声威大震。反动派惊呼：“其声势之炎赫，几令人胆落而魄惊。”① 同月下旬，一举攻占方城，击毙敌军统领牛得功。河南都督张镇芳急忙檄调数路兵马围剿。但白朗又率队转战豫西南，攻破荆紫关，进入湖北均县境内。

袁世凯极端害怕白朗军与国民党人联合，故在镇压国民党的同时，命令河南、湖北、陕西军队加紧镇压起义军。7月14日，白朗军与袁军大战于均县之贾家寨附近，获得胜利。8月初，与敌军在河南泌阳境内大战，将敌击溃，缴获大炮数门，枪弹无数，旋即转往湖北襄阳。

9月，白朗军进入湖北枣阳，围攻县城，歼敌五百多，拘禁外国传教士十三名。他们“将大商号的铜钱满街抛散，让群众拾，同时开仓济贫，把粮食分给群众。商店布匹、绸缎等值钱货物，也让群众随便拿”。② 袁世凯急令河南、湖北驻军速攻，白朗军退出，将传教士释放，转而返回河南，进攻新野、邓县，并分兵袭取唐县、桐柏、方城、卢氏、镇平。10月28日，袁世凯任命赵倜会办河南剿匪事宜。11月中旬，白朗大队围攻信阳，袁世凯立饬黎元洪派遣军队镇压。双方激战三日，白朗军给敌人以重大杀伤。与此同时，白朗军之宋老年和李鸿宾部攻克了宝丰县。12月，白朗军进入南阳地区。

在此期间，白朗的队伍得到迅速发展。袁世凯为把河南变成统治基地，打败国民党以后，命令张镇芳实行白色恐怖政策。张镇芳即定出奖格，大批屠杀进步力量，逼得走投无路的青年学生纷纷加入起义军。讨袁失败后的军人，反对袁世凯统治的会党，有许多也和白朗联合起来。

① 杜春和编：《白朗起义》，第20页，中国社会科学出版社，1980年。
② 王留现等：《白朗起义始末》，《河南文史资料选辑》第1辑。

驻凤翔的陕军第一师的团长王生岐于8月底响应“二次革命”后，率所部一团进入陕西、河南边境，不久即率部加入白朗队伍。这时白朗已公开打出“中华民国扶汉讨袁军”的旗号，将斗争的矛头直指袁世凯。

1914年，白朗由豫西挥师东向。1月9日，与敌军大战于京汉路上之新安店。接着进军东南，所经者破，所当者败，相继攻克光山、潢川。起义军佯称将攻取项城，捣毁袁世凯的老家，张镇芳恐项城有失，檄调重兵，严加防范。而起义军却东向攻克固始，占领商城，打了两个胜仗。

城池不断地失陷，袁世凯慌了手脚。1月20日，他严厉申斥都督张镇芳、护军使赵倜“督率不力”，将他们先行撤职，留任立功自赎。并命令他们：“迅即激励将士，扫荡匪巢，毋任蔓延，致干重咎!”①

白朗军由商城向安徽进军，占领霍山县城。1月25日，即旧历年除夕，占领六安县城，焚毁教堂，杀死法国传教士奚凤鸣。他们开仓济贫，饥民纷纷加入队伍，起义军又迅速发展到两万人左右。

白朗军的节节胜利，引起中外反动派的惊恐，他们纷纷指责张镇芳无能，叫嚣必须对白朗军大加“惩创”。袁世凯气急败坏，2月11日任命田文烈为河南民政长兼会办河南军务，13日免去张镇芳的河南都督，改任段祺瑞兼代（几天后，应段祺瑞之请，袁世凯又任命张镇芳会办剿抚事宜，以观后效）。命各地官吏加意保护教堂教士，以免开罪于西方列强。下令拿办弃职逃跑的六安县知事殷葆森，将其枪毙。并警告其他官吏，倘再有类似情事，即按军法惩办。

段祺瑞任河南都督以后，调集北洋军王占元、王汝贤两个师，徐占凤、唐天喜两个混成旅，以及河南、安徽、湖北、江苏省的部队数万人，企图将白朗的起义军一举围歼于霍山、霍邱与叶家集之间。

2月中旬，白朗军由皖返豫，给王占元部以重创，突出重围，进入湖北，经应山、安陆直趋随县。3月7日攻打县城不克，乃分三千余众，由宋老年带领，往攻光化县老河口。县知事闻警逃走，老河口不攻而破。起义军处置了一批地主豪绅，杀死一名挪威传教士，一时各处震

① 《政府公报·命令》，1914年1月21日。

动，襄阳、谷城、均县一律戒严。

驻京各国公使因起义军“现已蔓延数省，外人之财产损失颇巨，即各国之商务间接受其影响者亦非浅鲜”，连日集议：如袁世凯政府“再不能即日剿平，拟电请本国政府各派兵若干，帮同剿办，以期早为肃清”。①

袁世凯闻讯，感到大失体面，气得发昏，立电段祺瑞和署理湖北都督段芝贵说：“白狼潢池小丑，乘隙蠢动，近日发兵二万人，奔驰两阅月，卒未殄灭，各国视之，大损威信，极为军界耻辱。老河口又生戕杀外人重案，若不迅速扑灭，恐起交涉，牵动大局。”② 令其多配新式武器，增加饷费，增调马队，“务期尽绝根株”，同时保护好各国传教士。

在老河口，白朗召集了一次军事会议，讨论今后战略问题。有些人提出要建立一个根据地，以免兵力过度疲劳。白朗和一些重要领导人以为袁世凯的大军压迫在即，中原地区不易立足，乃决定向西北方向发展，再相机进入四川。

稍事停留，白朗军进行战略转移。3 月 13 日击败守敌，第二次占领荆紫关。白朗把起义军定名为“公民讨贼军”，并以“中原扶汉大都督”名义发布告示说：“溯自共和聿成，人心望治。岂知邦家不造，祸患相乘，阴霾毒雾，布满政府，妄行威福，摧残民权。借共和之名，实行专制之弊；利人民之弱，遂蓄登极之志。本都督用是痛心疾首，奋起陇亩，召集豪杰，为民请命。”③ 揭露了袁世凯摧残民权、破坏共和、企图复辟帝制的罪行，申明了起义军斗争的正义性。

三天后，白朗率部入陕，连陷商南和龙驹寨。陕军三千人迎击，被打得人仰马翻，退守商县。袁世凯再电段祺瑞、段芝贵等人，谓：“白匪久未平，各国报纸谓政府力弱，不足以保治安，乱党又从中鼓吹，殊损威信，因而近日中国债票跌至百分之十二三，续借款愈难办，关系全局甚重。望努力设法，督饬速平为要！”④ 隔一日，他又觉得“以部长

---

① 杜春和编：《白朗起义》，第 245 页。

② 杜春和编：《白朗起义》，第 133 页。

③ 北京师范大学历史系编：《中国近代史资料选编》下册，第 264 页，中华书局，1977 年。

④ 杜春和编：《白朗起义》，第 146 页。

久在外，各国注视白狼更重，且久未平，尤损声威”①，要段祺瑞回京。

此时起义军一鼓作气攻破商县，准备由蓝田直插西安。陕西都督张凤翙忙调两团堵截，加强布防。4月初，白朗军攻克孝义，在营盘岭等处同陕军大战一场。探知西安防备甚严，于是西攻户县、周至、郿县，折而北向，渡过渭水，经武功克乾县，东进至醴泉、三原。在所经之地，白朗军遍贴布告，声讨袁世凯“狼子野心，以意思为法律，仍欲帝制自为，摈除贤士，宠用爪牙，以刀锯刺客待有功，以官爵金钱励无耻，库伦割弃而不顾，西藏叛乱而不恤，宗社党滋蔓而不思防制铲除，唯以植党营私，排除异己，离弃兄弟，变更法制，涂事耳目为事，摧残吾民，盖较满洲尤甚”。号召热心爱国的人民拿起武器，诛锄“神奸”，驱逐“群凶”。②

西安为西北重镇，万一失守，影响巨大。开始，袁世凯见白朗军意图西安，急令赵倜率河南军队跟踪追击，令陕西都督张凤翙拼死堵截，令山西都督阎锡山派兵入潼关进击，任命张钫为陕南镇守使，由川北速回汉中参加会剿，令甘肃都督张广建陈重兵于陕西、甘肃交界，以防西进。及见义军纵横驰骋，如入无人之境，愈益惊慌，乃命民政长田文烈兼护理河南都督，限其5月底以前，将留在河南的起义军肃清。接着又任命京畿军政执法处处长陆建章为陆军第七师师长，督办西路剿匪事宜，赵倜为会办西路剿匪事宜，以期一鼓把白朗军荡平。陆建章受命之后，率大批人马入陕，其所辖部队有陆军数师，河南赵倜的毅军左翼军，刘镇华的镇嵩军，陕军第一、第二师，和川、甘、陕等省的省防军，另有飞机四架，共计二十余万人。连营千里，刁斗互闻，阵容之大，为袁世凯用兵以来从所未有。

由于敌军大批到来，白朗决定放弃攻打西安的计划，向西前进，攻占永寿、邠县。4月20日进逼凤翔，次日到达陇县。赵倜率追剿部队赶到，22日两军战于路沟，白朗军不支，败退至固关，据险抵抗。赵倜穷追不舍，从左右绕道抄袭后路，将白朗军包围。白朗军虽经顽强抵抗，

---

① 杜春和编：《白朗起义》，第149页。
② 北京师范大学历史系编：《中国近代史资料选辑》下册，第265页。

给袁军以重大杀伤，但亦牺牲很大。赵倜在深夜堕入深壑，被树木挂住，跌伤左腿。袁世凯鉴于赵倜劳苦功高，特下令嘉奖，开复了他的原职。

白朗军从陇西间道进入甘肃，击毙拦击的陕军标统马国仁，5 月 5 日占领秦州。以后进抵徽县，转战于礼县、武都、成县，复趋西北之岷州，25 日攻克临潭。在此，白朗军张贴告示，提出了“逐走袁世凯”和“建立完美之政府”的政治主张。①

长期的跋涉，不断的战斗，严重地消耗了起义军的力量，广大战士疲惫不堪。特别是进入甘肃境内之后，地广人稀，武器弹药和粮食的补给均很困难；而且少数民族不了解起义军的意图，群起抵抗，又使他们遇到很大阻力。这时赵倜率领的大批追兵尾随而来，起义军处境十分危急。如果向西、向北发展，困难更大，只有南进入川或东向陕西两条出路。因此，白朗又率队东返，击退阻击之敌，经秦州进入陕西，径奔宝鸡。在宝鸡遇到张敬尧部的堵击。6 月 10 日占据郿县。次日在青花镇战斗中击毙袁军统领高云彩，乘势东下，连克武功、周至、户县，然后转入终南山、子午谷，为陆建章部所败。月底行至陕西、河南交界处的富水关，又同刘镇华的镇嵩军力战半天，终于夺关返回河南的南召、方城、叶县、临汝等地。

白朗军在由河南向陕西、甘肃，再由甘肃返回河南的战略大转移中经历了无数战斗，许多战士牺牲，再加疾病、饥饿夺去一些战士的生命，返回河南时仅剩下几千人，力量锐减；回到家乡后，又有大批战士离开了起义队伍。留在河南的少数起义军在田文烈督剿下基本溃散。经过一个多月的战斗，起义军损失惨重，一蹶不振。白朗率领几十名战士退到宝丰和临汝交界的虎狼爬岭，把队伍集中在三山寨内。7 月 17 日，袁世凯特下申令，着田文烈飞饬各统兵长官，迅速扑灭零星义军，悬立重赏，严拿白朗、宋老年，举办清乡，务必搜剿净尽。白朗在三山寨同镇嵩军张治功部进行了一场血战，后因弹尽粮绝，率领十几名战士突围，因伤重牺牲。起义最后失败。

① 闲云：《白狼始末记》，《近代史资料》总 10 号，第 152 页。

白朗死后，同伴掩埋了他的尸体。不料内中出了一个叛徒，向张治功部告密。张治功即命扒出尸体，将头割去，为冒功邀赏，上报刘镇华，说白朗系其部下击毙。

8 月 9 日，袁世凯两下策令，特授赵倜宏威将军；开复刘镇华原官，授为陆军中将，给勋五位；授张治功陆军少将，给三等文虎章。后来查明白朗并非被击毙，袁世凯又撤销了对刘镇华、张治功的奖励。但由于白朗起义已被扑灭，后来袁世凯仍开复刘镇华原官不变。赵倜因追击白朗特别卖力，袁世凯又改授为德武将军，督理河南军务。田文烈仍为会办河南军务。前都督张镇芳也发还了勋位、勋章，取消了撤职处分。

通过镇压白朗起义，袁世凯还解决了另外一个难题。陕西都督张凤翙是辛亥革命时上台的，处处对袁世凯表示服从，袁世凯虽不信任他，但撤职也找不出多少理由。6 月，袁世凯以陆建章围剿起义军有功，任为陕西都督，把张凤翙调进北京，委任为将军府扬威将军，陕西的军政大权遂落入亲信陆建章之手。

二十七　集权一身

袁世凯在废弃了《临时约法》，解除了一切“束缚”之后，雷厉风行地搞起官制改革，将权力完全集于一身，急速地向帝制迈进，在背叛民国的道路上越走越远。

1914年5月1日，袁世凯根据《中华民国约法》的规定，通令全国，宣布废除国务院，于大总统府设立政事堂，所有官署自即日起，把以前呈报国务总理的事件一律改呈大总统，特任徐世昌为政事堂国务卿。公布了各部总长：外交孙宝琦，内务朱启钤，财政周自齐，陆军段祺瑞，海军刘冠雄，交通梁敦彦，司法章宗祥，教育汤化龙，农商张謇。汤化龙和张謇是进步党人物，袁世凯让他们入阁，是考虑到进步党出过力，今后还要利用，对之不宜冷落太甚。

徐世昌

5月3日，袁世凯公布了政事堂组织令，先后任命杨士琦为政事堂左丞，钱能训为政事堂右丞，主要职责为赞助国务卿与闻政事。政事堂下设法制、机要、铨叙、主计、印铸五局和一个司务所。由施愚、张一麐、夏寿康（5月9日又改任张元奇）、吴廷燮、袁思亮分任五局局长，司务所所长为吴笈孙。政事堂参议有林长民、金邦平、伍朝枢、方枢、郭则沄等人。原总统府秘书厅被裁撤，秘书长梁士诒因势力膨胀，为袁世凯所忌，且与杨士琦有矛盾，遂被调出总统府，改任税务督办。同时另设内史厅，以北洋时期的老文案、副秘书长阮忠枢为内史长，夏寿田、闵尔昌、曾彝进等人为内史。

政事堂负责统一行政，参与审议法令，直接隶属于袁世凯，对袁世凯负责，其作用与清朝的军机处有些类似。国务卿赞襄大总统政务，承大总统之命监督政事堂事务，总统发布命令时必须副署，其地位与宰相相去无几。正因为政事堂如此重要，袁世凯才把国务卿一席留给老友徐世昌，并称其为“相国”。

袁世凯当选为临时总统时，曾想请徐世昌助以一臂之力。但徐世昌看到民国初建，党派林立，必定同专横武断的袁世凯搞不到一起，如果在这个纷争时代出来，肯定遭到各方责难。因而不愿出头，想等待一个比较适当的时机，向袁世凯表示，现在出仕，愧对清室，约以两年后出山。袁世凯深知其意，没有多留，临别时对徐世昌说：“俟我将这一起昏小子撵了，再预备着迎接老大哥。”① 袁世凯所说的“昏小子”，是指当时的同盟会员、后来的国民党人。告别了袁世凯，徐世昌拖着一条辫子随同张人骏、劳乃宣、吕海寰等清室遗老躲进青岛租界当了寓公，以示不忘清室，不做民国的官，大概想学学“耻食周粟”的伯夷、叔齐吧。但袁世凯、徐世昌之间的联系从未间断。1913 年 7 月重新组阁时，袁世凯想请徐世昌当国务总理，徐世昌以时机未到，仍不肯出山。到 1914 年春夏之交，袁世凯确实把国民党那帮“昏小子撵了”，徐世昌约以两年以后出山的日子到了，袁世凯认为当皇帝的时机也快到了，便派吴笈孙到青岛去迎接他的老大哥进京，就任国务卿。

徐世光见其兄要走，便问：“大哥，你到北京干什么？”徐世昌不答。徐世光切实责备说：“你以前对我说的一时权宜、不忘清室的那些话，言犹在耳，才两年多，你忘了吗？你现在竟要做民国的官，太后和皇帝封你太傅衔太保，隆恩殊遇，有清一代能有几人？议和之际，你曲

---

① 参见沃丘仲子：《徐世昌》，第 24－26 页，上海崇文书局，1918 年。

从袁谋，已为世人所不谅；今党人已败，你若再为袁效力，盖棺论定，将何以见先太后、先皇于地下？”① 从封建伦理的角度看，徐世光的这番责备不可谓不义正词严。

徐世昌听后，瞬息之间也感到面红耳热，有些内疚；但一想到崇赫的国务卿位置，看一看眼前寂寂无闻的生活，封建伦理又不值分文了，急于重登政治舞台的强烈欲望促使他即刻北上。车过天津，华世奎等人又揭了他的疮疤。

5月1日命令发表后，徐世昌虚伪地上呈辞谢，说什么国务卿“责任至为重大”，本人“衰朽迟钝”，“世情久已淡忘，政务诸多隔阂”，“不敢轻于一试”，请收回成命；并风格很高地表示，他可以“以散员留居京寓，遇有所见，随时献纳”，“尽其一民之义务”。

次日，袁世凯批示：“难进易退，此为君主时代属于一姓一家者言之。若夫共和政体，天下为公，选贤与能，同服义务，但当学伊尹之任，不当学伯夷之清。本大总统亦国民一分子耳，俯仰天地，复何所求！徒以全国人民群相推挽，撑持危局，舍我其谁！苟非为国得人，即藐躬未为尽职。赞襄国务，必有老成。……万勿推辞。”

经袁世凯如此“责以大义”，徐世昌也就不敢“自耽安逸”了，且“念兴亡之有责”，② 便于5月4日走马上任。并亲自书写了“后乐堂”匾额，悬挂于政事堂，取“先天下之忧而忧，后天下之乐而乐”的意思，以标榜自己不是来做官，而是为国民尽义务的。

政事堂包揽一切行政大权，内阁时代的总长职权大大削弱。过去总长在国务会议上可以就全国大政方针展开讨论，与总理共同作出决策。现在行政大权集中到政事堂，政事堂又完全听命于袁世凯，总长除在会议上就本部门问题发表一些意见外，其他权力一概被取消。袁世凯在行政方面的独裁统治得到了进一步加强。

5月8日，袁世凯撤销了前总统府军事处，成立陆海军大元帅统率办事处，掌管全国军事。办事处未设最高长官，由他亲自掌握。

---

① 张达骧：《我所知道的徐世昌》，《文史资料选辑》第48辑，第227页。
② 以上引文见《政府公报·公文》，1914年5月3日、7日。

统率办事处有大办事员六人：参谋次长陈宧、陆军总长段祺瑞、海军总长刘冠雄、海军司令萨镇冰以及荫昌、王士珍。陈宧是黎元洪的人，黎元洪兼参谋总长从未到职，一直由陈宧代理，袁世凯让陈宧参加，有拉拢黎元洪的意思。荫昌是旗人，曾任前清军咨大臣、陆军大臣，5月9日被任命为总统府侍从武官长。此人在前清旗人中极力捧袁，很受袁世凯的赏识。王士珍比较受袁世凯尊重，在办事处握有相当大的实权。

大办事员下设立参议处，参议有程璧光、陈仪、蒋方震、姚宝来、姚鸿法、谭师范、张一爵、唐宝潮八人，另有参议处行走三至四人。

办事处下还有军政所、军令所、军械所三个机构。总务厅长为唐在礼，负责管理办事处的总务。

统率办事处成立后，袁世凯命陆军部、海军部将重要公事移到办事处处理，把这两部的实权抓在自己手上，在军事方面加强了专制独裁。

统率办事处还新设一个特殊机构——军需处。军需处和办事处是什么关系，袁世凯从未明言，处长由办事处的总务厅长唐在礼兼任。军需处本是陆、海两部主管行政的部门之一，专门办理军需供应一类事情。而袁世凯所设的军需处，并不办军需，任务是调拨支付总统的特别费用。所谓特别费用，有用于军事方面的，如购买军火，扩充军团，开办军校，收买敌方军官，支付被收买士兵的开拔费，等等；有用于政治方面的，包括政治性的收买费用，采访、通讯、宣传的行动费用，以及发动帝制的费用，等等。二者相较，后者的支付又超过了前者。

袁世凯是从旧官场混过来的，对专制社会那套统治术很娴熟。他迷信金钱万能，把金钱收买视为维护集权专制统治的重要补充。因此，特别指示唐在礼，军需处的用款，必须事先拨足储备，不得临时拮据误事。对军需处用款，财政部和银行只有随时支付的义务，没有监督用途的权力。由此可见，他对这种手段的重视和该机构的见不得人。

被收买的对象有：国民党叛徒，进步党和其他政党头面人物，清室重要人物，官僚政客，名流劣绅，中央和地方军政大员，密探，御用记者，个别起特殊作用的人，亲信爪牙。奉送金钱的多少，依据个人作用的大小和事情本身的重要性而定。一次奉送有一万两万的，有三万五万

的，有十万八万的，也有十万以上多至四五十万的。他毫不吝惜地把大量金钱送人，目的就是分化、瓦解、消灭敌对力量，拉拢中间力量，维系内部力量。

中央集权的问题要解决，地方的权力问题也要解决。袁世凯是过来人，最怕疆吏大员也学习自己的样子扩张实力，拥兵自重，因此，对势力逐渐膨胀起来的军阀特别警觉。为了防止他们坐大，形成尾大不掉之势，在镇压国民党开始时，他就拟定了一个改变地方机构的方案，准备缩小全国行政区划，废省改道，把都督、民政长一律取消，道设文职道尹一人，武职设镇守使一人，最多管辖一个师的军队，使任何一个地方的军事和行政长官，都不可能形成足以与中央相抗衡的割据势力。但因正在同国民党作战，怕影响军阀的积极性，不能实现武力统一，该计划未能付诸实施。现在他觉得不宜再拖，可是又怕直接得罪军阀，引起军阀离心离德，于是授意黎元洪出面倡议废督，达到自己的目的。北洋军阀集团是一个以谋取个人私利结合在一起的集团，当利益一致时，他们可以紧密勾结，互相利用；当利益冲突时，他们便明争暗斗，甚至火并。废督主张损害了他们的切身利益，他们寻找各种借口阴加抵制。袁世凯见此法不灵，只得采取用行政长官稍分其权的办法，过渡一个时期，再作缓图。

5 月 23 日，袁世凯下令改变地方官制，在省下增设了道，变成省、道、县三级机构。各省民政长均改称巡按使（个别省由都统兼管军事和民政，不设巡按使），为一省行政长官，管理全省民政各官，受政府委任监督财政、司法及行政事务，还管辖巡防营、警备队地方武装，从都督手中分得一部分军权。这一规定也使军民分治明确起来，都督职权相对有所削弱。道置道尹一人，隶属于巡按使，为一道行政长官，亦可节制、调遣驻扎本道之巡防营、警备队。每省设道三四个或五六个不等。县置县知事。京师的行政长官称京兆尹。由于规定巡按使、道尹可以监督司法，县知事兼理审判事宜，不少初级审判厅、检察厅被取消，司法独立权也被破坏。

为“永息割裂之端”，6 月 30 日，袁世凯下令裁撤各省都督，于京师建将军府，并设将军诸名号。规定督理各省军政者，就所驻省份开府建牙，“俾出则膺阃寄，入则总师屯”①。未有督理军政任务的，在将军府任事。任命：

段祺瑞为建威上将军，兼管理将军府事务；

张勋为定武上将军，兼长江巡阅使；

冯国璋为宣武上将军，督理江苏军务；

段芝贵为彰武上将军，督理湖北军务；

姜桂题为昭武上将军，兼热河都统，督理热河军务；

龙济光为振武上将军，督理广东军务；

张锡銮为镇安上将军，督理奉天军务，兼节制吉林、黑龙江两省军务；

孟恩远为镇安左将军，督理吉林军务；

朱庆澜为镇安右将军，督理黑龙江军务；

靳云鹏为泰武将军，督理山东军务；

阎锡山为同武将军，督理山西军务；

朱瑞为兴武将军，督理浙江军务；

李纯为昌武将军，督理江西军务；

倪嗣冲为安武将军，督理安徽军务；

汤芗铭为靖武将军，督理湖南军务；

陆建章为咸武将军，督理陕西军务；

胡景伊为成武将军，督理四川军务；

陆荣廷为宁武将军，督理广西军务；

唐继尧为开武将军，督理云南军务。

以巡按使加将军衔、督理军务的有：

河南田文烈，直隶朱家宝，甘肃张广建，新疆杨增新。

蔡锷为昭威将军，蒋尊簋为宣威将军，张凤翙为扬威将军，在京师将军府任事。

福建、贵州、绥远、察哈尔未设将军。

继而，袁世凯撤销了咨询性质的政治会议，设立参政院。根据《中

① 《政府公报·命令》，1914 年 7 月 1 日。

华民国约法》规定，参政院也是咨询机关，但又规定国家立法机关未产生以前，其职权由参政院代行。这样，咨询机关的参政院就具有了立法机关的性质。

5月24日，袁世凯公布了约法会议所制定的《参政院组织法》，规定参政资格如下：有勋劳于国家者；有法律、政治之专门学识者；有行政之经验者；硕学通儒有经世著述者；富于实业之学识经验者。26日，参政院成立，政治会议停止。这个参政院根本不是真正的立法机关，而是彻头彻尾的御用机关，参政七十三人全部由袁世凯直接任命。其中有些人是他专门派人拿着自己的亲笔信到大连、青岛的遗老窟中请来的。信上说："共和宣布，系政体之更易，并非清室之已亡。望勿以此芥蒂于怀，同出匡济，以救中国之危。"① 因此，在参政中，前清的老官僚占了一定比重。其他皆系袁世凯的党羽和官僚、政客、名流、少数无权无勇的军人。进步党的头面人物梁启超、熊希龄、汪大燮也被网罗进来。为使参政院具有更大的欺骗性，运用起来更有利，袁世凯未让党羽担负重任，任命了黎元洪为院长，汪大燮为副院长。

1914年10月，袁世凯在军事上采取了一个重大措施——建立模范团。模范团的建立，始于蒋方震的条陈。蒋方震毕业于日本士官学校第三期，在同期中国留学生中考列第一，"荣膺"日本天皇颁赠的军刀。后被派往德国军校深造，归国后担任保定军官学校校长。蒋方震痛恨日本侵略、欺侮中国，很想借军事教育发扬尚武精神，于是提出练兵雪耻的条陈，主张改变传统落后的练兵方式，完全采用德国的军事教育方法，创办中国的士官学校。

袁世凯正患北洋军暮气沉沉，战斗力不强，欲建立一个类似军官教导团性质的军事学校，使之在军队中起模范作用，逐步改造北洋军队；同时又看到，刚愎自用且有主见的段祺瑞羽翼已成，在陆军中隐然形成一种强大势力，这又刺激着他去进行改造军队的工作。他和段祺瑞关系本来极深，既有多年的袍泽关系，又有亲戚关系。袁世凯的夫人于氏只生袁克定一人，没有女儿，认世交的一个女儿张佩蘅为义女。段祺瑞断

---

① 陶菊隐：《北洋军阀统治时期史话》第2册，第34页，三联书店，1957年。

弦后，袁世凯做主把张佩蘅嫁给段祺瑞。有了如此非同寻常的双重关系，照常理袁世凯对段祺瑞是完全可以信赖的。可是，他见段祺瑞在军队中培养势力，即疑其要夺兵权。政治上的利害压倒了亲戚袍泽情谊，他决定建立模范团，培养军官，在军队中造成专供自己指挥的特别系统，进一步加强军事集权，逐步把段祺瑞的势力排挤出去。其建立模范团的另一个重要目的，是想建立一支绝对忠于自己的军队，确保皇位。他特别想到其子与北洋旧军队素无深切关系，对那些宿将尤其不能加以指挥，如不为“太子”培养好羽翼，将来自己“晏驾”，“太子”无法震慑，天下就非袁氏所有了。基于以上考虑，他认为蒋方震的设想正可利用，力表赞成。

袁克定是帝制的狂热鼓吹者和重要策划者。此人野心之大，不在乃父之下，一心要当东宫储贰，继承皇位，因此极力怂恿乃父实行帝制，并与周围的人日夜策划着实行帝制的步骤，1914 年下半年，其活动已由言论进入实际阶段。他对段祺瑞不买自己的账极端嫉恨，急于掌握军权，在军队中树立自己的威望，故对蒋方震的意见亦很欣赏。

段祺瑞不甘充当有名无实的陆军总长，对蒋方震横加刁难，对建立模范团百般阻挠。袁世凯越发感到有组织模范团的必要。段祺瑞无法抗拒，只得同意。

开始，袁世凯提出叫袁克定任模范团团长，段祺瑞硬邦邦顶了一句：“我看他不行吧！”谈了半天，段祺瑞仍坚持己见。袁世凯最后气急败坏地问：“你看我行不行呢？”这一下把段祺瑞噎了个半死，气得鼻子都歪到一边去了。①

模范团成立于 1914 年 10 月，团长由袁世凯自兼，团副是陈光远，筹备委员有王士珍、袁克定、陈光远和张敬尧。团本部设在北海，直属于统率办事处。军官是从北洋各师和保定陆军军官学校第一期毕业生中抽调精选的，原任上中级军官的均充任该团中下级军官。士兵皆为年龄二十二至二十六岁，素日忠诚，身强力壮，当过正目，经过实战的战士。该团设有步、炮、骑、工、辎五科，学习德国战术和操法。

---

① 王楚卿：《段祺瑞公馆见闻》，《文史资料选辑》第 41 辑，第 246 页。

为使学员成为忠实爪牙，袁世凯优给待遇，让他们感恩图报。学员伙食津贴很高，身穿蓝呢制服，毕业后均晋级升用。考试优秀的，袁世凯亲自写命令，授以侍从武官军衔。有一次他在中南海向他们训话说："你们要认真练，好好干，将来都能带兵，前途很大，我就是从当兵出身的。"① 为树立绝对权威，让学员盲目崇拜、效忠自己，袁世凯还颁发军人训条誓词。誓词是："服从命令，尽忠报国，诚意卫民，尊敬长上，不惜性命，言行信实，习勤耐劳，不入党会。誓愿八条，甘心遵守，违反其一，天诛法谴！"② 1915 年 3 月，袁世凯令所有任职军官、在堂学生、在伍士兵举行宣誓大典，宣誓仪式由模范团推广到全军。举手宣誓比起供奉长生禄位牌算是空前的开明了，但其效忠袁氏个人的实质一点儿未变。

---

① 作者访问韩玉瓶谈话记录。

② 陶菊隐：《北洋军阀统治时期史话》第 2 册，第 82 页。

二十八　尊孔复古

孔子学说是封建统治阶级的正统思想体系和维护君主专制制度的理论武器。南京临时政府时期曾下令取消了学校中的读经课程，许多地方的文庙被捣毁或改做学校，孔夫子的偶像失去了以往神圣的灵光，人们的思想开始从几千年来的专制桎梏下解放出来。这一来，便引起了尊孔的军阀、官僚、地主豪绅、名流学者、封建余孽的强烈仇视和反对。主张君主立宪的康有为在辛亥革命后没有彻底转变到民主立宪的立场上来，对共和制度十分不满，首先发难，大肆攻击辛亥革命后的形势是"礼坏乐崩"，民主思想是"洪水猛兽"，叫嚣"数千年中人心风俗、政治得失是非，皆在孔教中"，孔教"不能须臾离"。[①] 陈焕章等人上书参众两院，要求奉孔教为国教。黎元洪、冯国璋、张勋之流积极响应，通电上书，胡说"民德日益堕落，人心日益险诈，党争日益激烈，伦理日益紊乱，纪纲全坏，时事愈危"。惊呼"横流所激，根本将倾"，"循是不救，人类将灭"，"相率而为禽兽"。叫嚷要尊崇孔教，速定孔教为国教，将其载入宪法，学校一律设立崇祠，行释奠之礼。[②] 在他们鼓噪之下，顿时各种尊孔会社如孔教会、宗圣会、孔道会、洗心社、孔社、大成社相继成立，鼓吹尊孔读经的《孔教会杂志》、《不忍》、《孔社》等刊物先后出笼，春丁祀孔、秋丁祀孔、孔子诞辰纪念会和祀孟活动亦随

---

① 康有为：《复教育部书》，《孔教十年大事》卷8。

② 《黎宋卿先生初电》、《黎宋卿先生再电》、《冯华甫先生电》、《四川尹都督太昭请释奠孔子通电》，均见《孔教十年大事》卷8；张勋：《上大总统请尊崇孔教书》，《孔教会杂志》第1卷第1号。

之兴起。

某些洋人出于各种考虑，也投入到尊孔大合唱的行列。美国的李佳白、俄国的盖沙令、英国的庄士敦、德国的卫礼贤、日本的有贺长雄等人都大放厥词，与中国的尊孔人物互相呼应，鼓吹“孔教乃中国之基础”，“中国独一无二之根本”，“明定孔教为国教”，“对内对外，两无遗憾”①。

孔子学说的维护者和某些外国人的狂喊乱叫，正中袁世凯下怀。他曾数次致电康有为，请其进京主持名教。其中一电说：“比者大教凌夷，横流在目，问俗觇国，动魄惊心。匪有大哲，孰为修明？执事毅然以此自任，其于正人心、培国本之功，又岂今之从政者所可拟！”② 对康有为大加吹捧。他不仅对尊孔活动支持赞助，推波助澜，而且亲自作出示范，把尊孔浪潮推向高峰。

1913 年 6 月 22 日，袁世凯发布尊孔令，宣称孔子“为万世师表”，其学说“放之四海而皆准”，有如“日月之无伤，江河之不废”。因此，要举行祀孔典礼，“以表尊崇，而垂久远”③。9 月 3 日，孔教会在国子监举行仲秋丁祭祀孔大会，袁世凯特派梁士诒为代表参加，以示支持。9 月 27 日北京的孔社召开孔子诞辰纪念会，袁世凯派该社副社长饶智元为代表，在会上致词说：“今天下人心浮气扬，乱臣贼子遍于国中，大总统本仁义之心以平乱，本仁义之心以教民，本仁义之心以推尊孔子，更欲孔社同人本仁义之心，以宏斯教。”袁世凯并捐赠该社经费三千元④，作为“以宏斯教”的表率。10 月 10 日，袁世凯就任正式大总统，孔府第七十六代“衍圣公”孔令贻特从曲阜赶到北京祝贺，并带来孔氏世谱、阙里圣庙碑碣拓文和前代冠服各物。袁世凯“瞻览之余，益深钦仰”。11 月 26 日，再次向全国发出尊孔告令，吹捧“孔子之道，如日月经天，江河行地，树万世之师表，亘百代而常新。凡有血气，咸蒙覆

---

① 盖沙令：《孔教乃中国之基础》、《中国之新命必系于孔教》，《孔教会杂志》第 1 卷第 1 号；李佳白：《读孔教会请愿书书后》，《孔教会杂志》第 1 卷第 8 号。

② 《致康南海》3，《袁大总统文牍类编》，第 153 页。

③ 《政府公报·命令》，1913 年 6 月 23 日。

④ 《孔社》，1913 年创刊号第 1 页。

帱，圣学精美，莫与伦比”；声称“现值新邦肇造，允宜益致尊崇”；宣布“衍圣公”和配祀贤哲后裔膺受前代荣典、祀典，均仍其旧。[1] 同日，授予孔令贻一等嘉禾章。

民国以来，曲阜的小“圣人”不知革命会给自己带来什么命运，惶惶不可终日。此令一下，小“圣人”如释重负，对袁世凯感激莫名，并死心塌地为其效力。

1914 年，袁世凯进一步掀起尊孔热潮。关于祀孔问题，他特别发出指示说：“孔子赅百家之精，立人伦之极，有国有家有身者，率其道则治而存，违其道则乱且亡，断无废祀之理。此次议礼仪节，似应与祭天一律，方昭隆重。”[2]

1 月 29 日，政治会议据此议决：以夏时春、秋两丁为祀孔之日，仍从大祀，其礼节、服制、祭品与祭天一律；京师文庙由大总统主祭，各地方文庙由长官主祭。袁世凯予以批准，通令全国执行。

祭祀孔子自汉初开始，以后历代尊崇，明、清时礼仪兼备，至光绪末年升为大祀。袁世凯采取清末最高的礼仪，把祀孔与祀天放在同等地位，正如政事堂礼制馆所说，其“崇德劝学报礼于先圣者至矣”[3]！

接着，政治会议提出将原有文庙一律规复尊崇，每县设奉祀官一员，管理庙务和祭祀，星期日开放明伦堂，集合人民，宣讲人伦道德。袁世凯立即批转各地遵办。2 月 20 日公布了《崇圣典例》，规定“衍圣公”膺受前代荣典均仍其旧，公爵岁俸银币两千元，爵位由宗子世袭；圣贤后裔，旧有五经博士世职，均改为奉祀官，世袭主祀；“衍圣公”每年祭祀公费酌定银币一万二千元，等等。

9 月 25 日，袁世凯又发布祭孔告令，胡说“孔子之道，亘古常新，与天无极”。“可以位天地、育万物”，“为万世开太平”，“如布帛菽粟之不可离”。[4] 明令中央与各地方于 9 月 28 日举行祀孔典礼。9 月 28

---

[1] 《政府公报·命令》，1913 年 11 月 27 日。

[2] 《政府公报·公文》，1914 年 2 月 14 日。

[3] 《政事堂礼制馆呈拟订上祀孔子典礼附具说明书请鉴核训示文并批令》，《孔教十年大事》卷 7。

[4] 《政府公报·命令》，1914 年 9 月 26 日。

日，他身穿离奇古怪的祭服，亲率文武官吏，到北京孔庙行三跪九叩礼，演出民国以来的第一次祀孔活剧。没过几天，他又命财政部拨款修缮北京孔庙，并亲自捐银五千元相助。

汉代以来的历代皇帝无不利用孔子学说维护统治，哪一个皇帝上台，都要表示一下对孔子的尊崇，因此孔子的身价越来越高。袁世凯如此热衷于尊孔，就是效法以往的专制皇帝，把“至圣先师”孔子当作敲门砖，去敲开当皇帝的“幸福”之门。对此，一些报纸当时就有所揭露。1913 年 6 月 25 日，上海《中华民报》发表社论，指出袁世凯发布尊孔令，目的是“因孔氏力倡尊王之说，欲利用之，以恢复人民服从专制之心理”。1913 年 11 月 29 日，上海《民权报》就袁世凯授予孔令贻勋章一事发表时评，明确揭露：“何物魔王，乃因恢复帝制而竟仿行满清之故智乎！”

那么，袁世凯是如何利用孔子学说为复辟帝制服务的呢？

第一，以孔子学说为武器，贬斥、攻击和否定民主政治，妄图从思想上动摇瓦解人们的民主信念，进而颠覆共和制度。

1913 年 6 月 22 日的尊孔令中有如下一段话：“值此诐邪充塞，法守荡然，以不服从为平等，以无忌惮为自由，民德如斯，国何以立？……国家强弱存亡，所系唯此礼义廉耻之防。欲遏横流，在循正轨。总期宗仰时圣，道不虚行，以正人心，以立民极，于以祈国命于无疆，巩共和于不敝。”①

1914 年 9 月 25 日的告令又说：“近自国体变更，无识之徒误解平等自由，逾越范围，荡然无守，纲常沦弃，人欲横流，几成为土匪禽兽之国。……使数千年崇拜孔子之心理缺而弗修，其何以固道德之藩篱而维持不敝？本大总统躬膺重任，早作夜思，以为政体虽取革新，而礼俗要当保守。……中国服循圣道，自齐家治国平天下，无不本于修身。……苟有心知血气之伦，胥在范围曲成以内。故尊崇至圣，……用以表示人民，俾知国家以道德为重，群相兴感，潜移默化，治进大同。”②

---

① 《政府公报·命令》，1913 年 6 月 23 日。
② 《政府公报·命令》，1914 年 9 月 26 日。

两个告令都集中攻击了民主、自由、平等，把民国以来国人的一切要求和行动，统统咒骂为“诐邪充塞，法守荡然”，“纲常沦弃，人欲横流”；诬蔑平等自由是“不服从”、“无忌惮”。必须把这些东西统统遏制住，国才能“立”，否则就要“成为土匪禽兽之国”。用什么去遏止呢？就是用“圣道”“以正人心”，把人们的思想纳入封建礼教的“正轨”。在这里，他还为推行“圣道”找了一个光明正大的“理由”，即“政体革新”与“礼俗保守”是并行不悖、相辅相成的，恢复发扬“圣道”，是为了“巩共和于不敝”。但只要剥开表面动听的言词，人们就不难发现这纯粹是个骗局。他不允许共和制度下民主、自由、平等的政治原则存在，无疑是要搞专制独裁，还有什么共和之“不敝”可言！意识形态总是和一定的政治制度相联系的，先进的政治制度要求先进的意识形态去促进它、巩固它，反动的意识形态要求反动的政治制度去支持它、保护它。推行“圣道”，只能有利于复辟帝制。袁世凯要人民“群相兴感，潜移默化”的目的正在于此。

第二，以孔子学说为理论根据，直接加强专制独裁。

1914 年袁世凯在增修《约法》时就是这样做的。据约法会议所报之呈文称：“本会议此次增修《约法》，主旨所在，不外力谋国权之统一，以期巩固国家之基础。……中国有史历数千年，治乱兴亡之迹代各不同，然无论何种时期，其国家之能治与不能治，率视政权之能一与不能一以为衡。是以《春秋》著‘大一统’之文，《孟子》垂‘定于一’之训，微言大义，深入人心。……历稽史乘，断未有政权能一而其国不治，亦未有政权不一而其国不乱且亡者。……故虽易帝国为民国，然一般人民心理，仍责望于政府者独重，而责望于议会者尚轻。使为国之元首而无权，即有权而不能完全无缺，则政权无由集中，群情因之涣散，恐为大乱所由生。”① 根据孔子“大一统”和孟子“定于一”的理论，约法会议将《临时约法》中“束缚”袁世凯的条文一律删除，增添了许多加强专制独裁的内容，使袁世凯成为事实上的独裁者。

根据同样的理论，约法会议还鼓励袁世凯：“此后关于政务进行，

---

① 《政府公报·命令》，1914 年 5 月 1 日。

但能挈总揽之实权，企国家于强盛，应请大总统远觇国势，俯察舆情，毋庸自远嫌疑，稍涉顾忌。”① 叫袁世凯只管放手专制独裁。袁世凯也确实是按照这种“圣道”精神，一步步把总统皇帝化的。

第三，以孔子学说限制人民，要人民绝对服从他的统治，以便顺利登上皇帝宝座。

袁世凯非常强调提倡封建道德，把它看作国势兴衰的标准，经常叫嚷：“中华立国，以孝弟忠信礼义廉耻为人道之大经”，“人群秩序之常”，要人民“恪循礼法”。② 就任正式总统时他特别申明，国民必须具备四种道德——“忠、信、笃、敬”。次年，参政院建议以“忠孝节义为立国精神”，接着教育部搞了个提倡“忠孝节义”的施行办法。他强调的是个“忠”字，突出的是个“忠”字，要求人们首先做到的还是个“忠”字。

袁世凯天天念诵“忠”字经，毫无疑问，应该是躬行实践的榜样了。事实上无论对清朝对民国，他都是最最不忠的。为了夺取政权，他不择手段地大搞逼宫，对清王朝来说，他不是忠臣，是奸臣，理当列入“贰臣传”；为了帝制自为，他无时无刻不在破坏颠覆共和制度，对中华民国来说，他是大奸巨恶，丝毫谈不上忠于国家。

袁世凯大念特念“忠”字经，无非是要人民绝对忠于他。不过，他有时说得很露骨，有时又说“忠于国家，非忠于一人”③，给忠于个人蒙上了一层“忠于国家”的漂亮外衣，而其真实含义仍是忠于他个人。因为在他的字典里，国家就等于他，他就等于国家。镇压国民党“二次革命”时，把国民党反对他个人的行动大骂为“破坏民国”、“谋覆国家”，即是他把自己同国家等同起来的最好证明。后来他直言不讳地讲：“大元帅即大总统代表全国，为国元首，军人尽忠于国，自当尽忠于元首；尽忠于元首，即是尽忠于国。”④ 恬不知耻地宣扬忠于他个人。

关于这一点，参政院在提出的发扬“忠孝节义”六条具体办法中说

① 《政府公报·命令》，1914 年 5 月 1 日。
② 《政府公报·命令》，1913 年 9 月 21 日。
③ 《政府公报》，1913 年 10 月 11 日。
④ 袁世凯：《训军士词》，见《大元帅训词》，中国社会科学院近代史研究所藏。

得也很直接明确，恰好可以作为袁世凯大念“忠”字经的注脚：“大总统者，抽象国家之代表，非具体个人之专称，一经民意所属，即为全国致身之点，乃纯粹国民之天职，不系私昵之感情。是故言效忠于元首，即无异效忠于国家，至正大中，必不得以路易‘朕即国家’之言相乱也。”① 尽管御用机关把效忠问题理论化了（这种理论是不值一驳的谬论），但它宣扬忠于袁氏个人又是何等的赤裸裸啊！

袁世凯有了“理论根据”，又进而向国民提出要求了：“须知积人成家，积家成国，由其道（指忠孝节义）而行之，即古所谓忠臣孝子、节义之士；反其道而行之，即古所谓乱臣贼子、狂悖之徒。”②“臣”之上必有“君”，要人们做“忠臣”，即是要人们忠于他这个“君”。如果人们都懂得“忠君”的道理，做好“忠君”的思想准备，他不久君临天下当然就顺当得多了。

不仅如此，袁世凯还给国民规定了一条区分是非善恶的标准：“奉公守法者则为是为善，越礼犯义者则为非为恶。”③ 即是说，按照“圣道”的“礼义”去做，服服帖帖遵守“王法”，才算做到“是”、“善”；而反对封建礼教，抗拒他的“王法”，造他的反，就叫作“非”、“恶”，他就有理由专你的政，杀你的头。总之，无论他如何专制独裁，人们只能规规矩矩在“圣道”的正轨上行进，老老实实服从他的统治，当个“忠臣”、“顺民”，既不能“越礼犯义”，更不准“犯上作乱”。

在尊孔的同时，袁世凯大搞复古活动。

君主专制时代的考试制度首先被恢复。1914 年 2 月举行第一届县知事考试，规定报考资格为三年法政学堂毕业，结果具有新知识的人大都落榜，录取的多是年过半百有政治经验的人。落榜的六百多人给大主考、内务总长朱启钤写信说：“学生等经第一试、第二试揭晓后，多列前茅。孰意一经口试，大反前案，凡录取者，尽是有经验之老人。学生等均以未曾做过前清十年亡国大夫，年龄未达五十岁，离死期尚远，竟不能邀口试委员之青睐而概遭摈斥。夫政府既抱定用人求旧、力排新进

① 《政府公报·咨》，1914 年 11 月 5 日。

② 《政府公报·命令》，1914 年 11 月 4 日。

③ 《政府公报》，1913 年 10 月 11 日。

之方针，即不应规定毕业资格。乃条例若彼，而考试若此，何以见信于天下？为此请求政府大发慈悲，将第一项资格删去，以免后来者再受其骗，寒士幸甚！”① 袁世凯录取的标准不是新知识多少，成绩好坏，而是是否拥护专制制度。一般地说，年龄越大，在清朝生活的时间越长，思想越保守，越容易接受专制制度那一套，越好驱使，录用他们对复辟帝制有利，故多取之。年轻一点儿的人易于接受新鲜事物，学的又是新知识，思想活泼激进，控制起来较难，袁世凯想当皇帝难以指望他们，故不顾成绩好坏，一概摈斥在外。

专制时代的官制也恢复了。将军、左右丞、参议、行走等为前清旧制，京兆尹、内史古已有之，巡按使、道尹古味极浓。1914 年 7 月，袁世凯公布文官官秩，分为九等，即上卿、中卿、少卿、上大夫、中大夫、少大夫、上士、中士、少士，还有什么同中卿、同上大夫之类。从 1915 年 1 月 1 日开始，他按照九等官秩授卿，被授为上卿的只有徐世昌一人（后追授赵秉钧为上卿），授为中卿加上卿衔的有前清的老官僚赵尔巽、李经羲、梁敦彦三人。授为中卿的有杨士琦、钱能训、朱启钤、周自齐、孙宝琦、梁士诒、张镇芳、陆徵祥、张謇、熊希龄等二十九人。梁启超、施愚、杨度、孙毓筠一大批人被授为少卿，其中有些加中卿衔。上大夫以下，多至数不胜数。有了卿、大夫、士，上边出现皇帝也就很自然了。1912 年孙中山明令取消了“大人”、“老爷”的称呼，有官者以职称，无官者以“先生”或“君”称。袁世凯最讨厌“先生”称谓，禁止各军事机关再用。1914 年 3 月公布《觐见条例》，恢复了前清的“陛见”制度，各省大员来京和新任命的特任、简任、荐任各员，均要按照一定程式“觐见”。袁世凯带头作俑，其他人仿效而行，旧官场的一切很快复活了。

袁世凯复古，突出表现在祭天上。在专制时代，皇帝自称“天子”，以此表明他是代表“天”统治人民的，统治权系“天”授予。因此，皇帝每年祭天。政治会议开始后，袁世凯就提出祭天典礼咨询案，交付议决。政治会议认为，礼莫重于祭，祭莫大于祀天，应定为通祭；大总

---

① 陶菊隐：《北洋军阀统治时期史话》第 2 册，第 25 页。

统代表国民致祭，各地方行政长官代表地方人民致祭，国民各听其家自为祭；京师祭所在天坛，祭期为冬至，祭礼用跪拜，祭品用牲牢。1914年2月7日，袁世凯下令说："祭天之礼，自古攸隆，有其举之，莫敢或废。"① 马上批准，并让内务部搞一个关于祭祀用的特别冠服和祭礼、祭品的详细规定，届时应用，垂为令典。

同年12月20日，袁世凯特发布祭天告令如下："特牲之篇，著仪于《戴记》；圜丘之制，辨位于《周官》。钦若昊天，亭毒万物，粤稽古训，祀事孔昭。改革以来，群言聚讼，辄谓尊天为帝制所从出，郊祀非民国所宜存，告朔饩羊，并去其礼。是泥天下为公之旨，而忘上帝临汝之诫，因疑配祖为王者之私亲，转昧报本为人群之通义，使牲牢弗具，坛壝为虚，甚非所以著鸿仪、崇盛典也。且天视民视，天听民听，民之所欲，天必从之。古之莅民者称天而治，正以监观之有赫，示临保之无私，尤与民主精神隐相翕合。……本年十二月二十三日为冬至令节，应举行祀天典礼。……用扩古义而答洪庥。"②

袁世凯对于祭天活动，居然也能同民国挂起钩来，把"古之莅民者称天而治"说成是"尤与民主精神隐然翕合"！既然如此，他这个"今之莅民者"无疑亦可"称天而治"。那些"谓尊天为帝制所从出，郊祀非民国所宜存"的人，根本不懂得"报本"——报答"上帝"，不懂得"天下为公"是什么意思，毫无道理。"且天视民视，天听民听，民之所欲，天必从之"，他一贯自称"代表四万万人民"，他想做"天子"，就是"民之所欲"，"上帝"必定会欣然同意。一篇祭天告令简直成为他必须称帝的申告令了。

冬至这天，即12月23日，从新华门到天坛的必经路上，黄土铺满了地面，摊贩全被赶走，任何人不得停留。天坛周围和沿街重要地方，几千名士兵布好了警戒，袁世凯乘坐汽车从总统府驶向天坛。在车前车后扈从的是步军统领江朝宗、警察总监吴炳湘、总统府总指挥徐邦杰，另外还有许多骑兵卫士簇拥。车到南坛门外，换乘四角垂着璎珞的双套

---

① 《政府公报·命令》，1914年2月8日。
② 《政府公报·命令》，1914年12月21日。

马朱金轿车，至昭亨门外，又改乘竹椅显轿。到祭坛下来，由荫昌和陆锦左右搀扶，一步步走向石阶。接着丑剧开始表演：袁世凯头戴爵弁，身穿十二团大礼服，下着印有千水纹的紫缎裙，特任官身穿九团大礼服，简任官身穿七团大礼服，荐任官身穿五团大礼服，下身均着紫缎裙，一个个屈膝下跪，撅起屁股，叩首礼拜。表演完毕，袁世凯飘飘然而去，其兴奋之情犹如坐到金銮殿上一般。

1914 年 12 月 23 日，袁世凯在天坛祭天

二十九　野心初现

袁世凯尊孔祭天，复古官制，起用前清遗老，着着都是为自己当皇帝做准备的。对外却又讳莫如深，绝口不谈帝制自为。这就使得许多局外人，特别是遗老遗少们产生了很大的错觉，以为他是为业已逊位的宣统皇帝复辟作准备了。他们产生这种错觉，并非单纯由上述现象造成，袁世凯对清室的暧昧态度也是一个极为重要的原因。

民国以后，袁世凯对清室一直拉拉扯扯，表示非常尊敬。1913 年元旦，特派朱启钤到乾清宫向宣统皇帝道贺。2 月 15 日隆裕太后寿辰，又特派梁士诒致送“国书”，“国书”上赫然写着“大中华民国大总统谨致书大清隆裕太后陛下，愿太后万寿无疆”。并命赵秉钧率领全体国务员，以“外国使臣”礼进宫祝贺。

时隔七天，隆裕太后病逝，袁世凯的举动益发楚楚动人，亲自臂缠黑纱，命国务员致祭，令国务院通告全国，以“外国君主”最优之礼待遇，各官署一律下半旗二十七天，现任文官及现任军官均服丧，以志哀悼。3 月，授意在太和门召开所谓“全国国民哀悼大会”和“全国陆军哀悼大清隆裕皇太后大会”。4 月 3 日隆裕太后梓宫奉移，袁世凯政府通知各官署下半旗一日志哀。

在此期间，紫禁城内，民国的官员和前清的遗老遗少摩肩擦背，联袂进出，川流不息。徐世昌专门从青岛赶来，接受了清室赏戴的双眼花翎。宣统皇帝退位后，王公大臣们一度销声匿迹，即使到紫禁城，也是穿着便衣，直到进了城，才敢偷偷摸摸换上朝服，进宫行礼。看到袁世凯和清室打得如此火热，便公然穿上蟒袍补褂，戴上花翎，招摇过市，甚至连顶马开路、从骑簇拥的列仗也恢复了。对此，袁世凯装聋作哑，不闻不问，听之任之。袁世凯的态度鼓起了王公大臣们的勇气，神武门前更加熙熙攘攘，热闹空前。

1913 年 10 月 19 日，袁世凯向“大清皇帝陛下”写了一个报告，首先陈述了“奉大清隆裕皇太后懿旨，将统治权公诸全国，定为共和立宪国体”，他当选为总统的经过。接着就说：“凡我五族人民，皆有进于文明、跻于太平之希望。此皆仰荷大清隆裕皇太后暨大清皇帝天下为公、唐虞揖让之盛轨，乃克臻此。我五族人民感戴兹德，如日月之照临，山河之涵育，久而弥昭，远而弥挚。维有董督国民，聿新治化，恪守优待条件，使民国巩固，五族协和，庶有以慰大清隆裕皇太后在天之灵。”① 在此，他完全抹杀了辛亥革命的伟大功绩，把共和国的成立说成是清室“揖让”的结果，他念念不忘的是“大清”，而不是革命。

于是遗老中间出现了种种揣测和议论：“袁世凯究竟是不是曹操？”“大总统常说‘办共和’办得怎样。既然是办，就是试行的意思。”等等。② 总之，遗老们认为他不准备把共和再“办”下去了，心中出现了“大清”将要复辟的幻想。

同年的 12 月 13 日，是亡清德宗景皇帝（光绪）和孝定景皇后（隆裕）安葬崇陵的日子。袁世凯特派赵秉钧、梁启超、梁士诒、朱启钤、荫昌、段芝贵、陆建章、马龙标为代表前往致祭，宣读了他的祭文。在《丧祭祭文》中，有“钦维圣后，充昭坤德”，“帝枢潜斡，默造民国，爰顺天心，益彰让德，黄图仰智，苍生蒙泽”之颂。在《吉祭祭文》中，有“同颂女中之尧舜，三千牍神功圣德，民不能忘；卅六宫懿范徽音，史犹可述”；“神器不私一姓，大同则天下为公；惠泽流于手春，让德则万邦惟宪”之赞。其悲其哀，“如丧考妣”。③

袁世凯的这种姿态，使一些遗老的神经大为兴奋，于是演出了梁格庄灵棚里的一幕活剧。主角是前清布政使梁鼎芬，清帝退位后，他曾号哭于光绪皇帝灵前。修建崇陵（光绪的陵墓）时，他痛悼光绪皇帝生前

① 溥仪：《我的前半生》，第 88 页。
② 溥仪：《我的前半生》，第 88 页。
③ 徐有朋编：《袁大总统书牍汇编》卷 8，第 3－4 页。

郁郁不得志，无人保护，过早辞世，特在隆恩殿前两侧各置罗汉松九株，欲以“十八罗汉”保卫光绪皇帝的灵魂。配角是庚子年任吴桥县令，上书取缔义和团，宣统末年做到学部副大臣，辛亥革命后跑到青岛躲避起来的劳乃宣。被捉弄的对象是外交总长孙宝琦，其父孙诒经为同光时代的名臣。清朝的皇陵在关内有两处，东陵在直隶遵化县，西陵在直隶易县，光绪皇帝葬于西陵。西陵东有个梁格庄，庄内有行宫一座，原是皇帝祭陵时居住的处所，光绪皇帝和隆裕太后死后，灵柩即停放在此处。安葬之前，在梁格庄举行祭奠，官僚们在致祭时大都脱掉了民国的大礼服，换上了清朝的素袍褂，行了三跪九叩大礼。但也有少数人仍旧穿着西服革履掺杂其间，孙宝琦即为其中之一。

梁鼎芬不知为什么在未穿素袍褂的人中一眼看到了孙宝琦，立即奔到他的面前，指着他的鼻子问：“你是谁？你是哪国人？”孙宝琦给这位老朋友问愣了，其他人均莫名其妙。梁鼎芬手指头哆嗦着，越说嗓门越大：“你忘了你是孙诒经的儿子！你做过大清的官，你今天穿着这身衣服，行这样的礼，来见先帝先后，你有廉耻吗？你——是个什么东西！”劳乃宣紧跟着帮腔：“问得好！你是个什么东西?!”他二人一唱一和，招来许多人围观。孙宝琦吓得面无人色，低头不敢看人，连连说：“不错，不错，我不是东西！我不是东西！”①

梁鼎芬、劳乃宣敢于在大庭广众之中如此猖狂恣肆，显然同袁世凯对清室的暧昧态度有关。袁世凯的种种不明不白的表示，不能不让遗老们怀疑民国的命运即将告终，帝制时代又要到来。不过他们弄错了对象，把袁世凯要做皇帝当成了宣统皇帝要复辟上台。由于忙中出错，他们对袁世凯由过去的憎恨一变而为赞扬。袁世凯听了，心里发出阵阵窃笑。

1914年，袁世凯祀孔祭天，恢复古代官制，延揽遗老出任参政，搞得人们眼花缭乱，昏头昏脑，以致很多人把这年叫作“复辟年”，以为“大清”又要复活了。清室为了避免嫌疑，摆脱干系，顺便进行试探，内务府总管大臣世续特地拜访了把兄弟袁世凯，问清室是否要从皇宫搬

---

① 溥仪：《我的前半生》，第89页。

到颐和园。袁世凯说："大哥你还不明白，那些条条不是应付南边的吗？太庙在城里，皇上怎么好搬？再说皇宫除了皇上，还能叫谁住？"① 话中之意颇令人寻味。所以，被袁世凯敦请担任国史馆馆长的湖南大名士王闿运到京不久，即戏谑地给总统府代拟了一副对联，上联："民犹是也，国犹是也"；下联："总而言之，统而言之"；横额是"旁观者清"。后来有人在上下联后边分别加上"无分南北"、"不是东西"，便成为咒骂袁世凯了。王闿运给政事堂代拟的匾额是"清风徐来"，亦隐寓清室即将复辟。

正因为袁世凯制造了许多假象，故弄玄虚，迷惑了不少人，遗老遗少故态复萌，肆无忌惮。袁世凯请前清东三省总督赵尔巽出任清史馆馆长，赵尔巽提出要为其弟，即辛亥革命时被革命人民处死的赵尔丰昭雪为交换条件。袁世凯竟大翻辛亥革命之案，称赵尔丰"赞成共和"，"有功民国"，令国务院从优议恤，叫内务部查明事实，宣付史馆②，满足了赵尔巽的要求。赵尔巽当了清史馆馆长，不但不讲为民国服务，反而宣称："我是清朝官，我编清朝史，我吃清朝饭，我做清朝事。"把为亡清效劳当作无上光荣。

少数复辟狂利令智昏，公开喧叫"还政于清"！叫嚷得最凶的是劳乃宣。辛亥革命开始后，他写了一篇《共和正解》，未发表；1914 年 6 月又作《续共和正解》，把两篇合为一册，名曰《共和正续解》。在《共和正解》中，他攻击辛亥革命误解了共和，说宣统皇帝年幼，内阁总理和国务大臣共同担负责任就是实行共和。《续共和正解》以问答方式说明必须还政于清，并设想出一个方案：一、称中华国不称中华民国，年号称中华共和某年。二、总统任期五年，如许再任，得延长至十年。三、还政之后，大清皇帝赐袁世凯世袭王爵，以酬其功。他把文章托人捎给袁世凯。后又致函赵尔巽、周馥、徐世昌，阐明袁世凯还政于清的必要性和对袁世凯个人的利害关系，请他们劝袁世凯采择实行。信和文章均到达袁世凯之手，袁世凯阅过不加评论，不加惩处，反请他来

① 溥仪：《我的前半生》，第 90 页。
② 《中国大事记》，《东方杂志》1914 年第 10 卷第 11 号。

京当参政。这对清室复辟派又是一个极大鼓舞。

另一个叫嚷还政于清的是前清京师大学堂总监督、学部副大臣刘廷琛。徐世昌出任国务卿之后，想聘他为政事堂礼制馆顾问。刘廷琛不愿做民国的官，写了一篇《复礼制馆书》作为答复。内称：大清二百余年，厚泽深仁，世无失德。民主制不适合中国国情。袁世凯若误自称帝，必为中国举国所不服，亦必为外国所不承认；只有返大政于大清皇室，复还内阁总理之任。

国史馆协修宋育仁也按捺不住，发表还政于清的演说，准备联合馆内守旧人员上书，呈请复辟。

一时谣言不翼而飞，传遍全国各地。据说四川有一个叫十三哥的土匪，曾穿上清朝袍褂，坐上绿呢大轿，倡言清室复辟，争当遗老。

在堂堂的中华民国，复辟言论如此甚嚣尘上，不能不引起全国人民极大的关切和愤慨；即使袁世凯政府的某些局外人，也觉得过于嚣张狂妄，如不刹住这股歪风邪气，实在不成体统。1914 年 11 月 10 日，肃政史夏寿康给袁世凯上了一个呈文说："近闻有人散布论说，主张变更国体，还政清室；又闻有人具奏清帝，请恤邀恩。似此谬说流传，淆惑观听，微特滋民国之疑，实亦非清室之福。……今民国甫建，风雨飘摇，若又倡改弦更张之议，则是自求扰乱，与暴徒二次破坏用意何殊？且清廷本以失民去位，民心断难再复，徒使反侧之徒，用其阴谋，搆煽内乱，而他国且利用此以收渔人之利，中国之危亡，将万劫不可复！是争一姓之权利，陷五族以沦胥，不独为世界公例所不容，亦且背孔孟大同之经义。况清室宗庙、陵寝永受优崇，载在盟册，设因此等谬论，致满人皇族中或有一二无知之辈，误入迷途，妄生枝节，其祸何可胜言！更恐其说倡扬，国本因之动摇，清室亦随以倾覆。揆诸清太后逊位之本心，岂宜有此？大总统受全国人民付托之重，值此安危呼吸，断不宜避嫌姑息，致酿乱机。应请饬下内务部，将此等论说严行查禁；并移知清室内务府，遇事留意，杜莠绝嫌，用副民国优礼清室之至意。"①

袁世凯要的是帝制自为，非帝制他为，对清室复辟言论开始置若罔

① 《政府公报·呈》，1914 年 11 月 16 日。

闻，听其泛滥，实为包藏祸心，目的在于制造共和制度不如君主制度优越的反动舆论，为帝制自为创造条件。现在看到清室复辟言论传播得越来越广，有利于清室，不利于自己，也想适当惩戒一下清室复辟派，使其有所收敛。故于11月13日在夏寿康的呈文上批了不痛不痒的几个字，“交内务部查照办理”。

一天，徐世昌召集政事堂会议，讨论复辟邪说问题。袁世凯亲自参加，并发表了讲话。他说：“宣统满族业已让位，果要皇帝，自属汉族。清系自明取得，便当找姓朱的，最好是明洪武后人，如寻不着，朱总长也可以做。”① 意思非常清楚，君主制度可以恢复，皇帝可以要，但已退位的宣统皇帝不行，满族人不行，只有汉族人才行。不过，他所说的寻找明朝朱元璋的后代，或叫内务总长朱启钤当皇帝则是骗人的鬼话。姓朱的不能当，除他以外，谁还有资格当呢？后边的一句潜台词便是“舍我其谁”！短短几句话，便泄漏了天机，这是他把长期隐藏的复辟称帝野心初次展现在人们面前。

继之，代行立法职权的参政院以清室复辟言论有“淆乱国体，离间五族，危害清室，惹起外患，酿成内乱诸大害”，请求“照《新刑律》内乱罪从重惩治，以弭祸患”；肃政厅的都肃政史和全体人员、各省将军、巡按使也“先后以莠言乱政，害及国家，请饬各省从严惩禁”。②

这一来倒是有违袁世凯“查照办理”的初衷了。因为若要对清室复辟派严加惩办，以后谁也不敢再提倡帝制，帝制自为便无法鼓吹得起来。故必须高抬贵手，来个“得饶人处且饶人”，既给帝制自为留条后路，又借以表明自己的“仁人之心”、“天恩高厚”。11月23日他发布申令说：“此等狂瞽之谈，度倡言者不过谬托清流，好为异论，其于世界之大势如何，国民之心理奚若，本未计及，遑顾其他！岂知现当国基未固、人心未靖之时，似兹谬说流传，乱党将益肆浮言，匪徒且借以煽惑。万一蹈瑕抵隙，变生意外，势必至以妨害国家者倾覆清室，不特为民国之公敌，并且为清室之罪人。惟本大总统与人以诚，不忍遽为诛心

---

① 张国淦：《洪宪遗闻》，《文史资料选辑》第1辑，第135页。

② 《政府公报·命令》，1914年11月24日。

之论。除既往不咎外，用特布告中外，咸使闻知：须知民主共和，载在《约法》，邪词惑众，厥有常刑。嗣后如有造作谰言或著书立说及开会集议，以紊乱国宪者，即照内乱罪从严惩办，以固国本而遏乱萌。"① 一个"谬托清流"，轻轻把诋毁共和、复辟帝制的反动实质抹杀了；一个"既往不咎"，全然把清室复辟派开脱了。

由于袁世凯批示"查明办理"在先，内务部于11月20日曾通咨各地说："查紊乱国宪，《刑律》订有专条，法令森严，势难姑息。嗣后遇有诞妄之徒散布此等莠言者，即当严加禁制；其或显有不法行为者，应即随时查拿，按照《刑律》内乱罪分别惩办！"② 其实"查明办理"同"既往不咎"差不了多少。且看对宋育仁的处理吧：11月17日，首先由步军统领江朝宗派马车把他接来"传署讯问"，宋育仁当即写了"供词"和意见书各一份交上。袁世凯申令"既往不咎"后，内务部作出一个"附和邪说，紊乱国宪"的结论，并说："该员年老荒悖，精神瞀乱，食古不化，托为文字之发挥，别有用心，尚无着手之实据。"提出将宋育仁递回四川原籍，交由地方官妥为安置，并随时察看的处理办法。袁世凯批道："准如所拟办理。"③ 宋育仁被"递回原籍"前，袁世凯派人送去程仪三千元，电令四川地方当局月送三百元作为休养费。走时，江朝宗派了专人保护，亲戚故旧纷纷前往车站送行。所过沿途各地，均受热情招待。这哪里是"递回原籍"？分明是衣锦荣归！到1915年4月8日，仅仅几个月时间，袁世凯即明令取消其察看处分。

夏寿康上呈后，内务部即移知清室内务府杜莠防嫌，内务府否认有复辟之事。清室不是不想复辟，而是无力复辟，因而不敢倡言复辟；而且为了保持优待条件，还处处表现得相当谨慎。可是宣统皇帝退位后，清室所属之内务府、宗人府等衙门张贴告示仍用宣统年号和旧历，在内廷当差人员仍然翎顶辫发，慎刑司照样处罚太监，宣统皇帝依旧用上谕对民国在职人员赐寿、赐恤、给赠物品，甚至给死人赐谥，命宣付史馆立传。凡此均与中华民国的国家性质不相容，也是造成复辟分子叫嚷还

① 《政府公报·命令》，1914年11月24日。

② 《政府公报·咨》，1914年11月23日。

③ 《政府公报·呈》，1914年12月4日。

政于清的一个因素。

鉴于清室蹈常袭故，11 月 27 日，参政院建议派人告知清室，停止上述行为及一切近于行使政权事项。12 月 1 日，袁世凯派朱启钤和章宗祥前去接洽。经往返协商，双方确定：清室应尊重中华民国国家统治权，除优待条件特有规定外，凡一切行为与现行法令抵触者，概行废止；皇室通用民国纪年，不得再用宣统年号和旧历；皇帝谕告及一切赏赐只准用于宗族家庭，对于民国人民，赠给以物品为限，赐谥及其他荣典概行废止；清室所属机关对人民不得用公文、告示及一切行政处分；新编护军专任内廷警察职务，裁撤慎刑司，宫内人员及太监犯罪在违警以内者，由护军长官按警察法处分，犯刑律者应送司法官厅办理；清室所用各项执事人等，同属民国国民，应一律穿民国制服，并准其自由剪发，但遇宫中典礼及其他礼节，所穿衣服得从其宜。至此，喧嚷一时的清室复辟问题告一段落。

在大摆迷魂阵的过程中，袁世凯并没有忘记按照既定的方针办。1914 年 8 月，梁士诒秉承袁世凯之意，在参政院会议上提出《大总统选举法》修正案，表决后，遂交约法会议。同月 28 日，约法会议讨论通过。12 月 28 日修改完毕，次日袁世凯予以公布。

新《大总统选举法》共十五条，其特点是：（一）大总统任期十年，得连选连任。（二）选举之年，参政院参政认为政治上有必要时，得以三分之二以上之同意，议决现任大总统留任。（三）选举之前，大总统有权推荐具有资格者三人为候选人。候选人姓名由大总统书于嘉禾金简，钤盖国玺，藏诸总统府特设的金匮石室之中。金匮的钥匙由大总统掌握，石室的钥匙三把，由大总统、参政院院长和国务卿分执其一，只有得到大总统命令方能开启。（四）大总统由大总统选举会选举，选举会由参政院参政、立法院议员各五十人组成。选举之日，大总统将所推荐三名候选人公布于选举会，选举会对被推荐三人和现任大总统均可投票。

根据这个《大总统选举法》，袁世凯实际上成了终身总统。他不但可以通过御用的大总统选举会合法地达到连选连任，而且还可以通过御用的参政院，借口“政治上有必要”，不经选举只以三分之二多数通过而留任。一届任期十年，再留任或连任两届他就八十多了，如果那时还活着，仍可留任、连任下去，直到死时为止。不仅如此，它还能使总统变为袁氏家族的世袭总统。因为三名候选人由总统提名，选举人只能在三人和现任大总统中挑选一个，袁世凯可以把三个候选人都写成他的儿子，如果儿子当选为总统，又可以找三个孙子，如此一代一代传下去，就成了总统“世袭罔替”。不过终身总统也好，世袭总统也罢，都不是袁世凯的最终目的，他之所以要搞这一套，主要是为了把总统打扮得更像个皇帝，以便届时由总统变为皇帝时，使人们不感到突然，减少阻力。他采用的是步步为营、稳扎稳打的战术。现在总统已经皇帝化，权力与皇帝等同，所缺的只是皇帝名号、金龙袍褂和珠顶冠了。

约法会议为袁世凯制定了一个《中华民国约法》，修订了一个《大总统选举法》，历史使命完成，于1915年3月18日闭幕。

《大总统选举法》修订后，袁世凯在口头上绝不吐露“帝制”二字，但经常念叨“共和办不下去”了。段芝贵、杨士琦、张镇芳、雷震春、袁乃宽、夏寿田一帮亲近早已窥透他的心思，日夕在其左右，始而从旁敲击，继而直捣中坚，提出帝制问题。袁世凯初尚装模作样，扭扭捏捏，渐渐亦说非帝制不可，最后干脆告诉他们：“你们斟酌去办。”他以为时机到了，无需再隐藏野心了。得到他的密旨，这些想做开国元勋的丧心病狂者，在他的直接支持和袁克定的具体策划下，大干特干其复辟帝制的勾当。

然而，正当他们拼尽全力加紧进行的时候，不料日本提出了“二十一条”要求，袁世凯只得把帝制活动暂缓一下，以主要精力应付外交上突然产生的棘手问题。

三十　对日交涉

1914 年 7 月，第一次世界大战爆发。8 月，德、俄、英、法参战，大战以德、奥同盟国为一方，俄、英、法协约国为另一方全面展开，后来又有一些国家分别加入两方。袁世凯对双方均不敢得罪，宣告中国严守中立，公布了中立条规。

日本帝国主义早就有鲸吞中国的野心，只因缺乏适当时机，一直未能实现。第一次世界大战爆发，西方列强忙于大战，无暇东顾，日本认为独占中国的时机已经到来，决定参加协约国集团，借口对德国宣战，侵略中国。英国驻华公使朱尔典明确对梁士诒讲：“英、日联盟，日必助英，德国所属之青岛，中国不自取，必有人起而代取之者。”①

针对日本的侵略企图，国内不少人主张对德国宣战，立即夺回德国侵占的青岛，减少中国所处的困难地位，使日本失去侵略的目标和借口。但因德国积极支持袁世凯当皇帝，袁世凯不愿与之失和，对之宣战。至于夺回青岛，他连想都不敢想，说什么“先行下手，夺回青岛，于情于势，未尝不是。但我国既经宣布中立，忽翻前议出兵，以助联盟，恐外交上益增纠纷，且更恐动日本之疑忌，此着似可行而不可行也。”② 不仅如此，当德国认为无力防守愿将青岛交还中国时，他还不敢直接接受，想经过美国之手交给中国。日本驻华使馆代办小幡酉吉为

① 凤冈及门弟子编：《三水梁燕孙先生年谱》上，第 195 页。
② 凤冈及门弟子编：《三水梁燕孙先生年谱》上，第 196 页。

此提出警告，他连忙声明否认有与德国商议收回青岛之事。

8月15日，日本对德国发出最后通牒，要求德国在中日两国海面上的军舰一律撤回，将胶州湾租借地限于9月15日以前无条件交于日本接收，8月23日正午以前如无满意答复，将采取必要措置。至期，德国无答复，日本遂对德宣战。

9月2日，日军大队人马在山东龙口及莱州附近突然登陆，中国的中立完全遭到破坏。袁世凯不敢干涉日军行动，于次日照会各国，声明不得不援照1904年日俄战争的先例，在龙口、莱州及胶州湾附近地方，不负完全中立之责任。

日军一直向南推进，于9月26日占领潍县车站。在占领区内，日军完全把中国人民视为被征服者和奴隶，霸占民房，强索猪牛，掠夺粮食，勒派车辆，强奸妇女，枪杀群众。甚至在平度县张贴布告，对中国人民宣示：一、妨碍日军行动者处斩；二、切断电线或倾损者处斩；三、拘送该犯或向日军指明及告密者重赏；四、知罪不举，窝藏“匪徒”，邻居、乡保从重治罪；五、一人犯之，该村人民尽处斩刑。对这些骇人听闻的滔天罪行，除外交部让驻日公使陆宗舆哀求日本政府制止外，袁世凯没有任何一点儿强硬的表示。

日军超越战区，占领潍县后，袁世凯政府始提出有气无力的抗议。但日本政府毫不理会，10月6日占领济南车站，11月7日攻占青岛，胶济全线和胶州湾尽为其所占，结束了在中国领土上对德国的战争。袁世凯政府几次提出取消特别中立区域，日军从胶济线撤退到胶州湾租借地内。日本不允，突于1915年1月18日向袁世凯提出“二十一条”要求。

“二十一条”是日本政府侵华政策的必然产物，也是秘密军国主义团体黑龙会策划的结果。黑龙会在1914年9、10月间提出一个《解决中国问题意见书》，认为“目前是日本迅速解决中国问题最有利的时机”。“使中国自动的依赖日本，这是一个极其重要的政策问题”。要达到目的，必须同中国订立“秘密条款”，包括日本向中国派遣军队，占领胶州湾，取得德国在山东的一切权利；日本人训练中国军队，充当中国政府的财政顾问、教育顾问；中国把南满和内蒙古的主权让与日本，

把福建的港口租借给日本等。① 这个意见为日本政府所接受，成为日本政府制定“二十一条”的基础。

12月3日，日本外相加藤高明把秘密拟定的“二十一条”交给奉召回国的驻华公使日置益，训令说：“帝国政府以为于此机会，确保帝国在东亚之地位，以保全大局，实行以上各项，实为绝对必要。帝国政府实具有极巩固之决心，必图各项之贯彻，责使其善体政府之意，为国尽瘁。”②

1914年12月15日，日置益返抵北京。1915年1月，中国政府提出取消战区问题后，日置益以新归任为由，要求觐见袁世凯。

1月18日下午三点，袁世凯接见了日置益。日置益将“二十一条”直接面交袁世凯，逐条说明主旨，要求中国完全接受。日置益说：“日本政府对大总统表示诚意，愿将多年悬案和衷解决，以进达亲善目的。兹奉政府训令，面递条款，愿大总统赐以接受，迅速商议解决，并守秘密，实为两国之幸。”③ 继之威胁说，在日本的中国革命党人“与政府外之有力日人有密切之关系，除非中国政府给予友谊证明，日本政府直不能阻止此辈之扰乱中国。”但马上又加以诱惑：“日本人民类皆反对袁总统，彼等相信总统为有力的排日者，其政府亦采远交近攻之政策。总统如接受此种要求，日本人民将感觉友好，日本政府从此对袁总统亦能遇事相助。”④ 企图利用袁世凯称帝之机进行要挟讹诈，狠狠敲一笔竹杠，迫其承认。日置益最后那句话，就是暗示袁世凯以承认“二十一条”作为日本承认他搞帝制的交换条件。

日置益作为公使直接向国家元首交涉，是违反外交惯例的。袁世凯始终表情严肃，倾听陈述，默而不答。待其讲完，袁世凯问：“是否照会外交部？”日置益答道没有。袁世凯冷冷地说：“应与外交总长商议答之。”⑤ 日置益留下文本辞去。据说袁世凯极其愤怒，当即疾声令内史夏寿田，“所有关于帝制之事一概停止”，大叫：“我要做皇帝，也不做

---

① 复旦大学历史系中国近代史组编：《中国近代对外关系史资料选辑》上卷，第2分册，第356－357页。

② 《中国近代对外关系史资料选辑》上卷，第2分册，第363页。

③ 王芸生：《六十年来中国与日本》第6卷，第73页，1980年。

④ 王芸生：《六十年来中国与日本》第6卷，第76－77页。

⑤ 王芸生：《六十年来中国与日本》第6卷，第274页。

日本的皇帝!"①

"二十一条"分列五号，每号包括若干条，合计二十一条。主要内容是：

第一号四条，要求享有德国原在山东的一切权益，中国不得将山东省的土地和沿海岛屿出让或租与他国，日本得在省内建筑铁路，开辟主要城市为商埠。

第二号七条，将旅顺、大连租借期限和南满、安奉两铁路交还期限，均延展至九十九年为期，日本人在南满和东部内蒙古享有土地租借权或所有权、居住权，以及开矿等各种权利。

第三号二条，要求将汉冶萍公司中日合办，其附近之矿山，不准公司以外之人开采。

第四号一条，要求中国不得将沿海港口、海湾及岛屿，出让或租与他国。

第五号七条，要求聘用日本人充任政治、财政、军事顾问，日本在中国内地所设之医院、寺院和学校有土地所有权，中日合办警政和军械厂，在武昌与九江、南昌间及南昌与杭州、潮州间建筑铁路，福建省内铁路、矿山建筑、开采，日本有优先权，有在中国传教权。

"二十一条"严重损害了中国的主权，充分暴露出日本帝国主义吞并中国的狰狞面目，承认了它，中国就要沦为日本的保护国和殖民地，亡国灭种。

日本无故向中国提出要求，中国完全有理由严词拒绝讨论。但袁世凯洞悉日本的扩张政策，深知中国打不过日本；同时认为其他列强正在忙于世界大战，难以干涉日本的行动，不得不同日本妥协，进行谈判。当晚，袁世凯召集外交总长孙宝琦、次长曹汝霖和徐世昌、段祺瑞、梁士诒开会，接着令曹汝霖、外交部参事顾维钧和伍朝枢等人会同其日本顾问有贺长雄会商对策，拟出说帖，最后议定了交涉步骤和方针。"政府审议之结果，以民国肇兴，自当竭我能力，以巩固我主权，保障我内政，苟有害我

① 张国淦：《近代史片断的记录》，《近代史资料》，总37号，第152页。

主权内政者，必出全力以与敌抗。”① 对于“二十一条”，袁世凯作了详细具体的批示，某号某条谈不谈，如何谈，基本上都有明确的意见。对第五号，他认为“各条内多有干涉内政，侵犯主权之处，实难开议”，坚持“第五号始终不议”，“始终声明不议”，② 态度比较坚决。

过了两天，日置益打电话询问曹汝霖何时开议。曹汝霖以日本欲开公使与元首直接交涉的恶例，答道：“总统并未交下何等文件，本部无从开议。”日置益说：“条款已递总统。”曹汝霖说：“总统无直接交涉之权。”日置益碰了个钉子，又派人至外交部，说什么“条款递送总统，与递交外交部无异。”又被驳回。日置益只好于21日向孙宝琦递送了同样的条款。

袁世凯想施展拖延战术，将孙宝琦免职，以陆徵祥代之。并指示陆徵祥逐条讨论，故意泄露日本的要求和谈判情况，争取国外舆论的同情，利用扩大帝国主义之间的矛盾，引起外国的干涉。还派有贺长雄赴日本探听元老们的意图。

为了增加谈判的本钱，袁世凯又故作强硬姿态，愤怒地对其日本军事顾问坂西利八郎说：“日本竟以亡国奴视中国，中国绝不作高丽第二。”还密电冯国璋联合十九省将军发出通电，声称拒绝日本要求，不惜诉诸一战。他的这套把戏，当然骗不过日本帝国主义。

1915年2月2日，双方在外交部举行第一次秘密谈判，中国方面出席的有陆徵祥、曹汝霖、秘书施履本；日本方面出席的有日置益、参赞小幡酉吉、书记官高尾亨。

谈判开始后，中国要求日本让步，日本不肯。谈至3月中旬，仍无结果，日本在奉天、山东增兵数千人进行威胁。4月26日，日本提出最后修正案，要求务必同意。5月1日，中国政府亦提出最后修正案。日本马上摆出一副大打一场的态势，命令军舰在渤海一带游弋，关东实行戒严，日侨纷纷准备回国，空气极其紧张。袁世凯被日本的威慑所吓倒，5月6日命曹汝霖至日驻华使馆，相机“略示让步之意”。正当曹

---

① 王芸生：《六十年来中国与日本》第6卷，第275页。

② 北洋军阀史料编委会编：《北洋军阀史料》2，第317－318、320、338页，天津古籍出版社，1992年。

汝霖与日置益会晤时，恰好驻日公使陆宗舆把日本元老会议请其政府对第五号撤回的消息发回国内，外交部立即用电话通知曹汝霖。曹汝霖临机应变，谓刚才所言，纯系个人私见，随即告辞。

5月7日下午三点，日置益向外交部递送了最后通牒，声称："帝国政府因鉴于中国政府如此之态度，虽深惜几再无继续协商之余地，然终眷眷于维持极东和平之帝国，务冀圆满了结此交涉，以避时局之纠纷。于无可忍之中，更酌量邻邦政府之情意，将帝国政府前次提出之修正案中之第五号各项，除关于福建省互换公文一事业经两国政府代表协定外，其他五项，可承认与此次交涉脱离，日后另行协商。因此中国政府亦应谅帝国政府之谊，将其他各项即第一号、第二号、第三号、第四号之各项及第五号中国关于福建省公文互换之文件，照四月二十六日提出之修正案所记载者，不加以何等之更改，速行应诺。帝国政府兹再重行劝告，对于此劝告，期望中国政府至五月九日午后六时为止，为满足之答复。如到期不受到满足之答复，帝国政府将执认为必要之手段，合并声明。"①

8日下午两点半，袁世凯召集副总统、国务卿、政事堂左右丞、参谋总长、各部总长、各院院长、参政院参政、外交次长等高级官员讨论最后通牒问题。陆徵祥报告了会见英国驻华公使朱尔典的情况。袁世凯"声泪俱下"地对大家讲："此次日人乘欧战方殷，欺我国积弱之时，提出苛酷条款，……强词夺理，终以最后通牒，迫我承认。我国虽弱，苟侵及我主权，束缚我内政，如第五号所列者，我必誓死力拒。今日本最后通牒将第五号撤回不议，凡侵及主权及自居优越地位各条，亦经力争修改，并正式声明，将来胶州湾交还中国，其在南满内地虽有居住权，但须服从我警察法令及课税与中国人一律。以上各节，比初案挽回已多，于我之主权、内政及列国成约虽尚能保全，然旅大、南满、安奉之展期，南满方面之利权，损失已巨。我国国力未充，目前尚难以兵戎相见。……为权衡利害，而至不得已接受日本通牒之要求，是何等痛心！何等耻辱！无敌国外患国恒亡，经此大难以后，大家务必认此次接受日本要求为奇耻大辱，本卧薪尝胆之精神，做奋发有为之事业。举凡

① 《中国近代对外关系史资料选辑》上卷，第2分册，第368－369页。

军事、政治、外交、财政，力求刷新，予定计划，定年限，下决心，群策群力，期达目的。则朱使（即朱尔典）所谓埋头十年，与日本抬头相见，或可尚有希望。若事过境迁，因循忘耻，则不特今日之屈服、奇耻无报复之时，恐十年以后，中国之危险更甚于今日，亡国之痛，即在目前。我负国民付托之重，决不为亡国之民。但国之兴，诸君与有责；国之亡，诸君亦与有责也。”①

9日晚十一点，答复书送到日本使馆。为了弥补袁世凯损毁的声威，使他的“高大”形象不致矮小，其党羽群相致电祝贺，同声颂扬“元首外交成功”，散发“双方交让，东亚幸福”的传单，甚至还有主张开提灯会进行庆祝的。

13日，外交部向各国宣布中日交涉始末，说明中国接受日本要求系出于被迫；同时声明，如果列强的门户开放、利益均等原则因此而受到影响，并非中国所致，中国不能负责。

14日，袁世凯就“二十一条”问题向全国百官职司发出一道密谕，要求大家“日以‘亡国灭种’四字悬诸心目，激发天良，屏除私见，各尽职守，协力程功”，“苟利于国，死生以之”。②

条约签字时的中日代表

① 凤冈及门弟子编：《三水梁燕孙先生年谱》上，第256页。
② 凤冈及门弟子编：《三水梁燕孙先生年谱》上，第267页。

5月25日，双方在北京正式签了两个条约，互换了十三件照会，总称为《中日新约》或《民四条约》。除第五号日后另行协商、第四号袁世凯以命令形式宣布外，其余日本在“二十一条”中提出的内容大都包括在内。正式签约后的条文已不再是二十一条，但关于此次交涉，大家习惯上仍称之为“二十一条”。

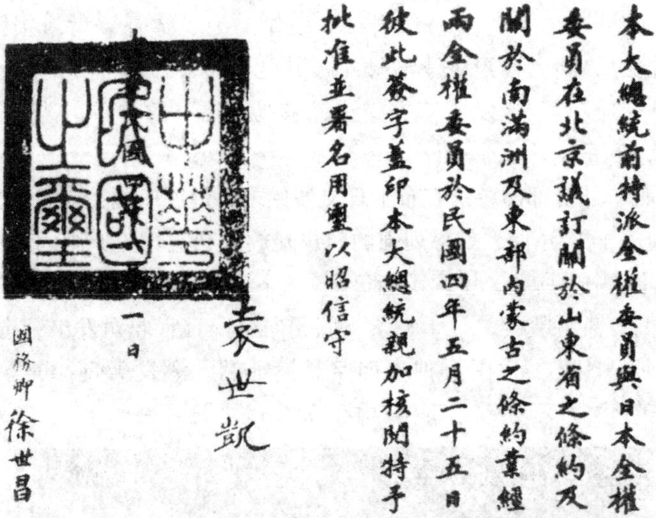
本大總統前特派全權委員與日本全權
委員在北京議訂關於山東省之條約及
關於南滿洲及東部內蒙古之條約業經
兩全權委員於民國四年五月二十五日
彼此簽字蓋印本大總統親加核閱特予
批准並署名用璽以昭信守
袁世凱
一日
國務卿 徐世昌

袁世凯批准“二十一条”的文书

据云，袁世凯在条约签后，即想好了破坏条约的法子，对人说：“我已筹画好了：(1) 购地、租地，我叫他一寸地都买不到手。(2) 杂居，我叫他一走出附属地，即遇危险。(3) 警察顾问用日本人，用虽用他，月间给他几个钱便了，顾不顾，问不问，权却在我。我看用行政手段可以破坏条约，用法律破坏不了。又其他各条，我都有破坏之法。”①机要局局长张一麐本就反对签约，听了他的办法，不以为然。说：“既签订条约，即应忠实履行，明知不行，而虚与委蛇，表面允其所要求，暗中却加以破坏，必为祸根。本应推诚布公，向彼言明不能应允之故。

① 曾叔度：《我所经手二十一条的内幕》，见《近代稗海》第3辑，第288页。

如彼不听，纵以兵戎相见，彼曲我直，胜败之数，尚不可知，而我理直气壮，虽败犹荣。我意本应坚持不允，今既允矣，成事不说，壮士断腕，听客所为。白水黑山，暂同弃地，痛定思痛，在关内励精图治，待机而动，收复故土，似亦一策。”袁世凯“斥为书生之见，并云：‘推诚布公果能成事，世界早太平了。’”①

条约严重损害了国家民族权益，激起全国人民无比愤慨。在谈判过程中，人民群起向政府提出严厉质问，坚决反对与日本签约。各地掀起了空前的大规模的抵制日货运动、救国储金运动和反对卖国的怒潮。海外华侨竞相汇款回国，留日学生组织了归国请愿团，请求抗日救国。散布传单，开会演说，自愿参军，断指血书，到处都有。人民悲愤到极点，为捍卫国家和民族利益而献身的情绪也激昂到极点。

袁世凯非但不支持人民，反而以“外交秘密”搪塞人民的质问，下令禁止抵制日货。3月25日竟发布命令说：“中国与日本地居唇齿，素敦友睦。近有协议案件，外交部与驻京日使掬诚磋商，可望和平解决。乃商民不悉内容，多生误会，闻有排斥日货及有与侨寓日人偶生龃龉之事，殊为可惜。又有乱党包藏祸心，乘隙煽惑，尤堪痛恨。……各将军、巡按使等有地方之责，务宜随时考查，剀切谕禁，认真防范。倘有乱徒假托名目扰乱治安，着即严拿惩办！”② 妄图用专政手段把轰轰烈烈的爱国运动打压下去。

但他的花言巧语骗不了人民，暴力镇压吓不倒人民，人民继续抵制日货，为维护国权、挽救危亡而奔走呼号。当承认最后通牒的消息传出，人民怒不可遏，纷纷召开大会，誓死反对，规定5月9日为“国耻纪念日”，要求严惩卖国贼，背城一战。人民的强烈爱国热情感染了一部分官僚、军阀，他们也反对在“二十一条”上签字。

袁世凯目睹群情激愤，如果持续下去，必然危及自己的统治，于签字的次日又下达一个申令，说什么“昨经签约，和平解决，……双方修好，东亚之福，两害取轻，当能共喻。……顾谋国之道，当出万全而不

---

① 曾叔度：《我所经手二十一条的内幕》，见《近代稗海》第3辑，第289页。

② 《政府公报·命令》，1915年3月26日。

当掷孤注，贵蓄实力而不贵骛虚声。”公然把签订条约谓之“东亚之福”，以计出“万全”为自己的行为辩护。接着话头一转便杀气腾腾地叫嚷：“乃有倡乱之徒，早已甘心卖国，而于此次交涉之后，反借以为辞，纠合匪党，诪张为幻，或谓失领土，或谓丧主权，种种造谣，冀遂其煽乱之私。此辈平日行为，向以倾覆祖国为目的，而其巧为尝试，欲乘国民之愤慨，借簧鼓以开衅端，其居心至为阴狠。若不严密防范，恐殃及良善，为患地方，尤恐扰害外人，牵动大局。着各省文武各官认真查禁，勿得稍涉大意，致扰治安。倘各该管地方遇有乱徒借故暴动，以及散布传单，煽惑生事，立即严拿惩办！并随时晓谕商民，切勿受其愚惑。……切不可徒逞血气，任意浮嚣，甲午、庚子覆辙不远，凡我国民，其共戒之！”[①] 转而把矛头指向革命党人，企图转移全国人民的视线。

6月29日，袁世凯又申令说：“中外互市，有无相通”，“设有抵制，即双方同受其害”，“一朝之忿，明哲不取”。[②] 要人民放弃抵制日货的爱国斗争，取悦于日本帝国主义。

袁世凯用一系列实际行动，把自己所说的什么“务必认此次接受日本要求为奇耻大辱”，什么“日以‘亡国灭种’四字悬诸心目，激发天良”，什么“毋忘五月七日之事”等伪言，统统彻底戳穿了。

“二十一条”虽然签订了，可是，在全中国人民的坚决反对下，日本帝国主义的侵略阴谋始终未能实现。

---

① 《政府公报·命令》，1915年5月27日。
② 《政府公报·命令》，1915年6月30日。

三十一　原形毕露

在对日交涉过程中，袁世凯一度放松了帝制活动，但并未完全中止，仍在煞费苦心地筹划；对日交涉结束后，他自以为取得了日本的支持，加快了帝制自为的步伐。

摆在面前的首要问题是能否控制得住全国局面。在袁世凯看来，一般老百姓大都盼望着“真命天子”出现，立意造反的没有几个人，并不可怕。通过清乡、查户口、办警备队、地方保卫团、推行保甲制度，再加上庞大军队在各地弹压，即使有零星起义，亦不难扑灭。革命党人尽管还在“捣乱”，但多数被赶到海外，余者并不足虑。今后只要严格执行《暂行新刑律》、《惩治盗匪法》、《惩治盗匪条例》、《治安警察条例》、《惩治国贼条例》、《县治户口编查规则》、《警察厅户口调查规则》、《报纸条例》、《出版法》，以及附属的各补充条例、施行法、执行法，立法从严，任何乱子皆能镇压下去。因此，对一般老百姓和革命党人他并不十分介意。

袁世凯的着眼点是各地军阀，因为他们手中握有军事实力，如果造起反来，远非一般老百姓和革命党人可比。他认为，北方各省和南方大部分省区的将军均已向自己烧香磕头，比较可靠，只有广西、云南、贵州、四川的将军叫他放心不下。最可虑的是云、贵、川西南半壁，特别是四川，“全国未乱蜀先乱，全国已治蜀未治”，所处地理位置极为重要，没有自己人不行，必须物色一个可以完全信赖而又能肩负重大责任的人带领北洋军队前去坐镇，以防全国政局出现大的动荡。他选中了已由黎元洪的亲信变为自己心腹的参谋次长陈宧。陈宧与国民党没有瓜葛，川、滇军人多出其下，是最佳人选。1915年2月20日，袁世凯发表了由陈宧会办四川军务的命令。行前，陈宧到总统府请示，袁世凯鼓励了一番，并叫袁克定与之结拜为把兄弟，竭力笼络。陈宧表示，不改帝制，不复入京。随即率领李炳之、伍祥祯、冯玉祥三个北洋混成旅开进四川。5月，又任命陈宧兼任巡按使。6月，调四川将军胡景伊入京，任命陈宧兼行督理四川军务、毅威将军。8月，正式任命陈宧督理四川军务，改授成武将军。经过如此安排，袁世凯以为大局可以稳定了。

过去，袁世凯向上爬，取得全国政权，完全仗着有段祺瑞、冯国璋这样的左膀右臂；现在搞帝制，他打算抛开他们，依靠地位略低一些的人物作为发动帝制的中枢。道理很简单，段祺瑞、冯国璋都已成为有重要影响的头面人物，用起来不顺手。地位低的人容易驱使，如再隆之以位，赐之以爵，饵之以禄，他们必然乐于感恩图报，俯首听命，尾巴翘不起来。

段祺瑞、冯国璋也确实不如过去奉之唯谨了，特别是对搞帝制，由于损害了本人利益，他们颇不以为然。论地位、资历、威望，在北洋系中，只有一个徐世昌可以与之相提并论，在共和制度下，他们都有继袁世凯而为总统的可能。改行帝制，皇位世袭，不但做国家元首的希望完全破灭，而且还要向袁世凯和未来的“太子”跪拜称臣，此乃他们最不甘心的一点。然而其公开表现又各不相同。段祺瑞因袁世凯削夺其兵权久怀怨恨，公开唱反调，对以“太子”自居的袁克定不假辞色，每每以盛气凌之。冯国璋远处南京，暂时同袁世凯没有直接矛盾，反对帝制不如段祺瑞露骨。因之，袁世凯对他们二人的态度亦有所区别。

袁世凯对段祺瑞极力排斥，屡屡向他讲：“你气色不好，想是有病，应当休息休息。”“休息”是辞职的同义语，段祺瑞无可奈何，只得称病辞职。1915年5月30日，袁世凯发表申令说：“本大总统为国家爱惜人才，未便过听其劳，致增病势，特着给假两个月，并颁给人参四两，医药费五千元，以资摄卫。该总长务以时局多艰为念，善自珍重，并慎延名医详察病源，多方施治。切望早日就痊，立即销假。其在假期内如有军务重要事件，仍着随时入内会议，以抒嘉谟而裨国计。”[①] 似乎对

① 《政府公报·命令》，1915年6月1日。

段祺瑞十分倚重、关切。自段祺瑞请假后，袁世凯几乎每天都派人给他送去鸡汁、参汤之类的滋补品，体贴入微。而段祺瑞恐怕食物中有毒，不敢一尝，吩咐倒掉完事。袁世凯一面把表面文章做到十分好处，一面命王士珍署理陆军总长，指使肃政厅弹劾陆军次长、段祺瑞的亲信徐树铮，6 月 22 日将徐树铮免职，以田中玉继任，对段祺瑞进行打击。段祺瑞为此愤愤不平。袁克定经常在背后大骂段祺瑞。两家关系迅速恶化，连于氏、张佩蘅两位夫人也断绝了一切联系和往来。段祺瑞接连又上几次辞呈。8 月 29 日，袁世凯免去段祺瑞的陆军总长，以王士珍接替。

袁世凯对冯国璋采取的办法是笼络、欺骗。1915 年 6 月下旬帝制风传极盛时，冯国璋同梁启超一起进京摸底。首次见袁世凯，冯国璋就试探说："外间传说，大总统欲改帝制，请预为秘示，以便在地方着手布置。"袁世凯十分严肃地回答："我绝对无皇帝思想，袁家没有过六十岁的人，我今年五十八，就做皇帝能有几年？况且皇帝传子，我的大儿子克定残废，二儿子克文假名士，三儿子克良土匪，那一个能继承大业？你尽管放心。"又亲热地对冯国璋说："北洋军队暮气沉沉，有事时便不能用，你在南京要好好整顿。我们自家人总当团结，保持我们的实力。"① 后来冯国璋又谒见袁世凯两次，每次均谈及帝制问题。

7 月 9 日，上海《申报》对此作了比较详细的报道。

袁世凯说："外间种种风传，余亦略曾闻见，有谓此事由余主动者，亦有谓由儿子克定主动者。此种风说，误会之至。然此风说之所由起，亦自有其原因：盖一则因余自辛亥办理共和之际，颇恐中国历史及国民程度与美、法诸国有所不同，改为共和，究竟与国家根本如何，不能无所怀疑。与人论及时局，或不免偶尔流露此种意思，因之外间易生误会。此其一也。二则因封爵问题，外间或以封爵即为改革国体之先声。不知共和国家，虽以不设阶级为原则，但我国今日系五族共和，一律平等，满、蒙、回、藏均有封爵，而汉人独否，是亦不平等之甚矣！今《约法》既规定大总统有颁赏勋爵之权，故余以为汉人中之有功民国者，实当然有受封爵位之权利，故余久已决定施行此典；唯以外间多所误

① 张国淦：《洪宪遗闻》，《文史资料选辑》第 1 辑，第 136 页。

会，是以暂行停办。然他日亦必须依法施行，外间切不可因此又妄加揣测。此又其一也。以余今日之地位，其为国家办事之权能，即改为君主，亦未必有以加此！且所谓君主者，不过为世袭计耳。而余之大儿子克定方在病中，二儿子克文不过志在做一名士，三儿子更难以担任世务，余者均年极幼稚。余对于诸子，纵予以一排长之职，均难放心，乃肯以天下重任付之耶？且自古君主之世传不数世，子孙往往受不测之祸，余何苦以此等危险之事，加之吾子孙也！”

语至此，冯国璋插言道：“南方一带闻改革国体之说，并非不肯赞成，但多以时间问题，尚有可研究之处耳。他日者，大总统将中国办到转弱为强之际，则天与人归，恐大总统虽欲逊让，亦有所不得耳。”

袁世凯正言厉色说：“闻君此言，仍是在余身上打主意！余之四五儿子在英留学，余已饬在英国购有少许田园，设他日有以此等事逼余者，则余唯有径赴外邦，营菟裘以终老耳！”

其态度何等明朗、坚决！

冯国璋同段祺瑞一样，与袁世凯有多年的袍泽关系，其夫人周砥原是袁世凯的家庭教师，由袁世凯亲自介绍，代为置办妆奁，并派一位保姆作为陪嫁的老妈，命人送周砥去南京就婚，关系亦极亲密。冯国璋在京期间，袁世凯优礼相加，每逢吃饭，不是派人送去牛奶，就是红烧猪肘子，甚或几个大馒头，凡冯国璋爱吃的均送去，另送冯国璋的夫人许多礼物，完全待如“自家人”。但对这个“自家人”，袁世凯却不讲一句真心话。接见冯国璋时，他说得那么亲热，可是回到楼上，便连声叫嚷：“冯华甫岂有此理！冯华甫岂有此理！”① 无怪后来冯国璋气愤地对人说：“我跟老头子这多年，牺牲自己的主张，扶保他做了元首，对我仍不说一句真心话，闹到结果，仍是‘帝制自为’，传子不传贤，像这样的曹丕（指袁克定），将来如何侍候得了？徒然叫我两面不够人（指对清室），怎不令人寒心！”②

袁世凯欺骗冯国璋，也是为了欺骗全国人民。他认为，只要全国人

---

① 袁静雪：《我的父亲袁世凯》，《文史资料选辑》第74辑，第149页。
② 恽宝惠：《谈袁克定》，《文史资料选辑》第26辑，第141页。

民知道他不愿当皇帝，那么，以后搞起帝制来，就无人怀疑他是主动者，他那个肮脏的灵魂便不会为人所知了。

为组织一个领导发动帝制活动的核心集团，袁世凯颇费了一些脑筋。开始，参与这一秘密活动的只有杨士琦、段芝贵、张镇芳、雷震春、袁乃宽、夏寿田诸人；杨度因和袁克定关系密切，亦深知其中奥秘。

杨士琦是皖系官僚集团的实际首领，也是秘密策划帝制活动的主持者。他既反对进步党，也反对交通系，打算由北洋一系独自包办。袁克定认为这个圈子太小，北洋一系包办不了，欲拉进步党帮忙。1915年春，袁克定约梁启超往小汤山赴宴，请杨度作陪。席间，袁克定痛诋共和，隐隐露出要梁启超赞成改为帝制之意，梁启超未同意。返城以后，梁启超知道祸之将至，乃携家出走天津。

进步党靠不住，袁世凯变而去抓交通系。交通系又称粤系，以梁士诒及其助手交通部次长叶恭绰为首领。交通系和皖系过去同受袁世凯重用，而又你争我夺，互相攻讦。1914年5月，梁士诒被免去总统府秘书长职务，改任税务督办、参政院参政，渐渐失宠。但交通系控制着铁路、关税、交通银行和一些公司，握有很大财权。梁士诒有“财神”之称，又任秘书长多年，组织过公民党，同各方面均有关系，活动能力很强，具有相当的实力，而且颇得英、美两国的信任。如能把该系官僚争取过来，定然大有帮助。

袁世凯密谋改行帝制

袁氏父子知道梁士诒热衷名利，遂指使肃政厅于1915年6月发动“三次长参案”和“五路参案”，以胁迫交通系就范。被参的三次长为陆军部次长徐树铮、交通部次长叶恭绰、财政部次长张弧；“五路参案”是揭发津浦、京汉、京绥、沪宁、正太五铁路局营私舞弊的案件，矛头直指交通系。参案一开始声势很大，来势很猛，叶恭绰被停职查办，津浦铁路局局长赵庆华被撤职，京汉、京绥两局局长关赓麟、关冕钧离职听审，交通系人物惶然无计。

对交通系狠狠打了两棒之后，袁世凯马上对梁士诒示以关怀，对他说："参案本有君在内，我令去之。"① 意在拉他为帝制效力。

袁克定同乃父地位不同，作风也不一样，他把梁士诒找去，单刀直入，"问变更帝制，肯否帮忙，并加以恫吓"。梁士诒说回去向同人报告后再作答复。

事情很清楚，赞成帝制，参案可以取消；不赞成帝制，后果不堪设想。梁士诒当夜召集交通系人员召开紧急会议，讲了情况，最后说："赞成不要脸，不赞成就不要头！"要大家发表意见。讨论的结果，大家一致表示"要头"②。梁士诒等人考虑，"要保全交通系势力，只有顺从袁世凯的意旨，泼出一干；并且决定不干则已，干起来则不必遮遮掩掩，一定要大权独揽，有声有色"。③ 次日回报袁克定，表示一定竭力效忠，并陈述了所设想的进行之策。袁克定大喜。于是交通系成为帝制派的中坚。帝制活动搞起不久，叶恭绰官复原职，关冕钧免议，赵庆华、关赓麟仅交付文官高等惩戒委员会惩戒，引人注目的两个"参案"烟消云散。

取得各地握有实力的军阀拥护，是实行帝制最基本的条件。袁世凯尽管觉得有几分把握，但除段芝贵个别人以外，帝制自为的心思尚未向其他军阀透露过，心中仍不免打鼓。于是用述职的办法，分别把几省的将军电召进京，以提问题的方式问他们共和办得如何，进行暗示。这些人最善察言观色，领会意图相当敏快，一个个表态说共和办得不行，请总统多负责任。袁世凯听后，搞帝制的劲头更十足了。

倡议帝制之初，陆徵祥提出外交不大好办，曹汝霖说外交上不负责任。袁世凯认为德国、日本和美国都表示赞成，成竹在胸地对他们讲，外交已经办妥，不必再去操心。

---

① 凤冈及门弟子编：《三水梁燕孙先生年谱》上，第269页。
② 张国淦：《洪宪遗闻》，《文史资料选辑》第1辑，第138页。
③ 刘厚生：《张謇传记》，第235页。

袁世凯认为国际国内均不会再发生问题，便授意杨士琦、夏寿田、段芝贵等人加紧筹备帝制活动，由秘密转向公开。

杨度素主君主立宪，为袁世凯奔走不辞辛劳，袁世凯对之亦颇器重。后因杨度自命不凡，只愿帮忙，不愿帮闲，加之有人进谗，渐被疏远。然而他不甘寂寞，在北京任参政院参政、国史馆副馆长，经常追随在袁克定左右，与夏寿田过从甚密，对于袁世凯的心思颇为了解。1915年4月，他写了一篇《君宪救国论》，交夏寿田呈递袁世凯。袁世凯阅后大为激赏，亲笔题写了“旷代逸才”四字，制匾赐予他，并把他的文章交湖北将军段芝贵秘密付印，分送各省将军、巡按使参考。现在他听到帝制马上公开进行，于8月10日谒见袁世凯，提出组织机关鼓吹帝制的问题。袁世凯说：“不可，外人知我们关系，以为我所指使。”杨度想在改朝换代时立个大功，取得新朝宰辅地位，正色说：“度主君宪，十有余年，此时如办君宪，度是最早之一人，且有学术上自由，大总统不必顾虑。”反复陈说，语气激昂。袁世凯最后告诉他：“你可与少侯（孙毓筠字）等谈谈。”[1] 杨度听了袁世凯的吩咐，高兴异常，立即将袁世凯之意告知孙毓筠。接着，他们又把刘师培、李燮和、胡瑛和严复拉进来当配角，共同发起组织筹安会。

孙毓筠字少侯，安徽寿州人。1906年在东京加入同盟会，同年在南京被捕入狱，判刑五年。辛亥革命时获得自由，充任江浙联军总部副秘书长。1912年3月任安徽都督。7月到北京任临时参议院议员。后投靠袁世凯，袁世凯任其为约法会议议长、参政院参政。

刘师培字申叔，号左盦，江苏仪征人。其先辈以治《春秋》、《左传》闻名于当世，本人经学知识渊博，号为“国学大师”。早年参加光复会、同盟会，后被两江总督端方收买为暗探，几乎被革命派处死。1911年到四川国学院教书。1913年充当阎锡山的高等顾问。1915年10月，袁世凯委任其为署参政院参政，11月授为上大夫。

李燮和，湖南安化人，原名柱中。参加过华兴会、光复会、同盟会。辛亥革命时任长江下游招讨使，参与策划并领导了上海起义。沪军

① 张国淦：《近代史片断的记录》，《近代史资料》总37号，第153页。

都督府成立后，自称吴淞都督，后被孙中山任为光复军总司令。曾上书孙中山，揭露袁世凯面目入骨三分，反对与袁世凯议和，不久辞职。宋教仁被刺后，他由湖南跑到北京，以调和南北自命，从此充当了袁世凯的鹰犬。

胡瑛别号经武，湖南桃源人。加入过同盟会、日知会，后在湖北被捕。辛亥革命时自任湖北都督府外交部长。南京政府成立，被委为山东都督。南北统一后投入袁世凯的怀抱。

严复字又陵，又字幾道，福建侯官人。1877 年留学英国，毕业后回国，任福州船政学堂教习，后官至北洋水师学堂总办。甲午战争失败，他撰写政论，翻译《天演论》、《法意》等世界名著，呼吁救国，声望很高。1900 年脱离海军之后，思想渐趋保守，属于君主立宪派。由于他学贯中西，袁世凯有意罗致，先后任其为京师大学堂校长、总统府外交法律顾问、约法会议议员、参政院参政。他主张帝制，但对谁当皇帝未考虑成熟。杨度约其发起筹安会，他不愿做发起人。次日，杨度派人送来一信，内云："昨所谈事，实告公，盖承极峰旨与公商榷，极峰谕非得公为发起人不可，固辞恐不便。事机稍纵即逝，发起启事限明日载诸报端，公苟知底蕴，度无见拒理，已代公署名送报馆，不及待复示矣。"① 筹安会启事见报后，他未加否认。不过，在袁世凯搞帝制的过程中，他从未说过拥护袁世凯的话。

上述六人被称为筹安会"六君子"。

杨度从袁世凯处领来二十万元活动经费，在石驸马大街设置事务所，筹安会于是开张。

1915 年 8 月 14 日，杨度与孙毓筠、刘师培、李燮和、胡瑛、严复通电各省，发表了组织筹安会的宣言。声称："我国辛亥革命之时，人民激于感情，但除种族障碍，未计政治进行，仓卒制定共和国体，国情适否，不及三思。"民国创始之后，"国家所历危险，人民所感痛苦，举国上下，皆能言之。长此不图，祸将无已"。"美之大政治学者古德诺博士即言君主实较民主为优，中国尤不能不用君主国体"。"我等身为中国

① 侯毅：《洪宪旧闻》卷 1，第 4 页，云在山房丛书刊本。

人民，国家之存亡，即为身家之生死，岂忍苟安默视，坐待其亡！本会之立，特以筹一国之治安，研究君主、民主国体二者以何适于中国，专以学理是非、事实利害为讨论之范围。至范围以外各事，本会概不涉及，以此为至严之界限。将以讨论所得，贡之国民。”① 同时还公布了筹安会章程。8 月 23 日筹安会正式宣告成立，杨度任理事长，孙毓筠为副理事长，严复、刘师培、李燮和、胡瑛为理事，并通电各省派代表来京。旋得各省复电，多数赞成，且派代表到会。湖南、吉林、安徽、湖北、南京等地相继成立了筹安会分会。

28 日，筹安会越出了“学理”讨论范围，对国体进行投票表决，“一致主张君主立宪”。翌日，向全国宣告：“立国之道，不外二端，首曰拨乱，次曰求治。”“我国拨乱之法，莫如废民主而立君主；求治之法，莫如废民主专制而行君主立宪。此本会讨论之结果也。”② 公开鼓吹帝制，敲响了袁世凯帝制自为丑剧的开场锣鼓。袁世凯的原形也就毕露了。

1914 年 11 月 23 日，袁世凯曾就宋育仁等人倡言复辟发表过一个申令，内有“民主共和，载在《约法》，邪词惑众，厥有常刑。嗣后如有造作谰言或著书立说及开会集议，以紊乱国宪者，即照内乱罪从严惩办，以固国本而遏乱萌”之语。筹安会公开发表宣言，反对共和，鼓吹君宪，正是犯了“紊乱国宪”的内乱大罪，应即按法严惩。因此，有人据此问袁世凯可否干涉筹安会。袁世凯答复说：“近数年来，此项言论虽无开会讨论之举，然耳闻已熟，久已不为措意。自欧战发生以来，世界心目为之一变。又有墨西哥党争残杀之事感触激刺，遂引起中外人留意于新造民国之利害。以予所居地位，只知民主政体之组织，不应别有主张。日前某博士来谒，力辨君主、民主之优劣，予惟答以民主国大总统之职分所存，实难研究及此。至共和原理，本当集大众之心思才力，以谋大众之安乐幸福，此等开会讨论之举，于共和原理初不相背，何从横加干涉乎？予之素志，迭经表示，帝王既非所愿，总统亦非所恋，洹

① 《筹安会与各省机关及各团体往复函电》，《君宪问题文电汇编》第 1 册，北京正蒙印书局。

② 《筹安会与各省机关及各团体往复函电》，《君宪问题文电汇编》第 1 册。

上秋水，无时去怀。无论研究此义者作何主张，于予个人固无嫌疑之可虑也。在予个人，有个人之身家产业、子孙亲族，固期望安全，不能全置度外；在全国人民，亦各有个人之身家产业、子孙亲族，其研究所以永保安全之法，宁非人情切己之所应有！况此事为四万万人生死之问题，予既受国民付托，何敢以非所愿、非所恋二者之嫌疑而强加之以干涉乎！此种研究之举，只可视为学人之事，如不扰及秩序，自无干涉之必要也。”① 不惟不提“即照内乱罪从严惩办”，反而说不能“横加干涉”。“六君子”鼓吹帝制系秉其命而行，他“忘却”九个月前的申令，翻云覆雨，反复无常，丝毫也不奇怪。为使“六君子”免出意外，他还格外施恩，派遣荷枪的武装警察前去保护“六君子”的私宅。“六君子”用研究“永保安全之法”为他效劳，他则用警察保护安全作为报答，也称得上一个“投桃报李”的人了。

袁世凯之不“横加干涉”筹安会，还有更为重要的原因。与筹安会开张的同时，袁世凯已经秘密组织起一个由内务总长朱启钤、税务督办梁士诒、镇安上将军督理奉天军务段芝贵（8月22日由湖北调奉天）、农商总长周自齐、参政张镇芳、统率办事处总务厅长唐在礼（8月27日改任参谋次长）、军政执法处处长雷震春、步军统领江朝宗、京师警察总监吴炳湘、拱卫军军需长袁乃宽组成的十人班子，作为发动帝制的中枢。这个班子密电各省将军、巡按使，谓“国体问题，共和不能适用，亟应改为君主立宪，以救危亡”②，将袁世凯的意旨告知他们。各将军、巡按使立即复电表示积极拥护，请求袁世凯“俯从众意，允更国体，定君主之制”③。至8月30日，“国体改用君主之议，各省（指将军等）已全体一致”④。称帝的实际筹备工作业已开始进行，他感谢筹安会鼓吹帝制还来不及，哪能再去干涉呢?

筹安会出现，举国惶恐，人人皆知帝制即将产生。但袁世凯此时仍然装腔作势，指天誓日，不肯承认。

---

① 鹤唳生编：《最近国体风云录》，《国体类·杂录》，第2-3页，1915年。

② 中国社会科学院近代史研究所藏档案。

③ 中国社会科学院近代史研究所藏档案。

④ 《袁世凯伪造民意纪实》，第1页，1916年。

一日，张謇非常恳挚地劝其做中国的华盛顿，不要效法上断头台的法国路易十六，“陈是非，说利害，反复更端，至两小时之久”①。袁世凯死不认账，可是又讲什么“美国人古德诺的共和政体不适宜于中国的提议，却有讨论的价值。将来或者让朱明的后裔出来做皇帝，浙江的朱瑞也可以的”。张謇和他开了个玩笑，说：“朱瑞可以做，难道唱戏的朱素云不可做吗？”② 谈过之后即离京南下。

财政总长周学熙和袁世凯是亲戚，筹安会成立之初，曾询袁世凯意旨，袁世凯亦极力否认有称帝之事。张一麐是袁世凯十余年的心腹幕僚，对袁世凯忠贞不贰，看了筹安会宣言十分惊疑，以为改变国体对袁世凯实在不利，特谒见谏道：“君主之制既革，民主之兴未久，不宜改弦易辙；倘果犯天下之不韪，群必起而击之矣，吾未见其可也。”③ 次日，袁世凯对他说：“在名誉上在道德上，我决不肯作皇帝，你可放心。”张一麐信以为真，极为乐观，逢人便说：“总统真意决不在恢复帝制，筹安会之设，乃系进一步之做法，欲藉此博得一大权宪法耳。”④ 直到9月，袁世凯同张一麐谈起时还说：“从来无不亡之朝，帝王末路，有求为平民而不可得者。余老矣，将营菟裘于海外，外间纷纭，滋非余意。苟相迫者，余当乘桴浮于海。”⑤ 其做作功夫真是到家了！

严修是袁世凯北洋时期的老朋友，德高望重，素为袁世凯所礼敬。帝制公开以后，他在天津得知，急忙入都力争。其家人恐怕惹祸，劝其勿行。他以为朋友之道理应如此，坦然进京。谒见时，他郑重指出：在二十世纪中，帝制决难存在。若行帝制，“则信誓为妄语，节义为虚言”，“各派人士恐相率解体矣”。⑥ 并历述中国历史上君位相承无三代不乱者，筹议帝制，有百害而无一利。还说：“帝制诸人，日挟云台

---

① 《劝告袁氏退休致徐菊人函》，《张謇全集》第1卷，第350页。

② 张孝若：《南通张季直先生传记》，第213页，中华书局，1930年。

③ 甘簃：《睇向斋逞臆谈》，见《近代稗海》第13辑，第368页，四川人民出版社，1988年。

④ 《密谋帝制之渊源》，《中华新报》，1915年12月11日、13日，见《老新闻》，第272页。

⑤ 张一麐：《心太平室集》，“附录”第2页。

⑥ 陈宝泉：《严先生事略》，转见严如平等主编：《民国人物传》9，第408页，中华书局，1997年。

（袁克定字）以蔽大总统。外间真舆论，大总统得知其梗概乎？修为云台危，为大总统危，为袁氏危，深愿予言之不中也。愿大总统三思而后行之，则国家、袁氏之福，馨香祝之。”① 他说得情词恳挚，声泪俱下。袁世凯竟然骗他说：“究竟你是老朋友，他们实在胡闹，你去拟一道命令来，明日即将他们解散。”严修出来，甚为满意。翌日，带着解散筹安会命令的文稿到总统府请见，被传宣处的人挡驾。严修说明系复昨日总统之命。传宣处的人说，今日奉总统之命，无论何人，概不传见。严修方才恍然，知道袁世凯的真意之所在，即日出都而去。②

然而，不论袁世凯如何遮遮掩掩，总是骗不住人的。这时极少数既不赞成而又不敢站出来反对帝制的人，试图以退让妥协的办法，换取袁世凯不要改变共和制度。黎元洪带头上书，提出总统世袭制，魏宸组、徐佛苏等人亦赞同。袁世凯要的是当皇帝，对此根本不感兴趣。因此，看过之后不置可否，一概叫政事堂存档。

广大群众看到帝制将要复活，愤慨至极，纷纷著文或写信，声讨筹安会罪行，“时京师各报馆，投函反对者，日数十起”。谷锺秀、徐傅霖、杨永泰、欧阳振声将《维持共和国体之宣言》投寄京、沪各报，斥筹安会发起人为“妖孽”。上海的南岳峻致电政事堂转呈袁世凯：“论诛杨度诸人，以为谣言乱邦者戒!”③ 北京发起组织的治安会、上海的共和保持会均发表宣言，揭露筹安会的阴谋，号召人民保卫共和制度。还有一些人准备发起组织其他团体，同筹安会对抗，但内务部不准立案。

1915 年 4 月，梁启超省亲南下，曾给袁世凯写了一封长信，忠告其“以一身开中国将来新英雄之纪元”，不要“作中国过去旧奸雄之结局”，不要“舍磐石之安，就虎尾之危”。④ 袁世凯置若罔闻。筹安会成立后，梁启超发表了《异哉所谓国体问题者》一文，反对改变国体。继

---

① 刘成禺、张伯驹：《洪宪纪事诗三种》，第 228－229 页，上海古籍出版社，1983 年。

② 《密谋帝制之渊源》，《中华新报》1915 年 12 月 11 日、13 日，见《老新闻》，第 272 页。

③ 《国内大事记》，《新青年》第 1 卷第 1 号。

④ 梁启超：《上大总统书》，《饮冰室合集》，“专集”之三十三，第 20－22 页，中华书局，1989 年。

之，汪凤瀛发表《致筹安会书》，徐佛苏发表《对于筹安会意见书》，从理论上批驳了筹安会宣言。梁启超之文发表前，袁世凯已有所闻，派人携十万元前往天津贿赂梁启超，令勿发表。梁启超不听，且将该文录寄袁世凯。袁世凯复派人危词恫胁，梁启超不为所动。发表之后，袁世凯因其在社会上影响太大，派人请严复著论驳斥，并送去一张四万元的支票作为酬劳，为严复拒绝。严复马上收到二十多封匿名信，“或喻以利害，或吓以刺杀，或责其义不容辞”，皆谓“非属此文不可”。严复仍不写。袁世凯“知其意不可夺，驳任公（梁启超号任公）之文，乃改令孙毓筠为之”①。

筹安会明目张胆鼓吹帝制，煽动复辟，违反《约法》，触犯《刑律》，完全是个反动组织，必须予以取缔。因此，筹安会成立后，李诲即上呈总检察厅，控告筹安会“叛逆昭彰，动摇国本”，“倡导邪说，紊乱国宪”，“弁髦法纪，罪不容诛”，要求将孙毓筠等人“按照内乱罪从严惩治”；② 同时上呈内务部，指斥该部根本不应核准筹安会成立，更不应派军警保护“六君子”私宅，玩视法令，故为宽纵。

贺振雄和梁觉亦上书肃政厅，周震勋上书大理院，分别对杨度、孙毓筠等人提出弹劾、起诉，要求司法机关将他们严拿归案，解散党羽，取消机关，以维护国体而杜绝乱源。贺振雄在呈文中写道：“何物妖魔，竟敢于青天白日之下露尾现形，利禄熏心，荧惑众听，尝试天下，贻笑友邦！窥若辈之倒行逆施，是直欲陷吾元首于不仁不义之中、非圣非贤之类，蹈拿破仑倾覆共和、追崇帝制之故辙，贻路易十六专制魔王流血国内之惨状，其用心之巧，藏毒之深，喻之卖国贼、白狼枭匪，其计尤奸，其罪尤大。呜呼！国之将亡，必有妖孽！妖孽者谁？即发起筹安会之杨度、孙毓筠、严复、刘师培、李燮和、胡瑛诸贼也！……恳请肃政厅长代呈我大总统，立饬军政执法处，严拿杨度一干祸国贼等，明正典刑，以正国是，以救灭亡，以谢天下人民，以释友邦疑义。”③

总检察厅厅长罗文干为此特往见司法总长章宗祥，对他说：“筹安

① 侯毅：《洪宪旧闻》卷1，第5－6页。

② 黄毅：《袁氏盗国记》下篇，第16－18页，上海国民书社，1916年。

③ 《贺振雄上肃政厅请严拿祸国首要杨度等呈文》，《讨袁史料》，第111－112页。

会越出法律范围，法官似应出而干涉。”章宗祥答称：“此责任我不敢担当，须俟与内务总长协议，然后再定办法。”① 卒以不得要领终止，气得罗文干挂冠而去。

肃政厅亦上书袁世凯，指出杨度身为参政，孙毓筠曾任约法会议议长，竟“唱此异说，加以函电交驰，号召各省军政两界各派代表加入讨论”，以致引起“人民惊疑”。近来人心不安，主要是筹安会依然存在之故。因此，应将其“迅予取消，以靖人心”②。

事情越闹越大，人民起来反对，司法检察机关出来干涉，袁世凯不得不“限制”一下，表示帝制非出于自己主动之意了。于是在肃政厅的呈文上批道：“世界各国有君主、民主之分，要不外乎本国情为建设，以达其巩固国家、保全种族之宗旨。中国当君主时代，厉禁讨论民主政体，而秘密结社煽惑不绝，实于共和原理毫无识解；迨潮流所至，一旦暴发，更无研究之余地。迄至今日，不但人民无共和之智识，即居议政行政之地位者，真能透彻共和之原理，百不一睹；而一部分人民主张君主之说，暗潮鼓荡，已非一日，前车之鉴，可为寒心。恐其于君主原理，犹之初创共和时代之茫昧隔膜。讲学家研究学理，本可自由讨论，但具有界说，不可逾越范围。着内务部确切查考，明定范围，示以限制，通饬遵照。”③ 硬是扯起“自由讨论”的破旗为筹安会大开绿灯，顶住严惩筹安会头目的强烈呼声。至于什么“界说”、“范围”、“限制”，不过骗骗人罢了。几天后，他所说的这些又被他抛掷得一干二净。

杨度、孙毓筠等人恃有袁世凯为后台老板，且帝制筹备工作已经开始，不顾人民群众的强烈反对，公然抛掉“研究讨论”的外衣，请求实行帝制。开始，他们想待各省代表到齐后，直接呈请实行；但因筹安会不是立法机关，没有呈请实行的资格，才改为由代表以公民身份，请愿于代行立法院的参政院，再由该院呈请实行。而参政院 9 月 1 日就开会了，代表尚未齐集。他们又改变主意，把部分来京的各省代表和旅京人士，组织成各种名目的所谓“公民请愿团”，于 9 月 2 日向参政院递交

① 鹤唳生编：《最近国体风云录》，《国体类·杂录》，第 5 -6 页。
② 《肃政厅请取消筹安会呈文》，《讨袁史料》，第 112 页。
③ 《袁世凯将肃政厅呈批交内务部文》，《讨袁史料》，第 112 页。

请愿书，请求改变国体。

改变国体就是彻底背叛中华民国，袁世凯不能不表示一下态度。9月6日，他特派杨士琦为代表，到参政院发表宣言说：“维持共和国体，尤为本大总统当尽之职分。近见各省国民纷纷向代行立法院请愿改革国体，于本大总统现居之地位似难相容。”接着一个“但书”转开了话头：“然大总统之地位，本为国民所公举，自应仍听之国民；且代行立法院为独立机关，向不受外界之牵掣，本大总统固不当向国民有所主张，亦不当向立法机关有所表示。惟改革国体于行政上有甚大之关系，本大总统为行政首领，亦何敢畏避嫌疑，缄默不言！以本大总统所见，改革国体，经纬万端，极应审慎，如急遽轻举，恐多窒碍。大总统有保持大局之责，认为不合事宜。至国民请愿，要不外乎巩固国基，振兴国势，如征求多数国民之公意，自必有妥善之上法。且民国宪法正在起草，如衡量国情，详晰讨论，亦当有适用之良规，请贵代行立法院诸君子深注意焉！”[①] 明确告诉参政院，他的大总统是国民公举的，如果国民多数要公举他为皇帝，他也只能听从；国民请愿是正确的，不过他身为总统，主动叫国民请愿改革国体，与其地位“似难相容”，说不出口，你们参政院对此要深加注意。不言而喻，这是要参政院利用民意让他当皇帝，把帝制由秘密转向公开。如此之宣言，何异于面授机宜！

---

① 白蕉：《袁世凯与中华民国》，第257－258页。

三十二　强奸民意

袁世凯在平时与亲信的谈话中，总是说："如果全国老百姓一定要我做皇帝，我就做。"① 1915年9月6日，他又令杨士琦把"征求多数国民之公意"的意思明确告诉参政院。袁世凯一定要标榜民意是不难理解的。在专制君主时代，谁有力量能把前朝皇帝赶下台，谁就可以在"天命所归"的名义下，由喽啰们簇拥上九五之尊，称孤道寡，而且理直气壮，毫无愧色。中华民国建立后情况就不同了，君主制度已被推翻，民主政治深入人心，立法机关也建立起来，国家已非一家一姓的私有财产，如果谁胆敢擅自把民主政治制度改为君主专制制度，就要被指为国贼，受到全国人民的一致诛讨。所以，尽管袁世凯具有狂妄野心，自视为一世之雄，对皇位垂涎三尺，却也不敢自行宣布做皇帝，必须盗用全国人民的名义，当作帝制自为的遮羞布和谋叛民国的盾牌。

还在8月30日，以朱启钤为首的秘密筹备帝制的十人班子就秉承袁世凯之意，密电各省将军、巡按使，把利用民意的意图说得一清二楚。该电说："现拟定第一次办法，用各省公民名义，向参政院代行立法院上请愿改革书，表示人民趋向君主之意，再由立法院议定进行之法。大致每省各具一请愿书，均由此间代办，随将稿底电闻，诸公同意，即将尊名并贵省同意绅商列入，俟立法院开院时，各省陆续呈递。总之，改革国体问题，将来必用民意机关解决之。"②

---

① 唐在礼：《辛亥以后的袁世凯》，《文史资料选辑》第53辑，第209页。

② 《袁世凯伪造民意纪实》，第1页。

9月19日，朱启钤、梁士诒、周自齐、段芝贵、张镇芳、袁乃宽、雷震春、唐在礼、吴炳湘、内史监阮忠枢、安武将军倪嗣冲、统率办事处总务厅厅长张士钰（接替唐在礼）、陆军高等军事裁判处长傅良佐、模范团筹备委员陆锦和内史夏寿田，联名呈请早定大计。

同日，梁士诒为避免“奇勋伟业”被白面书生杨度等人夺去，纠集起一批狐群狗党，在安福胡同成立了全国请愿联合会，让沈云霈担任会长，那彦图、张锦芳担任副会长，自己在幕后指挥。他嘱咐袁世凯表面上要竭力反对帝制，请愿和参政院两方面的工作由他去做。

请愿联合会当日发表宣言说：“民国肇建，于今四年，风雨飘摇，不可终日，父老子弟，苦共和而望君宪，非一日矣。自顷以来，二十二行省及特别行政区域暨各团体，各推举尊宿，结合同人，为共同之呼吁。其书累数万言，其人以万千计，其所蕲向，则‘君宪’二字是已。……功亏一篑，则为山不成；锲而不舍，则金石可贯。同人不敏，以为吾父老子弟之请愿者，无所团结，则有如散沙在盘；无所榷商，则未必造车合辙。又况同此职志，同此目标，再接再厉之功，胥以能否联合进行为断。用是特开广坐，毕集同人，发起全国请愿联合会，议定简章凡若干条，此后同心急进，计日程功，作新邦家，慰我民意。”① 很清楚，它所肩负的任务就是伪造民意，使袁世凯登上皇帝宝座。

为了在帝制中建立丰功伟绩，梁士诒表现得特别活跃积极，每天一早开始办公，中午在外吃包饭，晚上很晚才回家。在请愿联合会的煽惑下，不几天，五花八门的请愿团陆续出笼。其人物上自王公遗老、政府官僚、各省将军、巡按使，下至车夫游民，无所不包，样样俱全。

杨度等人也不甘落后，急起直追，组织了以安静生为首的女子请愿团；北京的乞丐和八大胡同的妓女也被分别组织起来，成立了乞丐请愿团和妓女请愿团，手持各色旗帜，大呼小叫奔向街头，齐集新华门外，跪呈劝进表，请求袁世凯俯顺民意，早正大位。

据说，妓女请愿团的领衔人为花元春，请愿书略谓：“妓女等虽操皮肉生涯，也算商标性质。若援捐躯报国之条，自惭形秽；准诸以身发

---

① 《全国请愿联合会宣言书》，《讨袁史料》，第113页。

财之义，敢外生成。合亟披沥下忱劝进。”袁世凯览书后大喜，对梁士诒说：“若辈颇知大体，洵属可佳。”梁士诒趁机献媚说：“花元春名字亦颇吉祥，陛下正位后，选入后宫，可备贵人之选。”袁世凯笑着点了点头。此事为外间所闻，有某个人物幽默地说：“袁强奸民意尚嫌不足，又强奸妓女。”① 闻者皆大笑不止。

军界的发动工作搞得也很出色。8 月下旬，北京军界召开了将校联欢会，发起请愿。9 月，段芝贵联合了十九省的将军、都统、护军使，一齐向袁世凯劝进。继之，各地军警知名头目尽皆请求改行君宪。有些人在劝进电中还特别向袁世凯表达了一定要把他拥上皇位的赤诚忠心。

湖南将军汤芗铭宣誓说：“倘怀挟私意之徒公然阻扰救国大计，誓当为王前驱，除此公敌！”

吉林将军孟恩远保证说：“设他界微有反对者，恩远首先起问其罪，担当诛锄，以去异已，而策治安。”

陕西将军陆建章表态说：“如有困难，凡我军人，愿力排众难，以奠国家磐石之安，而定万世一系之业。”

山西将军阎锡山表示：“锡山忝列军人，苟利于国，艰险不避，誓当竭忠报国。”

奉天师长张作霖拍着胸脯发誓：“关以外有异议者，惟作霖是问，作霖一身当之！内省若有反对者，作霖愿率所部以平内乱，虽刀锯斧钺加身，亦不稍有顾怯！”②

袁世凯为何有这么大的神通，很快在全国范围内搞起一个“轰轰烈烈”的大请愿局面呢？首先，反对帝制的力量尚未组织起来，各地军阀、官僚均无胆量公然站出来同袁世凯作对。大家都知道发动请愿是袁世凯指使的，攀龙附凤者固然积极主动，竞相拥护；即使内心不赞成袁世凯当皇帝的人，在这种政治压力面前，也不得不随声附和，凑个热闹。故一经发动，各地、各机关、各界同时复电响应，形成一呼百诺的形势。其次，剥夺言论自由，贿买报纸广为宣传。对反对帝制的报纸，

---

① 天忏生、冬山：《八十三日皇帝之趣谈》卷上，第 30－31 页，上海文艺编译社，1916 年。

② 以上各电均见《各省将军师长呈大总统电》，载《君宪问题文电汇编》第 1 册。

在内地的一律勒令停版，在租界的一律予以停邮，在国外的一律禁止输入。对鼓吹帝制的报纸则大量给予津贴。其他报纸也都遭到胁迫、利诱，只得跟着御用报纸的调子唱，这样就形成了全国舆论的一律。第三，用暴力和其他手段对付反对派。袁世凯对同国民党有关系的军政人员均派密探暗中监视，稍有不满表示，即加以逮捕、暗害。暗探杀人可以得奖，杀人对他们来说是多多益善。故凡略涉嫌疑的人均不敢反对。对内部的反对派袁世凯亦不放过，如内史沈兆祉不赞成帝制，袁世凯马上命令军政执法处将其拘捕，借以威胁他人。对地位高一些的反对派，则采取明升暗降的办法加以打击，如机要局局长张一麐因反对帝制，被调任为教育部总长。第四，金钱收买。各省请愿代表到京，每月都有津贴，多者几百元，少者百余元。被拉入请愿联合会的，皆可得到一笔多少不等的外快。这对一些人来说颇具吸引力。第五，不签名不发薪水。发薪水之前，机关已写好请愿名单，领薪水时，便问领者签不签名，盖不盖图章。如不同意，不发薪水。那时能有几人会因此而不领薪水呢？所以，同意的说盖章，不同意的也违心地说："天与人归，盖吧！"如此一来，各机关人员便都成了请愿联合会的一分子。第六，帝制派盗用别人的名字。真是无所不用其极。

全国请愿联合会崛起，把发动请愿、制造民意的买卖完全包揽过去，筹安会相形见绌，黯然失色。11 月，杨度等人以国体问题即将解决，宪政即将随之发生为词，把筹安会改名为宪政协进会，收起了臭不可闻的旧招牌。

请愿联合会成立后，即接受全国各界各团体的请愿书，送达代行立法院的参政院，请求改变国体。参政院讨论后认为，国体为宪法上的重要问题，解决权应在国民会议。因此，建议提前于年内召集国民会议（《国民会议组织法》于本年 3 月公布，会议任务是审定宪法，但未召集），或另筹征求民意妥善办法。袁世凯同意前一种办法，决定在 11 月 20 日举行国民会议议员复选后，即召集开会，"以征正确之民意"①。

但召集国民会议需要一定程序，至迟要到 12 月底才能竣事。袁世

① 《政府公报・咨》，1915 年 9 月 26 日。

凯急不可耐，又觉得此法过于迂缓。于是梁士诒指使全国请愿联合会上书参政院，提出总请愿。请愿书提出："现所筹备之国民会议，系以议决中华民国之宪法为目的，若即以之解决国体，则在该会为越俎代庖，即在钧院为削趾适履，此理论之不通者也。况国体问题发生以来，至于今日，已有悬崖转石，不至地不能止之势，四民百业，延颈以待者久矣。"而召集国民会议"过涉繁琐"，"年内召集，既属空文；而大势所趋，又难久待。此事实所不许者也。信如上述，则议决宪法之国民会议，于理于事，俱难借用。应请钧院议决，另设征求民意机关。立法贵简，需时贵短，以定国本而固邦基，大局幸甚"。①

参政院为"尊重民意"，交付院议，参政一致同意请愿联合会的建议。10 月 7 日，参政院把咨文和梁士诒等人起草的《国民代表大会组织法》一并呈送袁世凯。呈文说："国家者，国民全体之国家也。民心之向背，为国体取舍之根本。惟民意既求从速决定，自当设法特别提前开议，以顺民意。……兹议定名为国民代表大会，即以国民会议初选当选人为基础，选出国民代表，决定国体。"② 袁世凯满意了，次日即公布《国民代表大会组织法》，发布召集国民代表大会的告令。

改变国体在即，庆祝民国的国庆节显然已失去了意义，袁世凯遂停止了阅兵和觐贺。但国体尚未变更，仍需走走形式。9 月 26 日，政事堂密电各省说："国庆乃共和之纪念，现既主张君宪，自不必踵事铺张。表面上但谓民力凋敝，宜节浮糜；或谓讹言方兴，宜防嚣动。故宁平淡而无绚烂，以期省财省事，靖安地方。"③ 连骗人的办法都替各省想好了。

与此同时，陆军总长王士珍、海军总长刘冠雄率领所有中央各军事机关人员呈请改变国体，并将各省军界主张君宪的名单一并呈上，各省巡按使、警察头目、少数民族某些王公亦加入劝进的行列。

10 月 10 日，袁世凯发布静候国民解决国体问题的申令，说什么"改革国体，事端重大，倘轻率更张，殊非事宜。但《约法》所载中华

① 《全国请愿联合总会请愿书》，《讨袁史料》，第 114 －115 页。

② 《政府公报 · 命令》，1915 年 10 月 9 日。

③ 《袁世凯伪造民意纪实》，第 3 页。

民国主权本之国民全体，解决国体自应听之国民。昨准代行立法院咨请公布《国民代表大会组织法》，业经颁令公布。本大总统受国民之付托，以救国救民为己任，民所好恶，良用竞竞，唯有遵照《约法》，以国民为主体，务得全国多数正确之民意，以定从违。京外文武官吏有保全地方治安之责，应各督饬所属维持秩序，静候国民之最后解决。其膺选举监督之任者，尤宜遵照法案慎重将事，用副本大总统谨守《约法》、尊重民心之至意”。① 这是在假借民意以售其奸，变《约法》中规定的“中华民国之主权本于国民之全体”为一家一姓之私权，改中华民国为中华帝国。然而，他还大讲特讲“谨守《约法》、尊重民心”！其反动逻辑是：利用《约法》以推翻《约法》，仍叫“谨守《约法》”！

在参政们研究如何“立法贵简，需时贵短”的过程中，陆军总长王士珍不知“各省之担任维持是否实有把握，地方之现状究竟若何”，感到“亟应事先调查，以便随时筹画”，于10月3日密电各省，切实调查汇报。② 各省接到密令，相继电告：“地方极称安靖”，“无鸡鸣犬吠之声”，军警“布置周密”，“众志成城”，“无懈可击”，“万众一心，固若金汤”，“人民于改定国体问题极为欢惬，齐心向顺，无间遐荒”；一致表示：“所有地方治安”，“敢负完全责任”。同时请求“转呈主座，俯顺舆情，速决大计”。③ 袁世凯看过，信心倍增。为慎重稳妥起见，他批令各将军仍应随时戒备，全力维护治安。

国民代表大会的筹备，是在两个班子指导下进行的，而且在宣布召开国民代表大会前已经开始工作。这两个班子一是办理国民会议事务局，一是朱启钤、梁士诒、周自齐等的十人班子，只是原班子中的段芝贵、江朝宗换成了内史长阮忠枢和新上任的统率办事处总务厅长张士钰。前者主要做表面宣传，同时也发出指示和文告；后者则向各省将军、巡按使发出密电，传达袁世凯的命令，按内定步骤指示具体选举工作，是实际上的主持者。

袁世凯强奸了民意发动请愿后，又开始强奸民意选举国民代表大会

---

① 《政府公报·命令》，1915年10月12日。
② 《政府公报·呈》，1915年10月22日。
③ 《政府公报·公电》，1915年10月20日。

代表，举行国体投票了。

先看看国民代表的产生吧。国民代表参加国体投票，选好代表是决定帝制命运的关键，袁世凯为此费尽心机。

首先是确定代表候选人问题。袁世凯怕各省确定候选人容易出问题，基本上采取钦定的方法，绝大多数名单由他和亲信直接圈定，各省不得遗漏和更改。其余少数由各省自定，但必须绝对可靠。9 月 10 日，办理国民会议事务局给各省的电报讲得很明确："此次所谓以国民代表大会决定云者，不过取正式之赞同，更无研究之隙地。将来投票决定，必须使各地代表共同一致主张改为君宪国体，而非以共和、君主两种主义听国民选择自由。故于选举投票之前，应由贵监督暗中物色可以代表此种民意之人，先事预备，并多方设法使于投票时得以当选，庶将来决定投票不致参差。"①

其次是确定推选国民代表的人员（即初选当选人）问题。国民代表虽经内定，形式上还要通过选举产生，以显"民意"，以昭"郑重"。按规定，推选国民代表的人员每县出一名，按期到省谒见选举监督，即将军、巡按使。关于如何产生推选国民代表的人员，办理国民会议事务局 10 月 10 日给各省的电报又讲得很清楚："各县之初选当选人，实为产出国民代表之枢机，允宜特别注意。……尽可于未举行初选之前，先将有被选资格之人详加考察，择其性行纯和、宗旨一贯、能就范围者，预拟为初选当选人。再将选举人（指推选初选当选人者）设法指挥，妥为支配；果有滞碍难通，亦不妨隐加以无形之强制。庶几投票结果，均能范我驰驱，将来选举国民代表及选举国民会议议员时，自可水到渠成。……倘有敷衍竣事，致令桀黠滥竽，则重咎所归，实在各该初选监督。"② 毫无疑问，如此产生的推选国民代表的人员，是绝对符合要求的。

他们到省后怎么选举呢？朱启钤、梁士诒等人又有妙法，指示将军、巡按使：待他们报到时，"必须设招待员或派员疏通意见，再由监

① 《袁世凯伪造民意纪实》，第 1 －2 页。
② 《袁世凯伪造民意纪实》，第 6 页。

督长官以谈话、宴饮为名，召之至署，将君宪要旨及中国大势，并将拟定充选之人名（指国民代表候选人）示之。须用种种方法，总以必达目的为止。……一经接洽，即令推选，总以随到随选为妙，若县数过多，便难指挥如意。”① 告知各省，尽可不择手段，便宜行事。一般人是没有问题的，都会遵命照办；万一有极个别推选人员反对或支吾其词也不要紧，招待人员不讲国民代表候选名单和选举的事，只是含糊表示将来选举时再行奉约，端起茶杯，下个逐客令，此人的选举资格就算被取消了。有了诸如此类的许多卑劣手段，内定的国民代表候选人自然会百分之百的当选了。

国民代表进行国体投票更是花样翻新。所谓全国国民代表大会，不是在北京集中召开，而是在将军、巡按使监督之下，各省分别举行，然后再把票数汇集北京。袁世凯直接圈定的代表，多是在京的各省人士，他们赴省之前，每人赠送大洋五百元，作为参加选举的“川资和公费”。这笔钱是干什么用的，代表们心里有数。到省后，省里为他们设宴接风洗尘，安排宽大舒适的旅舍，订好最著名的酒楼和最清洁的浴池，布置下消遣博弈的场所，有的省甚至物色名妓数十，随时为代表歌唱、侑酒、侍寝。② 办理国民会议事务局曾明确讲过，如用款有困难，“谨当竭诚相助，以便尊处放手办事”③。有中央拨款相助，各省都想尽一切办法搞得完美无缺，无可指责。代表们终日沉湎于吃喝玩乐之中，能不思图报吗？尽管如此，犹恐尚有疏虞，因此统一规定，投票的票面上一律印上“君主立宪”四字，用记名投票方法，以便查对谁投了反对票。这对每个代表都是一个巨大威胁，不用说，是没有人愿意去触霉头的。此外，朱启钤、梁士诒等人还密电各省将军、巡按使：“但求表面与规则吻合，而内部运用，只要操纵得宜，便可放手办去也。”④

各省为了圆满完成投票任务，首先从将军署大门至投票厅的路上布满武装士兵，让代表们从刀丛枪林中走过，给人一种阴森森的恐怖感；

① 《袁世凯伪造民意纪实》，第 7 页。
② 涂竹居：《汤芗铭在湘暴行及筹备帝制纪实》，《文史资料选辑》第 48 辑，第 148 页。
③ 《袁世凯伪造民意纪实》，第 11 页。
④ 黄毅：《袁氏盗国记》上篇，第 106 页。

继之将军、巡按使发表演说，痛诋共和，称颂君宪，要代表慎重从事；最后在虎视眈眈的监视人员监视下投票，代表稍有交头接耳，即遭大声呵斥。四川将军陈宧尤其独出心裁，别具一格。他在会场门口亦派有大批武装岗兵，巡回视察于会场门窗之外。代表签到后，招待员即引入休息室，检查身上有无禁物，以防革命党混充代表，在会场内投炸弹、打手枪。场内每个代表桌上，放有毛笔一支，墨盒一个，点心一盘。笔杆上、墨盒上均刻有“赞成帝制”四字；点心是绿豆做的潮糕，糕面上亦有“赞成帝制”四个字。主席宣布投票意义后，众多的监视人员以手指着墨盒和点心，口中连叫“写”！看见有人沉思，便连声不断地喊“快写”、“快写”！与场内相配合，场外的士兵也把枪栓拉得哗哗作响①。在这种内外胁迫之下，谁敢投写反对票呢？故参政院最后统计的结果是：全国参加投票者一千九百九十三人，赞成帝制一千九百九十三票，无一人反对，无一票作废。帝制派操纵的威力充分显示出来。

本来，国民代表仅有投票决定国体之权，推戴皇帝是国体决定以后的事。但决定国体的总票数尚未汇集，各省在投票决定国体后，紧接着又以同样方式叫代表们在推戴书上签名，推戴了皇帝。各推戴书中都有如下四十五个字：“谨以国民公意，恭戴今大总统袁世凯为中华帝国皇帝，并以国家最上完全主权奉之于皇帝，承天建极，传之万世。”一字不差，一字不少。之所以出现这种“巧合”，是由于朱启钤等十人10月23日曾密电各省，专门就推戴书问题做过指示，特别声明此四十五字系“必须照叙字样”，“万勿丝毫更改”。② 他们还指示各省，国民代表均要委托代行立法院为国民总代表；在三天内准备好商界推戴电、军界推戴电、政界推戴电，以及袁世凯登极时用的国民代表大会庆贺书和商界、军界、政界庆贺书，俟宣诏登极之日，电达皇帝和代行立法院。此即袁世凯被推为皇帝的“民意”真相。

总之，从请愿、选举国民代表到国体投票、推戴皇帝，无一不是袁世凯及其党羽直接操纵指挥的。梁启超在其《袁政府伪造民意密电书

① 杨兆蓉：《辛亥后之四川战记》，《近代史资料》总23号，第41－42页。
② 《袁世凯伪造民意纪实》，第9－10页。

后》一文中，对这套把戏作过下列生动的描述："自国体问题发生以来，所谓讨论者，皆袁氏自讨自论；所谓赞成者，皆袁氏自赞自成；所谓请愿者，皆袁氏自请自愿；所谓表决者，皆袁氏自表自决；所谓推戴者，皆袁氏自推自戴。""此次皇帝之出产，不外右手挟利刃，左手持金钱，啸聚国中最下贱无耻之少数人，如演傀儡戏者然。由一人在幕内牵线，而其左右十数嬖人蠕蠕而动；此十数嬖人者复牵第二线，而各省长官乃至参政院蠕蠕而动；彼长官等复牵第三线，而千七〔九〕百余不识廉耻之辈、冒称国民代表者蠕蠕而动。……则此一出傀儡戏，全由袁氏一人独演。"① 揭露得淋漓尽致。

发往各省的重要文电都是袁氏父子同意的，它是袁世凯强奸民意、操纵帝制罪行的真实记录。袁世凯做贼心虚，极其害怕有人把"民意"的黑幕揭穿，因此，在进行这一罪恶活动的开始，即命令各地确守秘密，责成专人管理，以免泄漏，否则即予惩办！10 月 11 日，办理国民会议事务局又奉令密告各省："关于京外官署往来协商之件，实为治乱安危所系，设或稍有泄漏，转蹈事机不密之嫌。而事关国本，密件若传于道路，尤恐贻政治历史之污。此节对内对外，动关国家威信。贵监督谋国素忠，务望特派亲信人员严密保管。关于国民代表投票密件，其有应饬各县知事及其官署密行之件，仍望随时声明机密，俾免贻误而维国本。"② 严令各省绝对保密。

袁世凯仍然担心将来被人抓住把柄，12 月 21 日，又让该局严肃电告各省："当事务进行之中，彼时公私函电容有误出于法律范围之外者。虽经权并用，系出于爱国之热诚，而事过境迁，则皆为无用之陈迹。且此项文电，无论如何缜密，终涉迹象。倘为外人侦悉，不免妄肆品评，更或史乘流传，遂留开国缺点。中央再四思维，以为不如一律查明烧毁，庶得以清积牍而免遗憾。为此电请贵监督，凡关于此次国体问题一切文件，除法律规定应行存案者，无论中外各地方所来公私文电公函，一律查明，由贵监督眼同烧毁。……盖此次国体改革，为我国历史上莫

① 梁启超：《饮冰室合集》，"专集"之三十三，第 99－104 页。

② 《袁世凯伪造民意纪实》，第 8 页。

大之光荣，不特征诛揖让无此宏模，即揆之外国之名誉改革，应亦未遑多让。尽美尽善，不容有罅隙之留。”①

既然改革国体“为我国历史上莫大之光荣”，“系出于爱国之热诚”，为什么像做贼一样害怕被人“侦悉”、“品评”？害怕“史乘流传”？害怕留有“罅隙”和“开国缺点”？关键是他们的所作所为完全“出于法律范围之外”，根本见不得人。袁世凯的“民意”究竟是什么，两次密电就是最好的自供。袁世凯虽妄图消灭强奸民意的一切迹象，可是，有的省并未遵命实行，反袁斗争一掀起，它就被公布于世，成为袁世凯背叛民国罪行的铁证。

国体投票一开始（最早的省区是1915年10月28日），段芝贵、朱家宝、朱瑞等人就称袁世凯为“皇帝”，自称为“臣”了。袁世凯心里比吃蜜还甜，可是表面上又忸忸怩怩，装作万不敢当的样子，11月7日下了一道命令，叫政事堂转告各地：“迭接各省来电，有称帝称臣字样。以予否德，无补国家，推戴之来，何敢当此，行将以区区素怀沥述于国民。且予从政，前清同僚多属比肩，何敢受臣下之称？且国民代表大会投票总数尚未报齐，改变国体亦未实行，万勿称帝称臣，使予怀抱不安也。”②

12月11日，参政院举行全体会议，汇集了出席全国国民代表大会的人数和国体投票的总票数。杨度和孙毓筠提议，既然全国一致赞成君主立宪，推戴袁世凯为皇帝，而参政院又由各省委托为总代表，那么，参政院就应该以总代表名义恭上推戴书。与会者均赞成，立即推举数人起草，之后当众宣读，参政诸公三呼“万岁”散会。接着把参政院的总推戴书和其他推戴书一齐呈送袁世凯。

总推戴书用奏折体，文中已将“钧鉴”改为“圣鉴”，将“大总统”改称“我圣主”，对袁世凯进行肉麻的吹捧。最后直称：“我皇帝睿智神武，为亿万姓归心之元首，伏愿仰承帝眷，俯顺舆情，登大宝而司牧群生，履至尊而经纶六合。”③

---

① 《袁世凯伪造民意纪实》，第13页。
② 《政府公报·公电》，1915年11月9日。
③ 《政府公报·呈》，1915年12月13日。

推戴书于当日上午十一点半呈进。下午，袁世凯下达了如下申令：“查《约法》内载，民国之主权本于国民之全体。既经国民代表大会全体表决改用君主立宪，本大总统自无讨论之余地。惟推戴一举，无任惶骇。天生民而立之君，大命不易，唯有丰功盛德者始足以居之。本大总统从政垂三十年，迭经事变，初无建树。改造民国，已历四稔，忧患纷乘，愆尤丛集，救过不瞻，图治未遑，岂有功业足以称述？前次隐迹洹上，本已无志问世，遭遇时变，谬为众论所推，不得不勉出维持，舍身救国。然辛亥之冬，曾居政要，上无裨于国计，下无济于民生。追怀故君，已多惭疚，今若骤跻大位，于心何安？此于道德不能无惭者也。制治保邦，首重大信。民国初建，本大总统曾向参议院宣誓，愿竭能力，发扬共和。今若帝制自为，则是背弃誓词，此于信义无可自解者也。本大总统于正式被举就职时，固尝掬诚宣言，此心但知救国救民，成败利钝不敢知，劳逸毁誉不敢计，是本大总统既以救国救民为重，固不惜牺牲一切以赴之。但自问功业既未足言，而关于道德、信义诸大端又何可付之不顾？在爱我之国民代表，当亦不忍强我以所难也。尚望国民代表大会总代表等熟筹审虑，另行推戴，以固国基。本大总统处此时期，仍以原有之名义及现行之各职权，维持全国之现状。除咨复代行立法院，并将国民代表大会总代表推戴书及各省区国民代表推戴书等件送还代行立法院外，合行宣示，俾众周知。”①

国体解决了，劝进表呈上了，袁世凯反而“谦虚”起来，羞羞答答了。这是怎么回事？原因有二：第一、他接到第一次推戴书即直受不辞，当皇帝的猴急劲儿未免过于彰明昭著，惹人讥评，故不能不“逊让”一番；第二、“民意”虽然有了，但如不把“道德”、“信义”问题解释清楚，不把“盛德”列举出来，他那个欺凌孤寡和背叛民国的恶名就很难洗刷掉，当皇帝便名不正，言不顺，站不住脚。因此，必须进行再推戴，让爪牙做一篇歌功颂德的大文章，把恶名全部洗刷清楚，使他“当之无愧”。

12月11日下午，参政院向袁世凯呈上了第二次推戴书。这次的推戴书首先针对袁世凯所说的“功业不足称述”，列举了“经武”、“匡

① 《政府公报·命令》，1915年12月12日。

国”、“开化”、“靖难”、“定乱”、“交邻”六大“功烈”，称其功勋“迈越百王”，其肉麻程度远远超过第一次。后边就“道德”、“信义”问题做开了文章。关于“道德”问题，推戴书认为，袁世凯“尽瘁先朝，其于臣节，可谓至矣”，并以种种“事实”加以论证。至于清室灭亡，“此中盖有天命，非人力所能施”；且“清室鉴于大势，推其政权于民国，今则国民出于公意，戴我神圣之新君，时代两更，星霜四易，爱新觉罗之政权早失，自无故宫禾黍之悲”。“废兴各有其运，绝续并不相蒙”，“未有如是之光明正大者”。结论是“德行”超过了古代君主。关于“信义”，推戴书的诡辩是：“至于前此之宣誓，有发扬共和之愿言，此特民国元首循例之词，仅属当时就职仪文之一。盖当日之誓词，根于元首之地位；而元首之地位，根于民国之国体；国体实定于国民之意向，元首当视乎民意为从违。民意共和，则誓词随国体为有效；民意君宪，则誓词亦随国体为变迁。今日者，国民厌弃共和，趋向君宪，则是民意已改，国体已变，民国元首之地位已不复保存，民国元首之誓词当然消灭。凡此皆国民之所自为，固于皇帝渺不相涉者也。”一切都解释得“清清楚楚”，推戴书最后请求袁世凯不必“硁硁然守仪文之信誓”，“毋循礼让之虚仪”，“亟颁俞诏，宣示天下，正位登极”。①

袁世凯欲借参政院之口洗净身上的污秽，可是，过去的历史已由自己的言行写定，任何文人的伪造、任何机关的捧场都是徒劳的，它只能把自己伪君子的丑态和捧场者的肮脏灵魂暴露得更加彻底。

第二次推戴书是在宣读了袁世凯不承认帝位的咨文，听取了孙毓筠阐述二次推戴的理由，并进行表决通过后才宣布由秘书起草的。参政院下午五点开始开会，五点一刻推戴书就脱稿了。除去宣读、提议、表决，起草的时间最多只有十分钟，而这篇推戴书却长达二千六百余字，在几分钟之内，不用说起草，即令飞速抄写也来不及。从二次推戴书的出笼完全可以看出，袁世凯事先把一切已经安排就绪。

原来在参政院推戴之前，杨度就草拟好了第一次推戴书，并呈送袁世凯看。

---

① 《政府公报·命令》，1915年12月13日。

袁世凯阅后大喜，继而问：“受此书后，其对付若何？直任与否，何者为宜？卿盍为我决之！”

杨度未及回答，一旁的杨士琦对曰：“此书上时，当然以辞让不受为是。”

袁世凯闻言脸色顿变。杨度见状，急忙解释说：“初次申令，谦让未遑，以明天下不与之本心。再由臣等接续上第二次请愿书，书词宜加迫切，然后由第二次申令承受。于是我皇上因天与人归、其难真慎之至意，庶几晓然共喻矣！”

袁世凯始展颜笑曰：“手续固应如此，卿等真予之（张）良、（陈）平也！”又对杨度说：“此申令草还当属杨君，即时奏笔可乎？”

杨度领命，即到秘书办公室去起草。

袁世凯又问：“第二次请愿书何如？”

杨士琦回答：“自当速办。”

袁世凯对孙毓筠讲：“卿亦建策者，此草即以相属，何如？”

孙毓筠闻命不胜欣喜，立即动笔。

杨度与孙毓筠写就呈上，袁世凯“奖励备至”①。

这就是袁世凯策划的大致过程。

尽管袁世凯“谦逊不遑”，然而尚未做到“三揖三让”，就“当仁不让”，下令承认帝位了。12 月 12 日申令说：“天下兴亡，匹夫有责，予之爱国，讵在人后？但亿兆推戴，责任重大，应如何厚利民生，应如何振兴国势，应如何刷新政治，跻进文明，种种措置，岂予薄德鲜能所克负荷？前次掬诚陈述，本非故为谦让，实因惴惕交萦，有不能自已者也。乃国民责备愈严，期望愈切，竟使予无以自解，并无可诿避。第创造弘基，事体繁重，洵不可急遽举行，致涉疏率。应饬各部院就本管事务，会同详细筹备，一俟筹备完竣，再行呈请施行。凡我国民，各宜安心营业，共谋利福，切勿再存疑虑，妨阻职务。各文武官吏，尤当靖共尔位，力保治安，用副本大总统轸念民生之至意。”②

---

① 许指严：《新华秘记》，见《近代稗海》第 3 辑，第 325 页。

② 《政府公报·命令》，1915 年 12 月 13 日。

在此需要提一提国务卿徐世昌。此人阅历很深，经验丰富，善于深思熟虑，没有把握的事从来不去冒险。当时他看到革命党人反对帝制日趋激烈，北洋军阀内部离心力大增，主要人物段祺瑞、冯国璋均持反对态度，日本在利用帝制搞阴谋活动，如果实行帝制，前途究竟顺逆如何，尚难预期。因此，他不赞成袁世凯称帝，也不公然反对，只是郑重规劝。可是袁世凯业已醉心帝制，听不进善言，他只得求去。10 月初，他身体不适，决心引退。袁世凯亲自问候送药，派医生诊治，写信并请其左右慰留。8 日，袁世凯发布召集国民代表大会、决定国体的告令后，徐世昌辞志更加坚决，致函袁世凯说："从古大业之成，必有二三端悋诚毅之士，相与谋议于帷幄之中，沈思眇虑，横览九万里，下窥数百年，犹恐百密尚有一疏。今日者，呼号奔走，皆为名称之更换，而一切经国之宏纲巨制，一未预备，冒然从事，如何着手？……大总统雄才盖世，必有筹策于万全，运用于无形者。特恐政治一度停滞，一番变更，而其中之困难，亦有不可思议者。大英雄本可造世界，特须由我手造，不可假手于人。今日者，帝由民选，各省分疆投票，此例一开，数十年后有无可虑，是可深长思矣。世昌之所以长顾却虑，不能不讨论于大总统之前者，正为维护大总统计耳，正为维护大总统久远之计耳，非有他也。……世昌虽老，壮心未已，本欲赞助钧座，稍有树立，惜衰病侵寻，力不从心，无以报知己为愧耳。惟望放归田里……"①

袁世凯又与他谈了许久，加以挽留。

徐世昌说："举大事不可不稍留回旋余地，若使亲厚悉入局中，万一事机不顺，无人以局外人资格发言，为谋转圜矣。某当此时而求去，非为自身计也。"② 10 月下旬，他辞职了，准备着袁世凯帝制失败时，以局外人资格，出来为其"转圜"。

---

① 北洋军阀史料编委会编：《北洋军阀史料》1，第 604－609 页。

② 徐一士：《谈徐世昌》，《越风》第 4 期，1936 年 1 月。

三十三　准备登极

袁世凯承认帝位的次日，即1915年12月13日上午，在中南海居仁堂接受了百官朝贺。中庭摆设着御案御座，前来朝贺的高级文武官员和参政们有的穿着军装，有的穿着袍褂，有的穿着便衣，形形色色，应有尽有。代理国务卿陆徵祥（12月21日正式任命）和各部总长站在最前列，面对御座北向而立。

班次排好，袁世凯身着大元帅戎装，光着头顶走了出来，在御座旁面向南方站定。

陆徵祥领头向袁世凯行了三鞠躬礼。

袁世凯左手扶着御座扶手，右手掌向上，不断地对行礼的人点头，接受祝贺，内心极为受用。

行过礼，袁世凯讲道："现在全国人民以我国不适共和，议定改建国体为君主，此为人民心理所趋向，予自当以民意为重，已无讨论之余地。予被全国人民推戴为中华帝国皇帝，自顾实不胜惭悚。我国国势积弱，险象四伏，如求转弱为强，殊非易事。国家建造之始，即当为久远大计，来日方长，更不知有几许困难。大位在身，永无息肩之日。故皇帝实为一忧勤惕厉之地位，决不可以安富尊荣视之。且历代皇帝子孙鲜有善良结果，即平时一切学问、职业皆有限制，不能自由。予今为救国救民计，牺牲一身，牺牲子孙，亦义不敢避。惟中国至大，国事至重，予以一手一足，为力几何？所望大众同心协力，牺牲一切，以救国家，庶足匡予不逮。此次筹备大典，务宜删削繁文，不仅吾国历代繁重之典礼不可蹈袭，即世界各君主国现行之典礼，苟有稍涉繁重者，亦不必采用。总之，皇帝不过为国家元首一种尊号，至于立国精神，全在上下协力，艰苦卓绝。若予视皇帝为尊荣，则国家必不保；即大众如视皇帝为尊荣，则国家亦必危。自今以后，予与国民当共视为卧薪尝胆之日，惟愿各以国家为重，以期共济艰难。若国体既改，而于政治不能整理进行，不仅予无以对国民，即庶职百司，亦皆无以对我国民也。"①

朝贺结束，大家纷纷散去，照常上班，没有丝毫声张，没有热闹排场，与平时无二。

出了居仁堂，参政王锡彤没有想到袁世凯会在朝贺时讲出皇帝子孙没有好结果的话，感到非常不吉祥，问周学熙："新皇帝今日出此不祥语，诸公在前者何无一人进宽慰之词者？"周学熙答道："有何可对语？若必欲置对，只好曰：'诚如圣谕而已。'"②

袁世凯为什么要把"光明正大"的朝贺办得如此简单窝囊呢？

首先和外交形势的发展变化有直接关系。原先鼓励、支持袁世凯称帝的日本，现在突然转变态度，极力反对；英国亦出面干预。10 月 28 日下午，国体投票刚在某些省区开始，驻京日本代理公使小幡酉吉约同英、俄两国公使朱尔典和库朋斯齐，会晤外交总长陆徵祥，向袁世凯提出劝告。小幡酉吉说，目前世界大战正在进行，无论何处，苟有事态足以妨害和平与安宁者，均应极力阻其发生。中国实行帝制，将立即"惹起意外之扰乱"，成为"危险不安之域"。这不仅对中国来说是莫大的不幸，即使日本所受之影响亦不可估量，东洋之和平亦"因是陷于危殆之虞"。询问中国政府是否"果自信不致发生异变而得平稳实现帝制"？最后提出："决以友谊劝告大总统善顾大局，延缓其变更国体之计划，以防祸于未然，而固远东和平之基础。"同时声明此举并无干涉中国内政之意。③ 随后，英、俄公使也进行了相同的劝告。

袁世凯万没想到日、英、俄三国提出如此劝告。不过他对此事看得并不严重，以为只要解释清楚，或者再许给带头起哄的日本一些利益，便可迎刃而解。所以事后命陆徵祥答复说：近来中国"国民之主张变更

① 中国社会科学院近代史研究所藏档案。
② 王锡彤：《抑斋自述》，第 216 页。
③ 王芸生：《六十年来中国与日本》第 7 卷，第 6－7 页。

国体者日益增加，国内有实力者亦多数附和，因是结合益固，风潮益激。若专以力压制，不仅违反民意，且有妨害治安之虞，政府何敢负如斯重大责任！故唯有尊重民意，公布代行立法院所通过之法律案，组织国民代表大会，俾共同议决此根本问题。”至于变乱问题，答复说：“当国体讨论甚形猛烈之际，政府恐因是发生事端，深为忧虑，再三电询各省文武官员，能否保持地方秩序？各省复电，每谓苟从民意解决国体问题，则各省皆可负地方治安之责。然则实行改革，断不致发生事端”。“至本国之少数乱徒，逋逃外国或其他中国法权所不及之地，无论既往将来、共和君主，若辈无日不怀破坏之心，而逞酿成祸端之行为。虽然，彼等仅能捏造谣言，煽动人心，而毫无实力。年来虽有小乱，均经扑灭，于大局曾无何等影响。今各省特加注意，十分防范，断无可虑之事。其本国法权不到之处，尚望各友邦政府协力取缔，如斯，则亦无造乱之余地。”①

法国公使旋亦会晤陆徵祥，称奉本国政府训令，劝告袁世凯中止帝制。三国劝告遂变成四国劝告。

日本政府对答复不满意，特令小幡酉吉11月5日再至外交部质询帝制事，谓前此答复未言明延期与否，要求明白答复。外交部答以政府并无急谋变更国体之心，请勿误会。

袁世凯仍怕这种答复引起列强的不满，11月9日派员至日、英、俄、法四国使馆做口头解释，谓“复兴帝制一事暂从延缓，本年内断不实行”②。11日又让陆徵祥请四国公使到外交部面谈，除说明延期实行帝制外，特别郑重声明：万一在本国有突然意外之事变发生，“无论何时，本政府之权力，足随时消灭之”。③ 企图以此取得列强的信赖和谅解。

次日，意大利又插足进来，四国劝告再变而为五国劝告，问题益发严重。12月11日，“国民总代表”正在上推戴书，五国联合大警告又风传开了。袁世凯既向外国声明本年内断不实行帝制，又鉴于外交方面

① 王芸生：《六十年来中国与日本》第7卷，第9－11页。
② 黄毅：《袁氏盗国记》上篇，第128页。
③ 王芸生：《六十年来中国与日本》第7卷，第16页。

的重大压力，不敢再刺激诸多列强，故朝贺仪式不能大肆张扬。

其次和国内局势日益不稳有密切关系。国民党人自“二次革命”失败后，多流亡到日本。孙中山鉴于党员成分复杂，良莠不齐，各行其事，有类散沙，招致革命失败，1914年7月8日，将国民党改组为秘密性质的中华革命党。1915年夏末，孙中山召集十多次讨伐袁世凯的会议，决定组织中华革命军，密令陈其美、居正、胡汉民、于右任分赴上海、青岛、广州和陕西三原，进行筹备。帝制公开后，孙中山号召同志乘时大举。8月，钟明光在广州谋炸龙济光未遂。9月，革命党人用炸弹轰击了鼓吹帝制不遗余力的上海《亚细亚报》分社。11月10日为日本天皇大正登极日，彰威将军兼上海镇守使郑汝成乘车前往日本领事馆祝贺，行至中途，被革命党人击毙。12月5日晚上，上海革命党人占领肇和兵舰，炮轰制造局，进攻警署。

袁克定早以“青宫储贰”自居，帝制派人物想当新朝的开国元勋，他们害怕时间越拖，天下越乱，极力催促袁世凯早日实现帝制。为此，他们对袁世凯封锁消息，甚至伪造日本人在北京办的中文报纸《顺天时报》（该报反对袁世凯称帝），呈袁世凯阅览，以坚定其帝制自为之心，日夜劝其尽早举行一个内部的朝贺仪式，然后再择吉举行登极大典，召宴外国使臣。袁世凯急于要过皇帝瘾，顾虑夜长梦多，亦愿在诸事妥当后尽早安排。故当袁克定看准12月12、13两天均为“黄道吉日”，极力劝袁世凯接受帝位时，袁世凯立即点头同意。袁克定遂通知参政院上推戴书，紧跟着就是辞让、再推戴、承认帝位的一系列表演，13日便急急匆匆、潦潦草草接受了百官朝贺。

朝贺刚结束，日本公使日置益即联合英、俄、法、意四国公使同至外交部，向袁世凯提出警告，声明“五国政府对于将来形势如何转移，仍旧持其静观厥后之态度”①。袁世凯一心要登上皇位，并过高估计自己的力量，自信能平定一切“内乱”，因而对五国警告仍尽量敷衍。

同日，袁世凯颁发了承认帝位后的第一道“谕旨”，重弹“民意”和“天命”的陈词滥调，重点是坚决镇压反抗者。写道：“因思宵小佥

---

① 王芸生：《六十年来中国与日本》第7卷，第19页。

壬，何代蔑有！好乱之徒，谋少数党派之私权，背全体国民之公意，或造言煽惑，或勾结为奸，甘为同国之公敌、同种之莠民，在国为逆贼，在家为败子，蠹国祸家，众所共弃，国纪具在，势难姑容！予唯有执法以绳，免害良善。着各省文武官吏剀切晓谕，严密访查，毋稍疏忽！”①

帝制一公开，袁世凯就着手武力准备，亲自交给军火买办商雍剑秋一张军火订单和一笔订金，要他从德国购买价值一千多万元的枪支弹药，以应急需。在兵力方面，亦部署妥当，尤其是京畿附近和必须注意的重点，均调配了重兵驻防，命令各地军阀严密戒备。现在发出此令，在于让各省加倍提高警惕，确切保证治安。

在笼络人心方面，袁世凯针对不同对象，运用不同方法，予以区别对待。

首先是黎元洪的安置问题。黎元洪在“二次革命”前后，帮助袁世凯干过不少坏事。但被骗进京后，丧失了实权和自由，同袁世凯矛盾日益加深。为自保起见，绝口不谈时事，很少与外人联系，每日晨起，焚香诵经。袁世凯则竭力表示亲近，令其夫人不时邀黎夫人入府宴饮，并与黎元洪结为儿女亲家。1915 年 9 月初，黎元洪看到帝制不得人心，提出辞去参政院院长职务，不再参加会议。袁世凯认为，黎元洪身为副总统，如能拉过来以资号召，对全国影响甚巨。故承认帝位之前，袁世凯已屡次派员争取，示意其赞成帝制，且应黎元洪之请，同时为结好起见，准黎元洪迁出瀛台，移居东厂胡同。

承认帝位后，袁世凯越发着意笼络，派人告知黎元洪，要封其为武义亲王。黎元洪召集左右研究，一派主张非接受不可，一派主张坚决不接受。黎元洪采纳了后者。12 月 15 日，袁世凯下策令说，黎元洪在辛亥革命时“建节上游，号召东南，拱卫中央，艰苦卓绝，力保大局，百折不回。癸丑赣宁之乱，督师防剿，厥功尤伟”，特册封为武义亲王。②并令在京简任以上文武官员到黎元洪府邸致贺，意欲勉强黎元洪接受王爵。百官奉旨，齐赴黎元洪府邸。陆徵祥率领百官请见，并致贺词，恳

---

① 《政府公报·命令》，1915 年 12 月 14 日。
② 《政府公报·命令》，1915 年 12 月 16 日。

请即日就封。黎元洪答云："大总统虽明令发表，但鄙人决不敢领受。盖大总统以鄙人有辛亥武昌首义之勋，故优予褒封。然辛亥起义乃全国人民公意及无数革命志士流血奋斗，与大总统主持而成。我个人不过滥竽其间，因人成事，决无功绩可言，断不敢冒领崇封，致生无以对国民，死无以对先烈。各位致贺，实愧不敢当！"① 话虽不多，意颇刺人，说完掉头而入，弄得百官大煞风景，面面相觑，默然离去。

袁世凯见此着不成，又施展诡计，派成衣匠为黎元洪量做亲王制服，在信封上大书"武义亲王开拆"字样，迫其接受，均被黎元洪退回。19 日，袁世凯申令不许固辞，黎元洪仍然不理，在反对帝制、坚拒册封这个关键问题上，其态度是坚决的。

在社会上，封建余孽、王公贵族盼望清室复辟的还大有人在。袁世凯考虑到这股势力不能低估，应同清室搞好关系，减少反对力量，于是在优待条件上写了一个跋语："先朝政权，未能保全，仅留尊号，至今耿耿。所有优待各节，无论何时，断乎不许变更，容当列入宪法。"② 妄图以此取得清室的好感。

---

① 张国淦：《洪宪遗闻》，《文史资料选辑》第 1 辑，第 145－146 页。
② 溥仪：《我的前半生》，第 93 页。

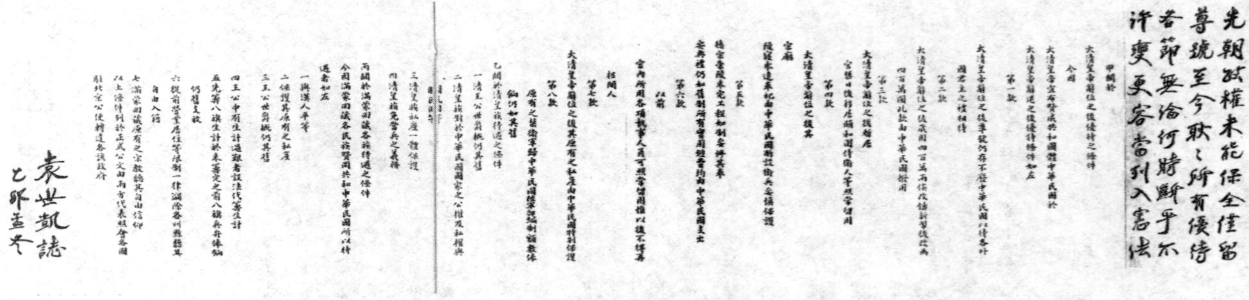

先朝政權未能保全僅留
尊號至今耿耿所有優待
各節無論何時斷乎不
許變更容當列入憲法

甲關於
大清皇帝辭位之後優待之條件
今因
大清皇帝宣布贊成共和國體中華民國於
大清皇帝辭位之後優待條件如左
第一款
大清皇帝辭位之後尊號仍存不廢中華民國以待各外
國君主之禮相待
第二款
大清皇帝辭位之後歲用四百萬兩俟改鑄新幣後改為
四百萬圓此款由中華民國撥用
第三款
大清皇帝辭位之後暫居
宮禁日後移居頤和園侍衛人等照常留用
第四款
大清皇帝辭位之後其
宗廟
陵寢永遠奉祀由中華民國酌設衛兵妥慎保護
第五款
德宗崇陵未完工程如制妥修其奉
安典禮仍如舊制所有實用經費均由中華民國支出
第六款
以前
宮內所用各項執事人員可照常留用惟以後不得再
招閹人
第七款
大清皇帝辭位之後其原有之私產由中華民國特別保護
第八款
原有之禁衛軍歸中華民國陸軍部編制額數俸
餉仍如其舊
乙關於清皇族待遇之條件
一 清王公世爵概仍其舊
二 清皇族對於中華民國國家之公權及私權與
[illegible]
三 清皇族私產一體保護
四 清皇族免當兵之義務
丙關於滿蒙回藏各族待遇之條件
今因滿蒙回藏各民族贊同共和中華民國所以待
遇者如左
一 與漢人平等
二 保護其原有之私產
三 王公世爵概仍其舊
四 王公中有生計過艱者設法代籌生計
五 先籌八旗生計於未籌定之前八旗兵弁俸餉
仍舊支放
六 從前營業居住等限制一律蠲除各州縣聽其
自由入籍
七 滿蒙回藏原有之宗教聽其自由信仰
以上條件列於正式公文由兩方代表照會各國
駐北京公使轉達各該政府

袁世凱誌
乙卯孟冬

袁世凯在优待条件上所写的跋语

清室对袁世凯称帝一事非常嫉恨，原打算采取不闻不问的态度，有了这个跛语，一笔政治交易成功了。12 月 16 日，清室内务府咨会参政院，赞成袁世凯称帝。内称：“现由全国国民代表决定君主立宪国体，并推戴今大总统为中华帝国大皇帝。为除旧更新之计，作长治久安之谋，凡我皇室，极表赞成。”①

清室內務府咨代行立法院
為咨會事案照本日恭奉
大清皇帝諭旨前年辛亥年十二
月欽承
孝定景皇后懿旨委託今
大總統以全權組織共和政府
旋由國民推舉今
大總統臨御統治民國迄以成
立乃試行四年不適國情長此
不改後患愈烈因此代行立法
院據國民請願改革國體議決
國民代表大會法案公布現由
全國國民代表決定君主立憲
國體并推戴今
大總統為中華帝國大皇帝為
除舊更新之計作長治久安之
謀凡我皇室極表贊成欽此等
因相應備文知會
貴代行立法院查照施行須至
咨者

清室内务府咨会参政院赞成袁世凯称帝

① 《政府公报·命令》，1915 年 12 月 17 日。

袁世凯不胜欢悦，于同日宣布："所有清室优待条件，载在《约法》，永不变更。将来制定宪法时，自应附列宪法，继续有效。"① 另外，袁世凯又派江朝宗出面，向清室提出联姻，让自己的女儿嫁给溥仪为皇后。由政治利害关系所决定，太妃只得答应。好在袁世凯死得早，溥仪后来没有同袁世凯的女儿结婚，优待条件也没有写进宪法之内。

前清资政院总裁溥伦在清室中依附袁世凯最甚，为袁世凯索要仪仗和玉玺，极力主张对袁世凯称帝明确表态，被袁世凯任为参政院院长，代替坚决辞职的黎元洪，且"赏食亲王全俸"，以酬其劳。

12 月 18 日，袁世凯重申了满、蒙、回、藏各族人民待遇条件继续有效，争取王公贵族的支持。

同日，袁世凯还下令说："以予薄德，奚足君人！遭时多难，无从息肩，而临深履薄，无时去怀。近见各处文电纷纷称臣，在人以为尽礼，在予实有难安；况今之文武要职，多予旧日之同僚，眷念故侣，情尤难堪。虽四岳五人，曾无异代之成见；而圣帝贤王，万非予所可企及。凡我旧侣及耆硕故人，均勿称臣。时艰方殷，要在协力谋国，无取仪文末节也。"②

他知道有些旧日同僚不肯低首下跪，早已拂袖出京，或是辞职不干，如不妥为笼络，将会造成不良影响，干脆下个命令，一则表示自己虚怀若谷，一则向这些人送个空头人情。

经过政事堂研究，列入旧侣的有黎元洪、奕劻、载沣、世续、那桐、锡良、周馥七人；列入故人的有徐世昌、赵尔巽、李经羲、张謇四人；列入耆硕的有王闿运、马相伯二人。

徐世昌、赵尔巽、李经羲、张謇已经列入故人，受到不臣优待，袁世凯以为仅仅如此并不够，12 月 20 日又特申令，以此四人为"嵩山四友"。申令说："自古创业之主，类皆眷怀故旧，略分言情。布衣昆季之欢，太史客星之奏，流传简册，异代同符。徐世昌、赵尔巽、李经羲、张謇皆以德行勋猷，久负重望，在当代为人伦之表，在藐躬为道义之

---

① 《政府公报·命令》，1915 年 12 月 17 日。
② 《政府公报·命令》，1915 年 12 月 19 日。

交。虽高蹈大年，不复劳以朝请，而国有大政，当就咨询；既望敷陈，尤资责难，匡予不逮，即所以保我黎民，元老壮猷，关系至大。兹特颁嵩山照影各一，名曰‘嵩山四友’，用坚白首之盟，同宝墨华之寿，以尊国耆，其喻予怀！应如何优礼之处，并着政事堂具议以闻。”①

后来政事堂对“嵩山四友”研究了六条优礼办法：（一）燕见：关白大计，陈述情款，均许随时自请入对，延见于便殿，行一鞠躬礼，皇上答礼，赐坐赐茶，称名不臣，迎送于门内；如皇上就见于其家，迎送皆肃立于大门之外。（二）赐舆：延见时得乘坐四人肩舆，直至内宫门外下舆。（三）笺启：特赐启事小章一方，玉质螭纽，文曰“某某启事”，不论何事，均得随时修笺钤章入告。（四）免朝：国有庆典，免其列班朝贺，仍许随时入贺于便殿。（五）特飨：外廷公宴，均免参列，上随时亲设特飨，共席列坐，以燕乐之。（六）优给：按照原俸优予年禄（如曾任某职，即支某职年俸），按月致送，以资供给。

12 月 21 日，袁世凯下了一个“锡爵令”，对军政各界的亲信党羽和实权派大加册封。令曰：“民为邦本，本固邦宁。立国之道，必先求人民之乐利，方有政事之可言。辛亥改革，非无热心爱国之人，而诚不敌奸，民受其祸。秩序紊乱，土匪暴民乘机肆虐，非假托政治，即附会名义，冀遂其贪残争夺之私，扰攘纷纭，莫可究诘。而人民受其荼毒、遭其蹂躏者不知凡几，言之痛心。今之渐就安定，全赖文武将吏深明大义，保国卫民，或屡建殊勋，或力戡变乱，或防守边塞，或保护地方，使国家得以安全，人民得以苏息。予甚嘉之，允宜特沛恩施，论功行赏。”② 特册封：

龙济光、张勋、冯国璋、姜桂题、段芝贵、倪嗣冲一等公；

汤芗铭、李纯、朱瑞、陆荣廷、赵倜、陈宧、唐继尧、阎锡山、王占元一等侯；

张锡銮、朱家宝、张鸣岐、田文烈、靳云鹏、杨增新、陆建章、孟恩远、屈映光、齐耀琳、曹锟、杨善德一等伯；

---

① 《政府公报·命令》，1915 年 12 月 21 日。
② 《政府公报·命令》，1915 年 12 月 22 日。

朱庆澜、张广建、李厚基、刘显世一等子；

许世英、戚扬、吕调元、金永、蔡儒楷、段书云、任可澄、龙建章、王揖唐、沈金鉴、何宗莲、张怀芝、潘矩楹、龙觐光、陈炳焜、卢永祥一等男；

李兆珍、王祖同二等男。

22日，追封赵秉钧一等公，徐宝山一等伯。

23日，册封刘冠雄二等公；雷震春一等伯；陈光远、米振标、张文生、马继增、张敬尧一等子；倪毓棻、张作霖、萧良臣二等子；吴炳湘、徐邦杰、李进才、马龙标、江朝宗等二十一人一等男；杨以德等三十人三等男；刘镇华、唐天喜等五十五人一等轻车都尉；另有十九人二等轻车都尉。

此外，袁世凯还发布了从速制定帝国宪法，迅速筹办、召集立法院，整顿厘卡，文官考试和甄用的申令。为“尊重人道主义”，“祛秕政而重人权”①，又发布了永远革除太监、改用女官和永远革除采选宫女的申令。欲通过以上一些“新政”的点缀，表示一下他这个新皇帝的“开明”，借以收拢已经失散的人心。

对孔夫子的第七十六代孙孔令贻，袁世凯亦优礼相加。孔令贻在帝制活动中担任了筹安会的名誉理事、全国教育界请愿联合会的理事长，派代表住在北京，袁世凯承认帝位后，孔令贻立即致电，表达了他“瞻云就日”的诚意和欢欣鼓舞的心情，并于12月22日亲至北京向袁世凯祝贺。袁世凯对之十分欣赏，特于1916年1月1日加封其郡王衔。

上述命令有一个共同特点，即“本大总统”的称谓不见了。过去凡称“大总统策令”、“申令”、“批令”的，一律改称“政事堂奉策令”、“奉申令”、“奉批令”。到12月下旬，公文、呈文均改成奏折体，口称“皇帝陛下”。袁世凯已经以皇帝自居了。

登极的具体工作在夜以继日地进行。大典筹备处于12月初成立，因当时尚未承认帝位，故秘而不宣，19日方才公布。筹备处的处长为朱

① 《政府公报·命令》，1915年12月23日、26日。

启钤，成员有梁士诒、周自齐、张镇芳、杨度、孙毓筠、唐在礼、叶恭绰、曹汝霖、江朝宗、吴炳湘、施愚、顾鳌。

对于筹备应遵循的原则，袁世凯在12月14日的申令中亲自作了明确指示："立国尚质，惟圣去奢，实为古今致治之根本。此次筹备典制，凡有益于国、有利于民者，自应加意研究，用备施行，此外缛节繁文，概从屏弃。历代朝仪，多相沿袭，跪拜奔走，何关敬事？格律程式，亦困异才，非耗有用之精神，即蔽上下之情志，岂开明之世而宜出此？近年变患频仍，闾阎凋敝，商民坐困，财政奇艰。予一人朝作夜思，惟以培养元气为当务之急，又何可虚糜国帑，稍涉铺张？各部院筹备事宜，务以简略撙节为主，其前代典章失于繁重者，均不许采用，而事虑累民，永悬厉禁。总期君主秕政，悉予扫除，不尚虚文，重惜物力，用副归真返朴、轸念民生之至意。"① 在历代帝王中，能够真正遵循这些原则行事的并不多见。

然而，事实又如何呢？看看筹备帝制的实际情况吧。

袁世凯准备登极的处所是皇宫的三大殿，太和殿被更名为承运殿，中和殿被更名为体元殿，保和殿被更名为建极殿。但袁世凯觉得三大殿和新朝的气魄不大相称，一定要重新进行油饰。而且规定新朝尚赤，以红色为代表色，屋顶的黄瓦也要换成红瓦。殿内圆柱一律改漆红色，当中的八大柱加髹赤金，饰以盘龙云彩。工程费一项即二百多万元。承运殿内设有御极宝座，扶背各处雕有九龙，镶嵌珠宝，价值四十万元。宝座前设有雕龙玺案，案前左右排列古鼎、古炉各三座。座后陈设雕龙嵌宝屏，屏侧各置日月宝扇一对。

登极和祭祀用的吉服，即衮冕、玄衣、纁裳、大带、中衣、朱袜、赤舄，都是按照章制定做的。衮冕的冕延前后垂旒各十二，每旒贯明珠十二，每珠圆径二分，末缀五彩玉；冕的边围饰金云龙二，上施八梁，下施金绣云山纹，两旁垂白玉瑱；冠章以金为质，饰起花云龙二，中嵌大珍珠一环，珍珠十二，通体圆径一寸八分。衣用金绣日、月、星辰、龙、山、华虫、火、宗彝、藻九章，裳用金绣粉米、黼、黻三章，衣裳

---

① 《政府公报·命令》，1915年12月15日。

皆绿金织云龙锦。中衣上织金云锦。大带为金织云龙锦。朱袜饰以金绣云龙。赤舄缘以金锦，绣金云纹①。仅登极和祭天用的两袭龙袍，即价值八十万元，其中最大的大东珠取自清室内库，尚未计算在内。

所用玉玺先从清室借来，但因是满汉合璧，不合要求，袁世凯未用，又另雕一颗，价值十二万元。金质御宝五颗，价值六十万元。

此外，还有案衣、围顶、门帘、拜褥等物，皆黄云缎制成。

这些御用品总计在三百万元以上。典礼费一项约二百万元左右。大典筹备处人员的津贴和其他开支也不下几十万。据调查，大典筹备专款，竟用去两千万元！

有时为了收买一封劝进电，他也不惜花上几十万元。辞职回湖南的国史馆馆长王闿运有如下一个电报："共和病国，烈于虎狼，纲纪荡然，国亡无日。近闻伏阙上书劝进不啻万余人。窃读汉语记有云：'代汉者当涂高。''汉'谓汉族，'当涂高'即今之元首也。又明谶云：'终有异人自楚归。'项城即楚故邑也，其应在公。历数如此，人事如彼，当决不决，危于积薪。伏愿速定大计，默运渊衷，勿诿过于邦交，勿挠情于偏论，勿蹈匹夫硁守之节，勿失兆姓归命之诚，使衰老余生重睹天日，闿运幸甚！天下幸甚！"② 这封不到一百五十字、牵强附会、胡说八道的劝进电，就是袁世凯为了借重王闿运的大名，嘱咐汤芗铭花了三十万元买来的。

袁世凯从发动帝制到筹备登极，共挥霍了数千万。其资金主要来源有：第一，私提中国、交通两银行本金。第二，强迫群众认购国内公债，变卖官产，挪用爱国储金和铁路收入。第三，令烟土商报效。袁世凯自上台后曾数次下禁烟令，但为了筹备帝制经费，便任命蔡乃煌充任查办江苏、江西、广东三省禁烟特派员，以准许在三省销售烟土为条件，叫烟商报效了三千七百万元。第四，苛捐杂税。1915 年全国的农业生产普遍减产，十几个省非遭受水灾，即遭受风灾、旱灾或蝗灾、雹灾，有的地方颗粒未收，房屋人畜被大水淹没殆尽。广大人民流离失

---

① 《袁大总统登极大典》，"吉服章制"，第 1 页，稿本，北京图书馆藏。
② 《政府公报·公电》，1915 年 11 月 22 日。

所，饥寒交迫，卖儿卖女，死亡相枕。袁世凯为了筹措帝制经费，不仅强制推行和增收印花税、验契税、所得税，而且强行摊派“国民代表选举费”、“大典筹备费”等种种苛捐杂税，“处处设卡，节节抽税，密如蛛网”①，有如敲骨吸髓，哪里还管人民群众的死活！

袁世凯极力把自己标榜为一个“圣君”，但铁的事实证明，他说的是一套，干的又是一套，是个高唱“重惜物力”、“轸念民生”的伪君子！

殿宇、服冠和御用品之外，袁世凯还让有关部门筹备好了开国登极的郊天大典，遣官祗告阙里“至圣先师”孔子之礼，遣官祗告清太庙之礼，遣官祗告“关壮穆侯”、“岳忠武王”之礼以及其他典礼；统一规定了娘娘吉服、妃嫔吉服、皇子吉服、皇女吉服、诸王吉服、职官吉服；演习好了丹陛大乐、中华韶乐、导迎乐；置办了天坛、孔庙、关庙、岳庙、历代帝王庙的应用器物；安排好了法驾卤簿，进退宫殿的路线，应派执事人员，文武百官的班位，以及进玺、颁诏和各地方朝贺的仪式。同时规定：“登极前一日起，京外各公署、学校暨商民各户，均悬旗结彩三日。”② 预备大大庆祝一番。

万事俱备，袁世凯专等明年2月上旬登极了。

---

① 《政府公报·命令》，1915年12月17日。

② 《袁大总统登极大典》，“开国登极大典”，第12页。

三十四　皇帝总统

正在袁世凯急切盼望举行登极大典的时候，1915年12月23日，云南将军唐继尧、巡按使任可澄发来的一封电报摆在了他的面前。电文曰：“自国体问题发生，群情惶骇，重以列强干涉，民气益复骚然。佥谓大总统两次就职宣誓，皆言恪遵《约法》，拥护共和。皇天后土，实闻斯言，亿兆铭心，万邦倾耳。记曰：‘与国人交，止于信’；又曰：‘民无信不立’。今食言背誓，何以御民？比者代表议决，吏民劝进，推戴之诚，虽若一致，然利诱威迫，非出本心；而变更国体之原动力，实发自京师，其首难之人，皆大总统之股肱心膂。盖杨度等六人所倡之筹安会，煽动于最初；朱启钤等人所发各省之通电，促成于继起。大总统知而不罪，民惑实滋。查三年十一月二十四日（实为二十三日）申令有云：‘民主共和，载在《约法》，邪词惑众，厥有常刑。嗣后如有造作谰言，紊乱国宪者，即照内乱罪从严惩办’等语。今杨度等之公然集会，朱启钤等之秘密电商，皆为内乱事重要罪犯，证据凿然。应请大总统查照前各申令，立将杨度、孙毓筠、严复、刘师培、李燮和、胡瑛等六人，及朱启钤、段芝贵、周自齐、梁士诒、张镇芳、雷震春、袁乃宽等七人，即日明正典刑，以谢天下！更为拥护共和之约言，涣发帝制永除之明誓，庶几民碞顿息，国本不摇。否则，此间军民痛愤久积，非得有中央拥护共和之实据，万难镇劝。以上所请，乞以二十四小时答复。谨率三军，翘企待命。”[①] 这是一个要袁世凯拥护共和、放弃帝制的最

① 《唐继尧任可澄致袁世凯促取消帝制诛除祸首电》，《讨袁史料》，第60页。

后通牒，电中所列杨度、朱启钤等人，被称为“十三太保”。

袁世凯最害怕最担心的问题到底发生了。经过慎重思考，他命政事堂于25日复电说：“贵处两次来电，均吁请早定大位，情词迫切。……今据来电，语多离奇，事隔三日，背驰千里。本政事堂实不信贵处有此极端反复之电，想系他人捏造，未便转呈。请另具印文，亲笔签名，迅速寄京，以便核转。”① 想以他人捏造代发为词，让唐继尧、任可澄收回前电，来个私下解决。

但是，25日蔡锷、唐继尧、任可澄、戴戡等人宣布云南独立、声罪致讨的通电又到了。略谓：“天祸中国，元首谋逆，蔑弃《约法》，背食誓言，拂逆舆情，自为帝制；卒召外侮，警告迭来，干涉之形既成，保护之局将定。……连日致电袁氏，劝戢野心，更要求惩治罪魁，以谢天下。……何图彼昏，曾不悔过，狡拒忠告，益煽逆谋。夫总统者，民国之总统也；凡百官守，皆民国之官守也。既为背叛民国之罪人，当然丧失元首之资格。尧等深受国恩，义不从贼，今已严拒伪命，奠定滇、黔诸地，为国婴守，并檄四方，声罪致讨……”②

通电犹如霹雳一声春雷，震动了祖国大地上空。

讨伐袁世凯叛国称帝的号角首先从云南吹响，不是偶然的。云南地处边陲，北洋军势力尚未达到，军界和政界人士绝大多数一致反对帝制，在云南享有很高威望的蔡锷回去一发动，讨伐袁世凯的号角便吹响了。

自1913年10月以后，反对袁世凯专制独裁的原进步党人愈来愈多。帝制公开，袁世凯的真实面目暴露无遗，大多数进步党人目睹全国人民的愤怒情绪，深深忏悔过去一度同袁世凯合作的错误，与袁世凯彻底决裂，有的愤而辞职出京，有的南下与国民党人采取一致行动。

梁启超一向反对轻易使用暴力，总认为使用暴力会造成严重破坏，但民国以来的严酷现实，使他开始反省并觉悟了。在1915年11月18日的《致籍亮侪、熊铁崖、陈幼苏、刘希陶书》中，他写道：“吾党夙昔

---

① 《政府公报·命令》，1915年12月28日。

② 《宣告独立之通电》，《讨袁史料》，第61页。

持论，厌畏破坏，常欲维持现状，以图休养。以四年来试验之结果，此现状多维持一日，则元气多斫丧一分，吾辈掷此聪明才力，助人养痈，于心何安？于义何取？使长此无破坏犹可言也，此人则既耄矣，路易十四所谓朕死之后，洪水其来，鼎沸之局，既无可逃，所争早暮已耳。”他不但主张用暴力反袁，而且主张力争主动，首先树起反袁旗帜。同书中又说：“吾侪自命稳健派者，失败之迹，历历可指也。曾无尺寸根据之地，惟张空拳以代人呐喊，故无往而不为人所劫持，无时而不为人所利用。……当此普天同愤之时，我若不自树立，恐将有煽而用之、假以张义声者，我为牛后，何以自存！”① 他极力鼓动其学生蔡锷利用在云南的威望，返回云南进行反袁斗争。

蔡锷受梁启超影响很大，参加过进步党，和革命党人关系亦相当密切。进京以后，他发觉袁世凯父子图谋不轨，即谨慎地做着反袁的准备。筹安会出现的次日，他即前赴天津会晤梁启超，密商讨袁计划。蔡锷之反袁，除了赞成共和这一基本思想支配外，还有两个重要因素。其一是，从袁世凯动员二十多万兵力围剿白朗起义中，他看出袁世凯的兵力并不足恃，认为“云南一师，足够打败北洋十个师，就军事论，胜算决不属袁。以是信心十足，毅然回滇首义”。② 其二是，他看到袁世凯与段祺瑞、冯国璋之间存在着很大矛盾，北洋军已经开始解体，不可能动员全部北洋军主力用以镇压人民的反抗。

袁世凯对蔡锷曾多方加以笼络，任其为全国经界局督办、政治会议议员、参政院参政、将军府将军等职；但也防范甚周，派密探严加监视，授意军政执法处搜查其住宅。蔡锷为脱身计，率先签名赞成帝制，对袁世凯表示恭顺，经常到云吉班妓女小凤仙处冶游，伪装意态消沉，胸无大志；同时故意与夫人吵架，借夫妻反目把家属遣送出京。袁世凯见其整日陶醉在销金窟中，认为业已堕落，遂放松监视。11月，蔡锷适患喉疾，发音嘶哑，乃托词就医，入天津日本医院，与梁启超和前贵州巡按使戴戡进一步商订讨袁事宜。接着化装去日本，再转香港和越南海

① 见《饮冰室合集》，“专集”之三十三，第27－28页。
② 韩玉辰：《民初国会生活散记》，《文史资料选辑》第53辑，第256－257页。

防入云南，12 月 19 日安抵昆明。

蔡锷到昆明之前，云南的中级军官均怒火万丈，跃跃欲试，屡次向唐继尧陈说讨袁。而唐继尧总是顾虑重重，委决不下，直到蔡锷抵昆明前五天，接到蔡锷的亲笔信，方才最后下定决心。蔡锷到昆明后，连日同军政各界人物开会密议，唐继尧提出先礼后兵，亦被采纳。于是有了上述 12 月 23 日的通牒电和 25 日的独立讨袁电。

参加欧事研究会的一部分国民党人，在袁世凯称帝后陆续回国，也很注意云南，方声涛、李烈钧、熊克武、李根源、程潜等人均先后到达昆明，与当地人士商议讨袁问题。但他们的影响不如蔡锷大，故未能独立地举起讨袁斗争的大旗。

云南独立后，废除了将军、巡按使称号，推举唐继尧为都督，组织了中华民国护国军。护国军共有三个军，第一军出兵四川，为讨袁主力，总司令为蔡锷，参谋长为罗佩金。下辖三个梯团，第一梯团长刘云峰，第二梯团长赵又新，第三梯团长顾品珍。第二军出兵两广，相机进取湘、赣，总司令是李烈钧，参谋长为何国钧。梯团长有张开儒、方声涛等。第三军总司令由唐继尧兼，任留守，负责前线补给，策应一、二两军。

护国军成立后，男女老幼热泪盈眶，竞相悬旗结彩，热烈庆祝，爆竹声、高呼“中华民国万岁”的口号声彻夜不息，不绝于耳。“眼看金马腾空日，坐待黄龙痛饮时”；“立马华山推翻帝制，挥戈燕地拥护共和”等激动人心的对联贴满了家家户户门口，上书“再造神州”的五色大旗，使人民欢声雷动，军队士气奋腾。退伍战士纷纷归队，广大青年踊跃入伍，学生组织起宣讲团，分赴各县巡回演说，商绅各界亦慷慨陈词，积极赞助。整个昆明城沸腾起来了，谣言停息了，上涨的物价也立时稳定了。

云南独立，宣告了“民意”的破产，敲响了帝制的丧钟。袁世凯又惊又惧，又气又恨，急令政事堂、统率办事处、参政院通电予以驳斥。参政院罗列了蔡锷、唐继尧等人“搆中外之恶感”、“违背国民公意”和“诬蔑元首”三条“罪状”①，呈请立予宣布，克日出兵讨伐。各省

① 《政府公报·命令》，1915 年 12 月 30 日。

将军、巡按使、都统、巡阅使、护军使亦争先恐后表态，叫嚣“大张挞伐，歼除凶慝”。

奉天将军段芝贵电奏：“现在国体已定，奚能为一二叛徒所动摇？该逆等自绝于中国，即为中国之公敌。”“拟请俯准酌带队伍前赴滇省，早歼丑类，以伸天讨。”

河南将军赵倜电奏：“愿率所部，为国前驱，请提一旅之师，以征三苗之罪。”

湖南将军汤芗铭电奏：“小丑跳梁，不难灭此朝食。”

安徽将军倪嗣冲电奏：“唐继尧等重违民意，反复叵测，天兵一临，如汤沃雪。伏乞圣上赫然震怒，声罪致讨。”①

他们同声请求袁世凯早日登极，“以安人心而维大局”。

12月29日，袁世凯下令将开武将军唐继尧、巡按使任可澄、蔡锷褫职，夺去本官和爵位、勋位、勋章，一并听候查办。同时下令加云南第一师师长张子贞将军衔，暂代督理云南军务；加第二师师长刘祖武少卿衔，代理巡按使，命其押解蔡锷、唐继尧等人到京治罪。这种用权位引诱部下背叛长官、挑拨离间的手段太愚蠢，以致被人一眼望穿，不能发生任何作用。张子贞、刘祖武当即通电各地，谓：“近接京电，有加子贞将军衔，暂代督理云南军务，暨加祖武少卿衔，代理云南巡按使之命，是欲餂以利也。子贞等出万死不顾一生之计，兴斯义举，纯系出于爱国之一片热诚，既非威所能胁，亦岂利所能动！”② 揭穿了袁世凯的鬼蜮伎俩。

12月31日，蔡锷、唐继尧等发布讨袁檄文，号召人民奋起剪除独夫，声明誓死拥护共和，使帝制永不发生，建设名实相符之立宪政治。

袁世凯不思悔改，谋求帝位愈急，于12月31日申令改元，以明年为“洪宪”元年。1916年元旦，他将总统府改称“新华宫”，对内称“中华帝国”，改用“洪宪”年号纪年，接受百官朝贺，做起皇帝来了。同日，大典筹备处发出通告，所有奏、咨和一切公牍，自本年1月1日

---

① 以上各电均系中国社会科学院近代史研究所藏档案。

② 《护国军纪事》第1册，“对内文告”，第20页。

起，一律署“洪宪”元年。

然而“洪宪”字样仅仅见于政府的文告和御用报上，人民并不买账，上海各报社仍然沿用中华民国纪年。袁世凯见有人公然抗“旨”，“龙”颜大怒，立命内务部、交通部以专政手段强制执行。两部向报社发出严重警告：“如再沿用民国五年，不奉中央政令，即照《报纸条例》，严行取缔，停止邮递。”① 各报为维持发行，只得将民国纪元改为公历纪元，但仍不用“洪宪”年号。内务部进一步压制，各报才在公历之下横排“洪宪元年”六号小字，聊为应付。

袁世凯有胆量压制国内人民，却无胆量压制外国洋人，政府的对外文件凡书写“洪宪”元年的均被退回。他无可奈何，只好仍用民国年号，以总统身份对外交涉。这样，便出现了帝国和民国并存，中国既非民国又非帝国，既是民国又是帝国的荒唐局面；袁世凯对内是皇帝，对外则是总统，也成了个既非总统又非皇帝，既是总统又是皇帝，非驴非马的怪物。故外国报纸称之为“皇帝总统”，予以辛辣讽刺。袁世凯的左右佞臣也感到对内对外所用年号不一，有失国家尊严，提出疑问。袁世凯说：“横竖外交上之文件，百姓们也瞧不见，只好糊里糊涂的干去。而且我是做的中国的皇帝，不是做外国君主，外人不承认洪宪国号，唯有变通办理罢了。”一天，袁世凯发出两份文件，一对外，一对内。有人便撰一联曰：“两封书，真瞉奇奇，一边标民国，一边标洪宪；四个字，我要问问，到底是总统，到底是皇帝。”② 人民对他的憎恶已达到极点。

袁世凯称帝不仅得不到全国人民承认，而且连他的弟弟袁世彤和妹妹张袁氏（张树声儿媳）也因其称帝而与之断绝关系。他们“同署名遍登京津各报曰：‘袁氏世凯，与予二人完全消灭兄弟姊妹关系。将来帝制告成，功名富贵，概不与我弟、妹二人相干；帝制失败，一切罪案，我弟、妹二人亦毫不负究。特此声明。’云云。袁世凯闻之大为懊恼，然亦莫可如何也”③。

---

① 戈公振：《中国报学史》，第 182 页，三联书店，1955 年。
② 天忏生、冬山：《八十三日皇帝之趣谈》卷上，第 14－15 页。
③ 刘成禺、张伯驹：《洪宪纪事诗三种》，第 234 页，上海古籍出版社，1983 年。

可是，袁世凯舍不得丢掉皇冠，自信有把握能将护国军消灭，仍然一意孤行。谕令大典筹备处，“对于帝制筹备未尽之各要件，仍应提前切实筹备，勿为人言所左右，致贻误机要”。① 为了偿其大欲，他一面开展争取日本的工作，一面加紧了对内镇压。

上年 10 月，袁世凯曾决定以驻日公使陆宗舆为庆贺专使，参加日皇加冕典礼；此时又派农工商总长周自齐为赴日贺礼赠勋特使，名义上是将和大总统同等的大勋章赠与日皇，实际上暗去送礼，乞求日本赞助帝制。为示郑重，袁世凯还加给周自齐“上卿”衔，提高其身份。

袁世凯称帝时刻制的“中华帝国之玺”和“皇帝之宝”

洪宪时期的文官礼服

① 《登极期暂缓事交谕国务卿转告大典筹备处》，《袁世凯全集》第 34 卷，第 46 页。

1916年1月5日，袁世凯张牙舞爪地下了一道申令，说蔡锷“纠合乱党，潜赴云南，诱胁该省长官及一部分军人谋叛国家，破坏统一”，“丧心病狂”，“好乱性成”，特着邻近云南各省将军、巡按使对护国军一体严筹防剿，毋稍疏忽，并命虎威将军曹锟督率各师扼要进扎，听候调用。① 曹锟统率的部队兵分两路：一路进军四川，迎击进入川境的护国军，总司令是第七师师长张敬尧，兵力有第七师、第三师和第八师一旅，此为正面进攻的主力。一路进军湘西，从侧面反击，总司令是第六师师长兼帮办江西军务马继增，兵力有第六师、唐天喜的混成旅、二十师之一部和安徽的安武军。

同日，袁世凯又申令各省长官晓谕人民，说：“蔡锷之流权利熏心，造谣煽乱，非不知人民之状况，时局之艰危，但思侥幸一逞，偿其大欲，即涂炭生灵，倾覆祖国，亦所不顾。”为避免“贻祸全国”起见，他“唯有执法从事，以谢国民”。声明他对护国军进剿是“理所当然”的、“正义”的，叫人民不要附“逆”。还无耻地自我吹嘘说：“天生民而立之君，使司牧之。以藐藐之躬，举数万万人之生命财产，赖一人以保护之；举数万万人之知识能力，赖一人以发育之。昔人所谓夙兴以求、夜寐以思者，责任何等重大！”他把自己打扮成了“救世主”！仿佛没有他的“保护”，中国就会成为强盗世界；没有他的“发育”，人民就要回复到野蛮时代。因此，人民是不能反对他的。袁世凯还说：“予昔养疴洹上，无心问世，不幸全国崩解，环球震动，遂毅然以救国救民为己任。支持四载，困苦备尝，真不知尊位之有何乐！无如国民仰望甚切，责备甚严，同为国民，敢自暇逸？责任所在，尽力以为，不惜一身，只知爱国。皇天后土，实鉴此心！明知暴乱之众、狂妄之徒断不可以谋国，然果使中有杰出之才，可以治国保民，为人民所信仰，极愿听其为之，予得释此艰巨之仔肩，讵非幸事！然能安大局，环顾何人？为智愚所共见。”② 看，他又成了大慈大悲、救苦救难的活“菩萨”！他

---

① 《政府公报·命令》，1916年1月6日。

② 《政府公报·命令》，1916年1月6日。

一生“以救国救民为己任”，“不惜一身”，毫无自私自利之心，是一个纯洁高尚无比的人。因此，人民又是不应该反他的。无耻地自我吹嘘，不过是为了维护既得利益和反动统治，是手中缺少真理、政治极度虚弱的表现，袁世凯的末日为期不远了。

袁世凯为防止云南起义发生连锁反应，1月7日又命令各省将军简拔精锐，听候调动，并对驻防地面务须严密戒备。各军阀奉“旨”后，一面复电报告“乱党”无隙可乘，无论何时，决不致有重大变端发生；一面派出大批如狼似虎的警察、密探，大肆进行搜查。如“屠夫”汤芗铭统治的湖南长沙，“侦察逐家逐户，进行清查‘乱党’，翻箱倒箧，老百姓人人自危，不可终日”。[①] 安徽、奉天等省，还对旅客“实行裸体检查，虽妇女亦不予稍懈”[②]。袁世凯尤其害怕反对者潜入北京城，下令说：“戴戡、任可澄曾为政客，颇有党徒”，“京师为首善之区，难保无此项党徒潜藏煽诱”。“着京师警察厅、步军统领衙门遵饬所属，遇有此等匪徒”，“无论何人，均按军法惩处，勿稍姑息，贻害地方！”[③] 在其指令下，北京成了一个恐怖世界，东、西两个车站和城内布满了便衣侦探，遇有形迹可疑之人，即加拘留审讯；人们谈及云南问题，往往招致横祸，被拘被捕者无日无之，大有谈滇色变、偶语弃市之势。

1月18日，在“新华宫”发现了炸弹，这件谋杀案是袁乃宽之子袁英（字不同）干的。此人反袁思想比较坚决，只是有些荒唐。1915年11月，程潜在上海问他帝制进行情况时，他曾说：“一般走狗，不顾百姓死活，疯狂地忙着筹备大典，已定明年元旦唱《大登殿》。我情急万分，希望有人起义讨逆，我也可以从中做点儿小玩意儿给大家看看。”[④] “新华宫”埋放炸弹就是他搞的一点儿小玩意儿。后来他致书张作霖，约期举事，被逮捕。案发之后，袁世凯益发觉得草木皆兵，从此加强警戒和稽查，搞得神鬼不安，鸡犬不宁。

袁世凯在外交和军事两方面，均碰得头破血流。

---

① 《湖南省志》第1卷，第340页，湖南人民出版社，1959年。
② 《护国军纪事》第1册，“纪事”，第101页。
③ 《京师警察厅饬》第159号，1916年1月11日，安阳市博物馆藏影印件。
④ 程潜：《护国之役前后回忆》，《文史资料选辑》第48辑，第19页。

开始，日本政府对袁世凯派赠勋特使表示欢迎，准备以亲王之礼予以接待。外交部和陆宗舆商定了周自齐的行期和路线，预定1月24日抵达东京。1月14日，日本公使日置益在使馆设宴，热情为周自齐饯行。次日，日本使馆突以电话通知外交部：接政府急电，请周大使暂缓赴日。

16日，陆宗舆电告："今晨各报纷载，日政府已辞退中国特使，其要旨谓：中政府扬言，俟周使归国，实行帝政，颇启列国猜疑。中国南方亦有卖国使节之目，日政府甚深迷惑。二谓将废弃之共和国勋章，未便再赠日皇。"① 其实拒绝的真正原因是袁世凯和日本所订密约的泄露。自周自齐赴日的消息传出后，各国均认为其中必有缘故，千方百计刺探。某国使馆终于收买了内卫长勾克明，从袁世凯处将密件弄到手，交报纸披露。英、美、法、俄等国齐向日本质问，搞得日本十分被动。日本以所订密约秘密泄露，遂拒绝周自齐出使日本。日本拒绝特使，表明袁世凯最后哀求列强支持帝制遭到彻底的失败。经此打击，其威望扫地无余。

岂但如此。1月21日陆宗舆从东京发回两份电报，一为日本政府正式告知："原来贵政府欲改帝制，本系保证无乱。今明明云南有乱，竟于此时断行帝制，无视友邦劝告，则中政府之责任甚大，日政府当然不能承认。"② 二为日本政府决定："当再严词警告中政府延缓帝制，如不听，则出自由行动，派兵驻中国要地。一面认云南为交战团体，一面宣告中国现政府妨害东亚和平。"③ 袁世凯阅后惊得目瞪口呆，魂飞魄散，立即命外交部密告驻京各国公使："现因戡平滇乱，政务殷繁，元首不肯正位。二月初旬登极之期，现已作罢。"④ 但对国内，则秘而不宣。

袁世凯在中南海丰泽园组织了一个临时征滇事务处，负责征剿护国军事宜。由于内政外交一把抓，家庭出现的纷争需要亲自处理，他忙得不可开交。

---

① 王芸生：《六十年来中国与日本》第7卷，第27页。
② 王芸生：《六十年来中国与日本》第7卷，第30页。
③ 王芸生：《六十年来中国与日本》第7卷，第30页。
④ 王芸生：《六十年来中国与日本》第7卷，第31页。

家庭的纷争首先表现在“立太子”问题上。长子袁克定系嫡出，按照封建宗法制度中所谓“立嫡立长”的传统观念，“太子”无疑应该是他的。故他最热衷于鼓吹帝制，并以“嗣皇帝”自居，私自镌刻了“大皇子印”。其把兄弟杨士琦以及杨度、沈云霈、薛大可等人经常在袁世凯面前为其吹嘘，争地位。他平素最孝顺父母，袁世凯对之印象颇好，时常让他代表自己与各方面联系。虽则如此，但袁世凯因他在彰德车站骑马时摔坏了一条腿，左手受了伤，手心无厚皮（经常戴一只手套），说他“六根不全”，难以“君临万民”。次子袁克文是三姨太太的长子，又过继给大姨太太而为其所溺爱。他不大过问政治，但人很聪明，有才气，袁世凯常夸他“有天才”。五子袁克权是二姨太太的长子，人较诚恳，学问亦可，袁世凯同样喜欢。因此，袁世凯曾露出口风，要在袁克文和袁克权之中择一立为“太子”；他们二人的“皇子服”上的金花，与其他“皇子服”亦有区别。不过，袁世凯对袁克文特别偏爱，所以袁克文当立的呼声在家庭中最高。袁克定闻知，大动肝火，扬言说：“如果大爷（只有他称其父曰‘大爷’，原因不明）要立二弟，我就把二弟杀了！”此言一出，整个“新华宫”内人心惶惶，担心家中要闹“血滴子”。二姨太太想当“皇太后”，当然希望立袁克权。最得宠的五姨太太也不甘心，时时在袁世凯面前嘀嘀咕咕，大吹枕边风，要求立其长子——袁世凯的六子袁克桓为“太子”。

“太子”之争，使袁世凯极为恼火。更使他恼火的是伪造日本人所办中文报纸《顺天时报》的被揭穿。他从三女儿那里听说后，把袁克定找来，袁克定承认是自己捣的鬼，跪在地下求饶。袁世凯气愤已极，用皮鞭把袁克定打了一顿，一边打，一边骂“欺父误国”！从此，他看见袁克定就生气，同时也感到帝制前途黯淡渺茫了。

其次是“妃”、“嫔”之争。袁世凯承认帝位，其妻妾都很赞成，元配于氏最为高兴，因为她就是当然的“正宫娘娘”。可是在姨太太中间，由于袁世凯的封诰有别，引起几位的不满。他曾口头封过：大、二、三、五姨太太均为“妃”，六、八、九姨太太均为“嫔”。为“嫔”者感到太不平等，一致向袁世凯提出，要求封“妃”，否则便带着孩子回彰德，而且说起来呶呶不休。袁世凯烦恼万分，长叹一口气，说：

“你们别闹啦，你们都要回彰德，等着送我的灵柩一块儿回去吧！”①

这种内外交攻，搞得袁世凯心力交瘁。他很想找一个大将主持征滇工作，代分其劳。但请段祺瑞请不动，请冯国璋请不来。段祺瑞的借口是“宿疾未愈”。冯国璋惧怕调虎离山。黎元洪和他的关系已经僵化，和进步党人有密切关系，越发请不得。无奈何，征滇的重担还得自己拼着老命挑起来。

蔡锷的第一军不足六千人，1915 年 12 月下旬，第一、第二两梯团先后出发。第一梯团刘云峰部为西路，出云南的昭通、盐津，准备夺取川南重镇叙府。第二梯团赵又新部为东路，向贵州毕节前进，到达后看形势再决进止。第三梯团顾品珍部为后续部队。当护国军进入川境作战时，曹锟的援川军尚未到达，与护国军对垒的是四川将军陈宧统率的北洋军伍祥祯、李炳之、冯玉祥三个混成旅和川军周骏、刘存厚两个师及巡防军。

1916 年 1 月 16 日，第一梯团进入川境，在燕子坡战胜袁军。次日，进至黄果铺，打得伍祥祯旅丢盔弃甲，狼狈窜逃。其后占领安边，进驻叙府。

云南宣布独立时，蔡锷、唐继尧曾电请贵州护军使、督理军务衔刘显世采取一致行动。但刘显世迟疑不决，直至戴戡率领滇军一营进抵贵阳，袁世凯把军饷三十万元汇到后，他才迫于众议，于 1 月 27 日宣布贵州独立。贵州的独立，在政治上扩大了云南起义的影响，在军事上则增强了反袁力量。

外交和军事上的失败，影响到政府内部的一些人物。都肃政史庄蕴宽建议取消洪宪年号，裁撤大典筹备处，停止参政院开会。建议的实质是取消帝制。袁世凯拒绝接受。

内史夏寿田给袁世凯献策，叫他仿照英王兼五个附属国大皇帝的例子，以大总统身份兼满蒙大皇帝，借此下台。袁世凯起初觉得很动听，旋又改变主意。袁克定反对尤为激烈。杨度赶紧警告夏寿田，夏寿田从

---

① 家庭纷争问题，参见袁静雪：《我的父亲袁世凯》，《文史资料选辑》第 74 辑，第 143 -146 页。

此不敢乱发议论。

1 月 25 日，袁世凯再次申令进剿护国军，急令陈宧夺回叙府。1 月 28 日袁军开始反攻，双方战于宗场。激战至第四天，袁军腹背受击，顿时陷于混乱，争相奔逃，被击毙、击伤和堕岩而死者不计其数。袁军第一次夺取叙府的企图被挫败。31 日，冯玉祥的混成旅从南溪反扑过来，与护国军一营在白沙场遭遇，被打得落荒而逃。袁军第二次夺取叙府的企图又告失败。时隔不久，袁军又从犍为和屏山两路进攻，护国军先将巡防军一路乌合之众驱逐远遁，继之集中兵力迎击另一路来犯之敌。经过牛石坪一场激战，敌人又被击溃。从 1 月末到 2 月底，整整一个月，袁军四次夺取叙府的企图被全部粉碎。

东路第二梯团到达贵州毕节后转向北进，于 2 月 1 日占领四川纳溪。袁军方面的防守部队是川军刘存厚师和张敬尧的援川军先遣队，刘存厚师辖有雷飙和熊祥生两旅。刘存厚、雷飙二人同蔡锷关系非常密切，云南宣布独立前夕，蔡锷曾分别致电雷飙、刘存厚，将起义讨袁和军事计划先行告知，请其速作准备。护国军进抵纳溪后，刘存厚遂宣布独立，率雷飙旅向附袁的熊祥生旅进攻，占领益田坝、月亮岩，与泸州隔江对峙。不久，张敬尧的第七师全部赶到泸州，护国军方面赵又新、罗佩金和顾品珍率部亦先后到达纳溪。战况至此转激，袁军始终未能突破护国军防线。后来曹锟的第三师和李长泰的第八师分别到达重庆、合江两地，蔡锷即亲临前线指挥。双方鏖战多日，袁世凯虽然特封熊祥生二等男，李炳之、吴佩孚三等男，进行打气，亦未能稍扭战局，战事陷入相持状态。经过多次战役，张敬尧的第七师伤亡惨重，第三师的吴佩孚旅被杀得尸横遍野，致使新到的第八师闻风丧胆。

戴戡于贵州独立后率领滇黔护国军由遵义向四川綦江出发，开辟了第二战线。蔡锷遂将护国军分为左右两翼，以戴戡为右翼总司令，自兼左翼总司令，不久以罗佩金代之。戴戡又命王文华率部进入湘西，开辟了第三战线。在第二战线上，护国军 1 月 31 日占领永宁，2 月 14 日攻占綦江。在第三战线上，护国军 2 月 5 日占领晃县，后又占领麻阳、芷江，所战皆捷。袁世凯急忙于 2 月 7 日和 14 日分别下令，命汤芗铭、马继增调拨军队，分途进剿湘西护国军，着各路军队一体进剿贵州，拿办刘显世。

与护国军进军的同时，革命党人在其他地方广泛开展起武装斗争。1月6日，广东中华革命军在淡水等地起义，进攻惠州，占领平山。2月8日，居正、许崇智率领中华革命军东北军在山东起义，一周内连克乐昌、高密、益都、安丘、昌邑和寿光六座县城。2月9日，朱执信率部进攻广州。

袁军在川南、湘西的败北，革命党人在其他地方的突起，再加上五国又提出口头警告，迫使袁世凯不得不重新考虑帝制的命运。正在这时，其政治顾问莫理循呈上一份备忘录。

帝制活动开始，莫理循就认为袁世凯“是不智的，而且做的不是时候，还可能把中国卷进严重国际纠纷之中”①。1916年，他遵照袁世凯的愿望，访问了汉口、南京、上海和沿江等地，会见了中外人士，2月7日回京。袁世凯召见了他，紧接着他就写了一份备忘录呈上。

这份备忘录直言不讳地说：“我遇到的每个人，一谈起这个问题，都十分痛惜中国目前的局势，并强烈非难那个酿成目前动乱的帝制政策。我遇到的每个忠于中国利益的人，谈到阁下的政府，不顾一切逆耳忠言，强制推行那项使国家陷入混乱境地的行动时，无不气愤填膺。”在具体列举了许多令人“气愤填膺”的事实后，他又写道：“在中国的每个人，久已知道那些来自各省吁请阁下登极的函电，即使不是全部，也大部系由北京的一小撮顾问准备好，发交各省，再发回北京的。”“外国报刊发表的各省通讯，向全世界暴露了运动的虚妄。向全世界宣告，因为尊重人民的一致愿望而重建帝制，是有损阁下美名和声望的一桩笑柄。”“1月14日阁下似乎听信人言，以为云南叛乱二十天内可以镇压下去。武力可以镇压，但引起叛乱的情绪，武力却镇压不下去。这种情绪得到中国大部分人民，甚至北京消息最灵通的官员们的同情，即使不是得到支持的话。我所能够取得的一切消息，使我深信阁下所听到的报告不是正确的。您的顾问把这一运动的重要性贬到最低度。国家正处于严重危难之中。扭转险境的惟一途径，只有明白宣示放弃复辟帝制。待目前战争告一结束，确实查知民意之后，立即建立宪政议会，召开国

① 骆惠敏编、刘桂梁等译：《清末民初政情内幕》下，第507页。

会，并组成由一位认真负责的人担任总理的责任内阁。”[①]

袁世凯看过以后，深感人心已去，帝制将成泡影；但却极不甘心放弃，又征求其他顾问和帝制派官僚的意见。其他顾问都主张采取比较间接的行动，首先试试延期的办法。梁士诒等人也竭力主张这么办。此策似乎可以少丢一点面子，正符合袁世凯的心意，一直拖到2月23日，他才装作一副悲天悯人的样子，公开宣布：“现值滇、黔倡乱，惊扰闾阎，湘西、川南一带，因寇至而荡析离居者，耳不忍闻，痛念吾民，难安寝馈。加以奸人造言，无奇不有。以予救民救国之初心，转资争利争权之借口，遽正大位，何以自安？予意已决，必须从缓办理。凡我爱国之官吏士庶，当能相谅。此后凡有吁请早正大位各文电，均不许呈递，将此通谕知之。”[②] 接着又通知各国公使，宣称云南事未平定以前，决不登极。

袁世凯被迫暂时延缓帝制，目的是观察一下形势，一旦形势好转，仍要继续实行。因此，当3月4日徐世昌来信劝其取消帝制，警告其“及今尚可转圜，失此将无余地”[③] 时，他没有接受。问题的关键在于能否把护国军一举击败。

四川前线的战争一度出现了有利于袁世凯的局面，但它不是袁军奋战的结果，而是护国军自身的困难造成的。护国军出发时弹药配备不多，只发了两个月的军饷。战至2月下旬，弹药基本消耗净尽，兵员有减无增，战斗夜以继日，士兵风餐露宿，衣服褴褛，身体疲惫不堪，战斗力日益减弱。起义归来之刘存厚师，根本起不到协同作战的作用。加以援军未到，补给无望，蔡锷决定东路军从纳溪后退一程，进行休整。东路退出纳溪以前，西路护国军退出了叙府，戴戡亦将右翼军从綦江撤回。袁军不费一枪一弹收复了纳溪、叙府、綦江一带。

袁世凯接到冯玉样部收复叙府的电报时，高兴得手舞足蹈，马上于3月7日申令嘉奖，破格赐予冯玉祥三等男爵。得到收复纳溪的消息之

① 骆惠敏编、刘桂梁等译：《清末民初政情内幕》下，第522－526页。
② 《政府公报·命令》，1916年2月24日。
③ 贺培新：《徐世昌年谱》卷下，《近代史资料》总第70号，第23页。

后，他认为“大股悍寇亦经溃败，当不难指日荡平”①，兴奋得几乎发狂，立即晋升张敬尧勋三位，加上将衔；旅长熊祥生、吴佩孚、吴新田均升授中将；团长刘湘获得了勋五位和少将衔。

湘西的情况也使袁世凯精神大为焕发。开始袁军十分不利，护国军连下麻阳、芷江等地。第一路司令官马继增正督兵进剿，不料唐天喜被护国军收买倒戈，从背后袭击，全师溃乱。马继增病气交加，2 月 26 日暴死于辰溪。周文炳接任第六师师长后，督队反攻，护国军退出湘西。袁世凯当即授予周文炳中将，给予二等文虎章。

袁军的捷报，从桂西、滇东也传到了北京，龙觐光率领的征滇军 3 月 2 日占领云南要塞剥隘。龙觐光是云南蒙自县的土司，与广西将军陆荣廷为儿女亲家，其子龙运乾是陆荣廷的女婿。袁世凯为迅速消灭护国军，1 月间征求陆荣廷的意见，拟派北洋军假道广西攻滇，陆荣廷以军民反对为词予以拒绝。袁世凯叫陆荣廷派兵征滇，陆荣廷又以饷械两绌婉辞。袁世凯不得已，乃令署广东巡按使龙觐光组织征滇军，经广西进攻云南。陆荣廷不好再拒绝，只得许诺。龙觐光部一度进入云南的文山和广南之间，遭到李烈钧的第二军迎头痛击，又退回广西。广东巡按使张鸣岐回任，2 月 8 日，袁世凯任命龙觐光为临武将军、云南查办使，专事攻滇。龙觐光一面命另一子龙体乾回云南蒙自、个旧、建水，勾结土匪和封建势力起而暴动，作为内应；一面命团长李文富进攻，李文富部即占领剥隘。袁世凯为此通令嘉奖了龙觐光、李文富，并授李文富勋四位。

袁世凯政府的财政本来很困难，经常靠借外债过日子。梁士诒等千方百计搜刮的钱财，在筹备帝制期间耗去大部。云南起义后，军队的开拔和兵站、粮台等的设置，几乎把余款用尽。财政部要各省解款，以应中央急需。有些省根本不答复；有些省说无款可解；还有的省不但不给，反而以地方危机为由，向中央要款。袁世凯焦急异常，派周学熙和王士珍前往天津，向商务总会请求挪用救国储金，并向盐商借巨款，均一无所获。于是又滥发纸币，结果造成通货膨胀，严重影响人民生活，

---

① 《政府公报·命令》，1916 年 3 月 10 日。

招致一片怒骂。袁世凯罗掘俱穷，只好从“节流”方面打主意，精简机关人员，降低在职人员薪俸，搞得失业官吏怨气冲天，在职官吏叫苦连天。

而对前线拿枪的军队就不同了。为了鼓舞其士气，叫他们卖命，保住自己平安地登上皇帝宝座，袁世凯公布了《颁爵条例》，规定了世爵世职岁俸，奉特令“世袭罔替”的还可以子子孙孙承袭不绝。对有功的人加官晋爵，男爵的加封子爵，少将的晋升中将，旅长的提拔师长，滥发勋章，用名位、利禄引诱。并想尽一切办法采买大批物资，送往前线慰劳犒赏。

为了笼络人心，袁世凯申令派熊希龄为湘西宣抚使，曾鉴为川南宣抚使，前去宣布“德意”。自己拿出两万银元，让财政部拨发十万银元，作为抚恤之用。继之，又下令蠲免了两省有战事各县本年应征的钱粮。

看到三路军事得手，护国军大有“一触即溃”之势，袁世凯认为时来运转，兴奋无比。

但他高兴得太早了。3 月 15 日，陆荣廷在柳州改称广西都督兼两广护国军总司令，通电宣布广西独立；紧接着，龙觐光和龙运乾便做了陆荣廷之子陆裕光的俘虏，其编组的乱七八糟的军队被全部缴械，龙体乾在云南策动的暴乱也被滇军镇压下去。

陆荣廷字干卿，广西武鸣人，清末任广西提督，辛亥革命时附和革命，当上都督。此人既与革命党作对，又对袁世凯不满。他的地位与龙济光相等，而袁世凯待之极不公平，授龙济光为上将军，授他为将军；封龙济光一等公，封他一等侯，这使他心怀怨恨。袁世凯任命王祖同为广西巡按使，会办军务，对他进行监视，又使他愤慨。帝制公开时，陆荣廷阳为附冀，阴与冯国璋及反袁势力结合，互通声气。云南独立后，老上司岑春煊和梁启超、林虎又频频劝其响应，他便秘密作出反袁决定。为了骗取饷械，他还主动请求讨伐贵州。3 月 7 日，袁世凯任命他为贵州宣抚使，又授意龙觐光监视他的行动。他在独立后，即让其子陆裕光解决了龙觐光的军队。

广西独立和龙觐光征滇军的覆灭，粉碎了袁世凯从东部进攻云贵护国军的企图，扩大了反袁战线，增强了反袁声势，有力地支援了在四川艰苦作战的护国军，坚定了反袁军民的信心，瓦解了北洋军的士气。

前线士兵被打得惊惧万分，普遍厌战，用利禄引诱已经失去灵效。将领们接受了冯国璋和段祺瑞的密示，屯兵不前；且日索饷械，与袁世凯为难。袁世凯见前方将士不可用，亟思从后方调兵南下。他觉得张勋每次表态均极坚决，有些希望，遂命阮忠枢前往徐州说服。张勋是个清室复辟派，压根儿不赞成袁世凯当皇帝，表态只不过是应付一下而已，现在真的叫他到前线拼命，就露出了原形。他对阮忠枢说，出兵有“四不忍”，即：“容纵长子，谋复帝制，密电岂能戡乱，国本因而动摇。不忍一。赣、宁乱后，元气亏损，无开诚布公之治，辟奸佞尝试之门，贪图尊荣，孤注国家。不忍二。云南不靖，兄弟阋墙，寡人之妻，孤人之子，生灵堕于涂炭，地方夷为灰烬，国家养兵，反而自祸。不忍三。宣统名号，依然存在，妄自称尊，惭负隆裕，生不齿于世人，殁受诛于《春秋》。不忍四。”[①] 阮忠枢无词，回京复命。袁世凯深深感到长期培养并倚为本钱的北洋军队再也不足恃了，情不自禁地发出几声凄凉悲叹。

令人烦恼的事情接连不断出现。康有为在一封长电中直呼“慰庭总统老弟”，说：“公起布衣，而更将相，身为中国数千年未有之总统，今又称制改元，衮冕御玺而临轩，百僚称圣而上奏，已数阅月，亦足自娱矣。……今公对清室则近篡位为不顺，对民国则反共和为不信，故致天怒人怨，不佑不助，不吉不利，公之近状，必无幸免矣。然则与其为国人之兵迫而退位，何若公自行高蹈之为宜耶？”[②] 劝其速速退位。

各省反对帝制的电文成束地摆在袁世凯的面前。

最使袁世凯震动和丧气的，是直隶巡按使兼督理军务朱家宝转来的江苏将军冯国璋、山东将军靳云鹏、江西将军李纯、浙江将军朱瑞和长江巡阅使张勋请速取消帝制，惩办祸首，以安人心的密电。冯国璋的如意算盘是：不开罪护国军，拉拢北洋派，利用护国军倒袁，依靠北洋派抵制护国军，在护国军与袁世凯之间造成一个举足轻重的第三种势力，

---

① 凤冈及门弟子编：《三水梁燕孙先生年谱》上，第 320 页。

② 康有为：《请袁世凯退位电》，《康有为政论集》下册，第 939 页。

最后取袁世凯而代之。这一手正是师法袁世凯在辛亥革命时的所作所为。靳云鹏、李纯、朱瑞则主要是考虑到自身的存亡，不愿再盲目地追随袁世凯，因而赞成冯国璋让袁世凯退位的建议。冯国璋认为五人联名声势不大，又以五将军名义致电各省征求意见，朱家宝即将该密电上呈袁世凯。

袁世凯看过电报，有如雷击电轰，魂飞天外。如果只是滇、黔、桂三省从外部杀来，只要北洋派团结一致，精诚对外，他还没有完全失去挽回败局的信心，抱着或有一日尚可登极的希望；现在内部出现了这么多“叛徒”，他绝望了，无限悲哀地对夏寿田说：“完了，一切都完了！我昨天晚上看见天上有一颗巨星掉下来，这是我生平所见的第二次。第一次文忠公（李鸿章）死了，这次也许轮到我！”他又十分沮丧地提到其历代祖先都是在五十九岁以前死亡的，而他已经五十八岁，因此害怕过不了五十九岁的关。①

袁世凯找来智囊杨士琦问计。杨士琦处此境况，并无回天之力，只得劝其和平解决西南问题；而要做到这一点，必须取消帝制。袁世凯同意妥协，但顾虑取消帝制后，护国军不允许他继续当总统。

袁世凯又召见梁士诒，梁士诒同样黔驴技穷，束手无策。袁世凯在桌上用手蘸着茶沫乱画了半天，最后对梁士诒说：“事已至此，吾意决矣！今分数段进行，撤销帝制后，中央政事由徐菊人（世昌）、段芝泉（祺瑞）任之；安定中原军事，由冯华甫（国璋）任之。君为我致电二庵（陈宧号），嘱其一面严防，一面与蔡松坡（锷）言和。君与卓如（梁启超）有旧，以私人情谊，请他疏通滇、桂；并复长素（康有为）函，请其婉劝卓如。倘有法能令国家安定，吾无论牺牲至何地步，均无不可者。”②

四川前线的噩耗又纷至沓来。休整后体力完全恢复的护国军，在广西独立的鼓舞下，于 3 月 17 日发起全线反攻，人人争先，个个奋勇，锐不可当。经过几昼夜鏖战，至 3 月 20 日，攻克了纳溪、江安、南川、

---

① 陶菊隐：《北洋军阀统治时期史话》第 2 册，第 182 页。

② 凤冈及门弟子编：《三水梁燕孙先生年谱》上，第 321 页。

綦江等要地。袁军全线崩溃，两张“王牌”张敬尧部和吴佩孚部伤亡惨重，抱头鼠窜，退回泸州，幸得王汝贤旅掩护，才未全军覆没。

从军事力量上看，护国军只有六千人，袁军有十几万，然而袁军却被打得一败涂地。护国军为什么能够以少胜多、以弱胜强呢？原因有二：第一，是由战争的性质决定的。护国军进行的是反复辟、反专制、维护共和的战争，是正义的行动。第二，纪律严明，秋毫无犯。由于战争的正义性，“全军将士上下一心，无不奋勇图功”①，人人均“以战死为无上光荣，以怯懦怕死为莫大耻辱”②，争着杀敌，士气高昂。有这么一个故事：“叙府失守后，袁军入城，某旅长带着参谋、副官、卫士到同仁医院慰问住院的伤病官兵，他对滇军官兵说：‘你们这些穷小子为什么跟着蔡锷来造反，不怕国家王法吗？看你们几个月领不到一点儿饷银用，你们都是好百姓的儿子，现在我赏给你们每人几块钱，各自回家，与父母妻儿团聚过活，岂不快乐吗？’众闻言齐声说：‘我们不要你的作孽钱，我们是不愿做一家一姓的奴才，自愿来打倒袁皇帝，将来做一个民主自由的人民，虽死也是甘心情愿，挨饿受冻更说不上。’这些话把那位旅长说得面红耳赤，口噤不能作声，静悄悄地扫兴走出医院。”③ 它说明护国军战士是懂得为什么而战的，这正是他们英勇顽强、不怕牺牲的力量源泉。由于战争的正义性和纪律严明，护国军得到人民群众的热情支持和帮助。蔡锷一到云南，云南绅商黄德润、赵藩、杨琼、陈荣昌等知名人士即发起召开欢迎大会；征求关于国体意见时，他们反袁态度特别激昂；袁世凯下令将唐继尧撤职后，他们通电宣称，袁世凯之伪命无效，表示与护国军共生死，与民国共存亡。护国军成立，“四乡人民赞助讨袁，复公共捐款五十余万。省城商会慨助二十余万。蔡锷至昭通，该地商会捐银二万两；其先锋队至老雅滩时，该地商会捐银三万两”。④ 打起仗来，人民殷切期待着护国军胜利；护国军胜利了，人民敲锣打鼓放鞭炮庆贺，用酒肉糖果等进行犒劳。护国军夜行军路过

① 《蔡松坡家书》(4)，《近代史资料》总33号，第70页。
② 金汉鼎：《云南护国战役亲历记》，《文史资料选辑》第1辑，第108页。
③ 金汉鼎：《云南护国战役亲历记》，《文史资料选辑》第1辑，第123页。
④ 《护国军纪事》第2册，“纪事”，第24－25页。

村镇，家家户户门口点灯为他们照明；护国军住下，人民用所能拿得出的好饭菜热情招待；护国军出发，人民争着替他们架桥修路，运送行李弹药。为了打垮袁军，人民还替护国军当向导，送情报，掩护伤员，配合护国军作战，扰乱敌军，拦击残敌。即使落草的绿林人物，对护国军亦格外尊敬。如归队的负伤官兵路经夙称“匪巢”的大坝和金鹅池时，当地绿林人物把他们视若上宾，招待酒肉饭食之外，临别还赠送一笔路费，护送出境。

袁军则与此相反。其所进行的是反共和、反民主、维护复辟倒退的战争，是非正义的行动，遭到全国人民强烈反对。士兵平时受军阀的虐待奴役，不愿到前线送死。纪律更败坏到极点，进军途中，他们抓夫、抓船、抓车，稍不如意，即行鞭挞；随便闯入民家，肆行骚扰，抢夺财物，奸淫妇女。在四川前线，他们越发无恶不作：人民的耕牛骡马、猪鸡鸭鹅，不是被他们吃光，就是被他们抢光；任意役使、枪杀群众，强奸妇女，甚至把大姑娘抓到战壕里轮流奸污。这些暴行不能不激起人民群众拿起武器进行战斗，使他们陷入处处受敌、四面楚歌之中。他们的失败同护国军的胜利一样，都是必然的。

在湘西战线上，此时周文炳因病被免职，齐燮元继任第六师师长。这条战线的袁军在冯国璋、李纯授意下，完全采取消极态度，不愿替袁世凯殉葬。护国军乘势反击，相继占领了永祥、永顺等地。

袁世凯当皇帝是由国民代表大会代表“推戴”的，取消帝制也应通过立法机关的表决才行，否则有损声誉。2 月 28 日，为标榜“尊重民意，力求刷新政治”起见，他曾申令提前于 5 月 1 日召集立法院会议。现在准备再提前，以完成取消帝制的法律手续，并作出一个让他仍任总统的决议，这样他由皇帝再变为总统又是“合法”的了。但形势太危急紧迫，召集会议来不及，他只得违反“民意”，推翻国民代表大会关于改变国体的议决，以大总统名义自行颁布取消帝制。

3 月 21 日，袁世凯召集了有国务卿、各部总长、参政院参政、肃政厅肃政史、平政院院长参加的会议，讨论撤销帝制问题。与会者无异词，决定当晚下达撤销帝制令。

可是，袁克定又跳出来横加阻挠，提出西南因为不满帝制，才以独立相要挟；取消帝制后，假若仍然不满，又以独立相要挟，取消总统怎么办？认为如此下去，得寸进尺，没有止境。经他一嚷嚷，袁世凯又动摇了，急令印铸局将令文送回修改。

然而，莫理循又呈上一份备忘录，写道：

> 向可靠方面所作的咨询，证实了我持有的见解，即是局势的严重性在迅速增加。
>
> 据信广东即将脱离，……一旦广东分离出去，湖南、江西和南方其他各省也会仿效。
>
> 他们将正式要求各外国承认脱离了的省份为交战的一方。日本肯定会给予这种承认。
>
> 外国的可靠报道，把云南军队的守纪律和人道行为，同北方军队的残酷蛮横作风做了对比。……
>
> 如果总统立即发布一道有力、明确的命令，放弃帝制，并宽宏大度地承担起筹安会一切陷国家于内战的活动的责任，那就可能防止更大的危险。
>
> 这条命令的措词应该毫不含糊或毫无保留。
>
> 继最近宣布延期建立帝制，并拒不接受主张帝制的新条陈之后，又紧接着发生颁布许多新命令，设立勋贵品级，继续筹备帝制，不断使用皇帝仪式和尊号的事。这一切使目前危险的局势严重恶化。这种显见缺乏诚意的做法，为人们深恶痛绝。①

袁世凯阅后惊骇万分，左思右想，终无良策，咬咬牙，狠狠心，还是决定下达撤销帝制令。

22日，袁世凯召集帝制派要人开紧急会议，并派人将取消帝制的意思通知了段祺瑞和徐世昌，请他们与会。段祺瑞、徐世昌应召而往。会上，袁世凯提出立即撤销帝制。帝制派面面相觑，不知所措。徐世昌、段祺瑞均表同意。这时倪嗣冲拍案而起，狂叫："君主政体中国行之数千年，何物小丑，敢以取消相要挟！臣誓死扫荡群丑而后已！"② 袁世

---

① 骆惠敏编、刘桂梁等译：《清末民初政情内幕》下，第534－535页。

② 李剑农：《戊戌以来三十年中国政治史》，第229页，中华书局，1965年。

凯把冯国璋等五人的密电往他手中一塞，他方无异言。

同日，袁世凯免去陆徵祥的国务卿，让他专任外交总长，任命徐世昌为国务卿。这时袁世凯又想起忠诚耿直的张一麐，将他召来，说：“予昏愦，不能听汝之言，以至于此。今日之令，非汝作不可。”并拿出王式通起草的稿子给他看，说：“吾意宜径令取消，并将推戴书焚毁。”张一麐接道：“此事为小人蒙蔽。”袁世凯说：“此是余自己不好，不能咎人。”张一麐见其没有诿过于人，以为“犹是英雄气概也”。①

撤销帝制申令于当天发布，略谓：“自上年时异势殊，几不可遏，佥谓中国国体，非实行君主立宪，决不足以图存”。“嗣经代行立法院议定由国民代表大会解决国体，各省区国民代表一致赞成君主立宪，并合词推戴”。“予更无讨论之余地”，“以至无可诿避，始以筹备为词，借塞众望，并未实行。及滇、黔变故，明令决计从缓，凡劝进之文，均不许呈递”。“代行立法院转陈推戴事件，予仍认为不合事宜，着将上年十二月十一日承认帝位之案即行撤销，由政事堂将各省区推戴书一律发还参政院代行立法院，转发销毁。所有筹备事宜，立即停止”。“盖在主张帝制者，本图巩固国基，然爱国非其道，转足以害国。其反对帝制者，亦为发抒政见，然断不至矫枉过正，危及国家。务各激发天良，捐除意见，同心协力，共济时艰，使我神州华裔，免同室操戈之祸，化乖戾为祥和。总之，万方有罪，在予一人！今承认之案业已撤销，如有扰乱地方，自贻口实，则祸福皆由自招，本大总统本有统治全国之责，亦不能坐视沦胥而不顾也。”②

在此，袁世凯又玩起新的把戏。首先，把帝制祸首说成是“本图巩固国基”的“爱国”者，主观愿望是好的，妄图开脱其罪责，使之逃脱人民的惩罚；其次，抹杀斗争的原则分歧，并叫嚷反对者应“激发天良”，不要“同室操戈”，“危及国家”，企图模糊人民的认识，让人们放下武器；再次，自封为总统，继续统治全国人民，并威吓说，如果谁再反对，即实行镇压。但不论如何要无赖，搞阴谋，施诡计，人民再也

---

① 白蕉：《袁世凯与中华民国》，第 330 页。

② 《政府公报·命令》，1916 年 3 月 23 日。

不会受骗上当了。

3 月 23 日，袁世凯免去冯国璋的参谋总长兼职，任命段祺瑞为参谋总长；申令废止“洪宪”年号，仍以本年为中华民国五年。

袁世凯从改元“洪宪”到废止“洪宪”年号，前后共八十三天。他当了八十三天闭门天子，做了一场皇帝梦，登极大典尚未举行，“圣旨”不出宫门一步，就被全国人民从皇帝的宝座上赶了下来。

三十五　呜呼哀哉

撤销帝制后，徐世昌、段祺瑞携手登台，收拾残局，以为调和南北为先决问题，派杨士琦持电稿往商副总统黎元洪，得到同意，遂以三人名义致电陆荣廷、梁启超、唐继尧、蔡锷说："帝制取消，公等目的已达。务望先戢干戈，共图善后。"[①] 3月30日，统率办事处亦致电蔡锷、唐继尧、陆荣廷和刘显世说："国之存亡，匹夫有责，转祸为福，在诸君一念之间。"苦苦哀求："务望诸君罢兵息民。"[②] 被打得惊魂失魄的袁军一听到议和，仿佛获得了第二次生命，曹锟、张敬尧均表示拥护。陈宧为保持既得利益，一直与蔡锷书来电往，并派专人到南京同冯国璋联系，现在停战议和，亦求之不得。

蔡锷对袁世凯被迫取消帝制，"以缓和国人之心理，孤我军之势力，仍盘据现位，以为卷土重来之地"的企图看得很清楚。他认为，护国军本应把讨袁战争"贯彻始终"，但前线的实际情况则是"势非得新援及将器械、人员、弹药补充完备，决难转移攻势"。为了"赶行筹备军备，以图大举"，他又认为，"不妨虚与委蛇"，"在此一二月内停止战斗，实我所利，而敌所忌"。[③] 对此，唐继尧、刘显世和戴戡均表赞成。这样，护国军在攻克湖南麻阳、四川彭水后，便与袁军达成局部停战的协议，从3月31日起至4月6日止，双方停战一周。期满后又陆续展延，四川前线未再发生战斗。

---

① 凤冈及门弟子编：《三水梁燕孙先生年谱》上，第330页。
② 黄毅：《袁氏盗国记》下篇，第192－193页。
③ 《松坡军中遗墨》，《近代史资料》总33号，第30、32－33页。

3月25日，参政院议决将各省推戴书一律发还销毁，恢复因与帝制抵触而失去效力的民国时代各法令。29日，袁世凯命销毁帝制文件八百余件。4月2日，参政院议决撤销国民代表大会决定之君主立宪国体案和参政院的总代表名义。

似乎袁世凯真的不想搞帝制了。实际不然，他的命令依然用“政事堂奉策令”的形式发布；许多人在奏折或呈文上继续称“皇上”和“皇帝陛下”，他并不制止。而且在密电中明确告诉前敌将领：“此次予将推戴书发还代行立法院，是为敌势所迫，不得不暂时如斯，决非根本取消帝制，尔将士等慎勿误会。”并说：“近日以来，蔡、唐、陆、梁诸逆首，又迫予退总统之位。尔将士等随予多年，平日恩意亦殊不薄，此时务当激发天良，为予致力，能将诸逆扫平，则此后富贵功名与共。万一不幸，则予地位固不能维持，尔等之身家性命亦将不保。值此生死存亡，一发千钧之际，望尔前敌将士，务体此意，传知全体兵士，奋勇前进，歼灭逆敌，予实有厚望焉。”① 正因其撤销帝制不是出于真心诚意，其停战议和也只能是个骗局。4月1日，他以黎元洪、徐世昌、段祺瑞三人名义向护国军提出议和条件六项：（1）云南、贵州、广西三省取消独立；（2）三省治安由三省军民长官维持；（3）三省招募的新兵一律解散；（4）三省开赴战地的军队一律撤回原驻地点；（5）三省军队自即日起，不准与官兵交战；（6）三省各派代表一人来京筹商善后。这些条款没有一点儿议和味道，简直等于战胜者对战败者开列的投降条款，上级对下级下达的不可抗拒的命令。

4月2日，蔡锷尚未接到上述六项条件，在致黎元洪、徐世昌、段祺瑞电中，虽然看透袁世凯的狡诈和危险，主张袁世凯应下台，但语气软弱。及至看到六项条件，态度一变而为强硬。经过电商，三省提出下列六款作为对袁世凯的回答：（1）袁世凯于一定时期内退位，可贷其一死，但须驱逐至国外；（2）依云南起义时之要求，诛戮附逆之杨度、段芝贵等十三人，以谢天下；（3）帝制筹备费及此次军费约六千万，应抄没袁世凯及帝制祸首十三人的家产赔偿；（4）袁世凯之子孙三世剥夺公

---

① 《谕前敌将士密电》，《袁世凯全集》第35卷，第71页。

民权；（5）袁世凯退位后，即按照《临时约法》，以黎元洪继任总统；（6）除国务员外，文武官吏一律照旧供职，但关于军队驻扎地点，须听护国军都督之指令。

袁世凯请黎元洪、徐世昌、段祺瑞出来替自己收拾残局，可是本性难改，仍处处擅权独裁，不容别人置喙。黎元洪便一言不发，段祺瑞则牢骚满腹。徐世昌见双方所提条件南辕北辙，知无共同语言，向袁世凯提出，全国性的谈判请冯国璋居中斡旋，地方性的谈判仍由蔡锷、陈宧洽谈，让他们斟酌议和条件，以免弄成僵局。

袁世凯撤销帝制而又自居总统，进行和谈而又准备再战，非但没有缓和人民的反对情绪，反而把人民的反抗情绪激发得更加高昂。

为了彻底打倒袁世凯，人民继续起义。

在广东，3 月 30 日，团长莫擎宇独立于潮州、汕头，镇守使隆世储于廉州、钦州起而响应。4 月 4 日，宝壁、江大、江固军舰反正。徐勤等人在肇庆、三水，陈炯明、朱执信等人在惠州、潮州，林虎等人在高雷地区，同时树起讨袁大旗。陆荣廷屡电龙济光，迫其独立，否则即率军进攻广东。龙济光见形势岌岌可危，急电袁世凯请示办法。经袁世凯授意，龙济光于 4 月 6 日宣布广东独立，但因独立是假的，民军仍要进攻广州。旋经陆荣廷、梁启超调停，4 月 12 日，龙济光、陆荣廷的代表和民军代表在海珠开会，讨论民军与龙济光的合作问题，龙济光的警卫军统领颜启汉竟然开枪行凶，打死陆荣廷的代表汤觉顿等四人。陆荣廷、梁启超闻讯，决定武力讨伐龙济光。龙济光急忙派人疏通，与陆荣廷妥协。双方决定，在肇庆成立两广都司令部，推岑春煊为都司令；龙济光仍暂任粤督；枪毙海珠惨案的指使者、帮办广东军务蔡乃煌；即日调兵北伐；民军由岑春煊处理。4 月 19 日，岑春煊抵肇庆。5 月 1 日，两广都司令部成立，岑春煊为都司令，梁启超为都参谋。

具有强烈独立要求的浙江人民和军人赶跑了模棱两可的骑墙将军朱瑞，于 4 月 12 日宣布独立。但巡按使屈映光系袁世凯的爪牙，不愿就任都督，只愿以兼浙江总司令的名义维持治安，保持“中立”，并将情况密报袁世凯。人民发现他同袁世凯暗通声气，又将其驱逐，改推吕公望为都督。

4月2日，程潜率领从云南带来的一营护国军占领湖南靖县。26日，湖南护国军召开讨袁大会，有四十八个县派代表参加，程潜被推为湖南护国军总司令。次日，零陵镇守使望云亭宣布独立。

江苏的江阴、吴江，安徽的大通，江西的广丰，奉天的桓仁、庄河，亦先后点燃起反袁斗争的烈火。

一个绝不承认袁世凯为总统、迫其下台的舆论高潮同时在全国各地掀起。

唐绍仪指斥袁世凯："撤销承认帝制之令，而仍居总统之职，在执事之意，以为自是可敷衍了事；第在天下人视之，咸以为廉耻道丧，为自来中外历史所无。……此次义举，断非武力所可解决，为执事劲敌者，盖在举国之人心，人心一去，万牛莫挽。兹陈唯一良策，则只有请执事以毅力自退。"①

汤化龙电告袁世凯："国民今日不能以取消帝制恕公，实为国民历史争一线之人格，非仅感情之冲动也。"②

吴景濂指出："天下有死灰复燃之皇帝，断无失节再醮之总统！"③

其他名流如伍廷芳、谭人凤、张謇、孙洪伊、康有为等人亦纷纷宣言，敦促袁世凯下台。伍廷芳甚至用宗教的语言，劝袁世凯多行善事，以求得"灵魂安乐"④。

原国会议员通电全国，严斥袁世凯"反复诡诈，觍颜恋栈；卑劣龌龊，玷辱神京"。指出："国家公产，非彼私物，总统、帝制，一任自专，出尔反尔，毫无顾忌。一国元首，智等小儿。""今叛逆罪案既已成立，照《临时约法》第四十一条，总统资格业经丧失。"⑤ 并致电独立各省，指出："该逆非至势穷力竭，绝不退位，和平解决，实属无望。尚祈大举进攻，扫除凶逆。"⑥

---

① 《唐绍仪忠告袁世凯退位电》，《讨袁史料》2，第596页。

② 黄毅：《袁氏盗国记》下篇，第107页。

③ 《吴景濂劝告袁逆去国书》，《讨袁史料》2，第602页。

④ 黄毅：《袁氏盗国记》下篇，第120页。

⑤ 《十七省国会议员通电》，云南省社会科学院历史所、贵州省社会科学院历史所合编：《护国文献》下，第936页，贵州人民出版社，1985年。

⑥ 《驻沪国会议员请大举讨袁电》，《护国文献》下，第938页。

十九省公民宣言说："袁逆不死，大祸不止！养痈蓄疽，实为乱基，苟且偷一时之安，因循误百年之计。""叛逆之徒，不与共天，调和之说，实同饮鸩。欲民国而长治久安乎，非有真共和国家之精神不可；如何而表示真共和之精神，必自今日于国法上，能裁判袁世凯之罪案始。"且袁世凯是近三十年中国文明进化的"大障碍物"，"苟不及时铲除之，诚恐国亡种奴之惨剧，必编排演唱于彼昏之手"！呼吁人民："速以决心，再接再厉，扑杀此獠，以绝乱种！"①

滇、黔、桂、粤四省军政府亦联合宣言：袁世凯撤销帝制，其罪仍在，总统资格已经消灭，应以黎元洪为大总统，领海陆军大元帅。

海外侨胞及各团体亦通电反对与袁世凯议和，主张乘胜进兵，逼迫其退位，按照《临时约法》裁判其罪。

袁世凯已成为人人喊打的过街老鼠，陈宧提出让其仍任总统的议和条件，理所当然地遭到起义各省的严词峻拒。

在举国声讨面前，袁世凯若有一丝一毫羞耻之心，一星一点自知之明，就应该断然引退，痛痛快快交出政权。但是，他不知天下有"羞耻"二字，硬是觍颜恋栈，不肯退出历史舞台。还在3月28日致浙江将军朱瑞的电中，他就很坚决地表示："黄袍尚非予愿，更何论乎白宫！惟欧战尚未解决，内讧未息，外患方亟，而接替难得其人，何敢以人民付托之重，轻为一掷，中忌我者之狡术，且涉非帝不为之嫌。总之，但能救国，无论如何牺牲，在所不顾；若谦退鸣高，只爱一身，而放弃同种之利害，非我辈所当出也。是非自有公论，固不在求伸于今日也。"② 4月4日又对徐世昌等人说："本总统为救国安民起见，故以维持大局为念，一身安危不敢顾及，若不达此目的，断不辞职。惟对付南军方针，主张和平解决，不惜勉从其要求。若南军要求过重，是系故意破坏大局，予断不稍予宽宥，应即剿灭倡乱人员，以保大局。"③ 明明是个祸国殃民的元凶巨恶，却恬不知耻地硬是把自己说成是公而忘私的爱国伟人，这就是一切野心家、阴谋家、独夫民贼的反动逻辑。正因为如

---

① 《十九省公民否认袁世凯冒称总统书》，《讨袁史料》2，第591－593页。

② 中国社会科学院近代史研究所藏档案。

③ 《召集国务卿徐世昌及各部总长宣示时局主张》，《袁世凯全集》第35卷，第91页。

此，他仍煞费心机，玩弄阴谋诡计，做垂死挣扎，企图无限期拖延下去。

为表示摈弃专制，实行民主，恢复共和精神，重新骗取人民信任，4月21日，袁世凯宣布实行责任内阁制。徐世昌鉴于形势日非，和事佬难当，在和起义各省打交道中受到冷嘲热讽和无情责难，于4月22日辞职。袁世凯任命段祺瑞为国务卿，公布了各部总长：外交陆徵祥，内务王揖唐，财政孙宝琦，海军刘冠雄，司法章宗祥，教育张国淦，农商金邦平，交通曹汝霖，陆军由段祺瑞兼，王士珍改任参谋长。5月4日，政事堂改称国务院，以段祺瑞为国务总理。段祺瑞想任徐树铮为国务院秘书长，托人向袁世凯提出。袁世凯极不喜欢徐树铮，说："段总理军人，徐某亦军人，以军人总理而用军人为秘书长，大不相宜。"最后说："总理若以徐某之才可用，不妨令其为陆军次长。"段祺瑞闻报后，将口中衔着的香烟嘴重重地掷在案上，向前猛推，厉声说："今日还是如此！"气得鼻子又歪了。①他不甘徒有其名，以责任内阁名义请求裁撤大元帅统率办事处，由陆军部接管该处事务和模范团、拱卫军，向袁世凯要权。袁世凯依然把持住不放，可见其所谓责任内阁完全是骗人的。

为保住总统地位，袁世凯还派阮忠枢到南京劝说冯国璋联合未独立各省，通电拥护他，向护国军示威。

冯国璋自去年到京受到欺骗后，与袁世凯的关系即逐渐疏远。袁世凯对他直接掌握军权很不放心，采取了许多防范措施。冯国璋更加不满。帝制派策动各地上书劝进时，他为了保住自己的名利地位，也违心地加入其中，但态度非常消极。12月18日，袁世凯任命他为参谋总长，催其进京就职。他托词有病不去，并策动江苏军民电请挽留。袁世凯只得允许他在南京"遥领"。21日下了一个"锡爵令"，册封他为一等公。云南独立后，袁世凯任命他为征滇军总司令。他不敢公然反对帝制，也不愿与护国军为敌，于是称病请假。见各省长官争相表态，叫嚣歼除凶憝，他又不得不随声附和。尽管如此，袁世凯听说他幕府中有人与"乱党"秘密联系，仍对他极其猜忌，派内史监阮忠枢前去做他的工作。他

---

① 张国淦：《中华民国内阁篇》，《北洋军阀史料选辑》上，第199－200页。

对袁世凯更加怨恨了。看到护国军节节胜利，袁世凯宣布从缓办理帝制，他便在暗中加紧了与护国军和北洋军阀的联系。广西独立之后，他断定袁世凯必定失败，决心与其决裂。帝制撤销后，他曾以调停人的身份致电袁世凯……帝制撤销后，曾以调停人的身份致电袁世凯："南军希望过奢，仅仅取消帝制，实不足以服其心。就国璋观察，政府方面须于取消帝制而外，从速为根本的解决。……望政府回想往事，立即再进一步，以救现局。"① 暗示其应该下台。为促使袁世凯下台，4 月 16 日冯国璋又致电徐世昌、段祺瑞，首先指出："帝制发生，未及数月，以致舆论大变。从前原案虽已撤销，初无裨于毫末，岂群情趋向转移无常，实缘威信既堕，人心已涣，纵挟万钧之力，难为驷马之追。"接着又发了许多怨言，最后讲："中枢已渐废纪纲，官吏将不循法度。至财政之困窘，军心之懈怠，外交之困难，物议之沸腾，事实昭然，无可讳饰。大总统果能举此数者，胥以旋乾转坤之手段，整齐而操纵之，地位保存，片言可决。若察时度理，见为无术挽回，无宁敝屣尊荣，亟筹自全之策，庶几令闻可复，危险无虞。苟长此迁延，棼丝不断，渐流横溃，防御终穷。"② 赤裸裸地要求袁世凯下台。当时讨袁的烈火已经成为燎原之势，逼迫袁世凯下台的呼声响彻云外，正是进行取袁世凯而代之的大好时机，冯国璋更不肯再做袁世凯的工具，于是提出，可考虑召集未独立各省在南京开会，商量对时局的意见。袁世凯估计冯国璋根本驾驭不了未独立各省，而自己正好把下台问题推给会议去解决，以便拖延时日，遂表示同意。

冯国璋召集南京会议，目的在于操纵未独立各省，南胁护国军，北迫袁世凯，收取渔人之利。此意在 4 月 25 日致未独立各省电中已清楚地暴露。在该电中，他号召未独立各省"结成团体"，"扩充实力"，做到"对于四省与中央，可以左右为轻重"；并宣称"若四省仍显违众论，自当视同公敌，经营力征。政府如有异同，亦当一致争持，不少改易"。③ 5 月 1 日，他与张勋、齐耀琳提出解决时局的具体办法八条，再

① 凤冈及门弟子编：《三水梁燕孙先生年谱》上，第 332 页。
② 《冯国璋致段祺瑞徐世昌等劝袁世凯退位电》，《讨袁史料》2，第 567－568 页。
③ 黄毅：《袁氏盗国记》上篇，第 148 页。

一次暴露了借便图私的不良居心。因此，人民因其不赞成帝制曾对之寄予的一点儿同情和幻想，像一缕轻烟，随风飘逝。旅沪二十二省公民代表当即通电，将冯国璋欲“效袁氏之行，或其行动较袁氏尤为卑劣”①的真实面目揭之于众，北洋军阀亦对之大加责难。

为保住总统地位，袁世凯又指使内务总长王揖唐公开跳出来，为自己的地位问题进行辩护。5 月 6 日，王揖唐发布了一个又臭又长的通令，说什么各报所载文电言论，谓袁世凯丧失总统资格，“按之事实既不相符，征诸法理尤未允洽”。“就法理论，并非废止共和而后推戴皇帝，乃预备另造帝国而预推现居大总统地位之人为皇帝也。帝国既未成立，皇帝又未即位，是民国之继续如故，大总统之地位如故，毫无疑义，固可断言。民国四年十二月十一日大总统申令有‘仍以原有之名义及现行之各职权，维持全国之现状’等语。夫曰‘原有名义’，非大总统名义而何？曰‘现行职权’，非大总统职权而何？曰‘维持全国现状’，非维持民国现状而何？况大总统始终未以皇帝名义颁布命令，即一切文电亦始终未见有‘帝国’字样，可为帝国未经成立之确据。帝国既未成立，民国即未中断，大总统即未脱离民国大总统之地位。”②

这个无耻之徒只顾为袁世凯争总统地位而振振有词地大谈“法理”，却忘记去翻一下当初参政院第二次推戴书中替袁世凯洗刷背弃共和、解释“信义”问题而阐述的如下“理论”：“至于前此之宣誓，有发扬共和之愿言，此特民国元首循例之词，仅属当时就职仪文之一。盖当日之誓词，根于元首之地位；而元首之地位，根于民国之国体；国体实定于国民之意向。元首当视乎民意为从违，民意共和，则誓词随国体为有效；民意君宪，则誓词亦随国体为变迁。今日者，国民厌弃共和，趋向君宪，则是民意已改，国体已变，民国元首之地位已不复保存，民国元首之誓词当然消灭。”它以最明确的语言宣布：“今日者”——最晚是上推戴书的当天——1915 年 12 月 11 日，“国体已变，民国元首之地位已不复保存”！宣布者为“国民代表大会总代表”、代行立法院的参政

① 黄毅：《袁氏盗国记》上篇，第 153 页。
② 《政府公报·部令》，1916 年 5 月 8 日。

院，是最权威的立法机关；袁世凯完全同意这一“理论”，并且正是根据这一“理论”承认帝位的。既然宣布“国体已变”，当然民国已被消灭；既然宣布“民国元首之地位已不复保存”，当然袁世凯之总统地位完全丧失。参政院的理论和郑重宣告，足以使王揖唐的“法理”和“事实”变得分文不值。如果一定要讲事实的话，仅仅指出一点也就够了：袁世凯下令改称“洪宪”元年，禁止用民国纪年，正是改民国为帝国、变总统为皇帝的铁证。此案早已由袁世凯自己判定，总统资格早已由袁世凯自己否定，现在袁世凯又叫王揖唐出来争总统地位，大谈“法理”，这就无异于今日之袁世凯用手去打昨日袁世凯之脸，岂但无廉耻无人格哉！

为了保住总统地位，袁世凯还收买名士为其奔走。5月21日严复致函庄蕴宽说：“今晨项城代表刘君来见，必欲弟为之奔走。弟以身可杀，头可断，此事断不能为，当时已婉言谢绝。”同时指出：“此时项城为举国所唾骂，乃欲藉一二名士为之撑场，避人耳目，亦不直之甚矣。”“项城至欲以厚金左右之，此亦不择人之甚矣。”[①] 袁世凯的卑鄙伎俩又落了空。

在此期间，讨袁斗争的形势进一步发展。5月1日，两广都司令部誓师北伐。5日，广西护国军占领湖南宝庆。6日，广东护国军攻下福建永定。8日，滇、黔、桂、粤四省在肇庆成立统一机构军务院，推举唐继尧为抚军长，岑春煊为副抚军长，代行抚军长职权，刘显世、陆荣廷、龙济光、梁启超、蔡锷、李烈钧、陈炳焜等人为抚军，梁启超兼政务委员长。并发表宣言，拥戴黎元洪为总统，军务院负责指挥全国军政，筹办善后。根本否定了袁世凯的总统资格，表明与之斗争到底的决心。

段祺瑞“此次出山，本拟与北洋元老商洽北方应付南方之策，虽不惬于袁，尚不肯为已甚。”自袁世凯拒绝任徐树铮为国务院秘书长以后，他“即决心与西南通电，互谋对袁”。[②] 且“仍恐袁氏肆厥阴谋，将以陷己”，经与徐树铮策划，乃使曲同丰前去陕西，嗾使陕南镇守使陈树

① 《严复未刊书信选》，《近代史资料》总104号，第92页。

② 张国淦：《中华民国内阁篇》，《北洋军阀史料选辑》上，第200页。

藩驱逐将军陆建章。[1] 陈树藩与陆建章交恶已久，得到段祺瑞意旨，遂于5月9日在三原宣布独立，自称陕西护国军总司令，15日开进西安，迫使杀人魔王陆建章离开陕西。与此同时，旅长钟体道在川北宣布讨袁。中华革命军在山东占领潍县、周村。

原定于5月15日召开的南京会议，因人数不齐，改为18日召开。17日，袁世凯特电冯国璋、张勋、倪嗣冲说："自滇事发难，远近骚动。既无洞察之明，又乏应变之策，夙夜惭怍，早存退志。……予德薄能鲜，自感困苦，亟盼遂我初服之愿，决无贪恋权位之意。然苟不妥筹善后，而撒手即去，听国危亡，固非我救国之本愿，尤觉无以对国民。目下最要，在研考善后之道，一有妥善办法，立可解决。……望将善后办法切实研求，速定方针，随时与政府协商，妥定各员责任，使国家得以安全，不致立见倾覆。幸盼曷极！"[2] 表面上对会议很为重视，实际上数日前阮忠枢、张镇芳便奉其命游说张勋进行破坏了。张勋想取得督理江苏军务的地位，欣然乐从。会议的另一核心人物倪嗣冲为袁世凯的忠实走狗。有此二人作梗，南京会议的前途黯淡可想而知。

派代表出席南京会议的有江西、山西、山东、河南、奉天、吉林、黑龙江、湖南、湖北、福建、直隶、热河、绥远、察哈尔、安徽十五省和上海、徐州地区。第一天开会时，与会代表多数赞成让袁世凯下台。当晚倪嗣冲率卫队三营匆匆赶到，于次日会上大放厥词，蛮横地否认多数代表的意见；张勋的代表万绳拭积极予以支持。会议吵成一团。开到22日，意见始终无法统一。许多代表提议请独立各省派代表参加，共同解决袁世凯的去留问题，倪嗣冲和张勋的代表坚决反对，独立各省亦拒绝参加，会议遂以无结果告终。

袁世凯正庆幸南京会议流产，自己又可苟延残喘于一时，5月22日，陈宧突然通电宣布四川独立。陈宧的独立完全系形势所迫。当初蔡锷屡次致电，劝其宣布独立，他均以北洋大军压境、环境困难为由，一再拖延。4月24日，得知冯国璋的态度，他的"意志为之冲动不少"[3]。

---

① 张一麐：《直皖秘史》，见《近代稗海》第4辑，第17、40、41页。
② 黄毅：《袁氏盗国记》上篇，第146页。
③ 季自求：《入蜀日记》，《近代史资料》总33号，第9页。

后来见四川人民强烈反袁，绅商纷纷向其要求独立，致书责备，且打算将他赶跑，他才因大势所趋，通电独立，以图掩盖。

陈宧的通电与众不同，特别强调了同袁世凯个人断绝关系。电文如下：“宧以庸愚，治军巴蜀。痛念今日国事，非内部速弭兵争，则外人必坐收渔人之利，亡国痛史，思之寒心。川省当滇、黔兵战之冲，人民所受痛苦极巨，疮痍满目，村落为墟。忧时之彦、爱国之英，皆希望项城（袁世凯）早日退位，庶大局可得和平解决。宧既念时局之艰难，又悚于人民之呼吁，因于江日（5月3日）径电项城，恳其退位，为第一次之忠告。原冀其鉴此忱悃，回易视听，当机立断，解决纠纷；乃复电传来，则以妥筹善后之言，为因循延宕之地。宧窃不自量，复于文日（12日）为第二次之忠告，谓退位为一事，善后为一事，二者不可并为一谈，请即日宣告退位，示天下以大信。嗣得复电，则谓已交由冯华甫（国璋）在南京会议时提议。是项城所谓退位云者，决非出于诚意，或为左右群小所挟持。宧为川民请命，项城虚与委蛇，是项城先自绝于川，宧不能不代表川人与项城告绝，自今日始，四川省与袁氏个人断绝关系！袁氏在任一日，其以政府名义处分川事者，川省皆视为无效。”①

袁世凯视陈宧为心腹爪牙，绝未想到陈宧会背叛自己；现在不仅背叛了，而且特意宣布与自己断绝个人关系，当即气得晕倒在椅子上，好长时间方才醒转。他手拿电报，哆哆嗦嗦，面色苍白，对梁士诒说：“二庵（陈宧号）厚爱我若此，夫复何言！君为我电复决志退位，何如？”梁士诒知其言不由衷，不敢回答。于是袁世凯亲自动笔复了一电，无非是“我厌问世，几不愿一朝居”，“我志已决，退位不成问题”，“如不顾善后，撒手即去，危亡立见，实不能忍心至此”② 一类谎话，作为贪权恋位的遁词，不过说得还算客气。

隔了一天，袁世凯实在气不过，又发申令，驳斥陈宧，说什么“本大总统之职任由于全国五族国民选举而来，其应行离职各节，《约法》定有专条，固非一部分军人所当要求。……凡稍有人心、粗知爱国者，

---

① 黄毅：《袁氏盗国记》下篇，第195－196页。

② 凤冈及门弟子编：《三水梁燕孙先生年谱》上，第341页。

当不忍致此。所称与个人断绝关系，予现居大总统地位，不能将予及大总统分而为二，亦犹之陈宧未经开缺以前，亦不能将陈宧及将军分而为二也。予现仍居大总统职位，照《约法》代表中华民国，与予之个人断绝关系，即与国家断绝关系，此非巧弄文词所能掩其事实，蔑其法理。"① 并下令将陈宧开缺，命其来京筹商善后，实欲骗进京后加以除掉。可惜，他这套荒谬绝伦的"法理"，此时已没有人听得进去了。

尽管陷入众叛亲离、穷途末路的绝境，袁世凯仍不肯悬崖勒马。听到刘冠雄、段芝贵主张用兵，倪嗣冲叫嚷要与护国军以兵戎相见，他又气焰嚣张起来，继续筹措军费，拟订军事计划，企图做困兽之斗，狡思一逞。同时于5月29日公布了《帝制始末案》，推卸罪责。并扬言："近来反对之师，往往造言离奇，全昧事实，在污蔑一人名誉，颠倒是非之害小，而鼓动全国风潮，妨害安宁之害大，不得不将事实始末明白叙述，宣布全国，以息谣煽而维治安。"② 大有要向反对者大张挞伐的架势。

不料同一天，另一个亲信汤芗铭又宣布了湖南独立。汤芗铭屠杀过许多革命党人和无辜人民，有"屠夫"之称，是袁世凯极其欣赏的一条忠实走狗。护国军起义之初，其兄汤化龙数次劝其独立，皆不听。后来看到袁世凯大势已去，知道死硬到底，只有死路一条，始被迫做背叛袁世凯的打算。因其过去与黎元洪交情甚厚，在逼袁下台的呼声中，他也表示拥护黎元洪，而这一点与护国军的主张正好相同。故陆荣廷对他极端拉拢，并许以保证其原有之地位。5月，湘乡、邵阳、保靖、新化、衡山、郴县、宜章、资兴、桂阳、汝城、衡阳等地相继发生独立暴动，湘西镇守使田应诏在凤凰县宣布讨袁，广西护国军进驻零陵，程潜率护国军急速向长沙挺进，长沙成为孤城一座。再加汤化龙通过谭延闿找到原国民党军人为之保镖，他感到生命和地位均有了保证，方反叛袁世凯。

袁世凯非常怕死，饮食极其谨慎，派有专人负责料理。平时除三餐丰盛的珍肴外，还要喝牛肉汁、鸡汁、鹿茸汤、人参汤，每日服用补血

---

① 《政府公报·命令》，1916年5月25日。
② 《政府公报·命令》，1916年5月30日。

强身、滋阴壮阳之类的高级补养品，喝两个奶妈挤出的人奶，以保养身体，益寿延年。可是，他是个色鬼，荒淫无度，身体渐渐虚弱。称帝以后，由于遭到全国人民的激烈反对，他极端焦急、忧愤，至1916年2月中旬，食量渐减，精神不振，恹恹成病。3月，病情渐显。其后逐日加重，至6月初即卧床不起。

生病之后，袁世凯犹自抓住权力，死死不放。开始，他在躺椅上批阅公文，后改口授，让阮忠枢、夏寿田代行批答。最后虽实在无精力，仍不把权力交给责任内阁，而是交给袁克定，命其独自处理。而且坚持决不退位，说他当总统，“系依法律而来，此后退位，亦当依法律而去。若仅有少数人之要求，断难承认”。①

袁世凯一病倒，全家人惊慌失措，袁克文同袁克定大吵大闹。几个姨太太精心护理，日夕不离左右。其第三房儿媳妇（袁克良之妻，袁克良在外狂嫖，讨小老婆，虐待其妻）从自己股上割下一块肉，熬成汤给他喝，希望他早日痊愈，表示她的一番孝心。袁世凯知道无济于事，未喝。看到陈宧和汤芗铭的电报，他羞愤交加，又恨又怕，病势立即转剧。他最初患的是膀胱结石，后来转变为尿毒症。因其不相信西医，不去住院动手术，而中医此时已束手无策，便由袁克定做主请法国医生贝熙叶诊治。贝熙叶为其导尿，仍然未能转危为安。袁世凯意识到即将要离开人世，急命人请来徐世昌、段祺瑞，嘱托了一番。

1916年6月6日凌晨，袁世凯处于弥留之际，徐世昌、段祺瑞、段芝贵、王士珍、张镇芳等人匆匆赶到居仁堂袁世凯的病榻之前。徐世昌问继任人问题，袁世凯说了“约法”二字后即不能再言。上午十点，便一命呜呼了。

由于陈宧、汤芗铭的背叛对袁世凯打击太大，好事者便把陕西起义的陈树藩加上，借用中药之名，说袁世凯是服了一剂“二陈汤”毙命的。

6月7日，黎元洪就任大总统。国务院成立了恭办丧礼处，负责为袁世凯治丧，通令全国下半旗，停止娱乐、上课和宴会，以示哀悼。以

① 《召见段祺瑞语退位事》，《袁世凯全集》第35卷，第554页。

后又举行了公祭，由段祺瑞代表大总统主祭。

6月8日，袁世凯的遗体入殓，头戴平天冠，身穿祭天大礼服，足登朱履，俨然一个“大行皇帝”的模样。6月28日，灵柩移往洹上村，黎元洪率国务总理以下各官至新华门恭送。灵车从前门车站出发时，鸣礼炮一百零一响。段祺瑞以下北洋各官员均执绋送葬，随专车赴彰德。

灵柩到达洹上后，政府又成立了董理墓地工程处，由河南巡按使田文烈主持，负责修建袁世凯墓。

早在袁世凯归隐的1910年冬天，他就为自己选择好了墓地。1911年6月22日，他在致端方的信中写道：“兄（袁世凯自称）衰病日增，行将就木，牛眠之区，去冬已卜得一段。”①

据袁克文记述，袁世凯自选的墓地在太行山中。他写道：“昔先公居洹时，曾自选窀穸地，在太行山中，邃而高旷，永安之所也。”②

当讨论葬于何地时，袁克文提出按其父生前的意愿办，但袁克定坚决反对，决定将其父葬在洹上村旁。

关于修建袁世凯墓及下葬的情况，田文烈在1918年12月有个专门报告，兹摘录于下：“洎灵輀自京奉移彰德邸中，当即慎选堪舆，勘定吉壤，在……洹上村东北隅之太平庄，距里邸仅二里许。绘具详图，商拟采混凝土版筑之法为穹室，而隧道、石门、石墙等工附之，几经审度，询谋佥同。正鸠工庀材，计日程功，会时局不靖，云台（袁克定）公子辈亟欲安妥先灵，诹期于八月二十四日举行安葬。乃先在平原修砌砖圹，冀垂俭德，以致豫拟穹室、隧道各工迫于时期，赶修不及。是日会葬，诸公均虑砖质庳薄，难历久远，首由今大总统（徐世昌）建议，仍于圹之四周用混凝土坚筑如图式，并为袁公夫人豫留祔葬吉穴，别为隧道于左方，至六年一月工竣。此承修内圹之经过情形也。惟是袁公缔

① 王尔敏、陈善伟编：《近代名人手札真迹》9，第4263页。按：“牛眠之区”即“牛眠地”，典出《晋书·周光传》：“初，陶侃微时，丁艰，将葬，家中忽失牛，而不知所在。遇一老父，谓曰：‘前冈见一牛，眠山污中，其地若葬，位极人臣矣。”，后来因称作坟墓的吉地为“牛眠地”。

② 袁克文：《洹上私乘》，第20页。

造民国，功业震烁，斯兆域之经营，为国家典礼所关。……丧礼及营葬经费，前经国务会议议决，由政府指拨银币五十万元，至此已动用泰半。其茔圹内外全部建筑工程以及祭礼、种植诸端，斟酌时宜，权衡体制，再四审核，不敷尚巨。适今大总统隐居辉县，文烈乃往复商承，以袁公遗产不丰，未忍轻动；而库帑奇绌，难再请求。爰与段君祺瑞、王君士珍、段君芝贵、张君镇芳、雷君震春、袁君乃宽、阮君忠枢公同筹议，发起征资，萃袍泽三十年之谊，竟山陵一篑之功，群策群力，先后集捐款银币二十五万元有奇。于是招商投标，订立合同，核实修建。……综计墓地全部大工，自（民国）六年（1917）二月开工，至七年六月行大祥礼时而落成……"①

修建后的陵墓主要建筑，自南而北依次为：牌楼一座，中立竖匾，袁克定本拟题"袁陵"二字，徐世昌怕引起非议，未同意，改题"袁公林"。其次是望柱、石马、石虎、石狮、石武官、石文官，各二，东、西相向。碑亭一座，内竖石碑一通，徐世昌题"大总统袁公世凯之墓"于其上。东、西值房各三间。大门。东、西配房各五间。风磨铜鼎炉一

袁林中的景仁堂

① 田文烈：《袁公林墓工报告序述》，《袁公林墓工报告》，第3－4页，财政部印本，1918年。

袁世凯墓前的建筑物

座。享堂七间，名曰“景仁堂”，正中供奉牌位，两旁陈列生前的衣冠、剑带之属。堂两侧各有圆角门一。最后为墓台，前有铁门、铁栏杆、石供桌、石香炉等物；后是宝顶，圆形，高一丈二尺，下面是钢筋水泥混合体，上有草皮一层，周围用青白石圈砌。有隧道通墓穴，穴中有井，棺置石床上。林内种植着松柏花草，房屋以绿色琉璃瓦覆盖。如把绿瓦换成黄瓦，便俨然一副皇陵的派头了。

三十六　私德轶事[①]

孝敬母亲

袁世凯的生父和继父死得较早，与母亲共同生活的时间较长。他有生母刘氏和继母牛氏两个母亲。还有王氏、陈氏两个庶母。他尊敬她们，对刘氏、牛氏尤其孝顺。

早在跟随继父旅居南京期间，牛氏因为醋劲太大，常与姨太太吵闹，年龄不大的袁世凯就能够设法进行调和，平息她们的怒气。她们都喜欢他，并在袁保庆面前掩饰他不好读书、不务正业的种种行为。

袁世凯赴朝鲜后，很挂念身体多病的母亲，不时有家书寄回，叩问饮食、起居、精神、病情，把他所能想得到的事情，如入春后不可多脱衣服，不可多喝茶，不可多吃热性食物等，仔细嘱咐一番。还经常捎去或寄汇一些银钱供给家用，带回一些衣物孝敬母亲，分送家人。

1885 年 3 月底袁世凯请假回到河南时，牛氏居于陈州，刘氏住在项城袁寨，他就往来于城乡之间，或作彩衣戏，或找些小说、词曲供老人

---

① 本节内容主要参考袁克文：《洹上私乘》，袁静雪：《我的父亲袁世凯》，袁家宾：《我的大伯父袁克定》，郑逸梅：《袁寒云的一生》，袁克齐：《回忆父亲二三事》，袁世凯未刊的家信，野史氏：《袁世凯轶事》、《袁世凯轶事续录》，吴闿生：《袁母沈夫人五十寿序》（见《北江先生文集》），天忏生、冬山：《八十三日皇帝之趣谈》，沈祖宪、吴闿生：《容庵弟子记》，张衡轩：《袁世凯在汲县的一段轶事》，刘成禺、张伯驹：《洪宪纪事诗三种》等书或文章写成，不再一一注出。个别特殊者注明。

阅读，让老人开心，曲意承欢。

1891 年 9 月，他接到继母牛氏病重的电报，立即由朝鲜赶回，延请医生诊治。12 月 26 日牛氏病逝，他哀痛非常，当即电请开去差缺，在家守制，以尽孝道。李鸿章鉴于朝鲜之事离不开他，奏请赏假百日，处理完丧事仍回原任，朝旨允准。

1892 年 5 月回任时，他把生母刘氏接到朝鲜奉养，直到 1894 年 6 月，他看到中日战争即将爆发，才派人把生母和眷属送回国内。1900 年，他升任山东巡抚不久，又将生母接到济南任所。此时正值义和团兴起，由于他残酷镇压，义和团扬言要杀其一家进行报复。他心惊肉跳，调军队严密防卫抚署，但他在母亲面前却绝口不提，以免其母受到惊吓。每日请安问好，侍奉吃睡，谈笑取乐，一如平时。第二年，刘氏一病不起，他亲尝汤药，不离左右，伺候得非常周到。刘氏死后，他恸哭欲绝，立即电请开缺，准其守满一年之丧（过继出去的儿子，为本生父母服丧一年）。清廷因时局危急，仅给百日假期，令其在抚署穿孝，假满后改为署理，照常治事。他心中不安，再次电请回籍葬母。慈禧太后予以慰留，并下谕祭奠其母，他才同意留下。1902 年 9 月慈禧太后赐赏刘氏正一品封典，他回籍安葬了母亲。

在兄弟中，他与长兄世昌的感情不好，世昌曾到汉城向他要钱，而且张口就是很多，二人闹得不欢而散。他因葬母问题与袁世敦吵得不可开交，从此断绝往来。他与袁世辅、袁世彤两位弟弟的关系均很一般，独与三兄袁世廉友好。袁世廉在清末任徐州兵备道，后因病解职，闲居开封，接着妻子去世。袁世凯担心袁世廉心情不好，派次子袁克文将袁世廉及其姨太太迎接到洹上共居，日与闲话品茗，或泛舟垂钓，颇得其乐，并延名医为其治病。袁世廉病危期间，袁世凯亦悉心照料。

在姊妹中，袁世凯最尊敬的是二姐。他二姐为牛氏所生，当初许配毛昶熙长子，未婚夫不幸病逝。她笃信理学，在吃人礼教的毒害下，决定从一而终，到婆家抱着未婚夫的木主（用木头做的神主，上面写着死者的姓名，以供祭祀）成婚。守孝三年以后，常回袁家，掌理家政。她知书明礼，持家有方，对袁世凯管教很严。袁世凯出外做官，她也经常

写信教训。袁世凯在朝鲜写的家信，绝大多数都是给她的，问寒问暖，相当恭顺。当上直隶总督后，袁世凯常对孩子们讲：“老家你的二姑母可真不平常，连我也得让她一头呀!”家里人有什么不敢对袁世凯直说的事，往往转请她。她不请则已，一请就准。家里人流传着这样一句话：“四大人（袁世凯排行老四）怕二姑奶奶。”

习惯嗜好

袁世凯生就一副五短身材，中年以后比较肥胖。上唇留着胡须，胡须末端长过嘴唇。长期的军队生活，使他养成了正襟危坐的习惯，无论是坐在椅子上或沙发里，腰板都挺得很直。坐下的时候，鼻子里总爱发出“嗯”的一声，一边用手摸着胡子，然后慢慢就座。坐下之后，由于腿短，两腿又总是垂直分开，两手经常放在膝盖上，仿佛“蹲裆骑马”势。

他在前清做官的时候，上朝穿袍褂，到家就换上黑色制服。他这种喜欢穿着短装的习惯早已形成，在彰德隐居时是如此，在中南海的时候也是如此，“洪宪”帝制时期也未改变，只有在祭祀祖先的时候改穿袍子、马褂。他在夏天穿一套黑羽纱制服，冬天换穿黑呢制服。制服的样式都是矮立领，四个暗兜。他的衬衣裤，夏天是洋纱小裤褂。到了严冬天气，除了绒小裤褂，外穿厚驼绒坎肩一件，厚毛线对襟上衣一件，皮小袄一件，厚毛线裤一条，这时外面的黑呢制服也换成皮里子的了。不论吃点心还是吃饭，他都是穿着整整齐齐。居仁堂内烧有暖气，温度很高，他穿着这么多的衣服，自然要遍体出汗。因此，吃完东西以后，往往腾腾的热气笼罩了他的头部，那样子，好像是刚从浴室里出来似的。他戴的帽子，夏天是“巴拿马”草帽，冬天是四周吊着貂皮、中间露出黑绒平顶的黑绒皮帽，帽子前面正中镶着一块宝石。所穿的鞋，夏天是黑色皮鞋，冬天是黑色短筒皮靴，靴内衬有羊皮，靴的两旁嵌有两块马蹄形的松紧带。他有轻微的风寒病，不愿穿新做的皮鞋、皮靴。

他说话时语气斩钉截铁，从不拖泥带水、絮絮叨叨，保留着较重的河南乡音。与人谈话时，一面交谈，一面不时地用手摸着胡子，并且夹着“啥”啊“啥”的。每当谈至一个段落时，他还有这么一个口头语：“嗯！你懂不懂?”这个口头语不是表示对听者的轻视，而是要听者重视他谈话的内容。

他态度严肃，不苟言笑，两眼圆睁起来带有“杀气”，给人一种不怒而威之感。故凡与他接触过的人，几乎没有不对他抱着恐惧心理的。接见友好故旧，笑容也不常见，就是谈到什么极为可笑的事情，也是哈哈一笑就完，过后脸上再也找不到些微笑意。有一次，副总统黎元洪的夫人到总统府看望他和夫人，他才笑容可掬地周旋一番，但这只不过是偶一为之的例外。

除了因管教儿子有时打人外，他很少发怒。家中男女用人做错了事，他往往最后骂一声“混蛋”；真的气极了，再在“混蛋”之后加三个字，变成“混蛋加三级”！对那些“跑上房”、犯了重大过错的男孩子，他也不亲自动手打人，而是让管事申善明或符殿青用皮鞭责罚。

他的起居饮食，一年四季，有一套刻板的规矩。当上总统以后，每天早上六点起床、盥漱，六点半吃早点。早点总是吃一大海碗鸡丝汤面，七点“下去”（当时住在居仁堂楼上，所以称上楼、下楼为“上来”、“下去”）。

他缓步下楼时，总是用根藤手杖捅得地板梆梆响，最后发出一声像咳嗽而又不是咳嗽的“哦”，才算完成了下楼的“仪注”。他这样做，是为了显示他的威仪和到来，以便引起人们的注意。

他下楼后，就到办公室办公和会客。十一点半吃午饭。他所用的碗、筷、布碟，都比其他人用的大些、长些，所吃的菜，不但花样经久不变，而且摆的位置也从不变换。例如，他最爱吃清蒸鸭子，在入冬以后，每顿必有这个菜，位置一定摆在桌子的中央；又如，肉丝炒韭黄摆在东边，红烧肉摆在西边，只要不换这两个菜，位置就固定在一东一西。他吃鸭子的时候，最喜欢吃鸭肫、鸭肝和鸭皮。吃鸭皮时，用象牙筷子把鸭皮一掀，一转两转，就把鸭皮掀下一大块，手法异常熟练。他还爱吃三姨太太做的高丽白菜。做法是：将白菜嫩心切成四段，每段的中间夹上梨丝、萝卜丝、葱丝、姜丝。还爱吃二姨太太做的熏鱼。至于主食，也是经久不变的，每顿除了馒头和米饭以外，一定要准备好几种稀饭，大米的、小米的和玉米糁的，夏天还多加一种“绿豆糊糊”。“绿豆糊糊”是一种河南人的饭食，用磨碎的绿豆熬成。吃午饭的时候，如果没有外客，除了当值的姨太太及二女儿、三女儿陪同外，有时也叫别的姨太太；她们来的时候，总要带自己房里做的一两样有特色的好菜来同吃。

午饭后，他午睡约一小时，下午两点，又办公和会客。

五点以后，他离开办公室，和姨太太们以及小儿女们到中南海各处去散步，有时候也骑一骑马或划一划船。

他一般在七点吃晚饭，春、秋、冬三季在居仁堂，夏天改在稻香村，跟他外出游园散步的人们，和他一起吃。星期日的晚饭全家在一起吃。除了大厨房供应的菜以外，各房姨太太也都带来自做的拿手菜。有时候还叫外面饭馆的厨师前来做菜，如烤全羊、烤小猪、烤鸭等。他的神情也不像平时那样严肃，和全家随意说笑，也和小儿女们逗着玩。这时，年长一点的儿子们也都“解放”了，敢于参加说笑，一改他们平常那种畏惧拘谨的不自然的神态。

他每晚九点睡觉，在“上来”的时候，当差的必先高声报告：“总统上来啦！”然后他就用和早上“下去”时同样的“仪注”，上楼就寝。

在中南海，除了于氏个人有一个厨房外，袁世凯和所有姨太太们、少奶奶们的饭食，都由一个大厨房供应。为了分清内外界限，大厨房设置了几个转桶。当开饭、开点心的时候，就由各房“跑上房的”拿着提盒到大厨房，大厨房的人们就把应该供应哪一房的东西，放在转桶里转出来，然后再由他们用提盒提回去。各房的午饭、晚饭都是四菜一汤。各个姨太太又各有自己的小厨房，做菜的都是各房的女用人。当各房的孩子们过生日时，照例头一天吃饺子，当天吃面（炸酱、打卤两种）。包饺子的办法是：由大厨房把面和馅儿送到一间指定的大屋子里，由各房女用人前来包好拿走，自行煮食。当袁世凯看到饭桌摆上饺子或是卤、酱时，必要问一句：“这是谁的生日啊？”

除了大厨房，还有一个西餐厨房，但是袁世凯很少用它。他只爱吃西餐厨师做的洋点心，并不喜欢吃什么西菜，也不喜欢用刀叉。有的时候让做鲍鱼汤，就叫西餐厨房用菜碗盛来喝，既不用汤盘，也不用汤匙。

他到院中散步或垂钓，一定要“净园”。这个规矩在彰德时已经实行，到北京中南海后更是定为制度。比如说，他要去瀛台看看，事前一个小时，就有人按照传下来的话，吹着哨子，四处知会，叫人们回避。这是因为总统府内办事的职员、杂役人数多，怕他们“惊了驾”，实际上是怕有人行刺。他从居仁堂出来的时候，除了家里人，只许可扬州籍的丫头、老妈跟随（划船时由她们执桨），另有几个“跑上房”的在旁听候差遣。这时满园寂静，悄无人声，各处空空荡荡，呈现一派肃静气象。

他走路的时候，身体有一些轻微的左右摇摆，手里一定拿着一根下端镶有铁包头的藤手杖。他拿这种手杖，并不是借助它来支撑自己的身体，而是作为防身之用。

他非常不讲卫生。在喝汤或喝稀饭的时候，往往弄得胡子、衣服都沾上汁沥。他从不用手绢，遇着擤鼻涕的时候，如果无人在旁伺候，就用衣袖一擦了事。所以，他的衣服上有很多这些东西的痕迹，看起来很不雅观。为了他的仪容，姨太太们就用湿毛巾帮他擦拭干净，他自己是从不动手的。

他所住的居仁堂安装着卫生设备，但是，他除了过年时洗一次澡以外，其余时间从不洗澡。每到炎夏酷热，汗流得很多，他从不自己洗，而是让姨太太们给他擦背；就是他的下身，也同样是让她们给擦。

他从不用抽水马桶，而用一个定做的木制马桶。这个马桶比一般的要高，他坐在上面，就仿佛坐在一个凳子上似的。有一次，他的三女儿问：“爸爸，为什么不上澡房去？”他笑着回答说：“那个味儿不好。”澡房里的马桶可以抽水，他反认为气味不好；用不能抽水的马桶，反而认为没有气味，这就是他的奇怪逻辑。

他平时不喝酒，只是逢年过节喝一些绍兴酒。他嘴里经常衔着雪茄，从来不抽水烟、旱烟、香烟，对鸦片烟更是深恶痛绝。虽然他有几位姨太太和儿子染上了“阿芙蓉”癖，但都是偷偷地抽，绝不敢让他知道一点儿风声。

他爱吃参、茸等滋补品，常常一把一把地将人参、鹿茸放在嘴里嚼着吃。西药只吃苏打片之类帮助消化的药。此外，每天还吃两个奶妈所挤出的人奶。

迷信荒诞

从青年时代起，袁世凯就相信星相卜筮和堪舆一类的胡说八道，而且还十分迷信。每当他需要的时候，总要请人算卦、相面、批八字、看风水，问问吉凶祸福，决断富贵官禄。

1882 年，他在给其二姐的一封信中写道："今岁太岁在午，父亲大人坟南，切记不宜动土。"①

刚刚罢官到汲县暂住时，他曾让一位盲人许长义批过八字。许长义按其生辰八字推测说：到辛亥八月节，官星就动了，而且官职比从前的还要高。他听说有再起之望，与之亲切交谈，当即送了十元卦礼，并说，届时如能应验预言，定有一番厚意。江湖卜相者的揣度迎合之词本系无稽之谈，但因它和袁世凯的政治野心非常合拍，对袁世凯企图东山再起也有促进作用。

1915 年春天，袁世凯生父袁保中墓侧突然长出一棵紫藤，有一丈多长，蜿蜒盘绕，状如龙形。看坟的愚夫当作一件大事，急忙入京报告。袁世凯以为是祥瑞的征兆，厚赏了来人，且密诫其千万不要对外人说。帝制公开后，其妻妾皆谓墓生紫藤，乃是出皇帝的征兆。袁世凯相信其说，命长子袁克定前往视察。

袁克定看过以后，来信说："是藤滋长甚速，已粗愈儿臂，且色鲜如血，或天命攸归，而垂此瑞验耶！"袁世凯大喜，写信告诉袁克定，多拨经费，让看坟人在紫藤周围筑起篱笆，好好保护，以防牛羊践踏。

在筹备帝制时期，袁世凯曾请一位著名星相家拆字，他指定的是个"袁"字。星相家说："袁字为喜字头，哀字尾——"尚未说完，袁世

① 袁世凯致其二姊信，未刊。

凯恶其语太不吉祥，又将其招入密室，命其占大六壬课。卜算的结果是：姜太公八十遇文王之象。袁世凯以为此乃暗示袁氏家天下只有八十年，心甚不乐，付款后命其离去。后杨度等人入见，袁世凯以此卦爻告之。

杨度说："太公为兴周元勋，代周开创八百余年之基业。兹占得此象，所谓八十者，盖以一当十也。"袁世凯方才高兴起来。

又一次，一位颇有名望的姓郭的堪舆家来到北京，袁世凯欲试其术，命家人陪着郭某前往项城老家，验看祖墓。

验看完毕，陪同诸人问："皇帝昭灵，应在何坟？"

郭某回答说："大发在第七坟。"第七坟为袁世凯生母之坟。

陪同者又问："何以证明？"

郭某说："此坟外形，来脉雄长，经九叠而结穴，每叠山上加冕，应九五之象。加冕者，大山上加一小山也。左右迎送护卫，罗列诸侯，层层拱立，真帝王肇陵之形势，凤阳有此气象。如欲验予言确否，请查内形。此坟四面包围，以流泉为暗沙，汇于明堂，此龙源也。《诗》曰：'相其阴阳，观其流泉。'建都尚重流泉，墓地更要。诸公不信，请试验之。据墓地周围五丈，必有龙源伏流，而后知应在当今，予言不谬也。"

于是陪同的人七手八脚，在墓地外挖掘出一个深洞，果有流水涌出。大家都很佩服。

回京报告以后，袁世凯问郭某："龙兴之运，年数几何？"

郭某答："八二之数。"

袁世凯又问："八百二十年乎？八十二年乎？"

郭某答："八二之数，天机不可泄露。"

袁世凯仍想弄个明白，继续追问："然则八年零二个月乎？"

郭某说："帝位久长，事后自知。"

袁世凯说："即八十二年，已绵延三世，予愿足矣。"

郭某再答："天子万年。"

袁世凯中年时期，曾让一个相士相面。相士观察气色以后说："但得面作红色，终无恙；若变而为黄，则歹运至矣！"在相士之意，袁世凯身体强健，不大生病；万一因生病而面色发黄，那就把病解释成歹运，也证明自己相得准确无误，袁世凯亦无话说。这是非常狡猾的一种说法。

以后，袁世凯又去拆字，拈得一个“簧”字。拆字人断曰：“‘簧’字拆开为‘竹’为‘黄’，竹逐节而高，佳兆也；但其下为黄，竹至于黄，死之兆也。故前程甚得意，但起居饮食之间，凡遇黄色，均须慎之耳。”袁世凯将此与相士所说的互相对照，愈信其言不谬。因此，十多年间，他见到黄色就十分谨慎。中国历代帝王一般都崇尚黄色，居室之瓦及御用物品皆用黄颜色的。袁世凯称帝时独出心裁，不落前代帝王陈套，改用红色，据说就与他忌讳黄色有关。

袁世凯迷信荒诞不经之说，反映了他的愚昧落后和对科学的无知，同时也把他一步步推向败亡的深渊。

过年礼俗

每逢旧历除夕晚上，袁世凯一家都在一起吃团圆饭。由于人数过多，只能采用中菜西吃的办法。这时，袁世凯破例地也喝一些绍兴酒，和大家随意谈笑，大家也同样随意地吃喝笑乐。

吃过团圆饭，家人给袁世凯及其夫人于氏辞岁，行跪拜大礼。先是姨太太们，次是儿子们、女儿们、儿媳们、孙子孙女们，最后是男女用人，分多起进行。

辞岁以后抓彩。彩里有各种糕点、糖果、玩具和春节用品，小孩子们抓到什么就拿走什么，高兴异常。

袁世凯平时不准家里人赌博，但在抓彩以后，却首先带着姨太太和二女儿、三女儿一起推牌九。他总是五百元一底，输完了事。如实在输不完，就听凭两个女儿一次次地借端抢走。他带头开禁以后，各房的人们就此来彼往地聚在一起大赌起来。男女佣人更是兴高采烈，直到正月初五才告终止。

除夕之夜，各屋里都要点上守岁蜡烛，各个院子里都要烧上香，撒上芝麻秸。袁世凯的卧室里要撒上很多铜钱，他自己还撒上一些洋钱。撒芝麻秸，为的是谐着踩“岁”的音，取个“除旧”的吉利。袁世凯在卧室中撒钱，别人都弄不明白其用意何在。

在除夕之夜，各房的小孩子和男女用人，都能分到很多份压岁钱，这是袁世凯和于夫人、姨太太们分别赏给的。

除了这些一般的礼俗外，袁世凯还定下一条陋规，这就是已经出嫁的女儿不能同他家里的人一道吃团圆饭，也不准看娘家的灯。据说，如果她看了娘家的灯，娘家兴旺的势派便会衰落下去。尽管这条规矩是那么的不近人情，他还是十分忌讳，照办不疑。有一次，他的大女儿回到中南海过年，就是在这种陋规的限制下冷冷清清度过除夕的。

袁家从正月初一到初五不准扫地，据云是为了避免把“财气”扫出去。

除夕之晚，从于夫人以下，所有女眷及女用人都要带上一朵绢制的石榴花；到初一天刚亮时，再把花扔到院子里去。大概也是一种“除旧”的意思。

初一以前，于夫人及姨太太、大一些的儿女，都要预先查一查《皇历》，看一看初一这天的喜神、财神在哪一方，在这天早晨第一次出门的时候，便按着自己要迎的“神”所在的方向，走出门去；但门的方向是固定的，“神”的方向不一定与门的方向相同，因此，有时要斜着身子出门。袁世凯看到，总不由得哈哈大笑。

初一早晨六点，全家大小都集合在一起，七点，在院子里摆上供桌，陈列三牲，先行祭天，接着到祖先堂祭祖。继之，全家人再次给袁世凯及于夫人拜年，叩拜的次序同辞岁完全一样。

在初五以前，只是袁世凯自己家里人欢度新年，一般亲友不到袁家拜年。特别是亲友们的女眷，哪怕是袁家的至亲如姑太太，也必须过了初五，才能登门。

民国头几年，黎元洪的夫人、小姐，各部总长的夫人等，过了初五，均先后到中南海给袁世凯及于夫人拜年。这时，袁世凯就传京剧界的名角来唱堂会。不过，他虽在天津、北京生活多年，但并不懂京剧。请他点戏，他就爱点一出闹剧《浣花溪》。于夫人最爱点《四老爷打面缸》，袁世凯排行老四，又有着和剧中老爷相类似的癖好，因而这出戏常常引得人们发笑。

一妻九妾

袁世凯的家庭，是旧时代封建家庭的一个典型。他有一个妻子、九个姨太太、十七个儿子、十五个女儿①、几个儿媳妇和一些孙子、孙女；此外，还有管事、账房、男女教师、医生、厨役、裁缝、花匠、用人、老妈、丫鬟，总计几百人。他们都要以袁世凯为中心，服从他的命令，听凭他的摆布。在家庭之中，他也是一个独裁者，其他人的命运，均决定于他的好恶。

依照袁家传统的家规，儿女们均称于夫人为“娘”，称自己的生母为“妈”，对别的姨太太在“妈”之前冠上一个数目字，如称五姨太太为“五妈”；但对大姨太太沈氏，则一律叫“亲妈”，“亲妈”的尊贵亲爱程度仅次于“娘”，这是经袁世凯特许的。没有生过子女的，就冠上本姓，称“某姑娘”。姨太太对于氏，均称“太太”；于夫人对姨太太，则按照顺序的排列，称为“二姨太”、“三姨太”等。

妻子于氏是河南沈丘人，比袁世凯大一岁。虽出身富有之家，但没有读过书，不识字，也不大懂得规矩礼节。婚后的头几年，二人感情尚好，生下长子克定。后因于氏偶然的一句话，弄得他不高兴，记恨在心，从此冷淡相待，感情破裂。

事情的经过是这样的：有一天，袁世凯看到于氏喜欢系一条红色绣花的缎子裤带，就同她开玩笑说：“看你打扮的样子，就像个马班子。”“马班子”是河南人对妓女的一种称呼。不料于氏这位乡村妇女缺少夫妻间诙谐嬉戏的情趣，非但不予理解、体谅，反而讥讽地说：“我不是马班子，我有姥姥家！”“我有姥姥家”的意思，是说她是有娘家的人，也就是说她是一个明媒正娶的大太太，而不是没有娘家人的姨太太。袁世凯的生母是一位姨太太，因此认为于氏这样说，是有意揭自己的短处，一怒之下，从此不再和她同房，于氏也就成了一个主妇“牌位”。

袁世凯与于氏的感情的确不好，到朝鲜任职多年，均不让于氏跟在

---

① 见本节所附《袁世凯妻妾子女表》。

身边，也不想让于氏到朝鲜探亲。于氏向他要镀金首饰等物，他也很厌烦，在致其二姐的信中特别提到此事："继（袁克定乳名继光，又叫继儿）母此时不可啵啵，时向弟索物。瓜期即至，亏空甚多，实在苦不可言，均俟弟补缺后必可偿债。伊（指于氏）嫁一苦官，亦伊之命不好，将谁怨乎？此时要镀金首饰，不如将来打真金首饰数付〔副〕，酬谢其事亲之劳。乞谕知之。"① 虽然如此，于氏还是两度到了汉城，一次是1889年带着袁克定去的，第二次是1893年。每次都住了很长时间。他回国以后，也经常把她接到任所。但他只是在名义上承认她是家中主妇，既不让她管家，也不和她同房。不过，袁世凯表面上对她还挺客气，隔个三天五天，就到她房中坐一会儿，见面的时候，一定先问一句："太太，你好!"于氏也一定回答一句："大人，你好!"接着他们再谈上几句生活上的闲话，便结束了这照例的一次会见。

袁世凯当总统以后，遇有节庆之日，免不了接待外宾，也不能不让于氏这块"牌位"上场。有一个阳历年，各国公使和夫人前来给总统和夫人贺年，于氏刻意打扮一番，穿着红外褂、红裙礼服出见。不料在仪式进行当中，忽有某一国的公使走上一步，到她面前，要和她行握手礼。她是个土老帽儿，没见过世面，不明来者何意，大为惊慌，吓得口中发出"嗯"的一声，立刻把身子一偏，将双手缩到背后去了。那位公使一见她神色大变，动作不同寻常，丈二和尚摸不着头脑，不由得僵在那里，最后只好同其夫人匆匆退了出去。袁世凯听说这种情况，就规定，以后凡接待宾客，需要于氏出场的时候，皆由其次子袁克文、次女袁仲祯、三女袁叔祯陪同，在旁代为照料问答，不让她再说一句话，再有什么特殊动作，以免再出现其他笑话。从此，于氏就更是一块地道的"牌位"了。

于氏既不能与袁世凯同房，在家中又没有什么权力，心中十分悲苦，居常郁郁不乐。袁世凯做总统后，她曾对人说："我为总统夫人，殊无所乐，家中柴米油盐事，我尚不能做主，反不如一乡村贫妇。"

1916年6月6日，袁世凯刚刚断气，于氏就在旁边大哭起来。一头

---

① 袁世凯致其二姊信，未刊。

哭，一头数落着袁世凯："你一辈子对不起我，弄了这么多的姨太太，又养了这么多的孩子，你死了都丢给我，叫我怎么办哪？"她哭了又说，说了又哭，弄得在场的人谁也不好答话。袁克文看不过去，就领着姨太太们生的弟弟妹妹们跪在她的面前，带头要求她赐大家死，以免累赘了她。老大袁克定一见局面如此之僵，如再继续闹下去，势必下不来台，便出来一面给弟弟妹妹们赔礼说好话，一面劝于氏不要再闹，才算了事。

袁世凯死后三年，于氏逝世于天津。

大姨太太沈氏，江苏崇明人，妓女。她与袁世凯一见钟情，情好日密，遂嫁给袁世凯做了姨太太。袁世凯到朝鲜后，将她接去，当作太太看待，宠爱异常，让她管家，抚养袁克定，并让孩子们都叫她"亲妈"。她没有生儿育女，过继袁克文为子。

二姨太太李氏出身贫苦人家，袁世凯在朝鲜时买作婢女，后纳为妾。她照顾侍奉袁世凯很周到，袁世凯对她相当重视。

三姨太太金氏是朝鲜人，原名云溪，到袁家后改名为月仙。起初只是袁家使用的婢女，与袁世凯发生了暧昧关系，曾流产两次，其时袁世凯尚未纳她为妾。在她第三次怀孕而又形迹大露、不久就要分娩时，袁世凯才不得已纳她为妾。此事不大光彩，他采取的办法是"暗纳"，没有告诉外人知道。对此，他在致其二姐的信中说得很明白。1890 年 5 月 21 日的信写道："弟有用婢，未告纳。去冬十月有娠后，因漏胎二次，疑为不娠。近形迹已大露，据医生及老妈云，的是有娠，在其左，或卜男，计六七月可解生。十三年来，未立继丁，老亲时为盼，今果生男，可又慰慈怀。乞代禀。惟未告纳，已将生子，殊为惭罪。海外生子，殊多未便，又添些费，自笑自苦。至该婢解生在即，不便不纳，已暗纳，未告人知。"[①] 1890 年 8 月 2 日的信又写道："有娠之婢是其小者，姓金名月仙，本名云溪。计月间即将解娩，待见男女，即飞禀慈怀。"[②]

金氏嫁给袁世凯时只有十六岁，以后由于受到强烈的刺激和精神苦

---

① 《北洋军阀史料》卷 1，第 224 页。
② 《北洋军阀史料》卷 1，第 232 页。

闷的重压，性格变得非常古怪。一方面，她似乎脾气很好，对家里的人都很和气，从不和人争长论短；另一方面，在不高兴的时候，却会因为偶然的原因，一语不合就闹起来，甚至闹到难以收拾的地步。在彰德时，有一次她和袁世凯一边赏月一边下围棋，后来因为一言不合，居然大生其气，把棋盘、棋子都扔到水里去了。又有一次，她和五姨太太在中南海内一处坐落里对着喝酒，大约两人都喝得有些醉意了，不知道为了几句什么话，两个人吵起嘴来，先是动口，接着就动了手，直打得不可开交。她这种古怪脾气也表现在对儿女和丫头们的责打上。她还有重男轻女的思想，对待女儿比对待儿子严厉一些；毒打起丫头来，那就更厉害了。

金氏皮肤很白，浓黑的头发长长地从头顶一直披到脚下，看起来很美丽，七弦琴弹得也颇动听。但她总是神情木然，似乎永远没有高兴的时候。她不但对待儿女没有什么亲热的表示，就是袁世凯到她屋里去，她也是板板地对坐在那里。有时候袁世凯说到高兴之处，她虽然也陪着一笑；但笑过之后，立刻把笑容敛住，脸上再也看不出丝毫笑意。她在过年、过节和她自己的生日时总是暗暗地哭上一场。她出嫁以后，从没有回过娘家，娘家的人也没有来看过她。袁世凯对姨太太的娘家人极不平等，从来不准把他们当作亲戚来往，就是有人来看望，哪怕是姨太太的长辈和同辈，也不能同袁家的人平起平坐，而是当作“下人”看待，要给袁世凯和于夫人跪下磕头。这大概就是金氏不愿意让娘家人来看望她的缘故。由此可见，她的自尊心是很强的。

在中南海的时候，金氏并不是每天都去袁世凯那里。袁世凯见到有什么好吃的，或是她所喜欢吃的东西，时常请她来同吃。此外，对她无论在礼貌辞色间，或物质待遇上，都较其他姨太太特殊一些。袁世凯死后不到一年，她就病逝于天津。

四姨太太吴氏也是朝鲜人，贫苦人家的女儿，袁世凯在朝鲜时的婢女。她死得较早，袁世凯当直隶总督时，她生下七女袁琪祯后得了“月子病”，误吃西药送命。

五姨太太杨氏乃天津的小家碧玉，长得虽不算特别漂亮，但也很好看，在诸姨太太之中最得袁世凯的宠爱。这是因为，首先她心灵手巧，

能说会道，善解人意，有管理家务的才干，遇事很有决断，深得袁世凯的赏识；其次，袁世凯最喜欢缠足的女人，他的妻妾，除朝鲜籍的几位是天足外，其余都是缠足的，而杨氏正好有一双缠得很小的“金莲”。所以，她到袁家不久，就受到袁世凯的特别宠爱，而且让她经管家中的一切，包括吃的、用的、穿的、戴的、贵重财物，各房儿女、用人和丫鬟。袁世凯对自己的日常生活更不必操心，完全由她料理。由于她受到袁世凯的特别宠爱，全家上下人等，都对她抱有畏惧心理，连于氏也不例外。

六姨太太叶氏字丽侪，江苏丹徒人，妓女。高高的个儿，皮肤白嫩细腻，相当漂亮。她本来是袁世凯次子袁克文的相好，结果却嫁给了袁世凯。原来袁世凯在直隶总督任上，曾派袁克文到南京替他办一件事情。袁克文在公务之暇，常到钓鱼巷（当时南京的妓院区）一带走走，因此结识了叶氏。两人一见倾心，互相订了嫁娶的盟约。在袁克文临行的时候，她赠给袁克文一张照片留作纪念。依照袁家的规矩，儿女从远道归来，要向父母磕头请安。袁克文返津复命，正在磕头的时候，不料照片从身上失落下来。袁世凯看到照片，就指着地上连声问：“是什么，是什么？”当时袁克文还没有结婚，不敢在袁世凯面前透露自己的荒唐行为。他一时情急，就说是自己在南边给父亲物色了一个很好看的姑娘，现在带回来这张照片，征求父亲的意见。袁世凯一看照片上的倩影，果然很美丽，就连声说：“好！好！”接着便派了向来给他做这种差役的符殿青带了银钱前去接她回来。叶氏原和袁克文有嫁娶之约，现在看到袁家派人来接，很自然地想到袁克文身上，便收拾行装，欣然北上。没有想到在“洞房花烛夜”时，却发现她意想中的翩翩少年，竟变成了一个满嘴胡须的老者，她那哀怨之情自然是不难想象。不过，袁世凯对她也挺宠爱，仅次于五姨太太杨氏。

七姨太太邵氏字憓若，山东潍县人。原为袁家买来侍候大姨太太沈氏的婢女，后为袁世凯收为姨太太。1909 年 1 月初袁世凯罢官时，她适在病中，又仓皇跟随袁世凯南归，受到惊吓，病情愈重，到汲县不久，即辞世而去，年仅二十岁。她没有生育子女，按照袁家的规矩，应该叫作“姑娘”。但袁世凯对她也颇宠爱，又怜其贤惠，仍以姨太太之礼葬之。

八姨太太郭氏字宝仙，浙江归安人。其母为妓女，自己也张艳帜于天津。袁世凯罢官家居时将其赎出，纳为妾。

九姨太太刘氏天津人，出身小户人家。在诸姨太太中年纪最小，喜欢吃斋念佛，性格颇为率直。

以上十位，是袁世凯正式的妻妾。此外，在他身边伺候的几个扬州籍丫头，也是他的玩物。

袁世凯“置办”这么多姨太太，自然是由于好色，为了自己享乐；同时，他也认为，这是消除妻子忌妒最好的办法。有一次，某位仅有一妻一妾、但又闹得家无宁日的部下向他请教驾驭之术。他笑嘻嘻地说：“此无他，君姬人太少之故也。”某人感到此论太怪，进一步请教。他解释说：“丈夫置妾，纵大妇极贤，未有不隐含妒念。何者？以己之专房宠，为妾所剥夺耳。若广蓄群娃，彼家妇虽尊，已处于孤立无偶之地位，脱过事严厉，恐若辈固结团体，共筹对己之策。莫如稍事含忍，置之度外，盖明知势力不敌也。而为之夫者，诚能不听谮言，不存偏爱，则勃谿因之不启矣。”

袁世凯的妻妾如此之多，而彼此之间表面上却能和平相处，极少发生争吵之事，不能不承认他的确驾驭有术。

他平时对姨太太防范极严，不准她们打骂吵架，不准她们在他面前说别的姨太太的坏话，也不准她们接触男人。如果稍有违忤，或犯了其他错误，他除了当面训斥外，还根据情节轻重，停发一月或数月月钱，甚至给予更严厉的处罚。因此，姨太太们没有一个不怕他，不敢轻易闹事。

袁世凯规定了这样一条家规：新进门的姨太太要服从早进门的姨太太管束，所有礼法仪节、起居言谈，均由老的随时教导指点，新的丝毫不得违拗。在前一时期，负责对二、三、四姨太太管教的是大姨太太沈氏；在后一时期，负责对六、八、九姨太太管教的是五姨太太杨氏。无论是沈氏还是杨氏，看到来了新的对手，分享袁世凯对自己的宠爱，内心均如打破了的醋缸，而家规又为她们提供了发泄醋意的便利机会。特别是三位朝鲜籍姨太太，初来乍到，说中国话不利落，又不懂封建礼法，更给沈氏许多借口。沈氏乘袁世凯不在家的机会，常常无事生非，非打即骂，有时罚她们跪砖头。为了不让她们有躲闪的可能，还把她们绑在桌子腿上毒打，三姨太太金氏的左腿就被她打得落下了残疾。杨氏对其余几位姨太太也以教导和指点为名，进行打骂。年龄最小的九姨太太刘氏所受虐待最甚，有一次头都被打破了。可是，由于袁世凯的家规特严，这些受虐待的姨太太既不敢反抗，也不敢在他面前有所表露，只能忍气吞声，苦在心里。

但在生活待遇方面，袁世凯基本上是平等的。月钱数目各房一律，谁也不能多拿。分发东西也是如此，没有偏轻偏重的情况。孩子的月钱均有定数，只有他最钟爱的二女儿、三女儿特殊一点儿。如果姨太太需要购买一些衣料或首饰等物时，一定要经袁世凯批准。姨太太们都是乘他高兴的时候才拿出条子请他批示，所以一般都可以满足要求。这样，自然会冲淡了某些姨太太心中的不平。

他同妻妾是分居的，例如，在彰德时，他住在中间的一个四合院，妻妾和各自的孩子们分住周围，每房一院。在中南海，他住居仁堂，于氏、李氏住福禄居，沈氏、金氏住卍字廊后边的院子里，杨氏、叶氏、郭氏、刘氏则住在居仁堂后边的一所楼上。他规定，凡是娶了儿媳妇的姨太太，便不再与自己同居。其余的轮流值宿，每人一周，也没有偏向。届时，他并不到各姨太太房里去，而是姨太太到他那里去侍寝。轮到哪一个姨太太当值的时候，就由她本房的女用人、丫头们把她的卧具及必要的随身用具搬到他的卧室中去。民国以后，大、二、三姨太太都不和他同居了，轮值的只有五、六、八、九姨太太。其中九姨太太年纪太轻，有时侍候得不如他的意，就叫她提前搬出去，另行调换别的姨太太。

他在夜间休息的时候，虽是采用姨太太轮流值宿的办法，但一到第二天早晨，却依然要五姨太太到他身边来伺候一切，当然，五姨太太值宿时，就接着在他身边伺候了。这位五姨太太平时对人极为严肃，但是每天早晨见到他的时候，却总是笑吟吟地叫上一声“大人”，然后再去招呼他的吃穿一切。其他几个小些的姨太太虽也同样如此，却总不能像五姨太太那样自然，令袁世凯满意。

袁世凯与部分子孙之合影

克十五 和子　克四 端子　克二 文子　克七 齐子　克五 权子　克六 桓子　克长 定子　克三 良子　克十四 捷子　家四 骝孙

克九 久子　克八 轸子　家次 琨孙　克十 坚子　家三 璋孙　凯世袁　克十三 相子　克十二 度子　克十一 安子　家长 融孙　家姪 矩孙

袁世凯妻妾子女表

配偶	籍贯 出身	所生子女	备注
元配夫人于氏	河南沈丘，地主	长子克定	
大姨太沈氏	江苏崇明，妓女		未生子女，以克文过继
二姨太李氏	朝鲜	五子克权 七子克齐 十子克坚 十二子克度 长女伯祯 六女箓祯	
三姨太金氏	朝鲜	次子克文 三子克良 三女叔祯 八女环祯 十女琮祯	
四姨太吴氏	朝鲜	四子克端 次女仲祯 四女次祯 七女琪祯	
五姨太杨氏 学名志学	天津，小家	六子克桓 八子克轸 九子克久 十一子克安 五女季祯 十五女玲祯	
六姨太叶氏 字丽侪 学名勉学	江苏丹徒，妓女	十四子克捷 十七子克有 九女玖祯 十一女璇祯 十二女玑祯	

配　偶	籍贯　出身	所生子女	备　注
七姨太邵氏 字惕若	山东潍县，婢女		无子女
八姨太郭氏 字宝仙 学名潜学	浙江归安，妓女	十三子克相 十五子克和 十四女琱祯	
九姨太刘氏 学名勤学	天津，小家	十六子克藩 十三女玶祯	

资料来源：袁克文：《先嫡母传》、《家慈母传》、《先生母传》、《诸庶母传》、《大兄传》、《诸弟传》、《诸妹传》，俱载《洹上私乘》；袁静雪（即叔祯）：《我的父亲袁世凯》；袁家宾：《我的大伯父袁克定》。

子女教育

袁世凯对子女的教育，主要是采用专馆即家塾的教育方法。这个方法，从他任直隶总督时就已开始采用了。但当时只设女馆，其意是为了让他的几个姨太太读些书，附带也让年龄大一些的女儿们认些字。后来又增设了男馆。民国以后，男馆像当时一般学校那样设有英文、汉文、算术、历史、地理、体操等课程，请专门的老师讲授，其中比较有名的汉文老师有严修（并总管男馆事务）、方地山、董宾吉等。教英文的是一位外国人。在馆中读书的是他的七个适龄的儿子。师生食宿都在馆里。但老四、老五结婚以后，搬回了中南海，只在上课时来，成了走读生。

女馆的课程设置同男馆一样，只是没有体操。所请的老师都是天津师范学校的毕业生，英文老师是位英国姑娘。教室内的设置同一般学校完全相同。在女馆学习的，有袁世凯的九个女儿，五、六、八、九姨太太，还有袁克定的两个女儿，分为三个班。定期举行考试，有大考、小考两种。考取第一名的，袁世凯给予物质奖励。为了便于老师称呼，袁

世凯分别给他的姨太太起了学名，五姨太太叫志学，六姨太太叫勉学，八姨太太叫潜学，九姨太太叫勤学。

女老师们的食宿均在馆内，有专人伺候。她们的月薪比较优厚，但行动很不自由，不能随便走动，出总统府要经过批准，并有专人送出迎进。她们为了避免麻烦，除非有特别紧要的事情，都待在那个狭小的天地里，只有寒假、暑假，才能获得“解放”。

袁世凯对儿子们的教育比较认真，一开始就交给每位老师一个戒尺，并告诉老师，谁不听话，就打手心。他每月都看考试答卷，如果谁考得不好，就予以毫不留情的申斥。平时在家中的管教就更严厉了，有时甚至用皮鞭和棍子抽打。在彰德，有一次老四克端偷偷到养寿园的水池内捞鱼，正捞得高兴，猛然听得岸上“哦”的一声，似乎是其父袁世凯的声息，赶忙跑了上来，一看却是老五克权在假装着捉弄他。第二天他在捞鱼时又听到“哦”的声音，以为定是老五搞鬼，便喊了一声：“好你个老小子!”不料这次真是袁世凯带着人散步来了，当即不容分说，用棍子把他打了一顿。老三克良不爱读书，又娶了唱戏的孙宜卿做姨太太，袁世凯最不喜欢他，挺大的人了，有时也要挨揍。

由于袁世凯对儿子过于严肃，儿子们都非常怕他。在中南海时，长子克定、次子克文、三子克良每日午饭前向他请安，老四、老五、老六放学后也去请安，但必须经过许可，才能进去。进门以后，先叫一声“爸爸”，然后鞠一躬，站在一旁，温声问：“爸爸，吃得好？睡得好?”接着恭恭敬敬垂手低头，静候问话。袁世凯的问话都很简单，不是“这几天干些什么?”就是“念书了没有？要好好念书。”有时也问点儿别的问题，有时什么也不问，说声“去吧”，便算结束。儿子们再鞠一躬，倒退几步，然后才敢转身出门。

当年长的三个儿子来请安时，袁世凯往往让他们陪着吃午饭。但他们怕受拘束，内心并不愿留下。有一次，袁克文已经吃饱，袁世凯又递给他一个热馒头。有道是：“长者赐，不敢辞。”袁克文不敢说不吃，可又吃不下去。没有办法，他就一边假装掰着吃，一边把所掰的馒头偷偷往袖筒里塞，结果胳膊被烫掉了一块皮。

袁世凯非常重视“男女之防”，无论是他的姨太太，还是女儿，进了中南海以后，就不准再出中南海的大门；即便是女儿到于夫人的住处去，来往都必须坐放下车篷、车帘的人力车。女儿们所能见到的男性，除了自己家里的兄弟，就只有“跑上房”的男孩子。

他对女儿们的教育比较马虎。他认为女儿到头来总是人家的人，在父母面前的日子不多，可以稍微娇惯一点儿。他设馆教育的目的，只是希望女儿们学到封建社会所需要的学问和规矩礼节。因此，他对女儿们的学习并不像对儿子们那样严格要求，从不去检查她们的功课，没有对她们说过怎样念书才算是好，也不与女老师研究教学上的事情。逢年过节，女老师前去给他拜贺，他总是挡驾不见。

女生上学时，总要带着自己的丫头或是老妈，年龄小的甚至还带着奶妈，以便随时得到伺候和照料。学生们在教室里上课，这些随从们就坐在教室外的廊子上，等待各自的主人随时来吩咐。教室里常常出现这样的情况：上着课，某姨太太忽然站起来说：“杨先生，我请一会儿假。”接着便出了教室，问自己的丫头：“总统吃的饺子预备好了没有？”或是吩咐一些别的话，然后再回到教室继续听讲。有时在同一堂上，别的姨太太也来上这么一套。在这种情况下，老师们当然讲不好，学生们更不可能专心听讲了。

女生均不住在馆内，但规定中午要陪老师一同进餐。事实上，姨太太们必须回去，年龄较长的几位小姐也不经常留下陪老师吃饭。

袁世凯有“女儿为重”的思想。这一思想，表现在对儿女们的称呼上。例如，克定、克文结婚以后，他和于夫人还是叫他们小名。至于女儿，他却从不许叫小名。小的叫作老几、小几，如老十二、小十三；年龄大些的则称为姑娘，如二姑娘、三姑娘。无论他和于夫人以及各个姨太太都是这样称呼她们，就是她们自己的生母也不例外。由于他有着“女儿为重”的思想，所以对于女儿的管教，主要交给她们的母亲负责，他不大过问。

他最喜欢二女儿和三女儿，让她们和他同住居仁堂。当她俩已长到十四五岁的时候，遇着他高兴，还要把她俩抱在腿上。有时还给她们讲故事，也有时故意把几十块或上百块银元先藏在他卧室里一个不大容易被发现的地方，然后叫她俩进房去找，谁找着了，就赏给谁。一般是，她们找过几个地方以后就能找到，也有手到擒来的时候；有时着实找了许久也找不到，他就用各种说法或暗示来启发她们，让她们找到。在冬季，每顿饭总有一个火锅子，他在舀汤的时候，往往把勺里的余沥带进火锅，有时甚至把鼻涕也带进去了，因此三女儿总是在他吃汤之前，先舀出一碗来单吃。他看到这种情况，也知道三女儿的用意所在，那就是嫌他太脏，不讲卫生，而他却丝毫不以为怪，只当没有这回事似的。

袁世凯对儿媳妇们更是不管不问。每天上午十一点左右，有一个“跑上房的”分头到各个少奶奶处告诉一声：“总统快吃饭啦。”这时，她们就分别前来，问一句：“爸爸！吃得好？睡得好？”他对她们没有什么话可说，只简单地说上四个字：“好啦，去吧！”就算完事。因此，在他们彼此之间，谈不上有什么父子之情、天伦之乐，只是走走形式罢了。

结束语

清末民初的中国社会，正处于历史转型的时期，各种矛盾互相交织，新旧斗争尖锐激烈。袁世凯生活在这种特殊复杂的社会环境里，能够从一个小小的幕僚迅速地出人头地，成为北洋军阀的开山鼻祖，直至当上清王朝的总理大臣、民国的总统，在中国近代史上风云一时，自然有其不同凡响之处。

相对于当时的权贵仕途而言，袁世凯走的是另外一条道路。他没有取得做官资格的科举功名，是从最基层做起，一步步爬上高位的。诚然，这与他善于投机钻营、结党营私、玩弄权术密不可分；但仅仅靠着机谋手段，若无突出的表现，也决难幸致。他是个务实的实干家，头脑机敏，办事认真，敢作敢为，雷厉风行，严格要求，赏罚分明，无论在军队在地方，都有所建树，声望日隆。他的飞黄腾达，主要得力于个人的奋斗拼搏。

罢官之前，袁世凯忠于清王朝，但不属于顽固守旧派。他继承了洋务派的衣钵，思想比较开明，尤其在甲午战争以后，主张改革，接受外来的先进事物。在推行某些新政方面，诸如编练新军、创办巡警、废科举、兴学校、提倡实业等等，均能走在全国的前列，开创一代风气，为这些事业的近代化和工商业的发展作出了一定的贡献。

在政治上，袁世凯也赞成变革。不过，由于抓权成癖，独裁成性，而又从一己私利出发，他并不主张彻底推翻专制制度，变革是很有限的，因而在变法维新的关键时刻，他出卖了志士仁人。预备立宪时，他虽然表现得相当积极，甚而欲执立宪之牛耳，实际上并非真心想实行民主政治，辛亥革命的狂飙也没有把他的头脑吹打清醒。出于罢官的仇恨和夺取全国政权的目的，他逼迫清帝退了位，有功于民国的创建。然而，当选为临时总统以后，他不仅不发扬民主、巩固共和，反而力加摧残破坏，倒行逆施，帝制自为，背叛民国，祸国殃民，最终在举国讨伐声中羞愤病死，落了个十分可悲的下场。

综观袁世凯在政坛三十多年的所作所为，有顺应历史潮流的一面，也有逆历史潮流而动的一面。必须予以历史地、科学地、实事求是地评价，既不能对其作出的贡献完全抹杀，一味谩骂，更不能无视其政治上的投机反动，大肆吹捧。

附录

征引书目

一　资料、著作

《项城县志》　张镇芳等重修，1911年。

《袁氏家书》　见丁振铎编《项城袁氏家集》，1911年清芬阁刊本。

《阁学公集》　袁保龄，见《项城袁氏家集》，1911年清芬阁刊本。

《北洋军阀史料》　北洋军阀史料编委会编，天津古籍出版社，1992年。

《徐世昌年谱》　贺培新编，《近代史资料》总第69、70号。

《容庵弟子记》　沈祖宪、吴闿生，1913年。

《南通张季直先生传记》　张孝若，中华书局，1930年。

《张季子九录》　张謇，中华书局，1931年。

《张謇日记》　张謇，江苏人民出版社，1962年。

《张謇传记》　刘厚生，香港龙门书店，1965年。

《张謇全集》　张謇，张謇研究中心、南通市图书馆编，江苏古籍出版社，1994年。

《清光绪朝中日交涉史料》　故宫博物院编，1932年。

《东行三录》　中国历史研究社编，1949年。

《袁世凯与朝鲜》　林明德，台北，1970年。

《中日战争》　中国史学会主编，上海人民出版社、上海书店出版社，2000年。

《戊戌变法》　中国史学会主编，上海人民出版社、上海书店出版社，2000年。

《义和团》　中国史学会主编，上海人民出版社、上海书店出版社，

2000年。

《辛亥革命》 中国史学会主编，上海人民出版社，1957年。

《朝鲜李朝实录中的中国史料》 吴晗辑。

《近代名人手札真迹》 王尔敏、陈善伟编，香港中文大学出版社，1987年。

《中日甲午战争之外交背景》 王信忠，1937年。

《李鸿章全集》 顾廷龙等主编，上海人民出版社，1986年。

《翁同龢日记》 翁同龢，中华出局，1997年。

《梦蕉亭杂记》 陈夔龙，上海古籍书店，1983年。

《养寿园电稿》 沈祖宪辑录，台湾文海出版社印行。

《新建陆军兵略录存》 袁世凯，新建陆军排印本，1898年。

《养寿园奏议辑要》 沈祖宪辑，项城袁氏宗祠藏版，1938年。

《袁世凯奏议》 天津古籍出版社，1987年。

《袁世凯奏折专辑》 台湾故宫文献特刊。

《袁大总统文牍类编》 上海会文堂书局，1926年。

《袁大总统书牍汇编》 徐有朋编，上海广益书局，1926年。

《袁世凯全集》 骆宝善、刘路生主编，河南大学出版社，2013年。

《袁大总统登极大典》 稿本。

《洹上私乘》 袁克文，上海大东书局，1926年。

《光绪大事汇鉴》 赵炳麟。

《宣统大事鉴》 赵炳麟。

《谏院奏事录》 赵炳麟，1922年。

《十叶野闻》 许指严，见《近代稗海》第11辑，四川人民出版社，1988年。

《新华秘记》 许指严，见《近代稗海》第3辑，四川人民出版社，1985年。

《乐斋漫笔》 岑春煊，见《近代稗海》第1辑，四川人民出版社，1985年。

《德宗遗事》 王树枏，见《近代稗海》第11辑，四川人民出版社，1988年。

《我所经手的二十一条内幕》 曾叔度，见《近代稗海》第3辑，四川人民出版社，1985年。

《谭嗣同全集》 谭嗣同，三联书店，1954年。

《袁世凯轶事续录》 野史氏编，上海中新书局，1928年。

《清末教案》 中国第一历史档案馆、福建师范大学历史系合编，中华书局，1998年。

《英国蓝皮书有关义和团运动资料选译》 胡滨译，中华书局，1980年。

《直东剿匪电存》 林学瑊编，1906年。

《义和团档案史料》 国家档案局明清档案馆编，中华书局，1959年。

《义和团档案史料续编》 中国第一历史档案馆编辑部编，中华书局，1990年。

《山东义和团案卷》 中国社会科学院近代史研究所近代史资料编辑室编，齐鲁书社，1980年。

《筹笔偶存》 中国社会科学院近代史研究所、中国第一历史档案馆合编，中国社会科学出版社，1983年。

《义和团史料》 中国社会科学院近代史研究所近代史资料编辑组编，中国社会科学出版社，1982年。

《山东近代史资料》 山东省历史学会编，山东人民出版社，1961年。

《义和团运动史事要录》 李文海等编，齐鲁书社，1986年。

《德宗景皇帝实录》。

《光绪朝东华录》 朱寿朋编，中华书局，1958年。

《宣统政纪》 金毓黻编，辽海书社，1934年。

《心太平室集》 张一麐，1947年。

《北洋公牍类纂》 甘厚慈编，北京益森公司，1907年。

《北洋公牍类纂续编》 甘厚慈编，1910年。

《最近三十年中国军事史》 文公直，1940年。

《直隶工艺志初编》 北洋官报局刊本。

《直隶出品类纂全编》 南洋劝业会。

《光绪三十三年教育统计图表》 学部编制。

《梵天庐丛录》 柴萼。

《光宣佥载》 魏元旷，潜园类编刊本。

《忘山庐日记》 孙宝暄，上海古籍出版社，1983 年。

《梅阳江侍御奏议》 江春霖，1927 年。

《国闻备乘》 胡思敬，退庐全书刊本，1924 年。

《澄斋日记》 恽毓鼎，稿本。

《清末四十年申报史料》 徐载平、徐瑞芳，新华出版社，1988 年。

《六十年来中国与日本》 王芸生编著，三联书店，1979－1982 年。

《清末筹备立宪档案史料》 故宫博物院明清档案部编，中华书局，1979 年。

《汪康年师友书札》 上海古籍出版社，1986 年。

《辛亥革命前后——盛宣怀档案资料选辑之一》 陈旭麓等主编，上海人民出版社，1979 年。

《改定官制原奏全录》 京话实报馆，1906 年。

《江浙铁路风潮》 悲墨编，1907 年。

《梁启超年谱长编》 丁文江、赵丰田编，上海人民出版社，1983 年。

《四朝佚闻》 金梁。

《康有为政论集》 汤志钧编，中华书局，1981 年。

《辛亥革命回忆录》（1－6） 全国政协文史资料研究委员会编，中华书局，1961－1963 年。

《辛亥革命回忆录》（7－8） 全国政协文史资料研究委员会编，文史资料出版社，1981－1982 年。

《我的前半生》 爱新觉罗·溥仪，群众出版社，1964 年。

《红色杂志有关中国交涉史料选译》 张蓉初译，三联书店，1957 年。

《清帝逊位与列强》 李约翰，中华书局，1982 年。

《1911—1913 年的中国革命》 贝洛夫。

《辛亥革命史料》 张国淦，龙门联合书店，1958年。

《异辞录》 刘体仁，中华书局，1988年。

《抑斋自述》 王锡彤，河南大学出版社，2001年。

《中华民国史档案资料汇编》 第一辑 中国第二历史档案馆编，江苏人民出版社，1979年。

《中华民国史档案资料汇编》 第三辑 中国第二历史档案馆编，江苏人民出版社，1991年。

《袁氏当国史》 马震东，1930年。

《鄂州血史》 蔡寄鸥，龙门书局，1958年。

《武昌革命真史》 曹亚伯，中华书局，1930年。

《辛亥首义回忆录》 第二辑 湖北省政协编，湖北人民出版社，1957年。

《辛亥首义回忆录》 第四辑 湖北省政协编，湖北人民出版社，1961年。

《清代档案史料丛编》 第八辑 中国第一历史档案馆编，中华书局，1982年。

《辛亥革命资料类编》 中国社会科学院近代史研究所近代史资料编辑组编，中国社会科学出版社，1981年。

《辛亥革命在上海史料选辑》 上海社会科学院历史研究所编，上海人民出版社，1981年。

《孙中山全集》 第一、二卷 广东省社会科学院历史研究室、中国社会科学院近代史研究所中华民国史研究室、中山大学历史系孙中山研究室合编，中华书局，1981—1982年。

《共和关键录》 观渡庐（伍廷芳），著易堂书局，1912年。

《袁世凯与中华民国》 白蕉，人文月刊社，1936年。

《日本外交文书选译——关于中国革命》 邹念之编译，中国社会科学出版社，1980年。

《辛亥革命先著记》 杨玉如，科学出版社，1958年。

《三水梁燕孙先生年谱》 凤冈及门弟子编，1946年。

《世载堂杂忆》 刘成禺，见《民国笔记小说大观》第1辑（七），山西古籍出版社，1995年。

《洪宪纪事诗三种》 刘成禺、张伯驹，上海古籍出版社，1983年。

《段祺瑞》 沃丘仲子。

《民初政争与二次革命》 朱宗震、杨光辉编，上海人民出版社，1983年。

《远生遗著》 黄远庸，商务印书馆，1927年。

《黄兴集》 湖南省社会科学院编，中华书局，1981年。

《宋教仁集》 陈旭麓主编，中华书局，1981年。

《宋渔父》 徐血儿等，《民立报》排印本，1913年。

《居正文集》 章开沅主编，华中师范大学出版社，1989年。

《宋教仁被刺及袁世凯违法大借款史料》 台北，1968年。

《二次革命史料》 台北，1968年。

《讨袁史料》、《讨袁史料》（2） 台北，1978－1979年。

《老新闻》 天津人民出版社，1998年。

《中华民国史料》 孙耀编，上海文明书局。

《一生之回忆》 曹汝霖。

《中国政党史》 杨幼炯，商务印书馆，1937年。

《蕲水汤先生遗念录》 汤氏治丧处编，1919年刊本。

《白朗起义》 杜春和编，中国社会科学出版社，1980年。

《中国近代对外关系史资料选辑》 复旦大学历史系中国近代史组编。

《中国近代史资料选编》 北京师范大学历史系编，中华书局，1977年。

《徐世昌》 沃丘仲子，上海崇文书局，1918年。

《北洋军阀统治时期史话》 陶菊隐，三联书店，1957－1959年。

《洪宪旧闻》 侯毅，云在山房丛书本。

《君宪问题文电汇编》 北京正蒙书局。

《袁世凯伪造民意纪实》 1916年。

《最近国体风云录》 鹤唳生编，1915年。

《饮冰室合集》 梁启超，中华书局，1989年。

《袁氏盗国记》 黄毅，上海国民书社，1916 年。

《八十三日皇帝之趣谈》 天忏生、冬山，上海文艺编译社，1916 年。

《中国报学史》 戈公振，三联书店，1955 年。

《湖南省志》 第一卷 湖南人民出版社，1959 年。

《清末民初政情内幕》 骆惠敏编，刘桂梁等译，知识出版社，1986 年。

《<泰晤士报>驻华首席记者莫理循直击辛亥革命》 窦坤等译著，福建教育出版社，2011 年。

《戊戌以来三十年中国政治史》 李剑农，中华书局，1965 年。

《护国文献》 云南省社会科学院历史所、贵州省社会科学院历史所合编，贵州人民出版社，1985 年。

《袁公林墓工报告》 田文烈，财政部印本，1918 年。

《文史资料选辑》 全国政协文史资料研究委员会编。

《河南文史资料选辑》第 1 辑。

《近代史资料》 中国社会科学院近代史研究所近代史资料编辑室编。

《孔教十年大事》。

《护国军纪事》。

二 档案、官报、杂志、报纸

中国第一历史档案馆档案

中国社会科学院近代史研究所档案

《临时政府公报》

《政府公报》

《历史档案》

《醒狮》

《国风报》

《人文月刊》

《国民月刊》

《孔教会杂志》
《孔社》
《东方杂志》
《新青年》
《越风》
《京都日报》
《时报》
《京话实报》
《神州日报》
《竹园白话报》
《中外日报》
《大公报》
《民立报》
《商务日报》

后　记

二十世纪八十年代初，我开始从事中国近代史研究的学术生涯。由于有关袁世凯的著作都是新中国成立前出版的，没有新作问世，我对其人较感兴趣，即以袁世凯作为首选课题。通过两年多的努力，撰写出我的第一部著作——《袁世凯一生》，1982 年 8 月由河南人民出版社出版，1984 年 4 月又出了增订版。其后，当代中国出版社、百花文艺出版社和群众出版社又易名为《袁世凯传》或《袁世凯全传》先后出版。初学研究，所知有限，加以受到当时政治气候的影响，各方面均有不能令人满意之处。故后来每出版一次，我都根据新发现的史料和新的思考加以增修，使其更符合历史实际。此次修订后再版，同样如此。

历史著作包括人物传记在内，强调的是学术性，大都写得非常呆板。我就想，人物传记不是专给学者看的，读者范围更广，如果写得枯燥无味，缺乏吸引力，是不会得到一般读者认可的。出于这种考虑，我不仅高度重视资料翔实，广征博引，叙事客观；而且也改变了学界传统的写作方法，尽可能地使语言文字生动活泼一些，可读性强一些。本书至今仍能与读者见面，大约与此有关。

袁世凯是活跃在清末民初政治舞台上风云一时的人物，对中国近代史产生过重大影响，学者对他的评价各种各样。仁者见仁，智者见智，本属正常。拙著只不过是一家之言，错误难免，不当之处，敬请指教。

侯宜杰

2015 年 9 月 4 日于北京